普通高等教育国际经济与贸易专业规划教材

货币金融学 第2版

潘勤华 李奕滨
胡 靖 郭 英 编

机械工业出版社

本书以市场经济理论为基础，主要围绕货币金融，以货币—信用—利率—银行—金融经济活动为主线展开论述。全书分成五篇。“金融基础篇”以货币、信用与金融的关系为主线，阐述金融活动及其在现代经济中的核心地位；“金融市场篇”以开展金融活动的场所为研究对象，完整描述了各类金融市场的特点、功能及发展；“金融中介篇”则进一步分析在金融活动中扮演重要角色的金融中介机构的特征、运行及其对金融活动的作用；“金融理论篇”是对金融活动的深层次思考，从宏观经济的角度，对隐藏在金融活动背后的经济学原理加以深刻的阐述；“金融开放篇”将对金融的研究拓展到一个开放经济的框架之下，对在金融活动向外延伸中出现的新问题、新理论作启发性的介绍和展示。

本书可作为高等院校国际经济与贸易专业教材，也可供经管类其他专业师生及相关人员选用。

图书在版编目（CIP）数据

货币金融学/潘勤华等编．—2版．—北京：机械工业出版社，2010.5（2014.9重印）

普通高等教育国际经济与贸易专业规划教材

ISBN 978-7-111-30475-3

Ⅰ.①货…　Ⅱ.①潘…　Ⅲ.①货币和银行经济学-高等学校-教材　Ⅳ.①F820

中国版本图书馆CIP数据核字（2010）第072877号

机械工业出版社（北京市百万庄大街22号　邮政编码100037）

策划编辑：常爱艳　责任编辑：常爱艳

版式设计：霍永明　责任校对：吴美英

封面设计：鞠　杨　责任印制：刘　岚

北京京丰印刷厂印刷

2014年9月第2版·第3次印刷

169mm×239mm·25.5印张·492千字

标准书号：ISBN 978-7-111-30475-3

定价：37.00元

凡购本书，如有缺页、倒页、脱页，由本社发行部调换

电话服务

社服务中心：（010）88361066

销售一部：（010）68326294

销售二部：（010）88379649

读者购书热线：（010）88379203

网络服务

门户网：http：//www.cmpbook.com

教材网：http：//www.cmpedu.com

前　言

本次修订首先对一些重要数据资料、专栏等作了更新，使教材内容与当前金融社会现实更贴近，力求具有一定的时效性。其次，根据实际金融体系中的发展变化，我们对原教材的某些章节作了调整。具体调整如下：

(1) 金融基础篇。有关货币制度一节增加了在金融危机后，由于美元国际地位的不稳定，使各国探寻新的货币制度。随着我国经济规模的扩大，经济实力的增强，我国的金融地位日益提升，人民币在国际贸易和金融领域被关注的程度也日益加强，因此本次修订中增加了有关人民币走向国际化的内容。利率一章中增加了利率市场化的理论依据和我国利率市场化进程的内容。

(2) 金融市场篇。货币市场一章本次修改变动不大，仍然重点介绍了几种主要的货币市场的投资工具。资本市场一章的整体结构没有变化，还是介绍了3种主要的资本市场的投资工具，只是在篇幅上有所增加，对于每一种投资工具的分类都作了更加详细的介绍。同时对于我国资本市场的发展动态，如创业板的推出也给予了关注。

(3) 金融中介篇。为了让读者对商业银行、中央银行和投资银行的起源和发展能有所了解，本次修改分别增加了一节的篇幅对此进行介绍。商业银行一章，对于商业银行的业务介绍更加详细，尤其是中间业务增加到九大类，但是考虑到篇幅的限制，删掉了关于商业银行经营管理部分的内容。中央银行一章，对于货币政策的介绍，增加了货币政策的中介目标和操作目标以及选择性货币政策工具等内容，以期使读者通过本节的学习可以对货币政策有一个全面的了解。关于中央银行的监管职能，由于其与银监会的分工不同，监管内容变化较大，碍于篇幅所限，本次修改没有涉及。投资银行一章，由于全球的投资银行在本次金融危机当中遭受重创，因此笔者专门增加一节的篇幅介绍了华尔街金融危机爆发的原因以及启示，希望能对读者有所启发。政策性银行一章是本次修改中新增的全新内容，除了对3个政策性银行的概况作了简介，笔者还重点介绍了政策性银行商业化改造的情况，让读者可以了解政策性银行改革的最新进展。

(4) 货币理论篇。为凸显货币理论的重要性，该次修订对货币理论篇进行了较大幅度的调整。货币需求理论、货币供给理论和通货膨胀与通货紧缩均分别独立成章，对货币理论的阐述更加饱满、完整和系统。

另外，在每章末新增设人物专栏，主要介绍了在金融领域中作出杰出贡献的人物生平、经历及成就特质等，在增强教材可读性与知识性的同时，希望给予读者各方面的人生启示并逐步培养对经济学的兴趣。

本次修订工作由同济大学经济与管理学院经济与金融系潘勤华、李奕滨、胡靖和郭英完成，具体分工如下：第一、二、三、四、七、九、十九、二十、二十一章由潘勤华完成；第五、六、十、十一、十二、十三章由李奕滨完成；第十四至十八章由胡靖完成；第八章由郭英完成。

在本次教材的编写修订过程中，我们得到了系领导的大力支持和关怀，在此，我们深表谢意。另外研究生李妍、章进艺、钱盈同学也参与了部分校对工作，在此一并鸣谢。

由于编者水平有限，书中错误在所难免，敬请专家和读者批评指正。

编　者

2010年3月于同济大学

目　　录

第一篇

金融基础篇

第一章

货币与货币制度

社会文明由一级向另一级不断攀升的过程，现代与传统相比较的一些关键性要素特征，都可以从货币的“树根”中找到逻辑推演的轨迹。

——西梅尔《货币哲学》

【本章导读】

假设在一个没有货币的现代生活中，有一位住在城里教经济学的张教授。她的讲课总能让人满堂喝彩，然而，当她想果腹时就必须到郊区农场寻找这样一位农民，他不但生产张教授所喜爱的食物，而且也想学习经济学。可想而知，寻找这样的机会要花费很多时间，也许张教授用于寻找这样的农民所花费的时间比用于教学的时间要多得多。最后甚至不得不停止授课，亲自种田，以维持生计……

将货币引入这位张教授的生活世界，情况就改变了。她可以去教任何愿意听她讲课的，并付得起钱的人。然后她可以去找任何农场的主人或超市代理商，用她得到的钱去购买所需的食物。这样张教授既能享受到美味的食品，还能安心地去教她拿手的经济学……

货币对于现代经济生活如此重要，以至于产生了对货币研究的必要性。

本章将探究货币的起源，分析货币在经济中的职能，重点介绍马克思是如何揭示隐藏在货币内部的本质特征，在此基础上，系统回顾货币制度的演进以及各个时期货币的表现形态。

第一节　货币的起源

我们天天都在和货币打交道。人们的日常生活离不开货币，企业生产也离不开货币。那么，货币到底是什么？货币从何而来？货币在现实经济生活中究竟起着什么作用？

所有这些货币之谜，早在古代就曾使许多学者费神。到了资本主义社会，想揭开这些货币之谜的资产阶级经济学家更不计其数。

资产阶级古典经济学家亚当·斯密认为货币是"为了克服交换的不灵敏"。

亚里士多德在描述了物物交换后说："一地的居民有所依赖于别处居民的货物，人们于是从别处输入本地所缺的货物，为抵偿这些收入，他们也输出自己多余的产品，于是（作为中介货物的）钱币就应运而生。"

米尔顿·弗里德曼则认为：货币是"一个共同的普遍接受的交换媒介"，它是"建立在普遍接受的传统习惯上的，而这一传统，从某种观点看来，是一种虚构的信念"，即"货币的价值是建立在虚构的信念上的"。

在马克思时代以前，由于受历史和阶级的局限性，许多研究过货币的人往往陷入混乱之中。19世纪中期美国的W. E. 格拉德斯通感叹："受恋爱愚弄的人，甚至还没有因钻研货币本质而受愚弄的人多。"

然而，历史证明，只有马克思关于货币的定义才是科学的。马克思对于货币理论的系统研究始于19世纪40年代。这时，商品生产的最高形式——资本主义在西方一些主要国家中已有了充分的发展，与之相伴随，对于商品货币的理论探索也有了三四百年的历史。正是在这样的基础上，马克思第一次对货币问题作了系统的理论阐明，指出："只要理解了货币的根源在于商品本身，货币分析上的主要困难就克服了"，从此揭开了"货币之谜"。

一、商品及商品交换

在远古的原始共同体中，人们的劳动是直接根据整个共同体的需要并在共同体的统一指挥下进行的，劳动产品则归整个共同体所有，并由共同体统一分配。这时，既不存在商品，也不存在货币。

自从出现了社会分工和私有制以后，情况发生了变化。在社会分工的条件下，每个生产者只从事某种特定的具体劳动，生产一种或有限几种产品，而整个社会的需求则是依靠所有生产者用各种不同的具体劳动所生产的多种多样的产品来满足。因此每个生产者所从事的特定具体劳动成为整个社会分工体系的一个组成部分，是具有社会意义的劳动，简称为社会劳动。

但是，由于劳动是每个生产者的私事，因此劳动并不是直接表现为对社会有意义，而是直接表现为对生产者个人有意义。社会分工条件下私人生产者的劳动是私人劳动，这样就产生了社会劳动同私人劳动的矛盾。这就是说，私人劳动要求社会承认它具有社会意义并转化为社会劳动。而且，由于每个专门从事某一种社会分工劳动的生产者也需要别人的劳动产品；否则，私人生产者就无法生存。

要解决这样的矛盾，唯一的途径就是交换，那就是用自己生产的产品交换别人生产的产品。产品交换出去了，说明生产产品所投下的劳动为社会所需要，是社会分工体系的必要构成部分，从而私人劳动转化为社会劳动；通过交换取得了别人的劳动产品，又同时实现了从社会总产品中分得一定份额的权利。与原始共同体的共同生产、共同消费不同，这时的产品是为交换而生产的，这种产品被称为商品，这种交换被称为商品交换。

商品就是用来交换的劳动产品。首先，商品是劳动产品。不通过人们的劳动而从自然界能随时取得的东西，如阳光、河水、空气等，就不是商品。其次，商品又是为了交换而生产的产品。那种只是为了自己消费所生产的劳动产品并不是商品，如农民为自己消费而种的蔬菜、水果，饲养的鸡、鸭等，都不是商品。这些蔬菜、水果、鸡、鸭只有被生产者出售，被用来交换其他产品时，它们才成为商品。商品交换就是用一种劳动产品换取另一种劳动产品。

二、货币为何而来——物物交换呼唤货币

商品交换有两个原则:一是用来交换的两种商品必须有不同的使用价值。完全相同的东西没有交换的必要;二是相交换的两种商品必须具有相等的价值,即在生产这两种商品时,必须耗费同样多的人类劳动。这就是等价交换的原则。

在商品交换中，为了贯彻等价交换的原则，必须衡量商品价值的大小。但是，价值的实体既看不见，也摸不着。所以，单就一个商品来说，无法看出它的价值。价值既然只存在于商品交换的关系之中，那么，也只有在交换关系之中才能得到表现。例如，把一只羊与两把石斧交换，通过交换，羊的价值表现出来了：羊的价值的具体形式就是两把石斧，石斧则成为表现羊的价值的材料，成为羊的等价物。羊的价值既然由石斧表现出来并被交换到石斧，就意味着生产羊的私人劳动被石斧证明是社会总劳动的必要构成部分。所以，价值表现的过程也就是私人劳动向社会劳动转化的过程，而起等价物作用的商品则成为社会劳动的具体体现者。这种以一种商品的价值来表现另一种商品价值的方式就称为价值表现形式，这种起等价物作用的商品就叫做交换媒介。

在物物交换经济中，人们在交换时必须满足以下两个耦合条件：

（1）需求的双重巧合。也就是说，要完成一项交易，首先必须使参加交易的两种产品恰好是交易双方互相需要的产品。例如，羊的主人出售的羊必须是出售石斧的人恰好所需要的，对方亦然。但是，这种双方的需要同时彼此满足的情况很少见。在大多数情况下，每一个希望能够达成交易的人都很难在市场上找到交易对象，他们需要反复在市场上寻觅合适的交易对象。这一寻觅过程，会大大降低商品交换的效率，浪费大量的人力、物力。

（2）时空的双重巧合。也就是说，一个人想卖出商品时，恰好有人在同一时刻、同一地点需要这种商品，在时间和空间上双方应当是一致的。这一点在现实的经济生活中也是非常少见的。羊的主人尽管需要石斧，但是他不一定马上就要购买；即使他马上要购买，也不一定马上能找到出售石斧的人。在这种情况下，交易就不能随时进行。尤其对于一些季节性较强的产品的生产过程来说，其出售与需求之间必然存在不同步的问题。

从以上两个方面可以看出，从技术的角度来说，交换只有在交易双方的需求和时间、空间均巧合之际才能顺利完成。显然，在物物交换的制度下，交换的效率很低，交易成本很高。所以物物交换只能限于在较简单的商品经济社会中进行。当经济发展到一定阶段，消费者需求渐趋复杂，物物交换的方式便无法再满足交易双方的需要。于是，一种能够用来交换，并能满足交易双方各自需求的交换媒介——货币便应运而生。

三、货币如何而变——交换媒介的4个发展阶段

商品变成货币不是一朝一夕完成的。商品在成为货币之前，就已经以普通商品的资格存在于商品世界中。它伴随着价值形式的发展，经历了一个从低级到高级的发展过程。

（一）单一媒介

在漫长的历史进程中，交换在不断发展，商品价值表现出来的形式，即交换媒介也相应地不断发展。在原始公社阶段，每个公社的共同体内部虽然不存在交换关系，但一个公社对其他公社来说，则是可以让渡物品的所有者。所以，共同体相互之间的交换是可能的。由于那时生产力甚为低下，不会经常有剩余的东西可用来交换，同时也还没有出现社会分工，所以，交换的发生非常偶然。两个共同体之间偶然地发生了一只羊与两把石斧相交换的事件，从用羊交换石斧的公社来说，它们的羊的价值用石斧表现出来了：一只羊值两把石斧，石斧成为羊的等价物；从用石斧交换羊来说，它们的石斧的价值用羊表现出来了：一把石斧值半只羊，羊成为石斧的等价物。由于价值的表现纯属偶然，所以马克思把这个阶段称之为简单的、偶然的价值形式。

（二）系列媒介

随着社会分工的出现，共同生产逐渐被个人生产所代替；随着私有制的出现，公社与公社之间的交换，一步一步地被个人与个人之间的交换所替代，交换日益发展成为经常的现象。这时，一种物品不再是非常偶然地和另外一种物品发生交换关系，而是经常地与其他多种物品相交换，于是，一种物品的价值就会由许多种其他物品表现出来。例如，一只羊不仅可能与两把石斧交换，也可能与一袋粮食交换，与几捆烟叶交换等。于是一只羊值多少，不但由两把石斧表现出来，而且也由一袋粮食、几捆烟叶等表现出来。对于一种物品的价值可由许多种物品表现出来，而所有物品都可成为表现其他物品的等价物的情况，马克思称之为扩大的价值形式。

（三）一般等价物

对于不断发展的交换来说，物物的直接交换日益暴露出它的局限性。例如，当羊要被用来交换粮食时，粮食的所有者在此时此地并不需要羊，而是需要其他物品，如烟草。如果烟草所有者正需要羊，那么羊的所有者先用羊交换烟草，即把羊的价值先用烟草表现出来，然后再用烟草换粮食，即用粮食表现烟草的价值。这样，3 种物品的价值才得以表现，生产它们所耗费的社会劳动才得到社会承认。但是，纵然客观存在可以最终解开需求的锁链，而要现实地把它一步一步地解开则是要花费极大精力的，更何况在一个限定的时间和空间范围内，这样的锁链并非必然存在。

当日益增多的物品进入频繁交易的过程中时，必然会有某种物品进入交换的次数较多，其使用价值较多地为进入市场的人们所需要。当各种物品都频繁地要求用这种物品表现自身价值时，这种物品就成为所有其他物品价值的表现材料，成为所有物品的等价物；而这种物品一旦成为所有其他物品用来表现价值的等价物，那么它就具有了可以与所有物品直接交换的能力。这样，直接的物物交换就让位于通过媒介的间接交换。这个用来表现所有物品价值的媒介品，马克思称之为一般等价物；用一般等价物表现所有物品价值，马克思称之为一般价值形式。

（四）货币的诞生

从系列交换媒介过渡到一般等价物形式，说明为交换而生产的关系，也即商品生产关系，在经济生活中日益确立。而随着商品生产的继续发展，从交替地充当一般等价物的几种商品中必然会分离出一种商品，这种商品经常起一般等价物的作用。“等价形式同这种特殊商品的自然形式社会地结合在一起，这种特殊商品成了货币商品，或者执行货币的职能。”㊀当价值都用货币来表现时，马克思称之为货币形式。

货币价值形式是价值形式发展的最高阶段。但它和一般价值形式并没有本质的区别。在前 3 种价值形式的发展中，每一次发展，价值形式都发生了本质的变化，而从一般价值形式转化为货币价值形式，却没有发生本质变化。在这一阶段所发生的变化仅仅在于，一般等价物被固定于某种特殊商品上，这种特殊商品经过长期的演变发展过程，最终由黄金和白银所独占。

以上分析了商品交换和价值形式的发展过程，这个过程清楚地回答了商品变成货币的一系列问题。由此可见，货币是商品经济发展的必然产物，是伴随着商品经济的发展而自发地产生的。

第二节　货币的职能

一、价值尺度

货币是一种尺度，是一种单位，所有商品和劳务的价值可用它衡量，用它表

㊀《马克思恩格斯全集》第 23 卷，第 85 页。

示，从而可以方便地进行比较。比如，一件衣服值50g金子，一张桌子值100g金子，一套房子值70000g金子等，说明货币使商品的价值得到了体现，并且这3种商品价值的比是1∶2∶1400。

马克思对于价值尺度职能的解释是基于其劳动价值学说。一件衣服之所以值50g金子,是因为一件衣服与50g金子都是劳动产品,并且所包含的劳动耗费相等;衣服、桌子、房子之所以可以比较,是因为它们都是劳动产品,而用货币所表示出来的比例正是生产它们的劳动耗费的比例。至于商品之所以要求用货币表示它们的价值,是因为创造商品的私人劳动要求表现出其社会性,要求得到社会承认。

二、货币单位

由于各种商品的价值不同，表现为货币的数量也不同。要比较货币的不同数量，需要有一个单位。各种货币商品本来就分别具有衡量各自使用价值的单位。比如，贝壳是以“朋”计算，绢帛是以“匹”计算，金属是以重量计算等。所以，最初的货币单位同衡量货币商品使用价值的自然单位相一致。后来，价格单位与自然单位逐渐分离了。例如，唐代铸“开元通宝”，“通宝”是钱的名称，单位则叫“文”；而英国货币单位“镑”则是重量单位名称。

在现代世界各国的经济生活中，像马克思所处时代的那种金属铸币流通的情况根本不存在了。我国的货币是人民币，人民币的单位是“元”，一切商品的价值都用“元”表示。其他国家商品的价值也是以自己国家的货币单位，如“镑”、“法郎”、“卢布”、“美元”等表示。

三、价格

人们常常喜欢用“货币价格”一词来表现商品价值。马克思强调价格是价值的货币表现，并不意味着价格总能一丝不苟地表现价值；恰恰相反，价格通常不是高于价值，就是低于价值，完全符合价值的情况却是偶然的。其中起最大作用的因素是供求对比：一件商品的供应大于需求时，价格会下跌；需求大于供应时，价格会上涨。通俗地说，价格一般包含价值和供求两个因素。

价格的倒数是货币购买力，价格高，货币购买力低；反之，货币购买力高。货币购买力是对所有商品而言的，所以它不是某一商品价格的倒数，而是所有商品价格的倒数。各种商品价格的变动是不一致的，其总的变动状况由物价指数来表示。所以货币购买力变动的趋势和幅度是物价指数变动的倒数。

四、流通手段

流通手段是指货币在商品流通中充当交换媒介的职能。商品生产者先将自己的商品换成货币，再用货币去换回自己所需的商品，形成“商品——货币——商品”的循环过程。在这里，货币仅充当商品交换的媒介，由此产生了货币流通手段。

执行流通手段职能的货币必须是现实的货币，即不能以观念上的货币来做商品流通的媒介，必须以现实货币作为购买手段进行商品交换。价值尺度表现了商品价值，而流通手段则是通过货币媒介来实现商品的价值。以货币为媒介的商品交换是连续不断的过程，货币在买者和卖者之间不停地转手，形成了货币流通。

货币在商品交换中起媒介作用的流通手段是转瞬即逝的，是交换的手段，而不是交换的目的。人们卖出商品、换回货币，关心的不是流通手段本身有无价值，而是能否换回自己需要的、与卖出的商品同等价值的物品。因此，作为流通手段的货币可以是不足值的，也可以是无内在价值的价值符号。

五、储藏职能

在金属货币流通的条件下,货币储藏能起到调节流通中货币量的蓄水池作用:流通中货币数量过多,过多的货币转为储藏;流通中货币数量不足,储藏的货币相应地进入流通环节。这是金属货币在流通条件下的一个极其重要的自发调节机能。

在发展了的商品生产条件下，各种经济行为是要积累一定数量的价值才能进行的。例如，小生产者为了维持自己的生产与生活，需要积累一定数量的货币，以备在自己的产品不能出卖时不致无法周转；工商企业为了保证不间断地经营，或为了扩大投资，也必须积累一定数量的货币等。因此，更多的时候，货币储存被作为一种经济手段。

储藏金银是积累和储存价值的典型形态。金银本身有价值，因而这种储藏不论是对储藏者本人来说，还是对社会来说，都是价值在货币形态上的实际积累。但随着现代货币流通的发展，人们更普遍地采取在银行存款的方式。

六、支付手段

支付手段的职能最初是由赊买赊卖引起的。在偿还赊买款项时，货币已经不是流通过程的媒介，而是补足交换的一个独立环节，即作为价值的独立存在而使流通过程结束。随着商品交换的发展，货币作为支付手段的职能也扩展到商品流通之外，在赋税、地租、借贷等支付中发挥职能。不论是在赊买赊卖中，还是在其他支付中，没有商品在同时、同地与之相向运动，这是货币发挥支付手段职能的特征。

在西方经济发达国家，由于存在发达的商品交换，大宗交易的相当部分是采用延期付款等信用买卖方式进行的。即使是现款交易，其交货地点与付款地点、交货时间与付款时间也往往难以一致，因而很少能一手交钱一手交货，这时货币主要起支付手段的作用。

第三节 货币的定义

一、归纳法定义的货币

在日常生活中，人们对货币的含义有各种理解不足为奇。实际上，经济学家对货币亦有不同的定义。定义货币有两种方法：一种是归纳法，另一种是实证法。归纳法实际上是一种理论或哲学的方法。这种方法透过表面现象，抓住能使货币区别于其他事物的本质特征，根据这一特征给出货币的定义。下面先看经济学家如何用归纳法定义货币。

第一种归纳法的定义是根据马克思对于货币本质的分析给出的：货币是固定地充当一般等价物的特殊商品。所谓“一般等价物”，有以下两个基本特征：

（1）货币是表现一切商品价值的工具。货币出现以后，商品的价值不再直接地由另一种商品表现出来，而是通过货币表现出来。任何一种商品，只要能够交换到货币，该种商品的价值就能得到表现，生产这种商品的私人劳动就得到了社会承认，就属于社会劳动的一部分。所以说，货币是表现、衡量一切商品价值的工具。

（2）货币具有直接同一切商品相交换的能力。货币虽来自商品，但它与普通商品有明显不同之处。作为普通商品，它以特定的使用价值满足人们的某种需要，因而它不可能同其他一切商品直接相交换。但作为价值直接体现者、社会财富直接代表的货币，它具有直接地同一切商品相交换的能力，因而也成了每个商品生产者追求的对象。

但是，马克思分析的仅仅是金属本位制及其以前的货币，那时的货币是商品货币，但又是“特殊商品”。金属本位制崩溃以后，货币已不是特殊商品，纸币与存款货币都是信用货币。

第二种采用归纳法定义货币为：法律规定的由国家发行的作为交易媒介的物体叫做货币。在一般情况下，这个定义可以适用。但在有些时候，国家发行的货币，由于失去了购买力，人们在交易中也会不接受。例如，在恶性通货膨胀时期，人们宁肯用卷烟、粮食等实物作为交易媒介，因此，法律规定的货币也可能失去其作为货币的基本特征。法律规定并不是货币的本质特征。

第三种定义是现代货币数量学派的代表人物弗里德曼给出的，他说：“货币是购买力的暂栖所”。所谓“购买力”当然指的是能买到商品和服务的能力，这是强调货币的交易媒介职能。问题是“暂栖所”，各种存款都是潜在的购买力，甚至债券、股票及各种不动产也会转变成购买力，但“暂栖”的时间长短不同。购买力的“暂栖所”，就隐含了价值储藏职能，但这一职能并非货币所独有，货币与其他资产都有这一职能。

综合以上各种定义的长处，本书给出以下定义：在商品与劳务交易和债务清偿中，作为交易媒介或支付工具被普遍接受的物体叫做货币。这里仍然强调货币的本质特征：货币作为一般等价物。这个特征是不同社会形态所共有的。不论在哪个社会，如果某物不作为一般等价物，就不称其为货币。但货币发挥作用的范围不但限于商品与劳务交易，而且扩大到债务清偿活动中。被普遍接受也是作为货币的必要条件，若不被普遍接受，即使是法律规定的货币，实际上也失去了货币的职能。

二、实证法定义的货币

货币的归纳法定义侧重于本质特征方面，而与之相对立的实证法定义却强调“使货币供给具有重要意义”方面。

弗里德曼认为，“要寻求货币的定义，就不要从原理出发，而要以是否有利于组织我们对经济关系的知识为依据。‘货币’就是我们通过规定的程序把它们选出来并指定为货币的这样一些东西……它是一个有待于我们去发明的还不确定的科学的构成物，就像物理学中的‘长度’或‘温度’或‘力’一样”。因此，货币的实证定义将货币定义为流动资产或者流动资产集合。这些流动资产具有对名义收入的最大可预测影响和可以由央行控制的特性。依据这种定义方法，货币定义进一步扩展为广义货币，即 M2、M3 等。

国际通用的货币层次一般可作如下划分：

1. M0（现钞）

M0 不包括商业银行的库存现金，而是指流通于银行体系以外的现钞，包括居民手中的现金和企业单位的备用金。这部分货币可随时作为流通手段和支付手段，因而具有最强的购买力。

2. M1（狭义货币）

M1 由 M0 + 商业银行的活期存款构成。由于活期存款随时可以签发支票而成为直接的支付手段，所以，它同现金一样是最具流动性的货币。M1 作为现实的购买力，对社会经济有着最广泛而直接的影响，因而是各国货币政策调控的主要对象。

3. M2（广义货币）

M2 由 M1 + 准货币（Quasi-money）构成。准货币一般由定期存款、储蓄存款、外币存款以及各种短期信用工具，如银行承兑汇票、短期国库券等构成。准货币本身是潜在的货币而非现实的货币，但由于它们在经过一定手续后，能够较容易地转化为现实的货币，进而加大流通中的货币量，故称之为亚货币或近似货币（Near Money）。由于 M2 包括了一切可能成为现实购买力的货币形式，因此，对研究货币流通的整体状况具有重要意义，尤其是对货币供应量的计量以及对货币流通未来趋势的预测，均具有独特的作用。

1990 年我国对货币计量划分统一为以下 3 个层次：

M0 = 流通中现金

M1 = M0 + 企业活期存款 + 农村存款 + 机关、团体、部队存款 + 个人持有的信用卡类存款

M2 = M1 + 企业单位定期存款 + 城乡居民储蓄存款 + 外币存款 + 信托类存款

M3 = M2 + 金融债券 + 商业票据 + 大额可转让定期存单

中国人民银行从1994年下半年开始，实行中央银行对货币供给量的定期公布制度，作为金融宏观调控的重要指标。

我国对2007年11月~2008年11月的货币供应量进行统计，结果见表1-1。

表1-1 我国货币供应量统计表（2007年11月~2008年11月）

日期	余额			比去年增长		
	流通中现金（M0）	狭义货币（M1）	广义货币（M2）	流通中现金（M0）	狭义货币（M1）	广义货币（M2）
2008年11月	31607.36	157826.63	458644.66	9.04%	6.8%	14.8%
2008年10月	31317.84	157194.36	453133.32	10.29%	8.79%	15.02%
2008年9月	31724.88	155748.97	452898.71	9.3%	9.4%	15.3%
2008年8月	30851.62	156889.92	448846.68	10.9%	11.5%	16%
2008年7月	30687.19	154992.44	446362.17	12.3%	13.96%	16.35%
2008年6月	30181.32	154820.15	443141.02	12.28%	14.19%	17.37%
2008年5月	30169.3	153344.75	436221.6	12.9%	17.9%	18.1%
2008年4月	30789.61	151694.91	429313.72	10.7%	19.05%	16.94%
2008年3月	30433.07	150867.47	423054.53	11.1%	18.3%	16.3%
2008年2月	32454.47	150177.88	421037.84	6%	19.2%	17.5%
2008年1月	36673.15	154872.59	417846.17	31.2%	20.7%	18.9%
2007年12月	30334.32	152519.17	403401.3	12.05%	21.01%	16.72%
2007年11月	28987.92	148009.82	399757.91	13.56%	21.67%	18.45%

资料来源：中经网（www.cei.gov.cn）提供。

三、货币是反映商品生产社会性的手段

前面指出：商品生产的基础是社会分工与私有制。由于社会分工的发展，每个劳动者只能在社会分工的一个部门中从事一种或数种产品的生产。因而，在社会分工的条件下，生产者就结合成一个彼此相互依赖的整体，而每一个商品生产者的这种或那种劳动都应该是社会总劳动的构成部分。但是生产资料的私有制又使商品生产者彼此隔离开来。每个商品生产者应从事哪种劳动，应生产哪种产品，应生产多少产品，在私有制下是没有一个社会机构有计划地加以组织安排的。所以商品生产者的劳动直接是私人劳动，它不一定是或不一定完全是社会分工体系的有机构成部分。

自从出现了货币，货币就能用来检验商品的生产劳动是否具有社会性：假使商品生产者的产品不是社会分工的有机构成部分，从而不为社会所需要，那么，商品生产者就不能卖掉其产品，就不能用其产品获得货币，从而也就不能获得社会上其他成员的劳动产品；反之，假如商品生产者的产品为社会所需要，那么商

品生产者就能把其产品换成货币，从而可以取得社会上其他成员的劳动产品。不仅如此，通过货币还可证明某种劳动有多少是社会所必需。如果某种生产劳动超过了自发的社会分工的必要，那么这种劳动的产品就会在市场上供过于求。这样，该种商品只能以低价出售，即只能换得较少的货币。所以，劳动产品只有预先经过质量和数量两方面的社会计算，才能到达消费者手里，才能使生产者有权获得其他社会产品。因此，马克思认为货币在对“社会必要劳动时间作为起调节作用的自然规律”的论证中有着及其重要的作用。㊀

货币还能反映出商品生产者生产商品的个人劳动耗费是多于还是少于社会必要劳动耗费。在生产无政府的私有制条件下，各个生产者的生产条件是不相同的：一些生产者拥有较优良的生产资料，另一些生产者所拥有的则是较落后的生产资料。由于生产条件不同，劳动耗费也就会不同：前者的个人耗费会低于社会必要劳动时间，后者则会超过。这样，前者出卖自己的产品就会获得较多数量的货币，后者则只能获得较少数量的货币。正是这些货币信息使得不以人们意志为转移的客观规律指挥着生产要素的重新配置。列宁曾把货币看作是“社会计算”的表现形式。㊁

在西方经济学中，还把货币说成是“选票”。一个社会生产什么东西，要取决于货币选票：形形色色的消费者对每一件商品是购买还是不购买，这是投不投选票；是愿意出较高的价格还是只愿意出较低的价格，也就是投多少选票。在这种情况下，有的企业赚了大钱，它会再投资；有的企业亏损，它就要考虑转产，考虑提高技术，考虑改进管理。虽然这里没有统一的领导和计划，但却可以有保证社会生存的经济秩序。货币选票则是指挥人们行为的必要环节。

四、货币是宏观经济调控的手段

无论是市场经济还是计划经济，政府都要通过对货币状况的剖析来观察经济进程，以决定自己的经济政策和措施，并且也都要通过对货币的控制实现对整个经济进程的干预和调节。这就有货币统计的问题，有货币政策操作的目标问题等。而要处理这些问题，需要对货币作非常具体的分析：哪些是毫无疑问的货币，哪些一时分不清是否应该算作货币，哪些可以明确虽有类似货币的性质而不能算作货币等。因此，国际通用的货币层次划分和我国对货币计量的具体划分就显得十分重要。

例如，对于经济总量的调节，政府主要是通过货币手段进行的。国家通过利率政策、存款准备金政策和公开市场业务，影响货币发行数量，对于经济增长进行逆周期式的调节。在我国，仍保留行政手段，通过贷款额度（规模）直接控

㊀ 《马克思恩格斯全集》第23卷，第92页。

㊁ 《列宁全集》第1卷，第369页。

制货币数量。当国际收支出现顺差或者逆差时，则通过汇率的调整影响外贸，通过利率的变动影响外资，达到国内外经济双平衡。在有管理的浮动汇率下出现国际收支不平衡时，中央银行则有义务通过公开市场业务、进行本币与外币之间的买卖维持汇率稳定，这实际是通过变动本币发行数量，进而变动国内经济以谋求国内经济之间的平衡。

五、货币并不等于社会财富

资产阶级重商主义经济学说曾认为金银就是货币，货币就是财富，并且是财富的唯一形态。

其实，在商品生产中，作为一般等价物的货币，的确成了社会财富的一般性代表。但货币并不等于是社会财富本身；就贵金属币材来说，它们至多只是社会财富的一部分。把部分夸大为整体并且变成“唯一”，就会导致货币乃是社会唯一追逐的目的这种极其荒谬的结论。西方有个很有名的寓言：一个古代的国王祈求他用手指所点到的东西都可以变成黄金。他的愿望实现了，但最后他碰到了食物，食物变成了黄金；他碰到了水，水变成了黄金。荒谬的理论结论在这里得到了最形象的说明。

在我国，这种货币理论观点似乎自古就没有什么地位。不论是主张货币是交易媒介的，还是主张货币是王者用以“御天下”的，似乎都一致赞同这样的观点：“珠玉金银，饥不可食，寒不可衣”。它们绝不是目的，只是手段。

应该说，把货币与财富等同的观点在现代经济理论中已没有什么地位，但在受商品货币关系所支配的人群中间，崇信这种观点的仍大有人在。

第四节　货币制度及货币分类

一、货币制度的构成要素

货币制度又称“币制”或“货币本位制”，是指一个国家或地区以法律形式确定的货币流通结构及其组织形式。它的构成包括以下几个要素。

（一）货币材料

规定货币材料是货币制度最基本的内容。在金属货币流通条件下，货币金属是整个货币制度的基础。货币制度规定以何种金属铸造本位货币，就称之为该金属本位币制度，如金本位制、银本位制、金银复本位制等。货币材料虽然是由国家规定的，却是由客观经济发展的进程所决定的。在不兑现的信用货币流通的条件下，国家不规定单位货币的金属含量，纸币成为流通中商品价值的符号，纸币币值以流通中商品的价值为基础，这就是纸币本位制。

（二）货币名称、货币单位和价格标准

货币名称通常是以习惯形成的。例如，英国的货币名称是“英镑”，美国为

“美元”，我国为“人民币”等。

英国的本位币单位为“镑”，镑以下为“便士”、“先令”等；我国人民币的单位为“元”，元以下为“角”、“分”等。

在金属货币流通条件下，价格标准是铸造单位货币的法定含金量。例如，根据美国1934年1月的法令，1美元的含金量为0.888671g。在金属本位制度下，货币单位与货币的价格标准是密切相关又各不相同的两个概念。但是，在当代纸币本位制下，货币不再规定含金量，货币单位与其价格标准逐渐融为一体，货币的价格标准即货币的单位及其划分的等份。

（三）本位币、辅币及本位币的偿付能力

1. 本位币和辅币

本位币（主币）是一个国家的基本通货和法定的计价结算货币。在金属货币流通条件下，本位币是指用货币金属按国家规定的货币单位和价格标准铸造的铸币，其名义价值（面值）与实际价值（市场金属价值）一致，为足值货币。在代用货币流通条件下，本位币依附于其发行基础——金属货币，代用货币只是金属本位币的符号。在当代纸币本位制度下，纸币已经成为独立的本位币，由该国货币制度所确定，是流通中商品价值的符号。

辅币是本位币以下的小额货币，主要供小额零星交易和找零之用。在金属货币流通条件下，辅币以贱金属铸造，其实际价值低于名义价值，为不足值货币。法律规定，辅币可按固定比例与本位币自由兑换，以确保辅币可以按名义价值流通。在当代纸币本位制度下，辅币即是本位币单位以下的小额零星货币。

2. 本位币的铸造及其偿付能力

在金属货币流通条件下，规定本位币可以自由铸造和熔毁。即无论是国家还是私人，都可以将其持有的货币金属送铸币厂铸币，也可以将持有的金属本位币送铸币厂熔为金属条块。

在纸币流通条件下，纸币是由国家垄断发行、强制流通的价值符号。除中央银行外，任何单位和个人都不得自行印制、变造和故意损毁货币，否则视为非法行为，并按国家有关法规的规定予以惩处。

无论是足值金属货币本位币还是纸币本位币，各国货币制度都有“无限法偿”的规定：不管是用本位币偿还债务或其他支付，也不管每次支付的本位币的数额大小，债权人和受款人都不得拒绝接受，否则视为违法。

辅币的铸造各国一般都规定只能由国家铸造，不准公民铸造。这是因为金属辅币是不足值货币，铸造辅币可获得额外收益，国家垄断辅币铸造权，可使这部分收益归国家所有。

（四）准备制度

准备制度也称发行保证制度，是指通过银行发行的信用货币作为价值符号来保证其币值稳定的制度。在金属货币形态下，发行银行券和辅币的银行必须建立金属储备制度，以保证银行券和辅币能随时兑换成金属本位币或本位币金属。

自20世纪30年代以来，世界各国在先后放弃金本位货币制度的同时，也不再规定发行保证制度。发行信用货币的中央银行虽然集中大量的黄金外汇储备，但既不规定信用货币的含金量，一般也不建立黄金外汇与信用货币发行之间的比例关系，因此，并不属于信用货币的发行保证制度。少数国家和地区由于特殊的背景和历史原因，也有用发达国家的国际通用货币（外汇）作为本国或本地区的货币发行保证的。例如，我国的人民币只规定有经济发行（商业信用）原则，而无发行保证制度；我国香港特别行政区则以外汇（美元）作为港币的发行保证。

二、货币制度的演变

（一）银本位制和金银复本位制

1. 银本位制

银本位制是以白银作为本位币币材的货币制度，有银两本位和银币本位之分。银两本位是不铸造银币，而以银两为单位，铸币以银块形式流通的货币制度；银币本位是以白银为币材，铸造银圆流通的货币制度。在银本位制下，银本位币可以自由铸造、自由熔毁、自由输出入国境，本位币无限法偿，银行券可自由兑换银圆或白银。银本位制是与封建社会经济发展相适应的货币制度。

2. 金银复本位制

金银复本位制是以金和银两种金属作为币材，同时铸造金和银两种本位币，并在同一市场共同流通的货币制度。在金银复本位制下，金、银两种本位币均可自由铸造、自由熔毁、无限法偿，两种金属均可自由输出入国境；金、银两种铸币可自由地相互兑换。金银复本位制是资本主义发展初期（16～18世纪）典型的货币制度。

金银复本位制主要有以下两种类型：平行本位制和双本位制。

平行本位制是金铸币和银铸币各按其所含金银重量的市场比价进行流通，国家不规定这两种铸币的兑换比率。因此，两种货币比价随市场金价、银价波动，而具有不稳定性。

双本位制是典型的金银复本位制，是指国家和法律规定金、银两种铸币的固定比价，两种铸币按国家比价流通，而不随金、银市场比价的变动而变动。

3. 格雷欣法则

双本位制虽然克服了平行本位制不稳定的缺陷，但又产生了新的矛盾，即出现了“劣币”驱逐“良币”的现象。所谓“劣币”，是指国家法定价值高于市场价值的货币；所谓“良币”，则是指国家法定价值低于市场价值的货币。由于两种铸币的法定比价不变，而金、银的市场价值随着劳动生产率和供求关系的变动而变动，从而导致两种铸币的法定比价和两种金属实际比价的背离。这样，当两种铸币在同一市场上流通时，实际价值高于法定价值的“良币”会被驱逐出流通，即被熔化或输出国外，导致实际价值低于法定价值的“劣币”充斥市场的现象。“劣币”驱逐“良币”的规律是16世纪英国理财家格雷欣发现的，所以，也将其称之为“格雷欣法则”。

金银复本位制是一种不稳定的货币制度，因为它与货币作为一般等价物而具有的排他性、独占性的本质特性相冲突，所以，随着资本主义经济的进一步发展，金银复本位制让位于金本位制是历史的必然。

（二）金本位货币制度

1. 金币本位制

金币本位制是以黄金为币材，铸造金本位币流通的货币制度。金币本位制的主要特征有：①铸造金币，有金币流动，金铸币无限法偿；②金铸币可自由铸造、自由熔化为金块（条）；③银行券和辅币作为价值符号，能自由兑换金铸币或黄金；④黄金可以自由输出入国境；⑤建立金准备制度，保证价值符号的可兑换性。

金币本位制是一种相对稳定的货币制度，对资本主义经济的发展曾起过积极的作用。首先，由于币制相对稳定，不会发生通货膨胀，从而为促进商品生产的发展和商品流通的扩大提供了良好条件；其次，在稳定的货币制度下，信用关系不受币值波动的影响，因而促进了信用事业的发展；最后，在金币本位制下，由于各国都以黄金作为币材，各国货币含金量的比率相对稳定，而外汇行市的稳定显然有利于国际贸易的进行，同时，对外贷款和投资的安全性也有了保障。

自1816年英国最早宣布实行金币本位制开始，到1914年各国金币本位制崩溃，这种货币制度盛行了将近100年的时间。第一次世界大战开始后，由于各参战国纷纷把黄金集中于国库，用于向国外购买军火，签发大量的不兑换黄金的纸币以弥补军费支出，使银行券失去了兑现黄金的可能性，各参战国陆续停止了银行券兑现制度，宣告了金币本位制的崩溃。

2. 金块本位制和金汇兑本位制

1924～1928年，资本主义国家的经济进入了相对稳定的时期，各国开始酝酿恢复金本位制度。但是，由于各国经济发展不平衡，黄金分布极不平衡，加上黄金产量的增长远远落后于商品生产和流通的扩大，典型的金币本位制已无法恢复，而只是建立了两种被称为“残缺不全”的金本位制——金块本位制和金汇兑本位制。

（1）金块本位制。金块本位制也叫生金本位制，其主要特点是：不铸造金币，没有金币流通，实际流通的是纸币——银行券；银行券规定含金量，但不能自由兑换黄金，只能在规定的数额以上兑换金块（如 1925 年，英国规定银行券 1700 英镑以上才能兑换金块）；黄金集中由政府保管，作为银行券流通的保证金。

（2）金汇兑本位制。金汇兑本位制也称虚金本位制，其主要特点是：不铸造金币，没有金币流通，实际流通的是纸币——银行券；中央银行将黄金和外汇存入另一实行金本位制国家的中央银行，并规定本国货币与该国货币的兑换比率；银行券规定含金量，但不能直接兑换黄金，只能兑换外汇；政府或中央银行通过按固定比价买卖外汇的办法来稳定本国币值和汇率。

金块本位制和金汇兑本位制是两种不稳定的货币制度：①这两种货币制度都没有铸币流通，黄金失去了流通手段的职能，从而也失去了自发调节货币流通的可能性；②由于银行券不能自由兑换黄金，所以，一旦过多就会贬值；③在金汇兑本位制下，本国货币制度依附于外国货币制度，一旦外国货币制度发生动摇，本国货币制度也必然随之动摇。

（三）纸币本位制

所谓“纸币本位制”，是指由中央银行代表国家发行以纸币为代表的国家信用货币，由政府赋予无限法偿能力并强制流通的货币制度。纸币本位制的主要特点为：

（1）纸币本位币是以国家信用为基础的信用货币，无论是现金还是存款，都是国家对货币持有者的一种债务关系。存款货币是银行代表国家对存款人的负债；流通中的现金是中央银行信贷资金的来源，是中央银行代表国家对持有者的负债。

（2）纸币本位制不规定含金量，不能兑换黄金，不建立金准备制度，它只是流通中商品价值的符号。

（3）纸币本位制通过银行信贷程序中的发行和回笼，即纸币本位币通过银行贷款、票据贴现，买入黄金、外汇和有价证券，投放到流通中；通过收回贷款，收回贴现票款，卖出金银、外汇和有价证券，使流通中的货币向银行回笼。

（4）纸币本位币是没有内在价值的价值符号，不能自发适应经济运行的需要。纸币本位制的稳定性取决于国家的货币政策，中央银行必须按经济原则发行货币，并以其作为调控国民经济的重要工具，既控制通货膨胀，又防范通货紧缩。

（5）从世界范围看，纸币本位制下的存款货币、电子货币流通广泛发展，而现金货币流通则呈日渐缩小的趋势。

（四）区域货币制度

1. 单一地区货币制度

自我国的香港、澳门相继在 1997 年、1999 年回归祖国后，出现了人民币、港币、澳元“一国三币”的特有历史现象：根据《中华人民共和国中国人民银行法》规定，中华人民共和国的法定货币是人民币；根据《中华人民共和国香港特别行政区基本法》和《中华人民共和国澳门特别行政区基本法》，香港、澳门后回归祖国，港币和澳元分别是香港特别行政区和澳门特别行政区的法定货币。人民币和港币、澳元的关系，是在一个国家的不同社会经济制度区域内流通的3种货币，它们所隶属的货币管理当局各按自己的货币管理方法发行和管理货币。

2. 跨国货币制度

诞生于1999年1月1日的欧元是欧洲货币联盟11国唯一的法定货币，它是一种超国家主权的跨国货币制度。欧元由各成员国中央银行组成的超国家欧洲中央银行统一发行，制定和执行统一的货币政策和汇率政策，并对各成员国的金融管理进行监管。

在欧元的启示下，世界各大洲都出现了建立跨国货币制度的动向。在美洲，秘鲁和厄瓜多尔试图实行以美元为基础的经济；被誉为“欧元之父”的罗伯特·蒙代尔在2000年4~5月的巡回演讲中，大力倡导巴西、阿根廷、乌拉圭和巴拉圭建立南美共同货币；在非洲，西非经济共同体六国领导人于2000年4月21日签署协议，规定在3年内建立统一货币；经历1997年亚洲金融危机后，为了稳定亚洲的货币环境，一些国家和地区也提出了建立“亚元”的构想等。但是，跨国的货币制度必须建立在各国经济、政治制度接近，生产力发展水平相近，各国货币政策、经济政策和价值观念趋同的基础之上，因此，需要一个较长的发展和磨合过程。可以预见，一个主权国家内部的货币制度发展成为跨国的货币制度，地区性的跨国货币制度发展成为全球性的跨国货币制度，将是货币制度发展的必然历史趋势。

新的世界货币制度事关全球经济能否健康发展及全世界各国人民的根本利益。2008年金融危机的爆发并在全球范围内迅速蔓延，反映出当前国际货币体系的内在缺陷和系统性风险，暴露出了美元以一国货币作为世界货币的内在矛盾。中国人民银行行长周小川在央行官方网站发表文章，倡议将IMF（国际货币基金组织）的特别提款权（SDR），发展为超主权储备货币，并逐步替换现有储备货币即美元，引发全球热议，世界各国都开始积极寻求新的货币制度。周小川的提议与俄罗斯提出的想法相呼应，并赢得包括巴西、印度、韩国和南非等新兴市场经济体的支持。我国应与世界各国一起，为建立一个高效安全、公平合理、有利于世界经济发展的新世界货币制度而积极努力。

三、货币的分类

（一）按货币的形态，大致可分为实物货币、金属货币、纸币、存款货币、电子货币、虚拟货币

1. 实物货币

实物货币是指金属货币出现以前，曾经充当过交易媒介的那些特殊商品。例如米、布、木材、贝壳、家畜等，都曾在不同时期充当过货币。在我国古代，龟壳、海贝、蚌珠、皮革、兽角、猎器、米粟、布帛、农具等均充当过交易媒介。这些特殊商品在充当货币时，基本上保持原来的自然形态。但这些实物货币都有其缺点。例如许多实物货币体积笨重，不能分割为较小的单位，携带运输极不方便，无法充当理想的交易媒介；并且各种实物质量不一，容易腐烂、磨损，也不适于作为价值标准和价格储藏手段。所以随着经济的发展和时代的变迁，实物货币也就逐渐为金属货币所替代。

2. 金属货币

凡是以金属为币材的货币都称为金属货币。铜、铁、金、银等都充当过金属货币的材料。初期的金属货币以条块形态出现，称为称量货币，而近代的金属货币则将金属按一定的成色、重量铸造成一定的形状使用，所以又称为铸币。

一般而言，担任货币的物体，必须具备以下条件或特征：①耐久性；②轻便性；③可分性或可加工性；④价值统一或均质性；⑤供给的稳定性。一种货币不具备耐久性，则不能很好执行价值储藏手段的职能。不轻便，就不便于携带和运输，则不能很好执行交易手段的职能。不易于分割，则不能根据交易额大小的需要把货币分成各种面额。价值统一性是指币材的匀质性，币材的质量不均匀，则不能很好充当价值标准和执行交易媒介的职能。供给的稳定性为货币价值的稳定性所必需，取之不尽、用之不竭的材料和特别稀有的材料都不适合用作币材，因为它们无法保持货币价值的稳定，货币价值不稳定，则不能很好或根本无法执行价值储藏手段的职能和交易媒介的职能。大致而论，金、银和铜等金属，都具备了这些条件和特征，或者更准确地说，和其他任何商品货币相比，它们都更能有效地发挥货币的职能。

3. 纸币

纸币是以纸张为币材，印成一定形状，标明一定面额的货币。纸币可分为兑现纸币与不兑现纸币两种。兑现纸币是持有人可随时向发行银行或政府兑换成铸币或金银条块的纸币，其效力与金属货币完全相同，且有携带便利、避免磨损、节省金银等优点。不兑现纸币是不能兑换成金属铸币或金银条块的纸币，它只有货币价值而无币材价值。目前各国流通的大都属于不兑现纸币。

我国是世界上最早使用纸币的国家。早在汉武帝元狩四年（公元前 119 年）就已出现了一种“白鹿皮币”，用珍贵动物白鹿的皮制成，主要用于王室、宗室朝觐聘享，虽流传不广，但却已具有纸币的雏形。最早在市场上流通的纸币，是宋朝初年（公元 960 年）在四川成都出现的“交子”。当时四川地区商业发达，地区经济往来较多，交易数额越来越大。原来用的铁钱体重值小，携带十分不便，于是便出现了用植树皮纸做成的货币，称为“交子”，它可以兑现，也可以在市场上流通。“交子”意指交换凭据。我国的纸币制度后来传入波斯、印度、日本。波斯于1294年、印度于1330～1331年，都使用过纸币。日本自1332年起，曾几次发行纸币，这都是受我国的影响，仿照我国的办法印制发行的。

欧洲的纸币来源于17世纪的银行券，所以其历史不过300年。意大利威尼斯的旅行家马可·波罗，13世纪时来到我国，看到人们用纸币买卖物品大为惊奇，当时纸币在我国的使用至少已有300年的历史了。

4. 存款货币

存款货币是指活期存款。在西方国家，活期存款的存户可以随时开出支票在市场上转移或流通，充当交易媒介或支付工具，发挥货币的职能。因支票可以钉成书本形状，所以又称为书本货币。又因存款货币以在银行的活期存款为基础，根据支票的授受，将银行账户上所记存户的债权加以转移，故亦称为银行货币。在经济发达国家，存款货币占据重要的地位，大部分交易都以这种货币为媒介。

5. 电子货币

它是继金属货币、不兑现货币和代用货币、支票账户以后的第4次支付媒介的改革成果，全称是电子资金转账系统（Electronic Funds Transfer System，EFTS）。

如今许多国家的支付系统是通过电子处理的，如美国的“美联储专线”（Fedwire）。通过这个无线电通信体系，所有的金融机构，包括联邦储备银行账户都可以异地电付资金，使大额转账业务在瞬间完成。一家众所周知的私人无线电通信系统——银行间支付清算系统（HIPS）可以让银行通过电脉冲进行国际间的资金划拨。银行、公司、证券交易商、货币市场互助基金，以及其他主要参与者都可以通过这一系统电付资金。在美国，只有不到1%的交易是通过现金方式完成的，但却有90%以上的交易额是通过这种方式实现的。换句话说，几乎所有的大宗交易都是通过电子方式完成的。

EFTS的潜在优势在于其效率。它可以减除目前所使用的以纸张为主导的巨大支票管理系统的数亿美元成本。到EFTS取代信用卡的时候，未来的收益不可限量。信用卡的效率很低，包括繁杂的信息传递和票据工作的处理。而这些费用不是直接由信用卡使用者承担，而是由接受卡的商人承担。最终，这些费用还是通过较高的价格转嫁到消费者身上。由于强加在信用卡使用者身上的费用比社会的实际成本低，从而造成这些工具的过度使用和无效率。在完全实施EFTS时，资金转移的成本将大大降低，效率的提高可以证明高水平的生活标准。

6. 虚拟货币

虚拟货币本指非真实的货币。在虚拟跟现实有连接的情况下，虚拟的货币有其现实价值。知名的虚拟货币如腾讯公司的Q币，盛大公司的点券，新浪推出的 U 币或米票（用于 iGame 游戏）、侠义元宝（用于侠义道游戏）、纹银（用于碧血情天游戏）。

电脑游戏里的虚拟的钱也会有其真实价值。比如，A 玩家向 B 玩家购买账号，A 玩家就可以得到 B 玩家的所有虚拟的资产。如果游戏允许玩家之间可以转移虚拟财产，玩家之间就可以买卖游戏道具，用现实货币支付。如果游戏道具在游戏里由虚拟货币标价，那么真实货币和虚拟货币之间的兑换率就建立起来了。另外网络游戏服务提供商的收费方式改为收取虚拟货币，虽然这些交易绝大部分是单向的，并且用户间的支付也受到限制。这些虚拟货币都是消耗性的，玩家所消耗的就是网络游戏服务提供商的所得。至 2009 年，大部分玩家还不能通过在游戏里挣得虚拟货币，再兑换成真实货币。

虚拟货币通常用于购买货币发行者（也即服务提供商）提供的产品及服务，这些产品和服务都是真实的，如用腾讯公司的 Q 币买腾讯公司的 QQ 会员服务。虚拟货币也可以用于此服务提供商所提供的某一个网络游戏里，或者兑换成此货币发行者所发行的其他虚拟货币。目前通过虚拟货币获利也需要缴纳 20% 的个人所得税。

（二）按货币价值与币材价值的关系，可以分为商品货币、代用货币和信用货币

1. 商品货币

商品货币是指商品价值与货币价值相等的货币。此类货币其面值等于其币材价值。早期的实物货币如牛、羊、布帛等，金属货币如金圆、银圆等均属于商品货币。

2. 代用货币

它通常为政府或银行发行的纸币，其代表者为兑现纸币。纸币虽在市场上流通，为交易媒介，但背后有充足的金银货币或等值的金银条块为保证。纸币持有人有权随时向政府或银行将其兑换为金属货币或金银条块。因此代用货币本身的价值虽然低于其面值，但是公众持有代用货币，等于具有实质货币的要求权。代用货币的优点是：①货币发行成本低；②纸币较金属货币更易于携带和运输；③可以把稀有的金银节省下来移作他用。

3. 信用货币

信用货币是代用货币进一步发展的产物，也是目前世界上几乎所有国家所采用的货币形态。从历史的观点来看，信用货币是金属货币制崩溃的结果。20 世纪 30 年代，由于世界性的经济危机和金融危机接踵而至，各主要国家先后被迫脱离金本位和银本位，所发行的纸币不再能兑换金属货币，因此信用货币应运而生。信用货币不但本身价值低于其货币价值，并且也和代用货币不同，它不再代表任何贵金属。

除了上述直接的历史因素外，信用货币的出现也有其经济发展的内在根源。根据纸币的使用经验，各国政府和货币当局发现，只要纸币发行量控制适宜，则社会大众对纸币仍能保持信心，法定纸币并不需要充足的金银准备。这当然并不意味着信用货币完全无准备而言。事实上，当今世界上大多数采用信用货币制的国家，均具有相当数量的黄金外汇储备、有价证券等资产，作为发行纸币的准备。而各国政府或货币当局不受黄金外汇准备的束缚，根据政策需要决定纸币的发行数量，这也是事实。

从银行业务方面看，不论是中央银行还是商业银行，从经营经验中发现，只要公众对银行的信誉保持信心，则在一特定时间内，存款者同时要求把全部存款取走的可能性极小。因此，银行体系只须保留一部分现金准备即可，其余存款可运用于放款投资等获利用途上。这便是近代“部分准备制”的开始。

信用货币具体又可分为以下几种主要形态：

（1）辅币。其主要职能是在小额或零星交易中担任交易媒介，多以贱金属铸造，如铜、镍、铝等。我国的辅币以铝为主要成分铸造而成。目前世界各国铸币权几乎毫无例外地完全由政府独占，我国是由财政部下属的铸币厂专业铸造，发行收入为财政收入的一部分。

（2）纸币。其主要职能是担任人们日常生活用品的购买手段。纸币发行权同样为政府或政府的金融机关所专有。发行机构因国而异，多数是中央银行，也有财政部门或政府成立的专门货币管理机构。

（3）银行存款。现代银行制度创造了多种存款形式，但是能作为货币充当一般交易媒介职能的主要是活期存款。活期存款之所以被广泛用作交易媒介与支付手段，是因为它具有以下优点：①可以避免丢失和损坏的风险。②传输便利，减少运输成本。③实收实支，免去找换零钱的麻烦。④支票在经收款人收讫以后，可以在一定范围内流通。

以上两种划分标准所划分出的货币类型，它们之间的关系可以用图1-1表示。实物货币和金属货币都属于商品货币；兑现纸币为代用货币；不兑现纸币、金属辅币与存款货币为信用货币。代用货币和信用货币也称为非商品货币。随着货币制度的发展，货币的形态仍将不断进化。

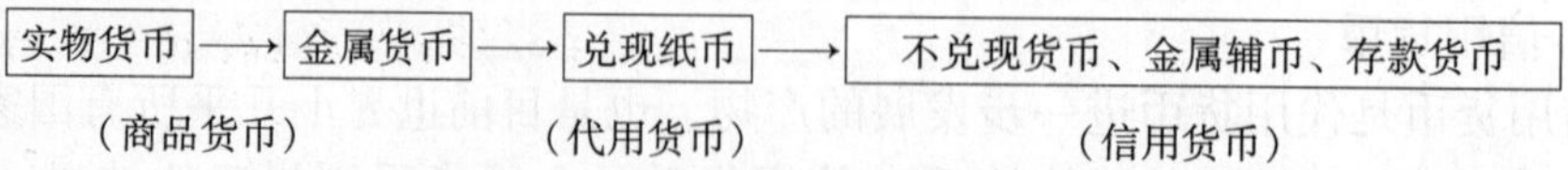

实物货币 ⟶ 金属货币 ⟶ 兑现纸币 ⟶ 不兑现货币、金属辅币、存款货币

（商品货币）　（代用货币）　（信用货币）

图1-1 不同类型货币之间的关系

（三）按货币发挥作用的范围，可以把货币分为国内货币和国际货币

国内货币是指在一国范围内使用的货币。国际货币是指作用范围超出一国国境的货币。国际货币包括3种：①黄金。②某些国家的货币，如美元、欧元、日

元、英镑。③某些国际支付形式，如特别提款权等。

一国货币能否成为国际货币，取决于它的可兑换性，即取决于这种货币能否不受限制地兑换成其他国家的货币。只有能自由兑换的国家货币才能成为国际货币。

国际货币可以在国际贸易和国际资金往来中充当交易手段、支付手段和价值标准。有些价值比较稳定的国际货币可以作为一国的国际储备。国际储备中外汇部分构成一国的外汇储备，也称为储备货币，主要用于清偿国际收支逆差和干预外汇市场，以维持汇率的稳定。重要的储备货币称为主导货币。第一次世界大战之前，英国经济实力最为强大，英镑被资本主义各国普遍用作主要的储备货币，因此英镑曾是主导货币。第二次世界大战以后，美国经济实力增强，美元取代英镑成为各国主要储备货币，因此美元成为主导货币。进入20世纪70年代以来，美元危机频繁发生，地位日益衰落。除美元以外，德国马克、日元也成为重要的国际储备货币。国际储备有多元化的趋势。目前成为主导货币的主要是美元、欧元、日元等。主导货币一定是储备货币，但储备货币不一定是主导货币。

四、人民币的国际化之路

（一）美元的国际地位

在国际储备中，美元资产的比重仍处于绝对优势。长期以来，世界范围内的美元资产所占比重一直稳定在60%～70%之间，欧元在20%上下波动，这两种货币的资产占到了全球外汇储备的90%以上。而英镑、日元比重约在4.08%、3.27%。

现在，几乎所有国家进出口贸易所使用的结算货币中，美元都占其半数甚至绝对优势的比重。

在石油贸易中，美元是作为100%的结算货币，这是因为由于欧佩克统一接受美元作为石油唯一的定价货币，等同于美元与石油的挂钩，巩固了美元的霸权地位。

在出口贸易结算中，除欧元区和英国，美元占30%左右，在其他地区的比例都超过了50%，而进口贸易结算中的比例更有所上升，欧元区和英国都上升了8～10个百分点。

2005年12月IMF通过提案，2006年1月1日生效的特别提款权（SDR）现时组合为：美元占44%、欧元34%、日元11%、英镑11%。

（二）影响一国货币国际化地位的因素

1. 对外贸易规模

通常，一国与外国的贸易规模越大，用该国货币计价、支付、结算的需求就越大，从而该国货币在国际贸易中的被接受性不断增强，其国际化程度也就越高。人民币还是有很大的国际化需求的。

2. 对外贸易依存度

虽然一国对外贸易规模的扩大是该国货币国际化的一个重要因素，但其规模的扩大必须建立在该国国内经济规模增长的基础之上。我国又面临着对外贸易过高这一问题。所以，不能盲目、片面地追求对外贸易规模的扩大，要在稳定国内经济、保持国内经济高速增长的基础上扩大对外贸易规模。

3. 货币价值的稳定性

一国货币要成为国际货币取决于人们对该货币稳定的信心。通常，通胀率、汇率两个指标被用来衡量货币价值的稳定程度。我国通胀率变化较大，在金融危机之前，达到4.8%。在汇率方面，我国实行有管理的浮动汇率制度，政府的干预性较发达国家来比比较大，波动自然比发达国家来的小。同时我国在很长一段时间面临着人民币升值的压力，有利于提高持有者信心。

4. 金融市场的发达程度

货币发行国只有具备发达的金融市场，才能为其货币持有者提供更为广泛的金融产品和服务，从而提高货币持有者对该国货币的持有意愿。一国的金融市场越发达，该市场提供的金融产品的成本越低、安全性越高、流动性越强，从而为货币的持有者解除了后顾之忧，也进一步促进了该国货币国际地位的提升。

5. 现有的国际主导货币的黏滞作用

国际主导货币在国际货币体系中的已有位置具有黏滞性，仍将保持它作为世界上最主要国际货币的位置，其经济势力的影响仍会很大，大多数的进出口商及国际投资者仍使用主导货币进行贸易和投资，国际投资者的投资惯性一时难以改变。主导货币国家也不会轻易放弃强势货币政策。

（三）我国人民币国际地位的提升

在国际社会拥有话语权是一个国家综合实力提升的标志。而一个国家的经济总量和增量是能否提升话语权的物质基础。我国要提升人民币的国际地位，就是要在国际金融领域中获得其应有的话语权。实现人民币国际化，对我国来说是无法回避的重要战略目标。

近年来，我国已与周边多个国家签订了自主选择双边货币结算协议。2008年年底，国务院提出在部分地区开展人民币结算试点，从而促进了人民币结算职能的实现。除此之外，央行与韩国、马来西亚、印度尼西亚等6国签订了总额6500亿元人民币的货币互换协议，为对方国家的贸易和直接投资提供流动性。与多国签订货币互换协议为人民币跨境结算提供了资金支持基础。长远来看，将为人民币国际化奠定重要基础。

鉴于此次金融危机给人民币国际化带来的契机，我国政府颁布了一系列的政策措施促进人民币国际化的进程，主要集中于促进国内金融市场的发展以及促进人民币流通职能、支付职能和储藏职能在更大范围内的实现。不同于美元或欧元这样发展已经较成熟的国际化货币，人民币还处于一个初始发展的阶段。人民币主要还是作为一种交换媒介，不论是签订的货币互换协议还是人民币结算业务，也都还局限周边贸易地区。人民币在储备价值和计价单位上还处在起始阶段。事实上，国与国之间都是相互依赖的，美元的国际化地位动摇，会涉及结算货币转换的菜单成本㊀，使各国的外汇储备大幅度缩水，这也是许多国家所不想面对的。因而，人民币要想真的在国际货币中占有一席之地，还需要经过缓慢而稳定的发展过程。

（四）实现人民币国际化的步骤与模式

温家宝总理指出：中国的金融改革历史与发达国家相比还是很短的，缺乏人才，制度也需要完善。而目前的人民币还必须在经常项目可兑换的框架下进行，因为人民币在资本项目下的可兑换在短时间内还无法实现。因此我们目前的主要任务是加强国内金融建设，打好基础，再谈人民币国际化。所以人民币国际化是个渐进的过程，需要按步骤一个一个去做。

1. 具体步骤分两个“三步走”

第一个“三步走”：人民币的国际化要从周边化扩展到区域化，也就是在整个亚洲范围内，最后，深入到全球范围内。第二个“三步走”：首先人民币成为结算货币，这无疑会加大人民币在国际上的流通性，接下来就是成为投资货币，也就是在国际金融市场上成为交易货币，使手中的人民币更有用武之地，最后一步是储备货币，国际地位的高度也就不言而喻了。相关情况见图1-2。

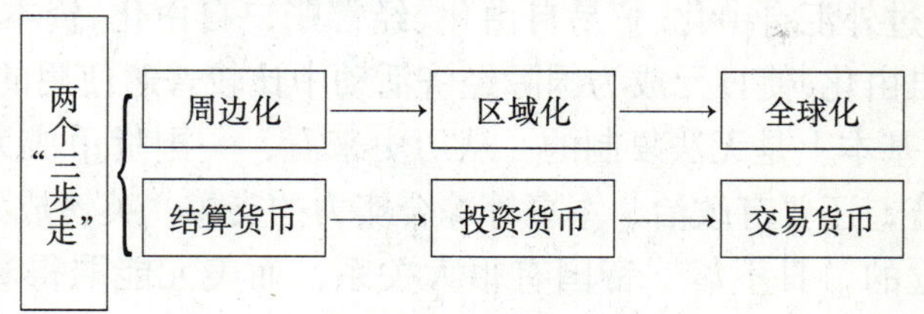

图1-2 两个“三步走”

我国目前的宏观经济、金融环境可能是制约人民币实现国际化的因素。

从数据上看，美国在20世纪逐渐替代英镑时，经济总量占全球10%，日元20世纪成为储备货币，经济总量占全球7%，而我国目前也是7%。但仅从这一点看显然是片面的。首先，目前国内金融环境还有很多问题，如国际收支不平衡，经济结构的脆弱性，农业，社保等问题。其次，人民币目前在资本项目下还

㊀ 菜单成本又叫成本的价格调整论。该理论认为，经济中有一定垄断力的厂商是价格的决定者，能够选择价格。菜单成本的存在阻碍了厂商调整价格。菜单成本是指调整价格时所花费的成本，它包括：研究和确定新价格的成本、重新编印价目表的成本等。有些机会成本也叫做菜单成本。

不能自由兑换，如果不能成为金融市场上的交易工具，对于持有者而言，货币的流通性不高，必然会增加其风险性。再次，人民币的国际流通量不足，在国际市场上的存在感不强。最后，美元的黏滞作用，即使现在中国经济超过美国，也不可能在短期内实现国际化，更何况现在中国经济和美国还差很远。

当然，就目前来看，美国陷入了金融危机，表明以美元作为单一国际货币存在很大的不稳定，国际货币体系多极化是大势所趋，这给我国提供了有利条件。

2. 实现人民币国际化的措施

首先，一国货币的坚挺程度与一国背后稳定的金融市场与金融环境的支持是密不可分的，为了给人民币提供更加坚硬的后台，我国必须推进国内金融改革。其次，人民币汇率的稳定也十分重要，毕竟，要使人民币成为国际储备货币，必须要保持它的价值稳定。再次，要认清实现人民币资本项目下的可兑换并不是人民币国际化的充分条件，从某种程度上来讲，它可以是必要条件，我国不必等到实现了资本项目下的可兑换之后再开始人民币国际化的步伐，而要互相促进、互相依存的发展下去。最后，把扩大人民币国际流通量作为突破口。

人民币国际化究竟要通过怎样的路径？经济大国本币的国际化进程或许可以提供重要参照系。

目前货币国际化的过程主要有3种模式：一是美元模式，依托全球性货币汇率制度安排，成为唯一的国际计价单位和与黄金挂钩的国际储备货币；二是欧元模式，在区域经济一体化的基础上，让渡货币主权，最终形成区域共同体单一货币；三是日元模式，通过外汇自由化、贸易自由化、经常账户自由化、资本流动自由化、利率与金融市场自由化，使日元成为国际经济活动中比较普遍使用的货币。

“美元模式基本上是无法复制的。从历史来看，一国货币成为全球主要的本位币不仅是经济，还要有政治、军事等综合实力的支撑。英镑成为国际主导货币跟它在全球建立的‘日不落’帝国有很大关系，而美元能取得霸主地位，这跟布雷顿森林体系签订的时候美国的综合实力居于世界霸主地位紧密相关。当时那些欧洲国家基本上都被战争打趴下了，需要美国大量的输血和援助，他们不敢说不。”连平说。

焦瑾璞认为，相对来说，日元的国际化模式有更大的借鉴性，“中日两国实现货币国际化的背景和条件较为相像，都是在美元主导的世界货币体系中，依托本国经济发展、政策稳定，在经济实力和综合国力充分发展的基础上推进金融深化改革与发展。”

专栏

格雷欣法则及其在现实中的例子

格雷欣法则是以托马斯·格雷欣爵士（1519—1579）的姓氏命名的。格雷

欣是英国著名的金融家、慈善家，皇家证券交易所及格雷欣学院的创建者，由于他对货币与交易方面的事宜了如指掌，因此成为英女王伊丽莎白一世改革货币制度的主要军师，业务包括与佛兰德的商人议定皇室贷款、购买军备，以及偷运黄金进英国。他家境富裕，地位显赫，曾经两次邀得英女王成为他的座上客。他研究发现：在实行金银复本位制条件下，金、银有一定的兑换比率，当金、银的市场比价与法定比价不一致时，市场比价比法定比价高的金属货币（良币）将逐渐减少，而市场比价比法定比价低的金属货币（劣币）将逐渐增加，形成良币退藏、劣币充斥的现象。格雷欣于1580年提出了这个法则之后，从此他就变成了一个在货币史上的著名人物。

格雷欣法则是一条经济法则，也称劣币驱逐良币法则，意为在双本位货币制度的情况下，两种货币同时流通时，如果其中之一发生贬值，其实际价值相对低于另一种货币的价值，实际价值高于法定价值的“良币”将被普遍收藏起来，逐步从市场上消失，最终被驱逐出流通领域，实际价值低于法定价值的“劣币”将在市场上泛滥成灾。

自从人类给金钱以一定的币值时起，这一法则就起作用了。

第二次世界大战期间，在纳粹的战俘集中营中流通着一种特殊的商品货币——香烟。当时的红十字会设法向战俘营提供了各种人道主义物品，如食物、衣服、香烟等。由于数量有限，这些物品只能根据某种平均主义的原则在战俘之间进行分配，而无法顾及到每个战俘的特定偏好。但是人们的偏好显然是会有所不同的，有人喜欢巧克力，有人喜欢奶酪，还有人则可能更想得到一包香烟。这种分配显然缺乏效率，战俘们需要进行交换。

但是，即便在战俘营这样一个狭小的范围内，物物交换也显得非常不方便，因为它要求交易双方恰巧都想要对方的东西，也就是所谓的需求的双重巧合。为了使交换能够更加顺利地进行，需要有一种充当交易媒介的商品，即货币。那么，在战俘营中，究竟哪一种物品适合做交易媒介呢？许多战俘营都不约而同地选择香烟来扮演这一角色。战俘们用香烟来进行计价和交易，如一根香肠值10根香烟，一件衬衣值80根香烟，替别人洗一件衣服则可以换得两根香烟。有了这样一种记账单位和交易媒介之后，战俘之间的交换就方便多了。

香烟之所以会成为战俘营中流行的“货币”，是和它自身的特点分不开的。它容易标准化，并且具有可分性，同时也不易变质。这些正是和作为“货币”的要求相一致的。当然，并不是所有的战俘都吸烟，但是，只要香烟成了一种通用的交易媒介，用它可以换到自己想要的物品，自己吸不吸烟又有什么关系呢？我们现在愿意接受别人付给我们的钞票，也并不是因为我们对这些钞票本身有什么偏好，而仅仅是因为我们相信，当我们用它来买东西时，别人也愿意接受。

在我国，早在公元前2世纪，西汉的贾谊曾指出“奸钱日繁，正钱日亡”

的事实，这里的“奸钱”指的就是劣币，“正钱”指的是良币。实行金银复本位制时，金和银都是法偿货币，在法律上按一定比价具有相同的价值。但在现实情况中，金银的开采成本、市场供求是不太可能完全同步变化的，于是当金相对于银来说更为贵重时，人们必然地储存更有价值的金而使用相对来说没有价值的银，因为交换时是以法定比价而不是实际比价来计算的。如果银相对来说更为贵重时，金就成了劣币，银变成了良币。

进入了纸币流通的时代，货币的不足值性更加明显，国家必须采取更加有力的手段保障其法偿性。也正是在这时，格雷欣法则开始受到一些学者的质疑。事实上，没有良币出现，或者有强有力的政府禁止良币的使用，劣币也不能一直使用下去。

在民国末年，法币贬值，物价飞涨，民间开始使用银元，拒收劣币。许多私人机构开始以大米为薪金，社会交换退化到了物物交换时代。

出现劣币驱良币现象的根源在于，劣币驱良币并不是产生于竞争的前提条件下。每一套货币的发行，都是由国家强制人民接受的，尽管付款的一方很乐意使用劣币，但收款的一方却不会甘愿接受，只有在国家能保证收款方接受的劣币能够继续流通的时候，劣币才能得以继续存在，这条规律才能继续起作用。

格雷欣法则虽然是货币、金融领域内的著名定律，但在商业领域也有一定的泛化倾向，后来，人们就用这一法则来泛指价值不高的东西会把价值较高的东西挤出流通领域，主要是指假冒劣质产品在多种渠道向正牌商品挑战，并具有膨胀、蔓延的趋势。

资料来源：作者整理《凤凰导报》等，有删节。

复习思考题

1. 货币是如何产生的？又是如何演变的？

2. 货币有哪些职能？如何认识货币的本质？理论界对货币的定义有哪几种？

3. 货币制度的构成要素有哪些？

4. 简述金本位制度的演变过程。何谓“劣币驱逐良币”现象？谈谈在商业领域出现的格雷欣法则现象。

5. 纸币本位的特点是什么？信用货币有哪些形态？根据货币的职能分析产生电子货币的可能性。

6. 如何划分货币的类型？

7. 人民币能否成为国际货币？

第二章

信用经济

由于现代市场经济中的大部分交易都是以信用为中介，失去了信用，交易的链条就会断裂，市场经济根本无法运转。

——吴敬琏

信誉就像一棵苹果树，没有主人的苹果树是长不大的。

——张维迎

信用是货币的灵魂。

——李镜彰

【本章导读】

商品货币经济是价值经济，信用是一种价值运动的特殊形式。在商品经济高度发达的国家，信用关系已发展到前所未有的高度，成为经济中无时不有、无处不在的基本要素。不仅企业单位之间普遍形成信用关系，就是个人也离不开信用，特别是信用卡运用之后，几乎每个人都离不开银行和金融市场了。所以有人把现代经济称为“信用经济”。

本章首先分析信用的含义、产生和发展的过程，从而进一步阐述信用的本质；然后对信用的基本形式进行比较，并介绍了几种常见的现代信用工具；最后阐述信用在一国经济发展中发挥其功能的重要意义。

第一节　信用的起因

信用产生于原始社会末期，是商品经济发展到一定阶段的产物。信用对社会经济的发展起着极其重要的作用。自从人类社会在经济活动中产生了货币之后，不但提高了商品交易的效率，而且借助于货币的支付手段职能，人们还使信用这种经济活动方式进入了更高级阶段。

一、信用的含义

西方经济学中的“信用”一词源于拉丁语“Credo”，其意为“信任、声誉”等；“信用”在英语中是“Credit”，其意思除“信任”外，也解释为“赊账、信贷”等。汉语中的“信用”原意为能履行承诺而取信于人，近代在学习西方文明的过程中，又扩大了“信用”一词的内涵，引进了“借贷”、“借款”等内容。因此，汉语中的“信用”主要有两种解释：一是社会学解释，二是经济学解释。

在社会学中，信用被用来作为评价人的一个标准。例如，某人很讲信用，意即此人是可以信赖的。

在经济学中，信用是一种体现特定经济关系的借贷行为。这种行为可以有两种表现方式：或者是以收回为前提条件的付出，即贷出；或者是以保证归还为义务的获得，即借入。而且，一般来说，贷者有权取得利息，借者必须支付利息。所以，信用是一个经济范畴，是以偿还和付息为条件的价值的单方面运动，是价值运动的一种特殊形式。

二、信用的产生

人类最早的信用活动开始于原始社会末期。原始社会随着社会生产力的发展出现了两次社会大分工：一是畜牧业与原始农业的分工；二是手工业与农业的分工。这两次社会大分工，加速了商品的生产和交换，加快了原始社会公有制的瓦解和私有制的产生。由于社会分工和私有制的出现，形成了财富占有的不均和分化，贫富差距就自然地出现了。这样，因贫穷而缺少生产资料和生活资料的家庭，为维持生活和继续从事生产，不得不告贷于富裕家庭，通过借贷调剂余缺，信用随之产生了。

随着商品生产和交换的发展，在商品买卖中，由于生产周期的长短不一、商品购销地点的远近不同等因素，造成有的商品生产者出售商品时，商品的购买者却因为自己的商品尚未卖出而无钱购买。为了使社会再生产能够继续进行下去，出现了商品买卖中的延期支付。卖者因为赊销产品，称为信用交易中的债权人，而买者则称为信用交易中的债务人。到约定期限，买者再以货币清偿债务，货币在这里不是作为流通手段，而是作为支付手段发挥作用，以实现价值的转移和返还。

随着商品货币经济的深入发展，货币的支付手段超出了商品流通的范围；与货币支付手段相联系的信用关系，也就不仅仅表现为商品的赊购赊销，而是日益表现为货币的借贷。货币成为契约上的一般商品，一方面一些人手中积累了货币，或者一些生产流转企业在生产流转过程中出现了闲置的货币，需要寻找运用的场所；另一方面，一些人或企业则需要货币用于生活或从事生产经营，从而要求通过信用形式进行货币的调剂。

三、信用的发展阶段

（一）高利贷信用

高利贷信用是高利贷资本的运动形式。高利贷信用最初出现于原始公社末期，第一次社会大分工使生产力水平有了迅速的提高和商品经济的加速发展，并使原始公社内部出现了贫富分化和私有制。穷人缺乏必要的生产资料和生活资料，为了生存，不得不向富人借贷，并被迫接受支付高额利息的要求，于是高利贷便产生了。高利贷最初是以实物形式出现的。随着商品货币关系的发展，货币借贷才逐渐取代了实物借贷，成为高利贷的主要形式，并出现了专门从事放贷的高利贷者。

高利贷信用在奴隶社会和封建社会得到了广泛发展，最根本的原因是：高利贷作为生息资本的特殊形式，是同小生产者即自耕农和小手工业者占多数的社会特点相适应的。小生产者的经济基础又相当薄弱，且极不稳定，遇到意外事故（洪涝灾害、干旱、丧葬嫁娶等）就无法生计。为了获得购买手段以换取必要的生活资料和生产资料，他们只得向高利贷者求助。小生产者的广泛存在是高利贷信用存在和发展的根本经济基础。除此之外，奴隶主和封建主为了满足其穷奢极欲的生活需要而向高利贷者告贷，如购买昂贵的装饰品、建造豪华的宫殿等。当然，有时他们也会出于政治需要而向高利贷者告贷。

高利贷信用除具有一般信用的特点外，还具有利息率特别高和非生产性两个突出特点。高利贷的年息一般在30%以上，200% ~300%也是很常见的。如上所述，小生产者借债主要用于生活急需，而奴隶主和封建主主要是为了满足消费需求，因而都不具有生产性。正是这两个突出特点决定了高利贷的主要作用必然是消极的。高利贷不利于生产发展，甚至对生产起破坏作用。它使得有限的社会资源不能用于支持生产发展，而且高额利息又使小生产者日益贫困，小生产日益萎缩。马克思说过：“高利贷不改变生产方式，而是像寄生虫那样紧紧地吸在它身上，使它虚弱不堪。”当然，高利贷的作用也有积极的一面。极高的利率加快了自然经济的解体和商品经济的发展。在封建社会向资本主义社会过渡阶段，高利贷同样也具有两方面的作用：一方面，高利贷具有保守的特性，极力反对资本主义的发展，同时又妨碍产业资本的发展；另一方面，高利贷创造了大量的有着人身自由的无产者和大量的货币资金，这就为资本主义的产生创造了条件。

（二）现代信用

现代信用是指现代借贷资本的运动。现代借贷资本是在现代商品经济条件下，货币所有者为了获得利息而贷给使用者使用的货币资本，是生息资本的现代形式。

现代信用是在资本主义再生产过程中产生的。在资本主义再生产过程中，必然会产生货币资本的时多时少，有余有缺。一方面，在资本循环和周转中，由于种种原因产生一定货币的闲置，如固定资产的折旧、支付员工工资和购买原材料的流动资金等，这便形成了对货币的供给；另一方面，在资本循环过程中，必然会出现部分厂商货币资本的短缺，需要临时性补充，这样就形成了对货币的需求。拥有闲置货币资本的厂商把货币借贷给具有货币需求的厂商，并在一定时期后连本带利一起收回，这样现代信用就形成了。

借贷资本和高利贷资本虽然都是生息资本，但两者之间有着很大的区别。首先，两者的用途不同。借贷资本主要用于生产，创造剩余价值。而高利贷则不同，它主要用于消费。其次，两者的利率不同。借贷资本的利率受到厂商的利润率的限制，必须低于利润率，因此其利率比较低。而如上所述，高利贷的利息可能包括劳动者创造的一部分必要劳动，利率很高。

随着商品经济的发展，现代信用在资本主义社会中得到了极大发展，并在社会主义社会中急需发展与完善。20 世纪 80 年代以来，现代信用的发展呈现以下 3 种趋势：

（1）信用形式的多样化。商业信用、银行信用、国家信用、民间信用等传统形式，以及消费信用、国际信用证券信用等新的信用形式都普遍存在于现代经济活动中。

（2）信用机构功能多元化。信用机构职能不断地向全能型转变，除了从事传统的借贷业务，还从事转账结算、理财、代理发行有价证券等新业务。

（3）信用工具的国际化。随着经济的全球化，汇票、本票、支票等信用工具不仅在一国范围内流通，在世界范围内同样流通，极大地促进了信用的发展。

四、信用的本质

信用的本质就是一种债权债务关系。

（1）信用不是一般的借贷，而是有条件的借贷。人们互相不计息或者没有其他任何条件要求的借贷行为和借贷关系不是信用关系。这在马克思的《资本论》中可以得到明确的印证。马克思指出："这个运动——以偿还为条件的付出——一般地说就是贷和借的运动，即货币和商品只是有条件地让渡给这种特殊形式的运动。"因此，只有有条件的借贷行为即必须偿还和支付利息才是信用。现实经济活动中也有不支付利息的例外，那便是贷方由于某种目的而给予借方的一种优惠，但是，这种优惠终究还是要通过其他方式要求回报的。例如，西方不少国家的银行对企业的活期存款往往不付利息，但存款者可以享受银行的有关服务和取得贷款的某些权利，所以实际上还是有利息的。

（2）信用是价值运动的特殊形式。就是指价值运动是通过一系列的借贷、偿还、支付过程实现的。信用这种价值运动形式与一般商品交换是有明显区别的。一般商品交换是等价交换，商品的所有权通过交换而发生转移，买卖双方都保留价值。而信用（借贷行为）则不然。贷出时，价值作单方面转移，而贷出的商品或货币的所有权并没有转移，只是让渡了使用权；归还时，价值也是作单方面转移，只是借者除归还本金外，还要支付利息，贷方得到了价值增值。

(3) 信用是一种债权债务关系。借贷活动中，当事人一方为债权人，他将商品或货币借出，称为授信；另一方为债务人，他接受债权人的商品或货币，称为受信。债务人遵守承诺按期偿还商品或货币并支付利息称为守信。借贷行为发生后，债务人（借方）有付款的法定义务，债权人（贷方）有要求付款的权利。所以借贷关系反映的是债权债务关系，信用关系是债权债务关系的统一。

(4) 信用是与商品货币经济紧密相联的经济范畴。存在于不同经济形态中的商品生产与货币交换反映了不同的生产关系的要求，所以，与商品货币经济相联的信用，在各个不同的生产方式中，反映出不同的生产关系，具有不同的性质。在奴隶社会和封建社会中，信用反映了奴隶主和封建主剥削奴隶和农奴的关系，是高利贷信用；在资本主义社会，信用反映了资本家剥削工人的关系，是资本信用；在社会主义社会，信用反映了社会再生产过程中，国家、企业、个人三者之间的协调、互助和支援的关系。

第二节 信用形式

信用产生后，随着时间和商业不断的发展，在现今的经济社会中，主要有如下几种信用的形式：商业信用、银行信用、国家信用、消费信用和国际信用。

一、商业信用

1. 商业信用的含义

商业信用是厂商企业之间以延期付款和预付货款等形式提供的信用。它是现代信用的基础。实际上典型的商业信用包括两个同时发生的经济行为：买卖行为和借贷行为，即一方面信用双方商品的交易，另一方面信用双方债权债务关系的形成。就买卖行为而言，在发生商业信用之际就已完成；而在此之后，信用双方之间只存在一定货币金额的债权债务关系。这种关系不会因为债权人或债务人的经营状况而发生变化。

在资本主义社会，商业信用有了很大的发展。这是因为社会化大生产使各生产部门和企业之间存在着密切的联系，而它们在生产时间和流通时间上又往往存在不一致的现象，经常出现一些企业的商品积压待售，而需要这些商品的买主却由于各种原因一时缺少现金的矛盾。为了克服这种矛盾，便出现了卖方将商品赊销给买方的行为，买方可用分期付款或延期付款等方法提前取得商品，这是商业信用迅速发展的主要原因。另外，由于产业资本和商业资本相分离，如果要求买主一次性付款，就会发生商业资本奇缺的困难，因为商家不可能拥有那么多资本。因此，厂家向商家提供商业信用，既有利于商家减少资本持有量，从而降低风险，又能使厂家的商品更快地实现其价值，提高商品流通速度，促进经济发展。所以，商业信用在现代市场经济中获得了充分发展，并被称为现代信用制度的基础。

2. 商业信用的特点

（1）商业信用的主体是厂商。商业信用是厂商之间相互提供的信用，债权人和债务人都是厂商。

（2）商业信用的客体是商品资本。商业信用提供的不是暂时闲置的货币资本，而是处于再生产过程中的商品资本。所以，这里作为贷出的资本出现的，总是那种处在再生产过程中的一定阶段的商品资本，它通过买卖，由一个人手里转移到另一个人手里。不过，它的代价要到后来才按约定的时间由买者支付。

（3）商业信用是解决买方企业流通手段不足的最便利的购买方式。作为买方企业，如果缺乏货币或其他必要的流通手段，为了购买维持生产所必需的生产资料，在卖方企业可以接受买方企业的债务时，采用商业信用解决流通手段不足的困难，是最便利、可行的。但是，如果买方企业信誉不好，企业间的信用活动就需要银行加以保证。

（4）商业信用和产业资本的动态一致。由于商业信用是和出于再生产过程中的商品资本的运动结合在一起的，所以，它在资本再生产周期的各个阶段上和产业资本的动态是一致的：在繁荣阶段，商业信用会随着生产和流通的发展及产业资本的扩大而扩张；在衰退阶段，商业信用又会随着生产和流通的削减及产业资本的收缩而萎缩。

3. 商业信用的局限性

由于商业信用是直接以商品生产和商品流通为基础，并为商品生产和流通服务的，所以，商业信用对加速资本的循环和周转、最大限度地利用产业资本和节约商业资本、促进资本主义生产和流通的发展，具有重要的推动作用。但是，由于商业信用受本身特点的影响，因而又具有一定的局限性，主要表现在以下几个方面：

（1）商业信用的规模受到厂商资本数量的限制。因为商业信用是厂商之间相互提供的，所以它的规模只能局限于提供这种商业信用的厂商所拥有的资本额。而且厂商不是按其全部资本额，仅是按照其储蓄资本额来决定他所能提供的商业信用量，所以商业信用在数量上是有限的。

（2）商业信用的范围和期限被严格限制。商业信用只适用于有商品交易关系的企业，这样就限制了商业信用的活动领域。而且由于工商企业暂时闲置的资金时间很短，如果以商品形态贷出的资本不能很快地以货币资本形态收回，就会影响产业资本的正常循环周转，所以商业信用只能是短期信用。

（3）商业信用受企业信用能力有限性的限制。如果买方企业的信用能力不能被卖方企业所信任、接受，更进一步讲，工商企业的信用能力不能为社会了解、承认，那么，商业信用就难以成立，其商业票据的流通空间也十分有限。

（4）商业信用受到商品流转方向的限制。由于商业信用的客体是商品资本，因此，提供商业信用是有条件的，它只能向需要该种商品的厂商提供，而不能向生产该种商品的厂商提供。例如，造纸厂厂商在购买造纸机械时，可以从机器制造商那里获得商业信用，但机器制造商却无法反过来从造纸商那里获得信用，因为造纸厂生产的商品——纸张，不能成为机器制造商所需的生产资料。

（5）商业信用具有连锁效应。在整个社会经济环境中，各个企业在经济关系上是相互关联、互相依存、环环相扣的。如果社会经济中大量采用商业信用这种形式，就会把许多原本并不相关的债权债务关系联结起来，形成债权债务的链条。此时如果其中某个环节出现了问题，就有可能影响到其他企业。

鉴于上述的局限，因而商业信用不可能从根本上改变社会资金和资源的配置与布局，也不能广泛满足经济资源的市场配置和合理布局的要求。因此，它虽然是商品经济社会的信用基础，但它终究不能成为现代市场经济信用的中心和主导。

二、银行信用

1. 银行信用的含义

银行信用是指各种金融机构，特别是银行，以存、放款等多种业务形式提供的货币形态的信用。银行信用是在商业信用基础上发展起来的一种更高层次的信用，它和商业信用一起构成经济社会信用体系的主体。

2. 银行信用的特点

（1）银行信用的债权人主要是银行，也包括其他金融机构；债务人主要是从事商品生产和流通的工商企业和个人。当然，银行和其他金融机构在筹集资金时又作为债务人承担经济责任。银行和其他金融机构作为投融资中介，可以把分散的社会闲置资金集中起来统一进行借贷，克服了商业信用受制于产业资本规模的局限。

（2）银行信用所提供的借贷资金是从产业循环中独立出来的货币，它可以不受个别企业资金数量的限制，聚集小额的可贷资金满足大额资金借贷的需求。同时可把短期的借贷资本转换为长期借贷资本，满足对较长时期的货币需求，不再受资金流转方向的约束。从而在规模、范围、期限和资金使用的方向上都大大优越于商业信用。

（3）银行和其他金融机构可以通过信息的规模投资，降低信息成本和交易费用，从而有效地改善了信用过程的信息条件，减少了借贷双方的信息不对称以及由此产生的逆向选择和道德风险问题，其结果降低了信用风险，增加了信用过程的稳定性。

(4) 在产业周期的各个阶段，对银行信用和商业信用的需求不同。在繁荣时期，对商业信用的需求增加，对银行信用的需求也增加；而在危机时期，由于商品生产过剩，对商业信用的需求会减少，但对银行信用的需求却有可能会增加，此时，企业为了支付债务、避免破产，有可能加大对银行信用的需求。

(5) 银行信用具有自身创造信用的功能。任何经济实体只有在先获得货币的前提下才能提供信用，唯有现代银行能够创造货币（存款）提供信用。由于创造货币的成本很小，通过创造货币提供的信用近似“无本经营”，所以银行信用在竞争中处于非常有利的地位。历史上，银行正是利用货币发行的特权击败了高利贷信用，成为信用的主要形式。

3. 银行信用的发展

银行信用由于上述的诸多优点，使它在整个经济的社会信用体系中占据核心地位，发挥着主导作用。其主要表现在：越来越多的借贷资本集中在少数大银行手中；银行规模越来越大；贷款数额增大，贷款期限延长；银行资本和产业资本的结合日益紧密；银行信用提供的范围也不断扩大。与此同时，商业信用的发展越来越多地依赖于银行信用。银行的商业票据贴现将分散的商业信用集中统一为银行信用，为商业信用的进一步发展提供了条件。同时，银行在商业票据贴现过程中发行了稳定性强、信誉性高、流通性大的银行券，创造了适应全社会经济发展的流通工具。

尽管如此，商业信用依然是现代信用制度的基础。这是因为商业信用能直接服务于产业资本的周转，服务于商品从生产领域到消费领域的运动，因此，凡是在商业信用能够解决问题的范围内，厂商总是首先利用商业信用。而且，从银行信用本身来看，也有大量的业务仍然是以商业信用为基础的。目前，商业信用的作用还有进一步发展的趋势，商业信用和银行信用相互交织。许多跨国公司内部资本的运作都是以商品供应和放款两种形式进行的。不少国际垄断机构还通过发行相互推销的商业证券来募集它们所需借入的资本，用来对其分支机构提供贷款，而银行则在这一过程中为跨国公司提供经济信息、咨询等服务，使商业信用和银行信用相互补充、相互利用。

三、国家信用

国家信用是指国家及其附属机构作为债务人或债权人，依据信用原则向社会公众和国外政府举债或向债务国发债的一种形式。

提到国家信用，人们会自然而然地想到国家财政发行并由人民群众和企事业单位认购的国库券。但国家信用所包含的内容大大超出国库券的范围。国家信用包括国内信用和国外信用两种。国内信用是国家以债务人身份向国内居民、企业团体取得的信用，它形成一国的内债；国外信用是国家以债务人身份向国外居民、企业团体和政府取得的信用,它形成一国的外债。目前世界各国几乎都采用了发行政府债券的形式来筹集资金,形成国家信用的内债。根据债券期限的长短可将其分为国库券、国债和公债3种。国库券的期限通常在1年以内;国债的期限为1~10年;公债的期限在10年以上。国家信用的外债一般是通过国与国之间的政府借贷来实现的,是国际化了的政府间的债权债务关系。不论内债或外债,在经济生活中都是不可忽视的重要因素。我国2007年外债余额如表2-1所示。

表2-1　我国2007年外债余额　（单位：亿元人民币）

债务类型＼年份	2001	2002	2003	2004	2005	2006	2007
总计	1701.10	1713.60	1936.34	2285.96	2810.45	3229.88	3736.18
按债务类型分							
外国政府贷款	237.00	244.23	254.20	322.08	271.95	276.67	300.57
国际金融组织贷款	275.70	277.02	264.67	251.01	267.88	278.11	283.71
国际商业贷款	972.30	929.10	1051.73	1247.83	1362.62	1635.10	1820.90
贸易信贷	216.10	263.23	365.74	465.04	908.00	1040.00	1331.00
按偿还期限分							
长期债务余额	1195.30	1155.60	1165.90	1242.87	1249.02	1393.60	1535.34
短期债务余额	505.80	558.00	770.44	1043.09	1561.43	1836.28	2200.84
构成	100%	100%	100%	100%	100%	100%	100%
按债务类型分							
外国政府贷款	13.9	14.5	13.1	14.1	9.7	8.6	8.0
国际金融组织贷款	16.2	16.4	13.7	11.0	9.5	8.6	7.6
国际商业贷款	57.2	53.5	54.3	54.6	48.5	50.6	48.7
贸易信贷	12.7	15.6	18.9	20.3	32.3	32.2	35.6
按偿还期限分							
长期债务余额	70.3	67.4	60.2	54.4	44.4	43.1	41.1
短期债务余额	29.7	32.6	39.8	45.6	55.6	56.9	58.9

1. 2001年及以后外债余额按新口径统计，比2000年及以前的登记债务余额增加了3个月以内贸易项下的对外融资余额。
2. 资料来自中国统计年鉴（2008）。

四、消费信用

消费信用是指对消费者提供的，用以满足其消费方面的货币需求的信用。在前资本主义时期，商人将商品赊销给消费者，消费信用便已经产生了。但是，一直到20世纪40年代，消费信用的发展规模仍然不大。

从20世纪40年代后半期起，消费信用开始迅速发展。20世纪60年代是消费信用快速发展的时期，其原因主要有如下两点：一是凯恩斯的需求管理思想得到认同，各国大力鼓励消费信用，以消费带动生产；二是第二次世界大战后经济增长快速而稳定，人们的收入有较大幅度的提高，对消费信用的需求也有很大增长。

现代市场经济的消费信用形式是多种多样的,具体归纳为以下几种主要类型：

（1）赊销方式。赊销即零售商直接以延期付款的销售方式向消费者提供的信用。信用卡结算方式就属于此类。一般来说，它是一种短期消费信用形式。

（2）分期付款方式。分期付款即消费者先支付一部分（首期付款），然后按合同分期摊还本息，或分期摊还本金，利息一次支付。这种付款方式在购买耐用消费品中广泛使用，是一种中期消费信用形式。近年来伴随着我国金融服务的完善以及人们消费习惯的改变，在国外流行的分期付款消费被引入国内，并迅速得到国内消费者的认可。采用分期付款方式消费的通常是目前支付能力较差、但有消费需求的年轻人，其消费的产品通常是笔记本电脑、手机、数码产品等。

（3）消费贷款。消费贷款按直接接受贷款的对象可划分为买方贷款和卖方贷款。所谓买方贷款，是指银行直接对消费品的购买者所发放的贷款；而卖方贷款是指以分期付款单证作抵押，由银行直接对销售企业发放的贷款。另外，若按所发放的贷款是否需要提供抵押品，消费贷款可分为抵押贷款和信用贷款。抵押贷款是指由消费者以赊购的商品或其他商品抵押所发放的贷款，而信用贷款则是指不需提供任何抵押品所发放的贷款。消费贷款是一种长期消费信用形式。如个人住房按揭贷款，是指贷款人向借款人发放的用于购买个人用房的人民币担保贷款。个人汽车消费贷款，是指贷款人向自然人发放的用于购买汽车（含二手车）的人民币担保贷款，主要包括自用车、营运车。此外还有个人住房装修贷款、大额耐用消费品贷款、个人出国留学、务工贷款等。

五、国际信用

国际信用是指国与国之间的企业、经济组织、金融机构及国际经济组织相互提供的与国际贸易密切联系的信用形式，它反映的是国际间的借贷关系。随着国际贸易和经济全球化的发展，国际信用成为进行国际结算、扩大进出口贸易的主要手段之一。

国际信用的种类繁多，主要有下面几种形式：

1. 出口信贷

出口信贷是指一国政府为了促进本国产品出口，增强国际竞争能力，对本国的出口给予利息补贴和提供信用担保的信用形式。出口信贷有以下几种类型：

（1）卖方信贷。卖方信贷是指出口方的银行或金融机构对出口商提供的信贷。

（2）买方信贷。买方信贷是指由出口方银行或金融机构直接向进口商或进口方银行或金融机构提供贷款的信贷。

（3）福费廷。福费廷是指在延期付款大型设备贸易中，出口商把经进口商承兑的期限在半年以上至五六年的远期汇票，无追索权地售予出口商所在地的银行，提前取得现款的一种资金融通形式。

（4）信用安排限额。信用安排限额即出口商所在地的银行为了扩大本国一般消费品出口，给予进口商所在地的银行以中期融资的便利，并与进口商所在地的银行配合，组织较小金额业务的成交。

2. 国际银行贷款

国际银行贷款是各国商业银行、银团、大公司、企业及其他金融机构在国际市场上进行的借贷活动，它由一国借款人向另一国家的银行直接借款。它的最大特点是借款人可以自由使用贷款，手续也很简便。但它也有一些局限性，如利率较高、不能享受出口信贷的优惠利率等。

3. 国际金融机构贷款

国际金融机构贷款是指联合国所属的国际金融机构或区域性开发银行对其会员国提供的信贷。这些机构主要包括：国际货币基金组织、世界银行、国际开发协会、亚洲开发银行等。

4. 国际间政府贷款

5. 国际租赁

国际租赁是国际间以实物租赁方式提供信用的新型融资形式，它由租赁公司垫付资金购买设备，租给用户使用，用户定期支付租金，租期期满后承租人可任意选择退租、续租或买断3种方式。它包括金融租赁、杠杆租赁、经营租赁、维修租赁、回租租赁和综合租赁等形式。

6. 补偿贸易

补偿贸易是指外国企业向进口企业提供机器设备、专利技术、员工培训等，待项目投产后，进口方以该项目的产品或按合同规定的收入分配比例清偿债务的一种信用方式。其实质是国际间的一种商业信用，在发展中国家得到广泛使用。补偿贸易包括回购方式、互购方式、劳务补偿等形式。

第三节 信用工具

一、信用的要素

信用是以偿还和付息为条件的价值单方面的运动，任何信用关系要想得以成立，则必须同时具备以下4个条件。

（1）信用关系。信用作为特定的经济交易行为，必须有行为的主体，即当事者双方，他们通过直接或间接的方式进行资金或实物的融通而形成债权债务关系。其中转移资产的一方称为授信方，接受资产转移的另一方称为受信方。

(2) 信用标的。信用标的是指在信用关系中的被交易对象。这种被交易对象也就是授信方所转移的资产，它既可以以货币的形式存在，也可以以实物的形式存在。前者是银行信用的典型，而后者是商业信用的典型。

(3) 信用载体。信用载体是指表示授受信用双方的权利和义务的对象物，也就是信用工具。它是载明债权债务关系的合法证明。

(4) 信用条件。信用条件主要是指期限和利率。期限是信用关系从开始到终止的时间间隔。信用是所有权和使用权的暂时分开，这就需要确定一个期限，因此期限是信用行为得以存在的条件。

二、信用工具的一般特征

(一) 偿还期

偿还期是指借款人拿到借款开始，不论是一笔借入还是分笔借入，到借款全部还清为止所经历的时间。各种金融工具在发行时一般都具有不同的偿还期。从长期来说，有10年、20年、50年。还有一种永久性债务，这种公债借款人同意以后无限期地支付利息，但始终不偿还本金，这是长期的一个极端。另一个极端是银行活期存款随时可以兑现，因此，其偿还期实际等于零。

偿还期限的长短对贷款人与借款人有着不同的意义。从债权人的角度来看，选择长短期取决于债权人对现时消费与未来消费的估计；同时，还取决于债权人将能得到的收益率与其对未来货币价值涨落的预期。这些因素从客观与主观上对债权人有着不同的影响。如果在收益率一定的情况下，债权人都趋向于持有期限比较短的金融工具。这主要是为了防止意外的情况，期限短，从而具有更多的灵活性。从债务人的角度看，通常希望偿还的期限长些，这有利于债务人有更多的时间来安排债务的偿还。如果债务人想得到这样的允诺，也许他不得不牺牲其他的利益，如给债权人更高的报酬。

(二) 流动性

流动性又称变现性，是指金融资产在即刻转换现金时，其价值不致蒙受损失的能力。除货币以外，各种金融资产都存在着不同程度的不完全流动性。其他的金融资产在没有到期之前要想转换成货币，或者要打一定的折扣，或者要花一定的交易费用。一般来说，金融工具如果具备下述两个特点，就可能具有较高的流动性：①发行金融资产的债务人信誉高，在以往的债务偿还中能及时、全部履行其义务；②债务的期限短，这样它受市场利率的影响很小，变现时所遭受亏损的可能性就很小。或者可以这样表述它们之间的关系：流动性与偿还期成反比，即偿还期越长，流动性越小；而与债务人的信用成正比，即债务人信誉越高，流动性越大。当然这种关系只是近似反映它们之间关系的大致趋势。

（三）安全性

安全性是指投资于金融工具的本金是否会遭受损失的风险。

风险可分为两类。一类是债务人不履行债务的风险，即债务人不能按约定的数额偿还债务，或不能及时地偿还债务的风险。这种风险的大小主要取决于债务人的信誉以及债务人的社会地位。一国政府也可能不履行偿还的义务，但可能性显然要比企业或者个人小得多。就某一特定的债务人而论，他所发行的债券也有不同的风险之分，因为不同债券对同一债务人的资产或收入的要求权也有先后之分。如果某一有限股份公司因遭破产而清算，则其剩余资产或收入应先偿还债券持有人，其次为优先股票的持有人，最后为普通股票持有人。

另一类是市场的风险，这是金融资产的市场价格随市场利率的上升而跌落的风险。当利率上升时，金融证券的市场价格就下跌；当利率下跌时，金融证券的市场价格就上涨。证券的偿还期越长，则其价格受利率变动的影响就越大。一般来说，本金安全性与偿还期成反比，即偿还期越长，其风险越大，安全性越小。本金安全性与流动性成正比，与债务人的信誉也成正比。

（四）收益性

收益性是指金融工具能定期或不定期给持有人带来收益的特性。一般来说，投资收益与投资风险成正比，与投资偿还期也成正比。金融工具收益性的大小，是通过收益率来衡量的，收益率是指持有金融工具所取得的收益与本金的比率。

三、信用工具的分类

信用关系是依靠书面证明来建立的。这种书面证明融通了贷者与借者之间货币的余缺，所以，这种书面证明被称为信用工具，也称为金融工具。信用工具是资金供应者和资金需求者之间进行资金融通时所签发的、证明债权或所有权的、各种具有法律效力的凭证。

信用工具的种类是随着信用关系和信用形式的不断深化和扩展而不断增加的。首先，在商业信用的基础上，产生了商业票据；继之，在银行信用的基础上，又产生了银行票据；后来，随着股份公司的出现和国家信用的发展，又出现了股票和债券；伴随着国际信用和消费信用的发展，又出现了信用证、信用卡等信用工具。可以断定，随着金融创新的不断演进，将有更多的信用工具出现。

信用工具按不同的标准进行划分，将会有不同的分类，主要有以下几类：

（1）以发行者的性质为标准，可分为直接信用工具和间接信用工具。前者主要有工商企业、政府以及个人所发行或签署的国库券、公债券、商业票据、公司债券、股票、借款合同以及其他各种形式的借据等；后者主要包括金融机构发行或签署的银行券、银行本票、存折、大额可转让定期存单、人寿保险单等。

（2）以可接受程度为标准，可分为无限可接受性的信用工具和有限可接受性的信用工具。前者是指被社会公众普遍接受、在任何场合都能充当交易媒介和支付手段的工具，如银行所发行的银行券和银行活期存款；后者是指可接受的范围和数量等都受到一定局限的工具，如商业票据、债券、股票等。

(3) 以偿还期限为标准，可分为短期信用工具、长期信用工具和不定期信用工具。短期信用工具是指提供信用的有效期期限在1年或1年以内的信用凭证，有各种票据（汇票、期票、支票等）、信用证、信用卡、旅行支票、国库券等；长期信用工具是指提供信用的有效期限在1年以上的信用凭证，如股票、公司债券、政府公债券等；不定期信用工具是指没有规定信用关系存续期限且可长期循环使用的信用凭证，如银行发行的银行券、纸币。

四、几种典型的信用工具

(1) 本票。本票亦称期票，是出票人签发的承诺自己在见票时无条件支付确定的金额给收款人的票据。票面上注明支付金额、还款期限和地点。本票的基本当事人有两个，即出票人和收款人。其特点是见票即付，无需承兑。本票按出票人的身份不同，可分为商业本票和银行本票；按受款人的不同，可分为记名本票和不记名本票；按付款期限不同，可分为即期本票和远期本票。

(2) 汇票。汇票是出票人签发的委托付款人在见票或者指定日期无条件支付确定的金额给收款人或者持票人的票据。汇票的基本当事人有3个，即出票人、付款人和收款人。汇票必须经过债务人承兑才有效，债务人承认付款的手续叫承兑。合格的汇票一般包括以下几点：①在票据上注明为“汇票”；②注明出票人、收款人和付款人的全称并由出票人盖章；③注明一定的货币金额；④注明发票时间；⑤注明到期时间；⑥注明无条件支付。

(3) 支票。支票是出票人签发的委托办理支票存款业务的银行或者其他金融机构在见票时无条件支付确定的金额给收款人或者持票人的票据。支票的基本当事人有3个，即出票人、付款人和收款人。支票按其支付方式分为现金支票和转账支票两种，前者可用来支取现金或转账，后者只能用来转账；按出票人不同，可分为公司支票和个人支票；按是否记载收款人姓名，可分为记名支票和不记名支票。

(4) 信用证。信用证是银行根据其存款客户的请求，对第三方发出的、授权第三方签发以银行或存款人为付款人的凭证。信用证是在国际信用基础上发展起来的信用流通工具，主要有商业信用证和旅行信用证两种。商业信用证是指在国际或国内贸易中，银行用来保证买方支付能力的一种凭证；旅行信用证是指银行为方便旅行者在国外支取款项所开出的信用凭证。

(5) 信用卡。信用卡是银行或专业公司对具有一定信用的顾客（消费者）所发行的一种赋予信用的证书，具有先消费、后付款的特点和发放循环贷款的作用。信用卡上印有持卡人姓名、签字、号码和每笔赊购的限额，持卡人可以在本地或外地指定的商店、公司、旅馆、饭店等场所凭卡签字购买商品和支付费用，无需支付现金，也可以在银行提取一定限额的现款。到一定时期，由发卡银行向顾客和各家特约机构进行结算。

(6) 股票。股票是股份公司发给股东作为入股凭证借以取得股息的一种有价证券。股票是一种所有权证券。持有者作为该公司的所有者，享有股东的权益和责任。股票是一种永久性证券，可以转让或抵押，不能退股。

(7) 债券。债券是债务人为筹集资金，按法定手续发行并承担在指定时间支付利息和偿还本金义务的有价证券。债券的种类很多，可以从不同的角度进行分类，其中按发行主体分类，可分为政府债券、公司债券和金融债券。而政府债券又按期限长短不同分为公债券和国库券两种。

专栏

信用卡的来由

银行发行信用卡的历史始于20世纪50年代初。一天，一位名叫弗兰克·麦克纳玛的美国商人陪太太在纽约曼哈顿一家名为“少校屋”的餐馆用餐完毕，当账单送到餐桌之后他才发现，钱包没有随身带来，当时只好由太太付账。这位有心的商人不但将此令人窘迫的经历记在心里，并且还从中获得了创业的灵感。后来，麦克纳玛再到这家餐馆用餐时，在一张小小的硬纸卡片上登上了自己的名字，然后对餐馆老板说，他希望像在其他私人俱乐部那样，先留下签名后付账。餐馆老板欣然接受了其称为“用餐者俱乐部卡”的建议。此次用餐让麦克纳玛大受鼓舞，于是便与其律师一起，创办了“用餐者俱乐部卡公司”。

该用餐者俱乐部卡公司首先发行了200张卡，当时曼哈顿的14家餐厅接受这种卡。一年之后，接受该卡的公司发展到了330家以上。当时的年费为3美元，签账卡与后来衍生出来的信用卡不同的是持卡人每个月的支出必须当月付清。如今，该俱乐部已被著名的花旗银行拥有。

一些百货商店、饮食业、娱乐业和汽油公司为招揽顾客、推销商品、扩大营业额也纷纷效仿，有选择地在一定范围内发给顾客一种类似金属徽章的信用筹码(后来演变成为用塑料制成的卡片)，作为客户购货消费的凭证，开展了凭信用筹码在本商号或公司或汽油站购货的赊销服务业务，顾客可以在这些发行筹码的商店及其分号赊购商品，分期付款。

如今半个多世纪已经过去，当年的签账卡已经有了数以百计的“后裔”，除了银行之外，许多零售商也发行自己的信用卡了，而且还有利用计算机芯片记忆用户资料的聪明卡（Smart Card）等。

目前世界著名的信用卡组织主要有：维萨国际组织（VISA International）及万事达卡国际组织（MasterCard International）两大组织及美国运通国际股份有限公司（America Express）、大来信用证有限公司（Diners Club）、JCB日本国际信用公司3家专业信用卡公司。在各地还有一些地区性的信用卡组织，如欧洲的EUROPAY、我国的银联、我国台湾省的联合信用卡中心等。万事达集团和维萨集团它们本身并不办理信用卡业务，它们只是一种国际性的协会，由各会员单位发行的万事达信用卡、维萨信用卡，会员单位均予以受理。

1. 维萨国际组织

维萨国际组织（VISA International）是目前世界上最大的信用卡和旅行支票组织。维萨国际组织的前身是1900年成立的美洲银行信用卡公司。1974年，美洲银行信用卡公司与西方国家的一些商业银行合作，成立了国际信用卡服务公司，并于1977年正式改为维萨国际组织（总部设在美国加州），成为全球性的信用卡联合组织，各代理银行发行的信用卡称“维萨卡”。维萨国际组织除拥有VISA卡之外，还拥有ELECTRON、INTERLINK、PLUS及VISA CASH等品牌商标。

维萨国际组织本身并不直接发卡，VISA品牌的信用卡是由参加维萨国际组织的会员（主要是银行）发行的。

2. 万事达卡国际组织

万事达卡国际组织（MasterCard International）是全球第二大信用卡国际组织。1966年美国加州的一些银行成立了银行卡协会，并于1970年启用Master Charge的名称及标志，统一了各会员银行发行的信用卡名称和设计，1978年更名为现在的MasterCard（总部设在美国纽约），会员所发行的信用卡称“万事达卡”。此外，万事达卡国际组织还拥有Maestro、Mondex、Cirrus等品牌商标。

万事达卡国际组织本身也不直接发行信用卡，MasterCard品牌的信用卡是由参加万事达卡国际组织的金融机构会员发行的。

由于信用卡业务是一项国际性金融业务，我国的几家信用卡发卡行均已先后加入了万事达卡国际组织和维萨国际组织，在国内发行国际通用的万事达信用卡和维萨信用卡，为我国信用卡的国际市场发展创造了条件。

第四节　经济的信用化

一、信用的经济功能

信用从属于商品货币关系的经济范畴。马克思在《资本论》中指出：“所谓信用经济只是货币经济的一种形式，因为这两个名词都表示生产者自身之间的交易职能和交易方式。在发达的资本主义生产中，货币经济只是表现为信用经济的基础。”[⊖] 只要有商品经济存在，信用的存在就不可避免。

⊖ 《资本论》第二卷，第132页。

我国著名经济学家吴敬琏也指出：由于现代市场经济中的大部分交易都是以信用为中介，失去了信用，交易的链条就会断裂，市场经济根本无法运转。因此普遍的守信行为是现代市场交易能够进行、经济能够运转的基本前提。一张"花纸"，有了信用才算是钞票；一间窗口，有了信用人们才敢把钱往里存；一家企业，有了信用银行才肯把钱贷出。现代经济中各种经济主体之间错综复杂的经济关系，全靠信用关系来维持。信用是一个企业、一个地方乃至一个国家的精神财富和价值资源，甚至是一种特殊的资本。从这个意义上讲，信用是现代经济的生命。

（1）信用是市场经济的灵魂。在现代市场经济的运行机制中，信用关系起着主导作用，市场经济条件下，国家对经济生活的干预活动，主要通过调整货币供给量来协调，其实质是通过调整国家银行与社会其他成员的信用关系去实现预定的经济目标。在成熟的市场经济生活中，各种经济单位（政府、企业和家庭），其活动资金的来源，在相当程度上是依靠负债，因而各经济单位的活动在很大程度上受到信用关系的制约。所以说，市场经济离不开信用，信用是市场经济的灵魂。

（2）信用是市场交易的基本准则。在现代社会中，交易双方在十分信任的基础上，商业信用才得到了广泛的应用。买卖双方都必须遵守信用，对卖方而言，必须保证自己提供的商品在品种、数量、质量、规格、交货时间、地点等方面符合买方的要求，否则买方无需按合同规定去支付货款；对买方而言，如果不具备在一定期限支付货款的起码条件，则交易无法执行。商业信用的广泛使用，要求交易双方都具有良好的信用，不能有任何欺诈行为。随着交换关系的复杂化，日益扩展的市场便逐步构建起彼此相联、互相制约的信用关系链条，维系着错综复杂的市场交易关系和正常有序的市场竞争秩序。可见，以初始交换扩大到市场交易关系，都是以信用为基本准则的。

（3）信用是金融市场发展的基础。在市场经济条件下，信用处处体现，金融市场尤甚。在银行的放款过程中，在企业运用直接融资方式（债券市场、股票市场、票据市场等）等过程中，都需要评级机构进行严格的信用评级，如果信誉扫地或具有失信的历史，就很难在资金市场获得资金融通。而从银行方面考虑，如果企业信用不佳，借钱不还，任其发展，银行的生命定将终结。另外，没有信用，虚拟资本就无法产生和发展，市场经济也就不可能向高级阶段发展。因为虚拟资本完全是社会信用的发展，没有社会信用，各种衍生金融工具也就不可能产生。因此，信用是金融市场健康发展的基础。

二、信用经济在美国

（一）美国社会信用体系的框架

（1）相关法律体系的建立是信用行业健康发展的基础。20世纪60年代末以来，美国在原有信用管理法律、法规的基础上，进一步制定与信用管理相关的法律，经过不断完善，目前已形成了比较完整的框架体系。

（2）信用中介服务机构在信用体系中发挥重要作用。美国有许多专门从事征信、信用评级、商账追收、信用管理等业务的信用中介服务机构，在很大程度上避免了因信用交易额的扩大而带来的更多的信用风险。

（3）市场主体较强的信用意识促进了信用体系的发展。美国信用交易十分普遍，缺乏信用记录或信用记录历史很差的企业很难在业界生存和发展，而信用记录差的个人在信用消费、求职等诸多方面都会受到很大制约。

（4）对信用行业有较好的管理。尽管政府在对信用行业管理中所起的作用比较有限，但美国的有关政府部门和法院仍然起到信用监督和执法的作用。其中联邦贸易委员会是对信用行业管理的主要监管部门，司法部、财政部货币监理局和联邦储备系统等在监管方面也发挥着重要作用。而且美国信用管理协会、信用报告协会、美国收账协会等一些民间机构，在信用行业的自律管理等方面发挥了重要作用。

（二）美国社会信用体系的几个特点

1. 重视信息公开的法制建设，为建立信用体系提供了丰富的政务信息资源

信息公开又称行政公开，其主要含义是，政府有义务公开政府在行使行政管理权过程中形成的各种信息，或者说公民个人或团体有权知悉并取得行政机关的文件、档案资料和其他信息。美国建立了信息公开的法律制度。最重要的法律是1966年的《信息自由法》、1972年的《联邦咨询委员会法》和1976年的《阳光下的联邦政府法》。

2. 重视对信用产品特别是评级结果的运用，为信用服务业的发展创造了良好的市场环境

美国政府注意为信用产品的应用创造市场需求。特别是金融监管机构和州政府，越来越多地利用评级结果，作为确保银行、保险公司及养老基金，能使其所持固定收入或证券组合维持在足够信用水平上的一种保障。美国政府利用多种手段引导更多的交易者参加信用评级或利用评级结果。

3. 重视保护消费者合法权益，为建立规范有序的信用产品交易秩序打下了稳固的基础

美国拉动经济增长的主要动力是消费需求，在三大需求中消费对GDP的贡献率一直在80%以上，在消费需求中居民消费需求又占80%以上。居民消费采取的主要方式是消费信贷和分期付款，即使支付现金，一般也采用信用卡形式。消费者的消费行为和自己的信用资格的关联度越来越大，如果消费者的信用等级不可信，就会直接影响借贷和购物的便利。如果信用局提供的信用产品出了问题，运用的信息来源有错误，就会对消费者造成损害。在信用交易呈几何扩张的

充分借鉴发达国家在信用管理方面的法律法规，在此基础上以比较完备的行政管理规定的形式颁布，尽早为信用中介机构的发展奠定制度框架；二是抓紧研究、率先出台与信用行业直接相关的基本法，对信用行业的管理定下基本的制度框架，以促进信用行业规范健康发展。

2. 加快征信数据的开放与信用数据库的建立

各国的经验表明，征信数据的采集和使用首先是一个法律问题。我国在征信数据的开放与使用等方面尚无明确的法律规定，对此应加快立法步伐。我国对信息数据开放的现状主要有以下两方面：一方面是数据开放程度低，很多可以公开开放，以及能够通过一定正规的方式和渠道获得的信息目前尚未开放，也没有相应的法律予以明确规定，许多信息相对封闭和分散于各个部门和机构中，使信用信息缺乏透明度；另一方面，在涉及消费者个人信息的采集和共享方面也没有相关的法律约束。

同时，由于对信用的评价主要是建立在信用历史记录基础上，因此，功能完善的信用数据库就成为建立社会信用体系必备的基础设施。目前我国的信用中介机构一般也都建立了自己的信用资料数据库，但数据库规模普遍偏小。在这种情况下，建议一方面要鼓励信用中介机构注重自身信用数据库建设；另一方面政府有关部门要建立行业或部门的数据库，待条件成熟时，可将自建数据库中的部分内容提供给信用中介机构或与信用中介机构共享，为我国信用行业的发展提供支持。

3. 促进信用中介机构的建立与规范发展

由于信用中介机构在防范金融风险和促进信用交易方面的重要性，信用中介机构本身的信用就成为建立社会信用制度过程中必须解决的问题。目前我国的信用中介机构都是采取公司制的市场运营方式，但由于还处于发展的初级阶段，市场需求不足，业务量相对较少，特别是政府对信用信息的利用程度低。由于竞争激烈，从制度上保障信用中介机构能够客观、公正、独立地运营是亟待解决的问题。就信用中介机构的管理来看，根据我国行业发展现状和别国的经验，对于企业征信咨询类机构可以采取通过竞争优胜劣汰的方式，使其业务逐步向有规模、有影响的征信公司集中；但是对于资信评级机构和个人信用信息征信咨询机构，建议通过比较明确的进入退出机制的办法加以规范。

4. 政府对信用行业的管理

由于征信数据及其处理结果在某种程度上比较敏感，因此政府对此必须进行管理。但各国的监管框架有很大的区别，从国际上看，主要分为两类：一类是以中央银行为监管主体，另一类是以完善的法律法规为基础。从国际经验看，政府对信用行业的管理方式与该国信用管理法律体系的状况密切相关。法律法规越完善，政府的直接管理职能就相对弱化，信用行业的发展也比较规范；法律法规不健全，政府或中央银行的直接管理职能就更为重要一些，信用行业的发展状况更容易受政府行为的影响。我国信用行业的发展只有十几年的历史，由于相关的法律法规缺乏，因此，在加快立法进程的同时，还需要政府对该行业进行相应的管理和监督。当前，需要确立该行业的监管主体，改变长期以来我国的信用行业多头监管与无人监管并存的状况，并且单一监管主体的确立有助于信用管理法律法规的推出。

专栏

信用卡的八大雷区

雷区1：透支取现

透支取现不同于透支消费，它是没有免息期的，从取款当天开始，隔天就会产生每天万分之五的利息。某些银行不计算复利，如民生银行；有些银行则按复利计算利息，如工商银行。

除了利息，透支取现还会产生手续费。国内银行在取现手续费上的规定不一，从1%~3%不等，且有最低收费。例如招商银行取现手续费为取现金额的1%，最低每笔10元；工商银行规定同城本地取现免手续费，异地本行取现收1%手续费（ATM机最低2元，最高100元；柜面最低1元，最高100元）。浦东发展银行的国内取现手续费为3%，最低30元。民生银行透支取现手续费较低，本行柜台和ATM机手续费为0.5%，最低1元。此外，如果持卡人在最后还款日没有还清透支取现的最低还款额（取现金额的10%），还会产生滞纳金（按最低还款额未还清部分的5%计算）。

雷区2：超限

很多持卡人都以为只要卡能刷，就没有超过额度。其实在10%的超限额度内基本都能成功刷卡，而银行却通常不会提醒持卡人超限。有些银行规定，如果在账单日之前不把超限的金额还清，就会对超限部分收取5%的超限费。民生银行则规定，只要超限则要收取每笔3%（最低10元）的超限费。有些持卡人在预计超限前会向银行申请提高额度，但这也并非万无一失。超限部分不仅要缴纳超限费，还不享受免息还款以及最低还款，需要在还款时一次性缴清。

雷区3：无卡无密交易

“无磁无密”交易的支付方式多限于购买机票、订酒店房间等实名制的商品。持卡人在支付时，一般都被要求输入信用卡号码和背后的三位数字外，同时还被问及身份证号码、卡片有效期、手机号码等详细信息。在付款成功后，银行还会给客户发来手机短信，告知在何时何地刷了多少钱。

持卡人要注意对信用卡信息和个人身份等信息予以保密，不要轻易外泄，尤其是信用卡背面的“后三码”——位于信用卡背面4位卡号后面的3个数字，因为每个客户持有的不同信用卡都有唯一的“后三码”，它与信用卡的卡号共同构成了信用卡的“双保险”，即使不法分子盗取了信用卡号码，但只要他不知道这个“后三码”，他也不能盗刷你的信用卡。由于信用卡背面“后三码”所在位置没有磁性，客户在拿到信用卡后，可以用小刀轻轻地把这3个数字刮掉，或者用涂改笔将号码涂掉，自己心里记住这个号码就行。

雷区4：溢缴款

在发生退款、退货情况时，最好先忽视退款而还清所有刷卡购物金额。

招商银行规定，如果购买了1000元的商品需要退货，要先还清信用卡，等到账单出来后商家再进行退款。如果退款成功，银行会将这1000元返还到你的信用卡账户，这1000元就成了账面溢缴款。如果不取出这1000元的溢缴款，则可日后刷卡消费冲抵掉；如果要取出这1000元，就要缴纳手续费。

招商银行的手续费是取出款金额的5‰，最低5元，最高50元。有些银行在本行取溢缴款则不收费，如广东发展银行、民生银行。又如浦东发展银行，在柜台提取溢缴款时免费，但通过ATM等其他途径取溢缴款，则收取3%手续费；工商银行则规定，同城本行提取溢缴款免费，异地则收取1%手续费。

银行卡专家建议持卡人不要轻易往信用卡里存钱，也不要轻易提取溢缴款，除非是在销卡前需要清空账户。对于溢缴款的处理方式，银行业内的一致看法是尽可能用后期的消费来消化。

雷区5：年费

如果你的钱包中有几张信用卡，请至少一个季度刷卡一次，以保持它们的活跃状态。若长期不使用，最好注销。目前国内多数银行除了少数高端卡收取约200~3600元的年费之外，很多普通信用卡首年均免年费，次年只要在年费收取日之前刷够银行规定次数或金额则免次年年费。有些银行规定，新卡不激活不收费，如广东发展银行、招商银行、工商银行、民生银行，但有些银行的部分普通卡种即使不激活，也会在办卡时收取入伙费，如浦东发展银行银行的WOW卡，一次性收取155元的费用。

雷区6：失卡保障

丢失信用卡可能给持卡人带来不可估计的损失，而理赔并非总是那么容易。

目前，有些银行提供挂失前48小时乃至72小时的失卡保障，在此期间发生的损失基本可以不用本人承担，但有些情况是不能得到赔偿的，主要集中在凭密码交易的冒用不能索赔（包括取现），其次是身边亲属或工作人员（如保姆）冒用不能理赔。

还有一些银行规定，失卡后挂失前所有损失一律由持卡人自担，如浦东发展银行、民生银行。而工商银行目前只有在深圳地区提供无密码交易冒用索赔服务，国内其他地区则无论有密码交易还是无密码交易的失卡，都不能理赔。如果信用卡丢失，要马上拨打银行客服热线口头挂失，之后到发卡机构书面挂失，及时冻结卡内的资金。同时，在使用信用卡支付时，不要让卡片离开视线，防止卡片磁条信息被盗录。

雷区7：分期付款

分期付款是现代人提前消费的一种手段，但使用信用卡分期付款时，手续费也通常是省不了的。在有些银行（如招商银行），分期付款分两种情况——店面分期和账单分期，两种方式都会产生高低不等的手续费。手续费是一次付清的，且不能退还。若分12期付完款项，当付到第5期时，持卡人将剩余款项全部付清，但银行不会退还这后7期的手续费。

账单分期一般适用在与银行没有合作的商家产生的消费中，在出了账单之后，在到期还款日的前两天向招商银行申请分期付款。且分期的期次不同，手续费又不一样。如招商银行的账单分期，若分3期，手续费为分期总金额的2.6%，6期则为4.2%，12期为7.2%。但工商银行、浦东发展银行等多数银行则主要以分期的期数来收取手续费。如工商银行，若无任何优惠活动时，3期为1.65%，6期为3.6%，9期为5.4%，12期为7.2%。

但店面为了销售业务，在与各家银行合作时，一般均会不定期提供分期付款手续费优惠政策，有时甚至免息。

雷区8：销卡

银行卡专家提醒，持卡人在办理注销业务时，通常只要还清欠款、电话申请注销生效就可以了。但如果还有余额未提取，在注销生效之后，持卡人还应该去银行网点办理销户手续，提取还款后的剩余金额。如果未能及时办理销户手续，有些银行会收账户管理费。取回账户中余额可能也不会免费。如广东发展银行行则提供5个月的免费管理账户服务，超过5个月再领回现金，则要收费。

资料来源：第一财经日报，2009年11月14日，秦丽萍。

复习思考题

1. 什么是信用的经济学含义？
2. 商业信用与银行信用各有什么特点？
3. 为什么说银行信用在现代信用体系中起主导作用？
4. 常见的信用工具有哪些？谈谈信用卡消费在我国的现状与发展前景。
5. 如何建立和完善我国的信用体系？

第三章

利息与利率

在市场经济的运行过程中，资金是整个国民经济的血液。当利率作为一种资金使用权的价格时，它对资源有效配置起着核心和不可替代的作用。

——施兵超《利率理论与利率政策》

【本章导读】

利息属于与信用相伴随的一个经济范畴，利息问题是货币问题的重要组成部分，它贯穿于整个货币经济系统之中；利率是计量利息大小的数量指标。在市场经济的运行与发展过程中，利率执行着国家对经济宏观调控的重要杠杆作用。而经济运行中的诸多变量又对利率变动产生纷繁复杂的影响。市场经济离不开市场调节，而市场调节的主要手段之一就是利率调节。因此，我国在实践市场经济运行过程中，研究利率与利息问题显得十分重要。

第一节 利 息

一、西方利息来源说

利息是借贷资金的增值额。从借贷关系的债权人角度来说，利息是货币资金所有者因贷出货币或货币资金而从借款人手中获得的报酬。从债务人角度来说，利息是借入货币或货币资金所花费的代价。在现代社会，贷出资金收取利息被看作是理所当然的事情，而在历史上，关于利息究竟应不应该存在的问题却争论了很久。利息到底从何而来，早期的西方经济学家对这个问题作过不同的解释。

（一）地租派生论

这一学派认为，既然出租土地能够收取地租，那么出租货币也应该收取货币租金。这一学派的主要代表人威廉·配第以地租的存在及其合法性来反证利息存在的合法性。他认为，既然出租土地可以收取租金——地租，那么，出租货币也同样应该收取租金——利息。否则，货币所有者就不会贷出他的货币，而宁愿将其货币用来购买土地，然后出租，以获得地租了。就此而论，地租也不过是一种变形的利息罢了。他还明确指出：货币所有者得到的利息，“至少要等于用借到的货币所能买到的土地所产生的地租”。[㊀]这一学派另一代表约翰·洛克也明确地说：“如果另外一个人需要使用更多的货币，他就愿意借钱。但是，他为什么要付利息呢？其理由和租地人为租用你的土地而付给你地租是一样的。”

（二）资本余缺论

资本余缺论也称“资本租金”论，是道格拉斯·诺思提出来的。他认为，利息是由于资本的余缺而产生的。他说：一方面，“可供贸易的资金……掌握在许多没有技能或不愿多费心思在贸易中运用资金的人的手里”，另一方面，“会有许多人需要资金去做买卖”。因此，正如土地所有者出租土地一样，这些资本所有者出借他们的资金，和出租土地得到地租一样，他们从中得到叫做“利息的东西”。[㊁]马克思称诺思是第一个正确理解利息的人。因为诺思已经把作为资本的货币与作为流通的货币区别开来。诺思看到了作为储藏手段的货币与作为资本的货币价值增值之间的对立。在他看来，能够作为借贷的货币与作为交换媒介的货币是不同的。特别是他把利息的产生与贸易结合起来考察，实际上承认了借贷资本也有一个市场，借贷资本也是商品，利息率的高低受借贷资本供求关系的影响。

（三）节欲论

节欲论的倡导者是纳骚·威廉·西尼尔。他在其主要著作《政治经济学大纲》中，否定价值是由生产商品所耗费的劳动创造的观点，指出价值决定于生产费用，而生产费用又由工资和利润两部分组成。他认为，工资是工人劳动的报酬，利润则是资本家节欲的报酬。工人放弃自己的安逸和休息而去劳动，这就是作了牺牲，工资就是这种牺牲的报酬。资本家拥有货币资本，他本来可以用于个人消费，因此得到享乐和满足，但是，他放弃了，也就是说，他作了牺牲，利润就是对这种牺牲的报酬。本来，西尼尔的节欲论是指整个资本而言的，但由于借贷资本只是总资本的一部分，所以，利润是节欲的报酬的结论也适用于利息，即利息也是借贷资本家节欲的结果。

（四）等待论

等待论是阿弗里德·马歇尔提出的。在利息理论问题上，马歇尔继承了西尼尔的节欲学说，并把它改装成“等待论”，用“等待”代替“节欲”，他认为利息分为纯利息和毛利息两种。前者纯粹为使用资本的代价，或为等待的报酬。后

㊀ 威廉·配第：《赋税论》，商务印书馆 1981 年版。

㊁ 道格拉斯·诺思：《贸易论》，商务印书馆 1976 年版。

者则除纯利息外，尚包括其他因素，如运用资金的手续费、经济费、投资风险的保险费等。利息理论所讨论的利息，乃指纯利息而言。马歇尔认为，资本家出借资本，之所以要收取利息，其理由有3个：第一，资本的出借与实物的出借相同，对出借者来说是一种牺牲，至少在出借期间，他对所有物暂时不能利用，不能得到享受。第二，借入者可以利用资本获得收益。例如，他用借入资本购得马匹以供服役，购买房屋以供居住；而在借期将满时，借者可以将马匹和房屋出售，然后偿还债款。资本所完成的服务，并非是一种自由财产，故必须付以相应的代价。第三，资本为过去劳动与等待的成果，这种成果的利用与劳动的利用相同，也应付以相应的代价。

二、马克思关于利息本质的学说

1. 利息来源于剩余价值

在马克思看来，利息属于与借贷资本相联系的一个范畴。他说："事实上，只有资本家分为货币资本家和产业资本家，才使一部分利润转化为利息，一般地说，才创造出利息的范畴；并且，只有这两类资本家之间的竞争，才创造出利息率。"同时，他进一步说："利息最初表现为，最初是，并且实际上始终不外是利润即剩余价值的一部分，这部分是执行职能的资本家，即产业家或商人，在他不是使用自有的资本而是使用借入的资本时，必须支付给这个资本的所有者和贷出者的。"概括起来，马克思关于利息形成理论主要有以下3点：

（1）只有出现分工，特别是职能资本家和货币资本家的分离，才出现借贷关系，形成利息的范畴。因此，分工是利息形成的基础。

（2）利息来源于剩余价值，是利润的特殊转化形式。资本、职能的分工，使得职能资本家在使用借入资本时必须支付利息。但这一利息的支付来源是生产过程新增价值的一部分。

（3）借款的资本家之所以要支付利息给贷款的货币资本家，是因为借贷资本家让出了资本的使用权，职能资本家获得能带来剩余价值的货币资本的暂时所有权和使用权。因此，借贷货币资本的双重支付、双重归流和在生产过程中能带来剩余价值是利息形成的必要条件。

2. 利息在形式上表现为资金的"价格"

利息或利息率表现为资金的"价格"，前者从绝对数表现，后者从相对数反映，在实际运用中通常用利息率概念，因为它更能确切体现资金增值的水平和能力。

利息作为资金的"价格"，仅仅是形式上的、不合理的价格。从形式上看，资金的暂时让渡是采取交换方式进行的，债务人暂时获得了资金的使用价值，债权人获得了以利息表现出来的报酬，体现了一种"对等"交换的原则。利息成为体现资金使用价值的"价格"。但这种"价格"是不合理的，因为资金的暂时让渡并不是真正的买卖关系，而是有条件的借贷关系。同时，商品价格的原意是指商品价值的货币表现。价格是以价值为依据，并围绕价值上下波动的；而利息仅仅是资金增值的一个部分，并不是资金商品价值的全部货币表现，所以，它已经不是原来意义上的价格了。

资金价格与商品价格的相似之处：它们都是表现商品（或特殊商品）交换使用价值（或特殊使用价值）的货币量；它们的高低都要受市场供求和竞争的影响；它们作为一种市场机制传递经济信息，导致财富的合理有效再分配。

资金价格与商品价格又有本质的区别：商品的价格是体现真正意义上交换时商品价值的货币表现，资金的“价格”仅体现在交换掩盖下的资金使用价值暂时让渡的报酬；商品的价格取决于生产商品的社会必要劳动时间或价值量与货币自身的价值之间的对比关系，资金的“价格”取决于平均利润的大小和利息与企业主收入之间的分配比例关系；商品价格反映商品生产者之间等价交换劳动的关系；资金的“价格”反映了债权人和债务人分配利润的关系；商品价格通常从微观上调节经济，资金的“价格”则既从微观又从宏观上调节经济。

3. 利息是转化为收益的一般形态

从分析利息的来源可以看出，没有借贷，便没有利息。但在现实生活中，利息已经被人们看作是收益的一般形态：无论贷出资金与否，利息都被看作是资金所有者理所当然的收入，也是可能取得的或将会取得的收入；与此相对应，无论借入资金与否，生产经营者也总是把自己的利润分为利息与企业主收入两部分，似乎只有扣除利息所余下的利润才是经营的所得。于是利息率就成为一个尺度：如果投资所得与利润之比不大于利息率则根本不需要投资；如果扣除利息所余利润与投资的比值甚低，则说明经营的效益不高。在会计核算制度中，利息支出列入成本，而利润则只是指扣除利息支出后所余的那部分利润。

利息所以能够转化为收益的一般形态，在马克思看来，主要是由于以下几个原因。

第一个原因，也是最重要的原因，在于借贷关系中利息是资本所有权的果实这种观念被广而化之，取得了普遍存在的意义。在货币资本的借贷中，贷者可以取得利息，在于他拥有对货币资本的所有权；而借者所以要支付利息，在于他将这部分资本运用于生产的过程之中，形成价值的增值。一旦人们忽略整个过程中创造价值这个实质内容，而仅仅注意货币资本的所有者可以带来利息这一联系，货币资本自身天然具有收益性的概念便根植于人们的心中。

第二个原因在于，利息虽然就其实质说是利润的一部分，但利息率同利润率有一个极明显的区别：利润率是一个与企业经营状况密切联系因而事先捉摸不定的量；而利息率则是一个事先极其确定的量，无论企业家的生产经营情况如何，都不会改变这个量。因此，对于企业主来说：“一旦利息作为独特的范畴存在，企业主收入事实上就只是总利润减去利息的余额所采取的对立形式。”利息率的大小，在其他因素不变的条件下，直接制约企业主收入的多少。在这个意义上，用利息率衡量收益，并以利息表现收益的观念及做法，就不奇怪了。

第三个原因来自利息的悠久历史。信用与利息，早在“资本主义生产方式以及与之相适应的资本观念和利润观念存在以前很久就存在了”，货币可以提供利息，早已成为传统的看法。因此，无论货币是否作为资本使用，人们毫不怀疑，它都可以带来收益。

第二节　利　　率

一、利息率及其表示方法

利息的大小如何计量，通常是由利息额和预付借贷资金的比例，即利息率来表示。用公式表示为

$$\text{利息率}=\frac{\text{利息额}}{\text{预付借贷资金}}\times 100\% \tag{3-1}$$

利息率简称利率，是指一定时期内利息额同本金的比例。它是计量借贷资金增值程度的数量指标，亦是宏观经济以及现实的金融世界中众多重要的变量之一。在实际生活中，利率的变动对国民经济和人们的行为都将产生巨大的作用。

二、利率的计算

一般来说，使用利率来计算具体利息金额的方法有两种：单利计算法和复利计算法。两种方法算出的结构并不是相同的。

1. 单利计算法

单利是指存贷款在一定期限内只按本金计算利息，其所生的利息不再加入本金重复计算利息的方法。单利计算法的计算公式为

$$I=Pnr \tag{3-2}$$

式中，I 为利息；P 为本金；n 为计算周期数；r 为每期利息率。

在实际工作中，往往还需要计算本金与利息之和。本利和的计算公式可以从式（3-2）得出

$$S=P+I=P(1+nr) \tag{3-3}$$

【例 3-1】 某居民于 2000 年 12 月 1 日在银行存入 2 年期的定期存款 1000 元，年利率为 1.98%，求 2002 年 12 月 1 日到期时的利息与本利和。

解　到期时的利息：

$$I=Pnr=(1000\times 1.98\%\times 2)\text{元}=39.6\text{元}$$

到期时这笔存款的本利和：

$$S=P+I=P(1+nr)=[1000\times(1+1.98\%\times 2)]\text{元}=1039.6\text{元}$$

2. 复利计算法

复利也称利滚利，是在一定期限内按本金计算利息后，将计得的利息加入到本金中进行逐期滚算利息的方法。复利计算法的计算公式为

$$V_n = P(1+r)^n \tag{3-4}$$

式中，V_n 为到期为止的复利值（本利和）；P 为本金；r 为利率；n 为计算周期数。

式（3-4）的推导公式为

第1年

$$V_1 = \text{第1年年初本金} + \text{利息} = P + Pr = P(1+r)$$

第2年

$$V_2 = \text{第2年年初本金} + \text{利息} = P(1+r) + P(1+r)r = P(1+r)^2$$

……

第 n 年

$$V_n = \text{第}\,n\,\text{年年初本金} + \text{利息} = P(1+r)^{n-1} + P(1+r)^{n-1}r = P(1+r)^n$$

即

$$V_n = P(1+r)^n$$

由此可见，在复利计算的规则下，总之是随着时间的增加以指数增加的。

【例3-2】 某投资者向银行借入10000元人民币，按年利率10%计算，约定以1年为基期计算复利，3年后到期还本付息。求到期时的复利值。

解 这笔贷款的到期本利和：

$$V_3 = P(1+r)^3 = [10000 \times (1+0.1)^3]\,\text{元} = 13310\,\text{元}$$

三、利率运用：几种现值的计算方法

前面已经学习了复利的计算方法，那么，未来某个日期给定一定数额的金钱，今天值多少钱呢？于是引出了现值的概念。现值就是为了在未来收到某一额度现金，今天需要投入的资金数量。

1. 折现

如何计算从现在起，1年后收到的某个金额 F 的现值，即为了年末有 F 而今天需要投资的本金额 P？需要用下面的公式确定 P

$$(1+i)P = F \tag{3-5}$$

式中，i 为将钱存入银行的利率。

如果将这个方程同时除以（$1+i$）（折现因子），就会得到：

$$P = \frac{F}{(1+i)} \tag{3-6}$$

【例3-3】 某投资者年初想拿一笔钱做投资，想以4%的年利率存入银行，将来在年末收到100400元，求年初他应投入的资金额。

解　该投资者年初应投入的资金额为：

$$P=\frac{F}{(1+i)}=\frac{10400\text{ 元}}{(1+4\%)}=10000\text{ 元}$$

考虑一年以上的一次支付情况，那么，假设在未来多年以后收到一笔钱，那么，今天需要多少本金？其计算公式为

$$(1+i)^nP=F \tag{3-7}$$

式中，i 为将钱存入银行的利率。

如果将这个方程除以 $(1+i)^n$（折现因子），就会得到

$$P=\frac{F}{(1+i)^n} \tag{3-8}$$

【例 3-4】　某投资者两年后会收到 10816 元，银行年利率为 4%，那么现值是多少？

解

$$P=\frac{F}{(1+i)^n}=\frac{10816\text{ 元}}{(1+4\%)^2}=10000\text{ 元}$$

2. 现值公式的一般形式

现值公式的一般公式为

$$P=\frac{F_1}{(1+i)^1}+\frac{F_2}{(1+i)^2}+\cdots+\frac{F_n}{(1+i)^n} \tag{3-9}$$

【例 3-5】　某一投资者 1 年后收到 100 元，两年后收到 150 元，3 年后收到 200 元，银行利率为 4%，那么该投资者所得到支付额的现值是多少？

解

$$P=\frac{F_1}{(1+i)^1}+\frac{F_2}{(1+i)^2}+\frac{F_3}{(1+i)^3}=\frac{100\text{ 元}}{(1+4\%)^1}+\frac{150\text{ 元}}{(1+4\%)^2}+\frac{200\text{ 元}}{(1+4\%)^3}$$

$$=412.63\text{ 元}$$

3. 年金的现值

有一些债券永久支付利息而不偿还本金，这种债券一般称为年金。由于支付一直都会持续不止，因此，每年支付金额 F 的年金的现值为

$$P=\frac{F}{i} \tag{3-10}$$

【例 3-6】　一笔年金永久支付每年 100 元的利息，折现率为 5%，那么该年金的现值是多少？

解

$$P=\frac{F}{i}=\frac{100\text{ 元}}{5\%}=2000\text{ 元}$$

4. 固定支付证券的现值

很多证券，例如房屋贷款与住房贷款之类的向消费者发放的贷款，都被设计成本金随着时间推移逐渐偿还的形式，这个过程被称为分摊，在很多情况下，本金的分摊是计算好的，以便证券的支付每年都相同，这种证券被称为固定支付证券。一笔证券在未来 n 年每年年末支付额为 F，当折现率为 i 时，它拥有的现值为

$$P=\frac{F}{(1+i)^1}+\frac{F}{(1+i)^2}+\cdots+\frac{F}{(1+i)^n}=F\times\frac{1-[1/(1+i)]^n}{i} \quad (3\text{-}11)$$

【例3-7】 一个小汽车修理厂可能为了购买新的检查设备向银行借钱，贷款协议要求该企业必须在接下来的4年中每年年末支付700元，4年后贷款全部偿还，折现率为7%，则现值为多少？

解

$$P=\frac{700\text{元}}{(1+7\%)^1}+\frac{700\text{元}}{(1+7\%)^2}+\frac{700\text{元}}{(1+7\%)^3}+\frac{700\text{元}}{(1+7\%)^4}$$
$$=700\text{元}\times\frac{1-[1/(1+7\%)]^4}{7\%}$$
$$=2371.05\text{元}$$

5. 附息债券的现值

附息债券是指在到期日之前支付固定的利息，在到期日偿还面值，很多由美国政府出售的债券都采取附息债券的形式。一种附息债券，在未来 n 年内每年支付利息 F，然后在 n 年年末支付面值 V 的附息债券的现值为

$$P=\frac{F}{(1+i)^1}+\frac{F}{(1+i)^2}+\cdots+\frac{F}{(1+i)^n}+\frac{V}{(1+i)^n}$$
$$=F\times\frac{1-[1/(1+i)]^n}{i}+\frac{V}{(1+i)^n} \quad (3\text{-}12)$$

【例3-8】 一个附息债券在未来5年内每年支付利息100元，然后在第5年末偿还面值1000元，假设折现率为10%，则该债券的现值为

解

$$P=F\times\frac{1-[1/(1+i)]^n}{i}+\frac{V}{(1+i)^n}$$
$$=100\text{元}\times\frac{1-[1/(1+10\%)]^5}{10\%}+\frac{1000\text{元}}{(1+10\%)^5}$$
$$=1000\text{元}$$

6. 每年有多次支付情形的现值

实际生活中，很多金融证券要求进行更频繁的支付，如股票按季度支付股息，房主每月偿还抵押支付等。于是要修正现值公式的时间周期。

【例 3-9】 一个 30 年的抵押贷款，每月支付 735 元，年利率为 9%。分析的时间周期为月，因为每月支付一次，贷款在 30×12 月/年 =360 月之后到期。月利率为 9%/12 =0.0075，求现值。

解 利用现值公式可以求得现值为：

$$P = F \times \frac{1-\left[1/(1+i)\right]^{n}}{i} = 735\text{ 元} \times \frac{1-\left[1/(1+0.0075)\right]^{360}}{0.0075} = 91347.17\text{ 元}$$

四、利率体系

利率体系，或者资金“价格”体系是一个十分复杂的问题，因为各种金融资产收益的安全和流动性不同，其“价格”水平也不同。各种利率之间相互联系、相互制约所形成的利率体系和结构，是合理分配、有效使用资金的重要依据和有力杠杆。

（一）货币的时间价值

货币时间价值或者说货币资金的时间价值，是指从资金运动的观点来看，随着单位时间的延伸，货币资金发生的价值增值量。由于货币资金存在时间价值，现在一个单位的货币资金和未来一个单位的货币资金所具有的价值是不同的。经济学上把现在的货币资金价值称为现值，把未来的货币资金价值称为终值。两者关系为

$$\text{现值} = \frac{\text{终值}}{(1+\text{利率})^{\text{时间}}} \tag{3-13}$$

货币资金的时间价值，对于借贷资金来说，就是贷出本金后所得到的利息；而对于进行实业投资的资金来说，就是投资以后所获得的利润。货币资金时间价值是一个客观存在的，正确评估和考核投资货币资金效益的非常重要的指标，并成为投资决策和资金管理的一个重要依据。由于货币资金具有时间价值，在进行投资时，不仅要考虑该项投资能够带来盈利多少，还要考虑获得盈利的时间。一项能获得收益的投资，早获得盈利比晚获得盈利投资的实际收益要高，投资者可以据此选择最佳的投资方案，或者正确地考核真实的投资效果。同时，投资者还要掌握好投资时间的先后和期限的长短，以便以最少的投资取得较高的收益。因此，货币资金的时间价值既可以帮助投资者选择最佳的投资方案，又可以促使人们节约费用，讲究效益，争取更多的盈利，从而提高货币资金的社会经济效益。

（二）名义利率和实际利率

在借贷过程中，债权人不但要承担债务人到期无法偿还本金的信用风险，而且要承担货币贬值的通货膨胀风险。名义利率与实际利率的划分，正是从这个角度引起的。

名义利率是以名义货币，即按现行单位货币购买力水平（现行物价水平）表示的利息与本金的比率，或者说是包含着通货膨胀率的利率；实际利率是指以货币能够交换到的商品或劳务表示的利息与本金的比率。设 r 为名义利率，R 为实际利率，P 为通货膨胀，则三者之间的关系用公式表示为

$$r = R + P \tag{3-14}$$

或者

$$R = r - P \tag{3-15}$$

其实，式（3-14）、式（3-15）只是实际利率近似的计算公式。实际利率的精确计算公式为

$$R = \frac{r - P}{1 + P} \tag{3-16}$$

两者的区别在于：名义利率没有考虑通货膨胀对利率的影响，而实际利率则考虑了通货膨胀对利率的影响。因此，实际利率等于名义利率减去通货膨胀率。这种差额的结果可能是正利率，也可能是负利率。正利率是指名义利率大于通货膨胀率的利率，即实际利率为正的利率；负利率是名义利率小于通货膨胀率的利率，即实际利率为负的利率。正利率为金融资产投资者带来真正收益，负利率表面上为其投资者带来收益，而实际上是亏损。

在通货膨胀的条件下，市场各种利率都是名义利率，而实际利率却不易直接观察到，可以根据已知的名义利率和通货膨胀率推算出实际利率。至于名义利率的变动，在利率可以自由变动的市场经济中，实际上取决于对实际利率的预期与对物价变动亦即通货膨胀的预期。另外，由于通货膨胀率处于不断变动的过程中，所以签约时的通货膨胀率并不一定是还款时的通货膨胀率，而对保持本金不受损失来说，主要是要考虑还款时的通货膨胀率。

（三）年利率、月利率、日利率

年利率、月利率和日利率是按计算利息的期限单位划分的。年利率是以年为单位计算利息；月利率是以月为单位计算利息；日利率习惯叫“拆息”，是以日为单位计算。中国的习惯，不论是年息、月息、拆息都用“厘”作单位，如年息5厘、月息4厘、拆息2厘等。虽然都叫“厘”，但差别极大。年息的厘是指1%，5厘即为5%；月息的厘是指1‰，4厘即为4‰；拆息的厘是指1‱，2厘即为2‱。年利率、月利率、日利率这3种利率在经济生活中都有广泛使用的领域。西方工业化国家习惯以年利率为主，我国习惯以月利率为主。

（四）固定利率与浮动利率

根据在借贷期内是否调整，利率分为固定利率与浮动利率。

固定利率是指在借贷期内不能调整的利率，固定利率由于借贷双方准确计算成本与收益十分方便，传统上多采用。但是，由于近几十年来通货膨胀日益普遍并且越来越严重，实行固定利率对债权人尤其是对进行长期放款的债权人来说会

带来较大的损失，因此，在越来越多的借贷中开始采用浮动利率。

浮动利率是一种在借贷期内可定期调整的利率，根据借贷双方的协定，由一方在规定的时间依据某种市场利率进行调整，一般调整期为半年。浮动利率尽管可以为债权人减少损失，但也因手续繁杂、计算依据多样而增加费用开支，因此，多用于3年以上的借贷及国际金融市场。如美国的房地产贷款期限多为三五年至几十年，为减少近年来通货膨胀日趋严重带来的损失，开始实行可调整利率放款。在国际金融市场上，浮动利率债券的发行额近些年来增长很快。

（五）一级市场利率和二级市场利率

利率作为资金的“价格”，同样也可视为金融投资所带来的收益。这样，资金“价格”的概念又可以扩大为金融投资收益的概念。

一级市场利率指的是债券发行时的利息率，它是衡量该债券收益的基础。比如，一张票面为100元的债券，年利率为6%，则年收益为6元，它不反映该债券在二级市场上发生的资本损益。同时，一级市场利率又是计算债券发行价格的依据之一。

二级市场利率指的是债券流通转让时的收益率，它反映了资本的损益。假如上述的100元债券在6个月后以106元的价格出售，转让人的实际收益率为12%，即：(106 - 100)元 ÷ 100元 × 2 × 100%，年利息率超过6个百分点。假如6个月后以98元的价格出售，其年收益率为 -4%，即：(98 - 100)元 ÷ 100元 × 2 × 100%，表示该资产年亏损率为4%。收益率真实反映了金融资产在市场上的损益，比利息率更有意义，也更受投资者关注。

（六）中央银行利率和商业银行利率

中央银行利率主要是指中央银行向商业银行的再贴现利率和再贷款利率，有的国家又叫银行率，它是指中央银行对商业银行的贴现票据进行再贴现时所使用的利率，其水平由中央银行确定，既要体现货币政策的需要，又要体现其在利率体系中的核心作用。中央银行再贴现率是中央银行对商业银行短期融通资金的基准利率。它在利率体系中占有特殊的地位，它作为货币政策的体现，反映一个经济社会一定时期经济政策的目标和方向，起着一种政策导向的作用。但是，商业银行通过再贴现向中央银行融通的资金有限，因此，再贴现率很难直接反映市场资金的供求状况。

商业银行利率是指商业银行向客户吸收存款、发放贷款的借贷利率。商业银行利率直接面对客户，在金融市场中发挥作用，因此它是利率体系的基础，一方面反映市场资金供求的状况；另一方面对企业融通资金起着导向作用。

五、利率的决定

所谓利率的决定，是指研究影响利率变动的因素，进而确定利率水平是多少。在市场经济条件下，决定和影响利率水平的因素有如下几个：

1. 平均利润率

由于利率是社会纯收入或企业利润的一部分，所以利率要受投资者所能得到的平均利润率的约束。当在资金总量不变的情况下，平均利润率的大小决定利率的大小，平均利润率越高，借款者与贷款者所能够分割的利润总额就越多，同时在借贷资本额固定时，借贷双方所分得的利息额也就越高，从而利率也就越高；相反地，平均利润率越低，利率也就越低。并且，利率的变动也是在平均利润率所决定的限度内，即在大于零和小于平均利润率的范围内波动。因为当利率小于零时，贷款者会因为要贴息而不再供应资金；而当利率大于平均利润率时，借款者也会因为无利可图而不借入资金进行生产经营活动。

2. 借贷资金供求及借款期限

虽然，平均利润率因素对利息率起着决定和约束作用，但市场利率的变化在很大程度上是由资金供求状况决定的。市场上借贷资金供应紧张，利率就会上升；反之则会下降。在社会主义市场经济体制下，尽管利率不完全由资金供求状况决定，但也要充分考虑资金供求状况对市场利率的影响。

利率随借贷期限的长短不同而不同。通常，借贷期限越长，利率越高；反之则越低。从存款方面来看，存款期限越长，资金就越稳定，银行越能有效地加以运用，赚的利润也越多，银行可以也应该付给存款人更高的利息。从贷款方面看，借贷期限越长，银行所冒风险就越大，机会成本损失也就越大，银行理应按更高的利率收取更多的利息。同时，借贷资金的贷出是以偿还为条件的暂时让渡。资金从投放到收回总是需要一定时间的，在借贷资金的运动过程中，由于各种不测因素的出现，可能存在有多种风险。例如，因借款人破产、逃走，从而使借贷资金收不回或不可能完全收回的风险；因物价上涨而使借贷资金贬值的风险；当更有利的投资机会出现，而已贷放出去的资金又收不回来时，贷款人要承受机会成本损失的风险等。

3. 通货膨胀的影响

物价变动对利率的影响主要体现在对货币升值或贬值的影响。一般来说，当物价上涨时，人们所持有的货币贬值；当物价下降时，人们所持有的货币升值。为了不影响物价上涨带来的单位货币购买力的下降，应该适当提高利率，紧缩货币，并减少储蓄量的下降；反之则应该降低利率。因此，利率水平的高低随着物价水平的变动而变动。

4. 商业周期波动

商业周期波动对于利率表现出很强的影响力。

在经济扩张期，随着企业和消费者借款额的增加，资金的需求会迅速上升，同时会增加通货膨胀压力，并且中央银行可能会采取某些限制措施以抵消经济增长可能产生的通货膨胀，这3种力量会提高利率水平。

在经济衰退期，会发生相反的情况：随着企业和消费者缩减支出，资金的需求下降，通货膨胀压力减轻，中央银行也开始增加可贷资金供给，这3种力量又会降低利率水平。

在经济复苏的初期，使利率升高的动力是比较温和的。因为随着企业存货和运营资本的增加，企业和政府债券的发行数量及信贷需求将会增加，同时税收也相应增加，这些因素使利率在经济复苏的第一年或前两年低位徘徊甚至继续下降。在供给方面，由于失业人数减少和工资收入增加，储蓄将会增长，盈利和利润留成也会同时增加。可是在循环的初期仍存在着相当多的失业和过剩生产能力，银行仍会采取刺激性的货币政策，增加货币供给，而此时的预期通货膨胀率是非常低的，所以在复苏初期的一二年内使利率上升的动力比较小。到了循环扩张的中后期，利率上升的动力明显增强。因为生产能力利用率的提高和产品销售与盈利的增长，会使企业投资和资金需求达到高潮。消费者的信心也随失业率的降低、工资收入的增长而大大加强，从而导致耐用消费品及住房信贷购买的增加，资金的需求将会迅速增加。同时，预期通货膨胀率也随通货膨胀压力的增强而急剧上升。上述因素将使利率在经济循环扩张的后期强劲上升。

5. 宏观货币政策

货币供给增加对利率水平的影响有3种方式：流动性效应、收入效应和通货膨胀预期效应。

首先，货币供给量的增加将使经济中的流动性偏好变大，引起利率水平下降（流动性效应）。其次，从刺激经济的效果开始出现，到产出和收入的上升，资金需求增加，最终拉动利率水平上升（收入效应）。最后，实行增加货币供应量的政策会提高社会公众和投资者的通货膨胀预期，利率水平将由于通货膨胀预期效应而上升。如果金融市场对通货膨胀的敏感性较高，并且货币供给量是通货膨胀的主要诱因，那么，较快的货币增长率会推动长期利率快速上升。

国家宏观货币政策对短期利率的影响大于对长期利率的影响，而长期利率主要受预期通货膨胀的影响。当中央银行首先向银行注资以刺激银行贷款增加并降低利率时，大部分效果显示短期利率将发生变化。由于货币供给量增加将提高预期通货膨胀率，可能导致长期利率的上升。所以，在金融市场与通货膨胀预期高度相关时，中央银行对利率水平的影响就显得非常复杂。

6. 国际利率水平

在国际市场逐步形成、国际经济联系日益加深的时代，国际利率水平及其变动趋势对一国利率水平具有很强的“示范效应”。国际间的利率具有很强的联动性，或者说，利率在国际间具有严重的“传染性”。这是因为，随着对外开放范围的拓宽、程度的加深，国际市场上“一价定律”的作用、借贷资本自由流动的本性和国际商人套利的天性，使得利率受国际影响越来越强，即使不经过汇率的折算，各国利率也有“趋同倾向”。因此，目前许多发展中国家都对资金在国内市场流入流出作出了严格管制，以控制国际市场利率的变动对国内市场的影响。

第三节　利率的经济功能

利率与金融工具的价格有着十分密切的关系，利率的变化直接或间接地影响着金融工具的走势。同时，在国民经济运行中，利率更是一个十分重要的经济杠杆。在具备一定的条件下，通过利率的经济功能发挥，可以使宏观经济和微观经济得到有效的调节，使其朝着有利的方向发展。

一、利率与有价证券价格的关系

有价证券价格是指股票、债券等有价证券在金融市场上买卖的价格。其中，债券价格和股票价格是证券价格中两种最常见的形式，它们分别指用债券或股票作为有价证券所具有的价值形态的货币表现。证券作为证券市场上的金融商品，与一般商品不同，其本身并没有价格，但是由于债券、股票代表着获取物质利益的权利，因为也具有了价值形态，并成为可以在市场上流通买卖和用货币来衡量的特殊商品。证券的理论价格的一般计算公式为

$$\text{证券的理论价格}=\frac{\text{证券年收益}}{\text{银行利率}} \tag{3-17}$$

由上式可见，构成证券的理论价格的基本要素有证券年收益和银行年利率。证券的理论价格与证券年收益成正比，与银行利率成反比。

但是不同的证券工具，其市场价格的计算方法也是不同的，利率对其的影响也有差别。

1. 股票的价格由预测收入和其当时的市场利率两个因素决定

它的计算公式为

$$\text{股票价格}=\frac{\text{预期股息收入}}{\text{市场利率}} \tag{3-18}$$

例如，某种股票预期年收益每股2元（不论其面值多少），当时的市场利率为2%时，则其价格为100元（2元÷2%）。如果预期收入为4元，市场利率不变，则其价格为200元（4元÷2%）。如果预期收入为5元，而市场利率为5%，则其市价为100元（5元÷5%）。

从理论上讲，股价与利率成反比，即银行利率越高，股票价格就越低。这种趋势虽然存在，但是由于股票价格还受企业经营状况、公众的信心等多种因素的影响，股票价格与利率的关系并不十分明显。

2. 债券的价格分债券发行价格和流通转让价格两种

债券的发行价格通常根据其票面金额决定，特殊情况下采取折价或溢价的方式进行。债券在二级市场上的流通转让价格由不同的经济环境来决定，但有一个基本的“理论价格”决定公式，它由债券票面金额、票面利率和实际持有期限三因素决定。

它的计算公式为

债券转让的理论价格 = 债券票面金额 ×（1 + 票面利率 × 实际持有期限）　(3-19)

例如，一张债券发行时的票面金额是 50 元，票面利率规定为年息 8%，转让时的实际持有期限为 3 年，则其转让的理论价格为 62 元。

对债券来说，作为一种有固定利息收入的债权凭证，所有的债券在利率发生变化时都会朝一个方向变动。即当货币市场利率上升时，债券持有者就会抛出债券将资金投向高利金融商品，此时用于债券的投资将减少，债券的价格就会下降。反之则流入债券市场的资金增多，投资需求增加，债券价格上涨。债券价格与货币市场利率呈反方向变动，并且债券的剩余时间越长，受市场利率的影响就越大。

二、利率与汇率的关系

汇率是指两个国家的货币之间的比价，即一个国家的货币用另外一个国家货币所表示的价格。而利率是使用资金权利的代价。

利率平价论很好地解释了利率和汇率之间的关系。利率平价论是指在资金能在各国之间自由流动的情况下，一国的本国国内利率等于另一个国家的利率与两国货币汇率预期的相对变化率之差。

即

$$r = r^{*} - f \qquad (3\text{-}20)$$

式中，r 为本国利率；r^{*} 为外国利率；f 为两国货币汇率预期的相对变化率。

由于假设资金是能够自由流动的，那么哪个国家的利率高，投资于该国证券的收益率也就越高，资金就会向哪个国家流动。而资金流动的最终结果将会使得各国的利率趋向于一致。如果其他条件不变，当本国利率提高，对本国的需求扩大时，本国货币就会升值；当另外一个国家的利率提高，对外国资产的需求扩大时，本国货币就会贬值。

综上所述，在市场经济条件下，利率对有价证券价格、汇率这两个经济变量有着重要的影响作用。

三、利率的经济功能

（一）影响信贷资金筹集规模

第二章中已经提到，信用具有积少成多的资金筹集功能。信用的这种功能是以借方对贷方支付一定的利息为条件的。利率的高低对信贷资金的筹集规模有直接影响。利率提高能增加货币所有者的收益，从而使他们愿意将更多的闲置资金转化为借贷资金。相反，利率降低会减少货币所有者的收益，从而促使他们将闲置资金用于消费或其他途径，而不用于存款或贷放。因此，利率高低与信贷资金的筹集规模成正比。

（二）提高资金使用效益

利息是资金使用者借用信贷资金的成本。因此，适当的利率水平能够促使资金借用者加强对资金使用的管理，加强经济核算，提高经营管理水平，从而提高资金使用效益。在现实经济生活中，银行往往对一些经营管理不善、资金周转缓慢、贷款逾期不还的企业实行高利率的罚息，而对经营管理好、资金周转快、信用状况好的企业提供低利率贷款，从而促使企业改善经营管理，提高资金使用效益。

此外，运用利率杠杆调节信贷资金结构，促进产业结构合理化和国民经济协调发展，也会使资金运动更加通畅，从而为提高资金使用效益打下基础。

（三）调节国民经济发展

1. 调节信贷资金使用规模，并进而调节货币供应量与国民经济增长速度

提高利率水平必然增大借款者的借款成本，减少其收益，从而降低投资兴趣，借款规模与投资规模随之缩减；反之，降低利率则会减少借款者的成本，增加其收益，借者就会增加借款，扩大生产规模。因此，利率水平的高低同信贷资金的使用规模成反方向变化。

同时，信贷资金的使用规模直接影响货币供应量与经济增长速度，三者呈正比例变化关系。当经济发展过热、通胀率较高时，可通过调高利率水平，收缩信贷资金使用规模，从而减少货币供应量，降低经济增长速度。相反，当经济发展低迷、失业率较高时，可以通过调低利率水平、增加信贷资金使用规模来增加货币供应量、提高国民经济增长速度、降低失业率。

2. 调节信贷资金使用结构，并进而调节产业结构

对不同产业、不同企业的贷款规定不同的差别利率，可以对其借款规模与成本，进而对其发展产生不同影响，从而对国民经济产业结构产生影响。例如，对国民经济发展中的短线产业、重点产业和有发展前途的新兴产业实行较低的优惠利率贷款，可以使这些产业的企业以较低的成本获得较多的信贷资金，促使这些产业的迅速发展。反之，对那些需要限制发展的产业，实行较高的贷款利率，可以增大其借款成本，抑制信贷资金向这些产业流动，从而限制其发展。

3. 调节资本流入流出，并进而调节国际收支平衡

在资本市场对外开放情况下，利率对一国国际收支、特别是资本项目收支有重要调节作用。当一国国际收支出现较大逆差时，可以通过提高本国利率水平，

使其高于国际市场利率水平，阻止国内资本流出，吸引国外资本流入，从而增加国际收支资本项目顺差，促进国际收支平衡。

但当国际收支出现较大逆差与国内经济衰退并存时，就不能简单调高利率水平，而应调整利率结构。这是因为投资主要受长期利率影响，而国际资本流动主要受短期利率影响。因此在国际收支逆差与国内经济衰退并存时，应一方面提高短期利率以吸引国外资本流入，另一方面降低长期利率以刺激国内经济复苏。相反，当国际收支出现较大顺差或国际收支较大顺差与经济发展过热并存时，可以通过相反的措施予以调节。

当然，利率的上述作用的发挥必须具备必要的前提，如具备稳定的货币环境、健全的金融市场、企业化运作的银行机构、注重经济效益的货币所有者与使用者以及高效的宏观管理机制等。

四、利率市场化的理论依据

麦金农和肖（1973）的金融发展与金融深化理论中涉及有关利率市场化的理论。他们认为：现代经济社会中，金融与经济发展之间存在一种相互影响、相互作用的关系。当金融和经济发展处于一种互相促进互相推动的良性循环状态时，这种状态称作金融深化；反之，就称作金融压制。发展中国家普遍存在金融体系发展不平衡、政府对金融业干预过多、金融市场落后及货币当局理论认识上的错误等现象，这些因素造成了金融压制，即政府对利率实行严格管制，使得实际利率水平长期处于超低状态，甚至经常为负值。这种金融压制反过来又加强了金融体系发展的不平衡，极大限制了金融机构的业务活动，束缚了金融市场发展，降低了社会储蓄，并阻碍其向社会投资的顺利转化，使得资金利用效率和投资效率低下，最终导致金融发展与经济发展之间形成了一种恶性循环。因此，发展中国家要促进经济增长，必须消除金融压制，实施金融自由化，向金融深化方向迈进。

利率弹性和水平是衡量一个国家金融深化程度的重要标志之一。只有市场利率具有弹性，才能真实反映资金供求情况和投资的机会成本，从而增强各种经济变量对利率的弹性。因此，麦金农和肖认为，应取消对存贷款利率的硬性规定，使利率能正确反映资金的供求状况和稀缺程度。只要政府放弃利率管制，就可以消除负利率。保持实际利率为正，有利于扩大储蓄，提高资金使用效率，促进金融市场在广度和深度上发展，进而推动经济增长。

现代市场经济学认为：价格是市场机制的核心，价格反映供求关系。利率是资金的价格，是现代市场经济中最重要的价格，它为资金流动提供信号，最终引导资金优化配置。

资金作为一种投资、生产、消费等一切经济活动都必须使用的生产要素，其价格机制影响的不是某一局部市场的供求平衡，而是整个社会的供求状况和资源配置效率。美国联邦储备委员会前主席格林斯潘正是因为抓住了利率这个市场经济的“牛鼻子”，才得以让美国经济史无前例地保持了9年的高增长低通胀。世界主要的市场经济国家也都无一例外地将利率政策作为最重要的宏观调控手段。

五、我国的利率市场化

1993年，党的十四届三中全会《中共中央关于建立社会主义市场经济体制若干问题的决定》中明确提出了我国利率改革的长远目标：建立以市场资金供求为基础，以中央银行基准利率为调控核心，由市场资金供求决定各种利率水平的市场利率体系的管理体系。

2003年，党的第十六届三中全会《中共中央关于完善社会主义市场经济体制若干问题的决定》中进一步明确：“稳步推进利率市场化，建立健全由市场供求决定的利率形成机制，中央银行通过运用货币政策工具引导市场利率。”

其基本思路是：根据十六届三中全会精神，结合我国经济金融发展和加入世贸组织后开放金融市场的需要，人民银行将按照先外币后本币、先贷款后存款、存款先大额长期、后小额短期的基本步骤，逐步建立由市场供求决定金融机构存贷款利率水平的利率形成机制，中央银行调控和引导市场利率，使市场机制在金融资源配置中发挥主导作用。

1. 制定利率市场运行规则

回顾我国的利率市场化进程，银行间同业拆借市场利率最早放开。

在1986年1月，国务院颁布《中华人民共和国银行管理暂行条例》，明确规定专业银行资金可以相互拆借，资金拆借期限和利率由借贷双方协商议定，拉开了利率市场化的序幕。此后，同业拆借业务在全国迅速展开。1990年，随着同业拆借市场发展初期市场主体风险等问题的出现，出台了《同业拆借管理试行办法》，首次系统地制定了同业拆借市场运行规则，并确定了拆借利率实行上限管理的原则。

2. 形成同业拆借市场利率

1995年11月30日，根据国务院有关金融市场建设的指示精神，人民银行撤销了各商业银行组建的融资中心等同业拆借中介机构。从1996年1月1日起，所有同业拆借业务均通过全国统一的同业拆借市场网络办理，形成了CHIBOR——中国银行间拆借市场利率。至此，银行间拆借利率放开的制度、技术条件基本具备。1996年6月1日，人民银行《关于取消同业拆借利率上限管理的通知》明确指出，银行间同业拆借市场利率由拆借双方根据市场资金供求自主确定。银行间同业拆借利率正式放开，标志着利率市场化迈出了具有开创意义的一步，为此后的利率市场化改革奠定了基础。

3. 债券市场的利率改革

（1）发行方式的改革。债券市场的利率放开始于1991年。1991年，国债发行开始采用承购包销这种具有市场因素的发行方式。1996年，财政部通过证券交易所市场平台实现了国债的市场化发行。采取了利率招标、收益率招标、划款期招标等多种方式。同时根据市场供求状况和发行数量，采取了单一价格招标或多种价格招标。这是我国债券发行利率市场化的开端，为以后的债券利率市场化改革积累了经验。

（2）回购和现券交易市场利率放开。1997年6月5日，中国人民银行下发了《关于银行间债券回购业务有关问题的通知》，决定利用全国统一的同业拆借市场开办银行间债券回购业务。借鉴拆借利率市场化的经验，回购利率和现券交易价格同步放开，由交易双方协商确定。银行间债券短期回购利率成为中央银行判断存款类金融机构头寸状况的重要指标，为中央银行开展公开市场操作奠定了基础；银行间债券回购与现券交易利率的放开，增强了市场的价格发现能力，为进一步放开银行间市场国债和政策性金融债的发行利率创造了条件。

（3）政策性金融债、国债公开招标。1998年，鉴于银行间拆借、债券回购利率和现券交易利率已实现市场化，政策性银行金融债券市场化发行的条件已经成熟。同年9月，国家开发银行首次通过人民银行债券发行系统以公开招标方式发行了金融债券，随后中国进出口银行也以市场化方式发行了金融债券。1999年，财政部首次在银行间债券市场实现以利率招标的方式发行国债。

银行间债券市场利率的市场化，有力地推动了银行间债券市场的发展，为金融机构产品定价提供了重要参照标准，是长期利率和市场收益率曲线逐步形成的良好开端，也为货币政策间接调控体系建设奠定了市场基础。

4. 存贷款利率改革

（1）稳步推进人民币贷款利率市场化。1987年1月，中国人民银行颁布的《关于下放贷款利率浮动权的通知》中规定，商业银行可根据国家的经济政策，以国家规定的流动资金贷款利率为基准上浮贷款利率。在贷款利率逐步放开的同时，为督促商业银行加强贷款利率浮动管理，中国人民银行于1999年转发了建设银行、上海银行的贷款浮动利率管理办法，要求商业银行以此为模板，制定各行的贷款浮动利率管理办法、编制有关模型和测算软件、建立利率定价授权制度等。

2003年贷款利率市场化进程分3阶段展开：

第一阶段：2003年8月，中国人民银行在推进农村信用社改革试点时，允许试点地区农村信用社的贷款利率上浮不超过贷款基准利率的2倍。

第二阶段：2004年1月1日，中国人民银行决定将商业银行、城市信用社的贷款利率浮动区间上限扩大到贷款基准利率的1.7倍，农村信用社贷款利率的浮动区间上限扩大到贷款基准利率的2倍，金融机构贷款利率的浮动区间下限保持为贷款基准利率的0.9倍不变。同时明确了贷款利率浮动区间不再根据企业所有制性质、规模大小分别制定。

第三阶段：2004 年 10 月 29 日，中国人民银行报经国务院批准，决定不再设定金融机构（不含城乡信用社）人民币贷款利率上限。但仍对城乡信用社人民币贷款利率实行上限管理，但其贷款利率浮动上限扩大为基准利率的 2.3 倍。所有金融机构的人民币贷款利率下浮幅度保持不变，下限仍为基准利率的 0.9 倍。

到 2004 年底，我国金融机构人民币贷款利率进入了“上限放开，下限管理”的阶段。同时，贷款利率浮动报备制度初步建立，各商业银行和城乡信用社通过报备系统，定期向中国人民银行反馈贷款利率的浮动情况。

（2）人民币存款利率市场化进展。人民币存款利率实行下浮制度，实现“放开下限，管住上限”目标是从 2004 年开始的。10 月 29 日中国人民银行报经国务院批准，决定允许金融机构人民币存款利率下浮，即所有存款类金融机构对其吸收的人民币存款利率，可在不超过各档次存款基准利率的范围内浮动，但存款利率不能上浮。

但在这之前，存款利率市场化已经有了尝试。1999 年 10 月，为探索存款利率市场化途径，兼顾金融机构资产负债管理的需要，中国人民银行批准中资商业银行法人对中资保险公司法人试办 5 年期以上（不含 5 年期）、3000 万元以上的长期大额协议存款业务，利率水平由双方协商确定。这是存款利率市场化的有益尝试。随后的 2002 年 2 月和 12 月，协议存款试点的存款人范围扩大到全国社会保障基金理事会和已完成养老保险个人账户基金改革试点的省级社会保险经办机构。2003 年 11 月，国家邮政局邮政储汇局获准与商业银行和农村信用社开办邮政储蓄协议存款。

放开长期大额协议存款利率为存款利率市场化改革积累了经验，同时培育了商业银行的存款定价意识，健全了存款利率管理的有关制度。改革实践使“先长期大额，后短期小额”、“存款利率向下浮动，管住上限”的存款利率市场化的思路更加明确和清晰。

因此，现阶段我国利率市场化改革的总体框架是贷款利率实行下限管理、存款利率实行上限管理。2004 年 10 月放开金融机构贷款利率上限（城乡信用社除外）和存款利率下限是我国利率市场化改革进程中具有里程碑意义的重要举措，之后，利率市场化改革就以落实该项政策为中心逐步推进，不断完善金融机构治理结构与内控机制，逐步提高利率定价和风险管理能力，进一步加强中央银行货币政策调控体系建设。

（3）积极推进境内外币利率市场化。1996 年以来，随着商业银行外币业务的开展，各商业银行普遍建立了外币利率的定价制度，加之境内外币资金供求相对宽松，外币利率市场化的时机日渐成熟。2000 年 9 月 21 日，经国务院批准，人民银行组织实施了境内外币利率管理体制的改革：一是放开外币贷款利率，二是放开大额外币存款利率。2003 年 11 月，小额外币存款利率下限放开。2004 年 11 月，中国人民银行在调整境内小额外币存款利率的同时，决定放开 1 年期以上小额外币存款利率，商业银行拥有了更大的外币利率决定权。随着境内外币存、贷款利率逐步放开，中资商业银行均制定了外币存贷款利率管理办法，建立了外币利率定价机制。各行还根据自身的情况，完善了外币贷款利率的分级授权管理制度。

六、介绍美国的利率市场化过程

美国利率市场化的过程并不是一蹴而就的，而是一个渐进的过程。

美国的利率市场化先从一些不受《Q 条例》限制的大面额存单利率开始，随后过渡到期限为 90 天以上的大额存单，进而是资金市场采取浮动利率，最后是 1983 年存款利率的市场化。随着存款利率的市场化，贷款利率的限制在 1980 年的《新银行法》中被放开，除住宅贷款、汽车贷款等少数外，对贷款利率一律不加限制。1986 年《Q 条例》的完全废除，标志着美国实现了利率市场化。

1980 年《新银行法》的出台，标志着利率自由化进程以法制化的形式进入实质展开阶段。根据这一法规，利率自由化将以渐进方式深入，持续了近半个世纪的《Q 条例》将在 6 年内彻底废除。《新银行法》规定，首先取消两年以上定期存款的利率上限，然后在随后几年里让短期存款和储蓄存款的利率自由化。采取这种渐进方式意欲使金融市场平稳过渡。

然而在最初的几年里，由于银行的短期资金仍受《Q 条例》的限制，短期资金仍然大量从银行和存款机构流出，“脱媒”现象仍没有得到遏制。为此，在 1982 年，美国国会又通过了一项新的法案，称为《卡恩圣吉曼存款机构法案》，这一法案大大加速了利率市场化的进程。

新法案承认了银行创造的存款账户——货币市场存款账户和超级 NOW 账户等；新的法案还较详细的制定了废除和修正《Q 条例》的步骤，并且列明了一些与利率市场化相关的其他改革，以扩大银行业资产负债经营能力。

到 1983 年 10 月，不但银行定期存款利率基本上实现了市场化，而且支付性存款或交易账户存款的利率也基本上实现了市场化。1986 年 3 月，所有的存款限制，包括对活期支票存款禁止付息都已取消，实现了利率的完全市场化。

正是美国经济发展的需要以及商业银行对利润最大化的追逐，迫使美国一些商业银行在其业务活动中进行金融创新，绕过利率管制的束缚，成为利率市场化的第一推动力。这些创新活动发展到一定程度后得到政府认可，这种认可又可进一步加速利率市场化的进程。《Q 条例》的废除解决了金融系统的“脱媒”现象，为金融界开展公平竞争创造了有利条件，使金融系统的经营效率得到提高，也最终为美国经济的稳定发展起到关键的作用。

专栏

零利率时代美、日两大央行的挑战

一、2008年末美联储和日本央行的利率政策

降息周期持续到何时？不用研究经济是否恢复增长，眼下有一个最简单的办法：看看各大央行的政策利率是否到了零。

全球前两大经济体的央行已经提前宣告“结束”了自己的降息周期——政策利率不可能降到零以下——目前，美联储和日本央行均将政策利率降至零附近，毫无疑问刺激经济的利率政策工具已经用尽，接下来就该轮到满载钞票的直升机升空了，向冰冻的信贷市场撒钱已经提上议程。

12月16日，美联储（Fed）宣布将联邦基金目标利率从1%下调至0～0.25%区间内，此为Fed自1990年首次推出联邦基金目标利率以来的最低水平。日本接着在19日也宣布将利率削减到0.1%，迹象表明日本重返零利率时代已指日可待。

以研究大萧条作为自己学术生涯主要领域的Fed主席本·伯南克最近也表示，大萧条可以吸取的教训就是当时实行了过紧的货币政策。自去年夏天次贷危机爆发以来，伯南克仅用1年多的时间便把利率从5%降至零水平。降息速度远快于当年日本降息进程，后者在20世纪90年代初泡沫破灭后，直到1999年才将利率降至零。

不过，日本这次零利率进程看来也明显快于上一次。两大央行的零利率政策是否开启了全球零利率时代？

摩根大通首席经济师龚方雄最近接受媒体采访时表示，如果中国明年CPI只有1%，存款利率会降到1%以下。

最近穆迪经济网经济学家奥尔森发表研究报告指出，从宏观经济基本面的情况判断，当前亚太地区一些经济体的确存在降息至零的条件，如中国台湾、中国香港以及韩国等。但考虑到大多数亚太经济体的利率相比欧、美国家都处在高位，所以，降息至零的可能性不大。

复旦大学金融学教授孙立坚撰文指出，中国和许多其他新兴市场国家一样，不应该被提前进入“零利率时代”的欧、美国家无情的“拖入”这样糟糕的状况，应避免承担今后由目前这场“货币战争”（降息的竞争）所埋下的通胀甚至滞胀的风险。

零利率意味着央行的利率政策工具已经告罄，利率杠杆作用丧失，接下来定量货币宽松政策将继续粉墨登场，而Fed还将通过放大自身资产负债表等方式实施宽松货币政策。

二、日本零利率时代

随着股市和房地产泡沫的破灭，日本经济增长从1990年的5.5%骤然降至次年的2.9%。日本央行随之实行宽松货币政策。不过，直到1999年初，其央行才将利率降为0.15%，同年3月，继续下调至0.04%，扣除中间费用，名义利率实际上已经为零，日本进入零利率时代。

之后，日本的零利率政策历经反复：2000年日本解除零利率政策，不过随着经济的再次恶化，次年3月再次恢复该政策。最终直到2006年7月，伴随经济走出长期萧条，日本正式告别长达前后6年的零利率时代。

一项基于照凯恩斯主义的IS-LM模型（宏观经济分析的一个重要工具，用来描述产品市场和货币之间相互联系的理论）的分析研究发现，这是各种因素各种政策合力的结果，在配合扩张性财政政策刺激经济复苏的进程中，零利率政策和数量宽松货币政策对金融体系的稳定及支持经济复苏发挥出一定作用。

日本经济的实证研究表明，货币供给的变动与总产出呈正相关关系，在经济萧条情况下，扩张性货币政策可以增加产出水平。

不过，按照古典经济学的观点，长期来看，一国的产出增长最终要依靠生产率的提高，即技术进步等，货币无法对产出产生长期影响，即所谓货币中性。

与之持相近观点的货币主义学派也认为，增大货币供应只会拉高物价水平，会影响名义GDP，但不会对实际产出带来影响。

因此，也有专家认为，不能高估对零利率政策对日本经济复苏的影响，甚至有观点认为，当年央行反复的零利率政策也是导致日本“失去的十年”的因素之一。

三、央行的新挑战

Fed明确表示，低利率会维持一段时间。这意味着，在美国经济持续恶化的背景下，Fed的零利率政策只有到通缩风险解除和经济稳定后才会退出。

美国“二战”后从未实施过零利率。在2002年、2003年时期，为了应对通缩风险，联邦基准利率曾维持在1%的较低位置。到了2003年末2004年初，虽然通缩风险逐渐褪去，但就业市场越发疲弱，因此美联储仍维持了1%的低水平短期利率，并在2003年8月的政策声明中表态将在相当长的一段时间内维持现有政策措施。

长江证券策略部高级分析师钟华在其报告中指出，这一政策由于对预期管理的成功，对于之后经济的复苏也取得了较好的效果。

钟华认为，成功实施非常规政策的关键是政策“可信度”。金融市场越发达、市场经济机制越完善的环境下，非常规货币政策的实施效果将越好。

一些学者担心Fed大量注入流动性将会引发未来通胀抬头。Fed前理事德里弗里克·米什金最近在华尔街日报撰文指出，此时Fed需要向市场传达出这样一个信息，那就是自己在决策方面是非常具有弹性的，倘若信贷市场迅速回暖、或通货膨胀预期急速升温，Fed 会很快返身上调利率。“这样 Fed 就能够告诉市场，它已经准备好（在情况有变之际）收回当时为放松货币政策而给出的一些保证。”

钟华认为，接下来央行应加强预期管理，引导市场对未来政策利率的预期。具体来说，央行需要通过利率政策声明、官员讲话或暗示等多种形式传达给市场一个明确预期，即非常宽松的货币政策持续的时间将比市场所想像的更长。“如果这一承诺的可信度被市场认同，那么这将有助于进一步降低长期利率，提振各类资产价格，同时也将有助于进一步刺激国内总需求。”

Fed 的非常举动得到专家的认可。包括诺贝尔经济学奖得主、美国芝加哥大学教授加里·贝克尔的赞赏。他最近在《财经》杂志撰文指出，美联储在这次金融危机中反应非常迅速，甚至在金融危机对实体经济产生影响之前就开始行动。

不过，加里·贝克尔也毫不客气地指出，央行银行家们和经济学家曾经普遍持有的“我们已经学会了如何调整经济周期”的信念，如今已经被雨打风吹去。

显然，对央行来说，真正的挑战在于零利率政策之外。

资料来源：经济观察网，记者：张卫华，2008-12-24。

复习思考题

1. 试述马克思对利息本质的论述。
2. 什么是利率？它是如何分类的？
3. 试述利率如何影响有价证券的价格。
4. 决定利率变动的因素有哪些？
5. 论述利率如何在国民经济中发挥杠杆功能的。
6. 讨论我国实现利率市场化的条件和进程。

第四章

金融经济

财富是从这些原始的源泉中取得的。财富既可以被白白耗费掉，也可以被用来进行新的生产。在今天，用来进行新的生产的财富就叫做“资本”。因此，资本也是财富的源泉……

——乔治·拉姆塞《论财富的分配》

【本章导读】

对于货币和由此产生的金融活动在现代经济运行中的作用，无论怎样强调都不过分。如果没有货币及其金融活动，在整个经济中，生产与消费、销售与购买、借款与贷款，这些在世界任何地方都出现的经济活动，都无法得以顺利地进行。本章将通过个人、企业、政府这3个经济部门单位与金融的关系来阐明金融对于一个国家的经济运行所起的重要作用。

第一节　个人与金融

一、个人收入与金融

正如第一章所述，在物物交换的时代，人们必须耗费大量的人力、物力和时间去寻找合适的交易对象。并且随着交易范围和规模的扩大，交易过程更加艰难，交易成本变得非常昂贵。

在现代经济中，由于引入了货币并出现了金融系统，人们通过出售各自的生产要素来交换货币，再用货币来购买各种生活必需品和享受各种服务，使日常的生活变得非常便捷和轻松。家庭和个人以工资、租金、利息等形式得到各种收入，而各种收入又可以通过金融系统被人们随意地现行消费，或储藏起来用于未来消费。在这一过程中，金融系统扮演着不可或缺的重要角色。

随着市场经济的高度发展和社会生产多样化以及金融科技的发展，家庭和个人的收入水平迅速增加，使得家庭和个人对金融提出了更多更高的服务需求，如代转工资、代理支付、转账结算、信息服务、咨询服务、计算机处理等等。人们追求财富积累的资本化和多样化已成为现代经济的基本特征。因此，开拓个人理财业务品种、促进个人理财服务创新、让个人的财富成为社会投资的重要来源，是现代经济生活的客观需求，而这一切都离不开金融的发展和金融体系的完善。

可以举例来说明资金从盈余者手中被引导到匮乏者手中的融通对现代生活的重要性。张教授今年有资金盈余1000元。但是，由于没有金融市场，她可能既不借款也不贷款。如果没有用这些盈余资金来赚取投资收益的机会，到头来，她仍然只有1000元而得不到任何增值。然而，如果木匠小马把张教授的1000元用于生产，他可以把钱用来购买一件新式工具从而缩短建房工期，由此每年赚取额外的200元。如果张教授与小马取得联系，那么，她可以把1000元贷放给小马，每年获取100元的租借费(利息)，这样，他们双方都能获利。张教授将一改过去一无所获的状况，从1000元中每年赚得100元额外收入；而小马每年多赚100元(每年200元额外收入减去使用这笔资金的租费100元)。

如果没有金融市场，张教授与木匠可能永远不会合作。不存在金融市场时，没有投资机会的人便很难把资金转移给有投资机会的人；双方都将维持现状，双方都有损失。金融市场对于提高经济效益就是如此必要。

二、个人消费支出与金融

自从把金融引入经济系统，人们的日常生活就离不开金融活动。没有了金融这一环节，整个社会经济生活将无法进行。通过货币的支付，人们可以随意地购买到任何自己喜欢的商品，享受到各种所需的服务，而金融系统可以帮助家庭和个人实现其金融决策，满足各种现代生活的需求。

金融系统不仅可以使人们在现有的支付能力基础上获得商品和服务，还能超越时间和空间的障碍，获得更多的需求满足。

金融系统在不同的时间点提供了各种经济资源实现转移的途径。

例如，小李新婚燕尔，有一份称心如意的职业，还想购置一套住宅。尽管他的薪水丰厚，但是因为他刚刚参加工作，所以积蓄甚微。毫无疑问，将来他会积蓄到足够多的钱来实现买房的梦想，但是，到那时，他年老体衰，未必能从中获取充分的享受。没有金融市场，他会感到窘迫：无法购置住宅而只能继续住在狭小的公寓里。如果存在金融市场，使拥有储蓄的人得以把钱贷给小李去购置住宅，那么，即使要支付一些利息，他还会为在青年时光就能享有一套住宅而感到十分高兴。这样，当他积蓄了足够多的资金之时，就可以偿还贷款。总的结果是，小李的生活质量得到改善。

同样，如果没有机会获得学生贷款，许多年轻人会因为付不起高昂的学费而不得不放弃接受高等教育的机会。

区高新技术产业投资担保有限公司是全省首家针对高新技术产业提供专业服务的投资担保公司。其服务涉及高新技术产权交易、风险投资、高科技企业金融担保等服务，都是高级形态的资本运作形式，不但有效缓解中小企业融资难题，帮助它们做大做强，而且将有力推动自主创新综合配套改革试验区建设。

(4) 试点农地抵押。国土资源部1999年批准芜湖市为全国农民集体所有建设用地使用权流转试点后，去年11月芜湖再次推出的新举措，试点农民集体所有建设用地使用权及其地上建筑物抵押贷款业务，即农地抵押政策，这也是十一届三中全会以来，地方政府首次明确试点农民集体所有建设用地使用权及其地上建筑物抵押贷款业务。这场试点的成功，将为芜湖全市3850余户中小企业提供更多的融资渠道。因为芜湖之前的现状是，手握着集体土地使用权的诸多芜湖的中小企业无法贷款，因为按规定，只有城市国有建设土地可以抵押贷款，而集体建设用地上的企业是无法进行贷款的，长期以来土地集体所有，地上厂房建筑多为企业自建，这让银行为中小企业贷款望而却步。

(5) 发挥典当行作用，鼓励多种融资渠道和方式。芜湖市共有10家典当行，典当企业的数量和注册资本名列全省第二。芜湖典当行业取得了长足发展，已成为服务中小民营企业的主力军。

其它的特色还有市经委、市银监局等政府部门重视并且密切关注，市经委、市银监局、市企业家联合会、芜湖欧恺企业管理咨询公司还联合举办了市中小企业创业融资论坛暨金融产品服务推介会等。

从上述分析中看出，芜湖为化解中小企业融资，已经形成鲜明的特色，结合目前的经济形势，还可以有更多方面的探索和创新。如趁着国家启动大项目，创造条件为全市中小企业“搭便车”，为中小企业争取订单；针对银行系统的服务问题，建议银行系统设立专门的中小企业服务机构，创造专门针对中小企业的金融服务模式，如信贷工厂等，还有专门为中小企业产品打造的一揽子融资解决方案；特别是克服中小企业的信贷不对称问题，让中小企业有充足的抵押物和资产净值；支持银行自身的业务创新，获得中小企业未来现金流的信息。

资料来源：价值中国网，何党生，2009-3-4，有删节。

第三节 政府与金融

宏观经济政策是一国政府有意识、有计划运用一定的政策工具调节和控制宏观经济的运行，以达到充分就业、经济增长、物价稳定和国际收支平衡这四大经济目标。这些政策的实施都直接或间接地利用了金融系统的功能。中央银行的职能就是代表政府对宏观经济进行调节和控制，而金融市场和金融工具又为政府调节经济运行提供了重要的渠道和手段。

一、政府收入与金融

中央银行是政府的银行或国家的银行，为政府提供金融服务。例如，国家财政收入一般交由中央银行代理。政府的收入通过财政部在中央银行内开立的各种账户进行。具体包括按国家预算要求协助财政、税收部门收缴库款、代理国库；当政府发生财政困难时，中央银行可以对政府进行融通资金，向政府提供短期贷款，以解决国家财政收支出现的暂时性困难，可以通过向政府发放政府债券抵押贷款和推销国债的方式向政府提供资金。我国 2007 年中央和地方财政主要收入项目如表 4-1 所示。

表 4-1　我国 2007 年中央和地方财政主要收入项目

（单位：亿元人民币）

项　　目	国家财政收入		
		中央	地方
总计	51321.78	27749.16	23572.62
税收收入	45621.97	26369.85	19252.12
国内增值税	15470.23	11602.61	3867.62
国内消费税	2206.83	2206.83	
进口货物增值税、消费税	6153.41	6153.41	
出口货物退增值税、消费税	-5635.00	-5635.00	
营业税	6582.17	202.66	6379.51
企业所得税	8779.25	5646.97	3132.28
个人所得税	3185.58	1911.80	1273.78
资源税	261.15		261.15
城市维护建设税	1156.39	7.69	1148.70
房产税	575.46		575.46
印花税	2261.75	1945.15	316.60
证券交易印花税	2005.31	1945.15	60.16
城镇土地使用税	385.49		385.49
土地增值税	403.10		403.10
车船税	68.16		68.16
船舶吨税	18.20	18.20	
车辆购置税	876.90	876.90	
关税	1432.57	1432.57	
耕地占用税	185.04		185.04
契税	1206.25		1206.25
烟叶税	47.80		47.80
其他税收收入	1.24	0.06	1.18
非税收入	5699.81	1379.31	4320.50
专项收入	1241.85	153.69	1088.16
行政事业性收费	1897.35	353.66	1543.69
罚没收入	840.26	28.25	812.01
其他收入	1720.35	843.71	876.64

资料来源：《中国统计年鉴(2008)》。

二、政府支出与金融

不论是政府对公共建设投资，还是对公共产品购买，还是政府实施的转移支付，都离不开金融系统。中央银行实际上充当了政府的财政出纳，管理着政府的国库收入。同时，还为政府支付各种开支，如国防费开支、行政事业开支、公用事业开支、政府债券的偿付等。我国 2007 年中央和地方财政主要支出项目如表 4-2 所示。

表 4-2 我国 2007 年中央和地方财政主要支出项目

（单位：亿元人民币）

项　目	国家财政支出	中央	地方
总计	49781.35	11442.06	38339.29
一般公共服务	8514.24	2160.17	6354.07
国内外债务付息	1052.90	990.84	62.06
外交	215.28	213.78	1.50
对外援助	111.54	111.54	
国防	3554.91	3482.32	72.59
公共安全	3486.16	607.83	2878.33
武装警察	585.17	462.16	123.01
教育	7122.32	395.26	6727.06
科学技术	1783.04	924.60	858.44
文化体育与传媒	898.64	127.21	771.43
社会保障和就业	5447.16	342.63	5104.53
医疗卫生	1989.96	34.21	1955.75
环境保护	995.82	34.59	961.23
城乡社区事务	3244.69	6.20	3238.49
农林水事务	3404.70	313.70	3091.00
交通运输	1915.38	782.25	1133.13
车辆购置税支出	849.13	487.68	361.45
工业商业金融等事务	4257.49	1442.45	2815.04
其他支出	2951.56	574.86	2376.70

资料来源：《中国统计年鉴（2008 年）》。

三、政府管理与金融

金融调控已经成为主要的政府宏观调控手段。在传统的商品经济中，货币作为交换的媒介只是被动地推动着生产的发展，而在金融经济中，信贷、利率等经济杠杆引导着货币在经济活动中流转，从而使货币作为第一推动力和持续推动力引导着生产要素的转移。正因为有了这一变化，以实行货币政策为主要方式的金融调控也就比传统的市场调节显得更有效。利率水平能够更好地反映经济活动的

状况，它成为国民经济活动的主要调节手段，中央银行也因此而成为现代经济中政府的主要宏观调控主体。

众所周知，美国拥有一个混合型经济系统。在这一混合型经济系统中，自由市场体制与政府都扮演了一个十分重要的角色。美国自由企业制度强调私人所有权。但是，自由企业与自由市场制度也存在局限。一是不能提供充分的公共物品与服务；二是国防、军队、消防等部门，必须由政府来解决；三是由自由市场所产生的贫富悬殊问题，只有依靠政府通过国民收入再分配等手段才能缓解。事实上，从殖民时代到现在，美国政府已参与了多种经济决策。如从19世纪的运河和邮路，到20世纪的州际高速公路和环球卫星，联邦政府对基础设施进行了巨额投资。政府还提供了私营部门不能或不愿提供的社会福利项目。多年以来，政府通过中央银行的特殊地位和作用以多种方式支持和促进了经济发展。

第四节 金融和经济的辩证关系

一、衡量金融发展的基本指标

一个社会的金融体系是由众多的金融工具、金融机构组成的。金融工具的数量、种类、先进程度，以及金融机构的数量、种类、效率等的综合，形成不同发展程度的金融机构。

一个社会的金融发展程度越高，该社会的金融工具和金融机构的数量、种类就越多，金融的效率就越高。

衡量一个社会金融发展的基本指标有：

1. 金融相关率

所谓金融相关率，是指一定时期内社会金融活动总量与经济活动总量的比值。金融活动总量一般用金融资产总额表示。它包括：非金融部门发行的金融工具（即股票、债券及各种信贷凭证）；金融部门，即中央银行、存款银行、清算机构、保险组织和二级金融交易中介发行的金融工具（如通货与活期存款、居民储蓄、保险单等）和国外部门的金融工具等。经济活动总量则用国民生产总值表示。

衡量金融发展程度，实际上是衡量金融结构的状态。为此，西方经济学家雷蒙德·W. 戈德史密斯提出5个需要考虑的数量指标：①金融资产总额与实物资产总额的比重；②金融资产与负债在各金融机构间的分布；③金融资产与负债在金融机构与非金融机构之间的分布；④各经济部门拥有的金融资产与负债总额；⑤由金融机构发行、持有的金融工具总额。

据研究，1978年我国的金融相关率为0.53，1993年上升到2.67，这一水平已接近或达到新兴国家20世纪80年代末期的水平。如1988年韩国为2.34，马

来西亚为2.897。

2. 经济货币化率

经济货币化是当代经济发展的趋势。货币化率即社会的货币化程度，是指一定经济范围内通过货币进行商品与服务交换的价值占国民生产总值的比重。测量的3个常用指标是：实际金融资产存量/国民生产总值、实际金融资产存量/有形财富总量以及人均实际货币量。随着商品经济的发展，使用货币作为商品与服务交换媒介的范围越来越广。对于这种现象，可称为社会的货币化程度不断提高。

二、实体经济是金融产生与发展的基础

（一）商品货币关系的发展产生了金融

在今天的经济生活中，人们都离不开货币以及由货币引起的金融活动。然而，金融的产生则完全有赖于实体经济的发展。

人类社会最初是以实物交换为特征的自然经济，然后发展到以货币交换为特征的商品经济，再由简单的商品经济发展到以大工业和银行为基础的货币经济，目前，又处于传统的货币经济向金融经济转化的过程之中。在这几千年的转化过程中，每一步都是由经济的发展、经济活动方式的变化而引起的：从物物交换中发展出货币形式，用于解决物物交换的供求不一致、交换双方在时间上要求不一致以及交换双方在空间上要求不一致的矛盾，促进了商品交换；又从货币兑换业务中派生出货币保管业务，然后，从货币保管业务的发展中又产生了银行，以解决商品经济活动中对资金供求不一致的矛盾；随着资金融通规模不断扩大，资金融通方式日益多样化，金融机构的种类与数量不断增加，金融市场不断完善，金融经济的轮廓也不断清晰和完整。金融正是商品货币关系发展的必然产物。

（二）实体经济发展使金融体系更趋完善

一方面，随着实体经济的发展使社会的收入总体水平不断提高，富裕起来的人们因而增大了对金融投资和理财服务的需求。人们对金融服务的依赖性不断增长正是社会金融业发展的动力来源。

另一方面，经济发展形成越来越多的大企业集团，这些大的企业集团要求与其融资需求相匹配的现代金融机构为其提供服务。这意味着金融机构的融资规模必须更大，融资的效率必须更高，融资的手段必须多样化，承担风险的能力必须更强。同时，众多新生的、有发展前景的企业也需要金融机构为之提供能适应其需求的服务。因此，这种经济发展所带来的企业规模及类型的变化成为金融工具、金融机构多样化和金融效率迅速提高的重要基础。没有这种强大的实体经济作后盾，完善、健全的金融体系就不可能形成。

三、金融是实体经济的上层建筑

最早期的金融活动始于自然经济发展到一定程度，实物交换不能适应其发展，于是，出现了货币。作为交换媒介，货币充当一般等价物，促进商品经济的

发展。到了封建社会后期，由于商品生产和商品流通规模扩大，借贷、兑换和汇兑业务相继大发展，金融活动范围随之扩大，从而促进了资本主义生产方式的诞生。在自由资本主义时期，以信用为中心的金融活动迅速发展，以银行为主体的金融机构广泛建立，从而加速了资本积累和生产集中，使资本主义从自由竞争时代进入垄断阶段。在垄断资本主义阶段，随着银行垄断资本与工业垄断资本的相互渗透、密切结合，形成了金融资本；金融资本控制了资本主义经济的命脉，成为资本主义经济生活的中心。托马斯·梅耶在《货币银行与经济》一书中指出："金融是经济发展到一定程度的反映。因此，从某种意义上讲，人们可以把金融体系看成是经济结构中的上层建筑。"

现代经济的一个显著特征就是高度专业化和社会化。没有这种高度的专业化和社会化，我们的生产力和生活标准就会大大低于现在的水平。正是这种高度专业化使人们能够最有利地利用各类地区的各种生产力，集聚大量专业知识和资本，并实现扩大生产规模所带来的节约。但是，如果没有一个同样高度发达的金融体系，这种专业化就不可能实现。

金融发展促进了资本的积聚与集中，有助于实现现代化的大规模生产经营，实现规模经济的效益。金融业越发达，迅速积聚资本的功能就越强。在金融高度发达的国家，金融不仅可以帮助迅速集中国内资源，还可以迅速调动国外资源，推进经济发展的国际化和全球一体化。

金融发展促进了资源使用效率的提高，从而提高社会经济效率。发达的金融体系为投资人提供了众多的可选择的投资工具和理想的投资工具流通市场。在完全竞争和较完全竞争的金融市场上，各种金融工具的价格相对趋近于其合理水平，投资人理智的投资行为有助于资源从不善经营管理的企业流向有经营管理能力的企业，实现社会资源的合理配置，提高资源的使用效率。

金融发展还提高了社会的投资水平。以实物资产进行储蓄，在投资用途上不易转换，不能随意流动。金融业的发展可以提高金融资产的流动性，使品种和收益率更加多样化，从而提高人们持有金融资产的兴趣，增加金融资产形式的储蓄份额。投资对于储蓄的依赖，事实上在很大程度上是对金融资产储蓄的依赖。这种对金融资产储蓄的依赖性越强，社会的投资总水平就越高。

四、非对称发展的金融和经济

20 世纪 80 年代，发展中国家出现了较为普遍的债务危机，发展中国家的债务理论由此发展起来。20 世纪 90 年代，自 1994 年的墨西哥金融危机之后，1997 年又爆发了东南亚金融危机，1998 年继俄罗斯的金融危机之后，又爆发了巴西的金融危机。发展中国家的一系列金融危机，使得人们开始重视金融发展与经济发展的对称性问题的研究，尤其是研究政府如何制定适合本国经济发展的金融政策，如何对金融市场进行有效的监管，使之更好地为本国的经济服务。

早在1973年，美国经济学家爱德华·肖和罗纳德·麦金农基于对发展中国家金融状况的考察，分别发表了他们的著作《经济发展中的金融深化》和《经济发展中的货币和资本》，两书探讨了发展中国家的各种与经济发展不协调的金融政策及其所带来的问题，提出了金融抑制论与金融深化论。经过随后几十年其他学者的补充，目前已经形成较完整的理论。

爱德华·肖和罗纳德·麦金农的金融抑制论是分析发展中国家抑制市场机制和不恰当的金融管理政策对经济成长和经济发展如何产生阻滞作用的理论。这个理论认为，金融变量与金融制度对经济成长和经济发展来说，并不是中性因素：它既能起到促进的作用，也能起到阻滞的作用。关键取决于政府的政策和制度选择。在许多发展中国家，普遍地存在着错误地选择金融政策和金融制度的现象，其表现主要是政府当局对金融活动的强制干预：人为压低利率、实行信贷限额和信贷指标配给、高估本国货币币值并对外汇市场进行严格的管制等。这就是所谓的金融抑制。

1997年巴塞尔银行监管委员会主席德·斯旺对导致金融风险特别是信贷风险的成因作了精辟分析。他认为：

第一类主要成因是宏观经济的不稳定。通胀率居高不下，在宏观经济周期的顶峰期，银行往往过度乐观而超量放贷，进而引发泡沫经济，这是导致近几年日本银行业衰弱的主要原因。

第二类主要成因是未成熟的金融自由化。从长远看金融自由化提高了金融资源配置的效率，也加剧了金融业竞争。然而金融管理者、经营者目前缺乏足够的技能去有效控制伴随金融自由化产生的金融风险。金融自由化带来的系列不良影响在20世纪90年代初的墨西哥、巴西相继发生。当局者已从金融危机中汲取了深刻的教训，即金融自由化必须有一个强有力的风险管理系统作保障和支持。

第三类主要成因是政府介入。国有商业银行经常被用来为政府支出提供低息贷款，一些私有银行也被迫对特定地区、特定行业发放贷款，从而具有了半财政性质。这些活动在中长期都削弱了银行的实力。

第四类主要成因是不合理的内部控制机制。

第五类主要成因是不健全的市场基础构架。他强调，不完善的会计系统、不完备的信息披露制度、滞后的法规建设都阻碍银行业的有效监管和市场规则的运行。

总而言之，金融抑制对经济增长形成各方面的阻滞，必然带来收入的增长缓慢，收入的增长缓慢又带来需求的增长缓慢，需求的增长缓慢又带来投资的增长缓慢，使经济难以得到收入增长⟶需求增长⟶投资增长⟶收入增长的良性循环。

五、对称发展的金融与经济

所谓金融深化,就是政府放弃对金融市场的过度干预,放松对利率和汇率的严格管制,使利率和汇率成为反映资金供求和外汇供求对比变化的信号,即完善金融市场机制,用市场代替官僚机构,以此促进储蓄和投资增加,促进经济的增长。

金融深化论认为,为了消除金融对经济的抑制,必须推行金融自由化政策,充分发挥金融市场在动员和分配国内储蓄和国外储蓄方面的功能。金融自由化的核心是放开金融资产价格,特别是利率与汇率,使金融资产价格真实地反映供求关系,从而恢复金融市场调节资金供求的能力。

爱德华·肖认为,金融深化是获得收入效应、储蓄效应、投资效应、就业效应和分配效应的一种手段,而这些效应有助于一个国家摆脱贫困。具体地说,从储蓄效应看,金融深化可以纠正扭曲的金融价格,使储蓄者对收入预期发生变化,从而会鼓励其减少当前消费,增加储蓄,有利于提高一国私人储蓄对收入的比率,使金融机构有能力给投资者提供更多借款机会。从投资效应看,金融深化使有限的资金能够在竞争中进行有效的分配,真正起到奖优罚劣的作用,从而取得较好的投资收益。从分配效应看,金融深化还使少数大企业大公司的信贷资金特权分配受到限制,阻止了腐败现象的发生,有利于促进收入的公平分配和政治稳定。从就业效应和产出效应看,金融深化有利于抑制信贷超分配和稳定通货,从而有利于创造良好的经济环境,有利于劳动密集型产业的发展,从而能够推动就业和产出的增长。

金融深化是发展一国经济的必经之途。金融深化使政府放松对金融市场和金融体系的过度干预,使利率和汇率能够充分反映资金和外汇的实际供求情况,并能有效地抑制通货膨胀。由于在经济活动中,金融与经济发展息息相关,金融深化的实质是要求实行金融体制改革,以便能更好地发挥金融在现代经济中的核心作用。所以,金融深化必然会不断促进经济良性增长。

大量历史和现实的经验都告诉我们,要推动经济发展,必须搞好金融改革,实施正确的金融政策,使金融发展与经济发展相对称。这是因为,金融业发展的好坏在很大程度上制约着经济发展的快慢和稳定与否。

20世纪50年代初期,面对国民党统治时期遗留下来的严重通货膨胀,我国政府及时制定了“三统一平”的方针,即统一财政收支、统一现金收支、统一物资调拨,达到财政收支、现金收支和物资供求综合平衡。由于集中力量加强了金融调控,所以,很快就抑制了通货膨胀,稳定了物价,给新中国的经济建设创造了良好的金融环境,促进了经济发展,取得了令人瞩目的成就。

改革开放以来,我国在经济建设中充分重视金融改革先行。在20世纪80年代初就形成了中央银行体制,以后逐渐发展为以中央银行为领导,以国有商业银行和其他商业银行为主体,包括证券、保险等多种金融机构在内的一个比较完整的金融体系。与此同时，我国加大了金融市场建设力度，已经建立了包括股票市场、债券市场、同业拆借市场、贴现与再贴现市场、回购市场、保险市场、外汇市场、期货市场在内的金融市场体系，在发挥以银行贷款为主的间接融资功能的同时，以有价证券形式筹资的直接融资也取得了长足发展。金融业改革的成果对推动我国国民经济快速增长，起到了极为重要的积极作用。

专栏

澳大利亚的金融改革之路

一、改革的由来

澳大利亚的金融机构由银行、专业金融机构和非银行金融机构组成。银行系统中形成了以澳大利亚储备银行（中央银行）为中心，包括商业银行和储蓄银行在内的银行体系。专业金融机构主要有澳大利亚联邦开发银行、澳大利亚资源开发银行以及澳大利亚基础产业银行等，它们主要根据国民经济主要部门发展的需要而设立。非银行金融机构种类繁多、数量巨大，包括建筑协会、金融公司、保险公司、商人银行、信用合作社等。

20 世纪 40 年代至 80 年代初，澳大利亚一直对金融业实行严格的管制，这期间澳大利亚堪称金融管制最严的国家之一。虽然严格的金融管制也曾对澳大利亚经济的发展起过积极的作用，如众多的中小企业通过政府导向得到可靠的融资，澳大利亚的制造业由此取得巨大发展。但随着经济形势和金融环境的变化，对金融业的严格管制逐渐显现出诸多弊端。

首先，它限制了竞争，导致整个金融体系效率低下。政府完全操纵金融体系的运转，规定存贷款利率，限制金融工具的利率和期限，连贷款对象和额度也由政府担保和引导，绑住了银行和金融机构的手脚，银行间的自由竞争很难展开。金融机构的业务范围受到限制，造成金融业务部门分割严重。外资银行不能轻易进入，使国内金融市场与国际金融市场脱轨。在第二次世界大战后相当长的时期内，澳大利亚金融发展缓慢，金融工具单调，金融业务缺乏灵活性，无法充分满足资本融通需要。

其次，在严格管制的金融体制下，银行的地位受到冲击。银行所受到的控制包括利率上限、贷款额度、业务范围、资本构成以及开设新银行等各方面，而非银行金融机构却不需要接受这种管制。这些限制使澳大利亚国内经济单位纷纷从非银行系统的金融机构、证券市场进行融资，非银行金融机构因而在管理框架之外得到发展。不平等的竞争条件使非银行金融机构在 20 世纪 70 年代迅速崛起，其对经济的影响一度有超过银行之势。与此同时，银行的实力却大大削弱，澳大利亚商业银行占全国金融总资产的比重由 20 世纪 50 年代初的 1/3 降到 80 年代的不足 1/4。

最后，严格的管制无法适应变化了的外部环境。20世纪80年代初美、英、日等主要发达国家纷纷兴起金融自由化浪潮，发展中国家也开始放松对金融业的管制。随着世界范围内金融自由化改革的深入，国际金融市场一体化程度不断提高，加上信息技术在金融领域的广泛应用，澳大利亚对金融的严格管制促使国内企业转向国际市场寻求它们所需要的金融服务，这不但使澳大利亚金融管制的效果大打折扣，而且直接削弱了澳大利亚金融机构的国际竞争力。澳政府深切感到只有对现行金融体制进行大刀阔斧的改革，才能跟上国际发展的步伐。

二、改革的措施与效果

以1980年12月宣布取消银行存款利率上限和1981年11月国会坎贝尔委员会（Campbell Committee，即澳大利亚金融制度调查委员会）发表著名的坎贝尔报告并提出十项建议为标志，澳大利亚以放松管制为内容的金融自由化改革迅速全面铺开。

第一，取消银行间兼并的限制和新银行准入的障碍。此项措施的结果，一是导致了银行间的合并，六大银行合并为四大银行，从而在澳大利亚形成澳新银行、澳大利亚联邦银行、西太平洋银行和澳大利亚国民银行四大银行并存的局面；二是银行数量激增，商业银行由1980年的15家增加到1985年的34家，同期商人银行由49家增至111家。

第二，取消对银行的直接控制。1981~1985年，澳大利亚相继取消对金融机构存贷利率、存款期限和借贷数量的限制。同时扩大银行的业务范围，取消金融机构在业务分工方面的限制，允许银行间业务交叉、相互竞争。

第三，取消外汇管制，实现澳元自由兑换。1983年12月12日，澳大利亚放开澳元官方定价，允许澳元自由浮动，同时允许资金在境内外自由流动。这一举措成为澳大利亚金融自由化的里程碑，使澳元一跃成为世界上交易活跃的货币之一。

第四，开放金融市场，允许外资银行进入澳大利亚。1985年，澳大利亚政府批准包括中国银行在内的16家外国银行在澳设立分行或分支机构，这些分行或分支机构可在平等的条件下参与同当地银行的竞争。

第五，改革证券市场，取消对股票市场佣金率和经纪人准入的限制。1984年，澳大利亚放弃在股票市场实行了100年之久的固定比率佣金制，代之以可以协商的佣金制。1985年，澳政府允许外国投资者拥有澳证券经纪公司低于50%的股份。1987年进一步开放，允许外国投资者直接进入证券交易所进行交易，并可购买交易所会员——证券商100%的股份。

以放松管制为主要内容的金融自由化改革对澳大利亚金融业来说无疑是一场深刻的革命，在1980~1985年短短的6年时间里，澳大利亚取消或放松了几乎所有的金融管制措施，金融自由化一步到位，澳大利亚在发达国家中很快由金融管制最严的国家变为管制最松的国家。

放松金融管制后，金融机构更适应企业界和消费者的需求。金融竞争机制的改善，满足了经济发展对资金的需要，增加了对企业界的融资总量，从而刺激了总的投资规模，促进了澳大利亚经济的大幅增长。在整个20世纪90年代，澳大利亚GDP年平均增长3.2%，几乎超过所有发达国家，而同期年通货膨胀率平均仅为2.8%。

澳大利亚政府放宽对外汇的管制以及外资银行数目的增多，加速了澳大利亚金融市场的国际化进程，使得悉尼国际金融市场迅速发展起来。目前悉尼不但是亚洲和大洋洲地区屈指可数的期权交易市场，而且是西太平洋地区仅次于东京的第二大资本市场，悉尼证券交易所成为亚太地区重要的融资中心之一。悉尼有望成为亚太地区仅次于东京、香港、新加坡的又一大国际金融中心。

金融改革使银行业务日趋综合化、电子化。20世纪80年代以后，澳大利亚银行业与非银行业相互渗透，彼此间界限日益模糊。目前澳大利亚金融机构不论其名称如何，都能提供多样化的金融服务。与此同时，澳大利亚银行业注重应用先进的电子、通信技术以更新银行经营方式，提高服务效率，电子银行业务得到迅速发展，其ATM、EFIPOS的人均密度在发达国家中是最高的，全国的EFIPOS点多达4万个。澳大利亚还把Fax、E-mail、EDI等技术手段广泛应用于银行业务。

金融改革还大大促进了金融系统的金融创新能力。澳大利亚金融衍生产品市场的蓬勃发展便是明显的例证。悉尼期货交易所自从1972年引入金融期货后，目前交易的品种有90天银行票据、3年期国债、10年期国债、SPI、金融期货和金融期权等。灵活多样的金融业务不但使金融机构的客户可以找到满意的投资方式，而且还可获得前所未有的服务便利。

金融自由化也给中央银行的调控政策带来重大影响。在对金融机构的监管方面，间接手段替代了直接手段。政府政策的重点从管制转向引导和监督，调控手段以央行的公开市场业务为主。

资料来源：国务院发展研究中心信息网，2003-8-26。

复习思考题

1. 如何理解金融体系的建立和完善是现代人们经济生活中的客观需要？

2. 为什么在经济发达的社会中，企业的发展离不开多形式的金融中介、多样化的金融服务？

3. 现代经济中政府与金融的关系如何？

4. 金融发展的基本指标有哪些？

5. 论述实体经济与金融的辩证关系。

6. 何谓金融抑制？何谓金融深化？

第二篇

金融市场篇

第五章

货币市场

历史上，货币一直这样困扰着人们：要么很多却不可靠，要么可靠但又稀缺，二者必居其一。

——加尔布雷斯

【本章导读】

货币市场就其结构而言，包括同业拆借市场、票据贴现市场、短期政府债券市场、证券回购市场等。货币市场产生和发展的初始动力是为了保持资金的流动性，它借助于各种短期资金融通工具将资金需求者和资金供应者联系起来，既满足了资金需求者的短期资金需要，又为资金有余者的暂时闲置资金提供了获取盈利的机会。但这只是货币市场的表面功用，将货币市场置于金融市场以至市场经济的大环境中可以发现，货币市场的功能远不止此。货币市场既从微观上为银行、企业提供灵活的管理手段，使他们在对资金的安全性、流动性、盈利性相统一的管理上更方便灵活，又为中央银行实施货币政策以调控宏观经济提供手段，为保证金融市场的发展发挥巨大作用。

第一节　货币市场的概念和特征

一、货币市场的概念

货币市场是短期资金市场，是指融资期限在 1 年以下的金融市场，是金融市场的重要组成部分。由于该市场所容纳的金融工具，主要是政府、银行及工商企业发行的短期信用工具，具有期限短、流动性强和风险小的特点。短期信用工具在货币供应量层次划分上被置于现金货币和存款货币之后，称之为“准货币”，所以将该市场称为“货币市场”。

一个有效率的货币市场应该是一个具有广度、深度和弹性的市场，其市场容量大，信息流动迅速，交易成本低，交易活跃且持续，能吸引众多的投资者和投机者参与。货币市场由同业拆借市场、短期债券市场、票据贴现市场、可转让大额定期存单市场和债券回购市场5个子市场构成。

二、货币市场的基本特征：

货币市场的基本特征有三：

(1) 交易期限短，流动性强，交易的目的是解决短期资金周转的需要。最短的交易期限只有半天，最长的不超过1年，大多在3~6个月之间。资金来源于暂时的闲置资金，资金去向一般用于弥补流动资金的临时不足。所交易的金融工具有较强的货币性。货币市场的交易活动所使用的金融工具因期限短，具有较高的流动性，价格相对平稳，风险较小，随时可以在市场上兑售成现金而接近于货币。

(2) 货币市场的参与者主要以机构为主。货币市场的参与者主要是机构与专门从事货币市场业务的专业人员。机构类参与者包括政府、商业银行、中央银行、非银行金融机构、非金融性企业；货币市场专业人员包括经纪人、交易商、承销商等。

政府参与货币市场的主要目的是筹集资金以弥补财政赤字，以及解决财政收支支付过程中短期资金不足的困难。中央银行参与货币市场的主要目的是通过进行公开市场交易，实现货币政策目标。商业银行参与货币市场的主要目的是为了进行头寸管理。保险公司、养老基金和各类共同基金等非银行金融机构参与货币市场的主要目的，是希望利用该市场提供的低风险、高流动性的金融工具，实现最佳投资组合。货币市场专业人员一般是以证券公司和投资银行人员的身份出现的，他们长期活跃于各类证券市场上，扮演经纪人、交易商和承销商的角色。

(3) 货币市场的形式以无形市场为主。货币市场的参与者主要是机构，而以机构为主要参与者的市场具有交易规模大、客户数量较少、交易频繁的特点。这些特点使得货币市场交易完全可以借助于现代通信手段进行，因此，形成一个庞大的无形市场，如短期国库券交易、可转让大额定期存单交易、同业拆借等都是通过无形市场进行的。当然，也不能绝对肯定没有场所固定的交易。货币市场以无形市场为主，既有无形市场，又有有形市场。

三、货币市场的功能

货币市场就其结构而言，包括同业拆借市场、票据贴现市场、短期债券市场、债券回购市场等。货币市场产生和发展的初始动力是为了保持资金的流动性，它借助于各种短期资金融通工具将资金需求者和资金供应者联系起来，既满足了资金需求者的短期资金需要，又为资金有余者的暂时闲置资金提供了盈利的机会。但这只是货币市场的表面功能，将货币市场置于金融市场以至市场经济的大环境中可以发现，货币市场的功能远不止此。货币市场既从微观上为银行、企业提供灵活的管理手段，使他们在对资金的安全性、流动性、盈利性相统一的管理上更方便、灵活，又为中央银行实施货币政策以调控宏观经济提供手段，为保证金融市场的发展发挥巨大作用。

1. 短期资金融通功能

货币市场的最基本功能就是短期资金融通。相对于长期投资性资金需求来说，短期性、临时性资金需求是微观经济行为主体最基本的、也是最经常的资金需求。因为短期的临时性、季节性资金不足是由于日常经济行为的频繁性所造成的，是必然的、经常的，这种资金缺口如果不能得到弥补，就连社会的简单再生产也不能维系，或者只能使商品经济处于初级水平。货币市场的存在使得工商企业、银行和政府可以从那里借取短缺资金，也可将其暂时多余的、闲置的资金投放在那里作短期投资，生息获利，从而促进资金合理流动，解决短期性资金融通问题。

2. 管理功能

货币市场的管理功能主要是指通过其业务活动的开展，促使微观经济行为主体加强自身管理，提高经营水平和盈利能力。例如，票据市场有利于以盈利为目的的企业加强经营管理，提高自身信用水平。票据市场从票据行为上可以分为票据发行市场、票据承兑市场、票据贴现市场；从签发主体上可以分为普通企业票据和银行票据。只有信誉优良、经营业绩良好的主体才有资格签发票据并在发行、承兑、贴现各环节得到社会的认可和接受，不同信用等级的主体所签发和承兑的票据在权利义务关系上有明显的区别，如利率的高低、票据流动能力的强弱、抵押或质押的金额的大小等。所以，试图从票据市场上获得短期资金来源的企业必须是信誉优良的企业，而只有管理科学、效益优良的企业才符合条件。

3. 政策传导功能

由于中央银行主要是通过再贴现政策、法定存款准备金政策、公开市场业务三大货币政策工具来影响市场利率和调节货币供应量以实现宏观经济调控的目标，在这个过程中货币市场发挥了基础性作用。首先，中央银行通过同业拆借市场传导货币政策。同业拆放利率是市场利率体系中对中央银行的货币政策反映最为敏感和直接的利率之一，成为中央银行货币政策变化的“信号灯”。中央银行通过货币政策工具的操作，首先传导影响同业拆放利率，继而影响整个市场利率体系，从而达到调节货币供应量和调节宏观经济的目的。其次，就超额准备而言，发达的同业拆借市场会促使商业银行的超额准备维持在一个稳定的水平，这显然给中央银行控制货币供应量创造了一个良好的条件。再次，票据市场为中央银行提供了宏观调控的载体和渠道。央行的再贴现政策必须在票据市场实施。一般情况下，中央银行提高再贴现率，会起到收缩票据市场的作用，反之则扩展票据市场。同时，中央银行通过票据市场信息的反馈，适时调整再贴现率，通过货币政策中介目标的变动，达到货币政策最终目标的实现。最后，国库券等短期债券是中央银行进行公开市场业务操作的主要工具。

4. 促进资本市场尤其是证券市场发展的功能

货币市场和资本市场作为金融市场的核心组成部分，前者是后者规范运作和发展的物质基础。首先，发达的货币市场为资本市场提供了稳定充裕的资金来源。从资金供给角度看，资金盈余方提供的资金层次是由短期到长期、由临时性到投资性的，因此货币市场在资金供给者和资本市场之间搭建了一个“资金池”，资本市场的参加者必不可少的短期资金可以从货币市场得到满足，而从资本市场退出的资金也能在货币市场找到出路。因此，货币市场和资本市场就如一对“孪生兄弟”，不可偏废于任何一方。其次，货币市场的良性发展减少了由于资金供求变化对社会造成的冲击。从长期市场退下来的资金有了出路，短期游资对市场的冲击力大减，投机活动达到了最大可能的抑制。因此，货币市场是金融市场和市场经济良性发展的前提，金融市场和市场经济的完善又为货币市场的正常发展提供了条件，三者相辅相成。在这一关系中，货币市场起着基础性作用。

但是货币市场功能的正常发挥需要前提条件。一是货币市场本身的发达和完善。例如，发达的同业拆借市场需要有广泛的参与主体、频繁而广泛的交易行为、随行就市的市场价格；发达的票据市场要求票据行为的主体必须是信用良好的真正的市场经济行为主体，票据行为合法规范；国库券市场的形成要求政府发行的国库券达到一定规模，并且期限、档次合理。这些条件的具备为货币市场功能的发挥提供了良好的载体。二是货币市场功能的发挥尤其是政策功能的发挥需借助于其他金融市场子市场的发展。货币市场在这个功能的发挥中实际上最早反映中央银行货币政策的变化并通过进一步作用于长期金融市场即资本市场进而作用于更广范围的市场。这是因为，在市场经济条件下，利益关系的变化引起经济行为的改变基本上都是借助货币这个载体，在这个过程中，货币市场和资本市场分别担任着“二传手”和“三传手”的作用。三是发达的市场经济。金融市场本身就是市场经济的产物。在市场经济中，政府通过间接调控的方式对市场和微观经济行为主体进行宏观管理，微观主体成为真正的“经济人”和“理性人”，为满足盈利最大化和效用最大化而进行营运和消费，供求关系成为价格变动的基本因素，价格成为资源配置变化的基本信号，发达的市场经济本身既需要货币市场，同时又为货币市场的发展提供良好的外部环境。

第二节　同业拆借市场

一、同业拆借的概念

同业拆借是指经中国人民银行批准进入全国银行间同业拆借市场（以下简称同业拆借市场）的金融机构之间，通过全国统一的同业拆借网络进行的无担保资金融通行为。

全国统一的同业拆借网络包括：全国银行间同业拆借中心的电子交易系统；中国人民银行分支机构的拆借备案系统；中国人民银行认可的其他交易系统。

中国人民银行依法对同业拆借市场进行监督管理。金融机构进入同业拆借市场必须经中国人民银行批准，从事同业拆借交易接受中国人民银行的监督和检查。

二、银行同业拆借市场的产生与发展

同业拆借市场最早出现于美国，其形成的根本原因在于法定存款准备金制度的实施。按照美国1913年通过的《联邦储备法》的规定，加入联邦储备银行的会员银行，必须按存款数额的一定比率向联邦储备银行缴纳法定存款准备金。而由于清算业务活动和日常收付数额的变化，总会出现有的银行存款准备金多余，有的银行存款准备金不足的情况。存款准备金多余的银行需要把多余部分运用，以获得利息收入；存款准备金不足的银行又必须设法借入资金以弥补准备金缺口，否则就会因延缴或少缴准备金而受到央行的经济处罚。在这种情况下，存款准备金多余和不足的银行，在客观上需要互相调剂。于是，1921年在美国纽约形成了以调剂联邦储备银行会员银行的准备金头寸为内容的联邦基金市场。

在经历了1929~1933年的"大萧条"之后，西方各国普遍强化了中央银行的作用，相继引入法定存款准备金制度作为控制商业银行信用规模的手段，与此相适应，同业拆借市场也得到了较快发展。在经历了长时间的运行与发展过程之后，当今西方国家的同业拆借市场，较之形成之时，无论在交易内容开放程度方面，还是在融资规模等方面，都发生了深刻变化。拆借交易不仅发生在银行之间，还扩展到银行与其他金融机构之间。从拆借目的看，已不仅仅限于补足存款准备和轧平票据交换头寸，金融机构在经营过程中出现暂时的、临时性的资金短缺也可进行拆借。更重要的是同业拆借已成为银行实施资产负债管理的有效工具。由于同业拆借的期限较短，风险较小，许多银行都把短期闲置资金投放于该市场，以利于及时调整资产负债结构，保持资产的流动性。特别是那些市场份额有限、承受经营风险能力脆弱的中小银行，更是把同业拆借市场作为短期资金经常性运用的场所，力图通过这种做法提高资产质量，降低经营风险，增加利息收入。

我国在1996年建立了全国银行间同业拆借市场，将同业拆借交易纳入全国统一的同业拆借网络进行监督管理。全国银行间同业拆借市场建立以后，我国的同业拆借市场步入了规范发展的轨道，在市场规模快速扩大的同时，没有出现系统性风险和严重违约事件，市场运行效率和透明度不断提高。

2007年1月1日开始正式公布的"上海银行间同业拆借利率"（Shanghai Interbank Offered Rate，SHIBOR），被称为中国的LIBOR（London Interbank Offered

Rate，伦敦同业拆借利率），是中国人民银行希望培养的基准利率体系。一旦SHIBOR运作成熟，将有望成为一切资产的定价标准。

2007年8月6日开始施行的《同业拆借管理办法》是中国人民银行在总结10年同业拆借市场管理经验基础上，为了进一步促进同业拆借市场发展、配合SHIBOR报价制改革、顺应市场参与者需求而出台的重要规章。该条例从市场准入、期限管理和限额管理等3方面放松管制，以期活跃同业拆借市场交投，促进市场更快发展。

专栏

上海同业拆借利率

上海银行间同业拆放利率（Shanghai Interbank Offered Rate，简称SHIBOR），以位于上海的全国银行间同业拆借中心为技术平台计算、发布并命名，是由信用等级较高的银行组成报价团自主报出的人民币同业拆出利率计算确定的算术平均利率，是单利、无担保、批发性利率。目前，对社会公布的SHIBOR品种包括隔夜、1周、2周、1个月、3个月、6个月、9个月及1年。

SHIBOR报价银行团现由16家商业银行组成。报价银行是公开市场一级交易商或外汇市场做市商，在中国货币市场上人民币交易相对活跃、信息披露比较充分的银行。中国人民银行成立SHIBOR工作小组，依据《上海银行间同业拆放利率（SHIBOR）实施准则》确定和调整报价银行团成员、监督和管理SHIBOR运行、规范报价行与指定发布人行为。

全国银行间同业拆借中心受权SHIBOR的报价计算和信息发布。每个交易日根据各报价行的报价，剔除最高、最低各2家报价，对其余报价进行算术平均计算后，得出每一期限品种的SHIBOR，并于11:30对外发布。

三、银行同业拆借市场的特点

同业拆借市场有以下几个特点：

（1）融通资金的期限比较短。融通资金的期限有1日、2日、5日不等，一般不超过1个月，最长期限为120天，期限最短的甚至只有半日，因为同业拆借资金主要用于金融机构短期、临时性资金需求。

（2）同业拆借基本上是信用拆借。拆借活动在金融机构之间进行，市场准入条件较严格，参与拆借的机构基本上在中央银行开立存款账户，因此金融机构的信誉较高，主要以其信誉参与拆借活动。在拆借市场交易的资金也主要是金融机构存放在央行账户上的多余资金。

（3）交易手续简便。这种交易活动一般没有固定的场所，主要通过电信手段成交。

（4）利率由双方协商决定，随行就市，拆息变动频繁，灵敏地反映资金供求状况。所以银行的同业拆借利率通常被当作基准利率，成为其他资产的报价基础。

（5）利率相对较低。一般来说，同业拆借利率是以中央银行再贷款利率和再贴现率为基准，再根据社会资金的松紧程度和供求关系由拆借双方自由议定的。由于拆借双方都是商业银行或其他金融机构，其信誉比一般工商企业要高，拆借风险较小，加之拆借期限较短，因而利率水平较低。

第三节 贴现市场

传统的商业票据是商业上由于信用关系形成的短期无担保债务凭证，其产生于商品交易中的延期支付。但是商业票据只反映由此产生的货币债权债务关系，而不反映交易的内容，即只要证实票据不是伪造的，付款人就应无条件地履行义务，这就是商业票据的抽象性和无因性。典型的商业票据有本票和汇票两种，本票是一种支付承诺，汇票是一种支付命令。

从商业票据的定义中可知，商业票据的签发即商业票据的一级市场是基于商品交易的延期支付，因而它是一种信用结算工具；而一旦商业票据进入金融市场后，它就成为了一种融资工具，原有的结算功能不复存在，即当商业票据市场成为货币市场的一个子市场时，商业票据只是金融市场的一种融资工具。随着商业票据市场的发展和不断创新，商业票据的抽象性得以强化，其签发不再基于商品交易的背景，更多地成为发行人融资的债务凭证，商业票据市场也成为完全意义上的金融市场的组成部分。而与此同时，金融市场中的商业票据的内涵也发生了一些变化，单指短期、无担保的本票；商业汇票的买卖贴现成为平行于商业票据市场的另一个货币子市场——贴现市场。

一、贴现市场的含义及类别

贴现市场是指为客户提供短期资金融通，对未到期票据进行贴现的市场，是商业票据市场的重要组成部分。西方国家贴现市场的参加者主要是商业票据持有人、商业银行、中央银行以及专门从事贴现业务的承兑公司和贴现公司。可贴现的票据主要有商业本票、商业承兑汇票、银行承兑汇票、政府债券和金融债券等。贴现市场是商业银行运用资金的有利场所，商业银行办理贴现比直接放款更有利。这种市场不仅便利了票据持有人的资金周转，同时还为中央银行实行宏观调控创造了条件。

贴现市场的交易一般有3类：

（1）贴现。贴现是收款人或持票人将未到期的银行承兑汇票或商业承兑汇票向银行申请贴现，银行按票面金额扣除贴现利息后将余款支付给收款人的一项银行授信业务。票据一经贴现便归贴现银行所有，贴现银行到期可凭票直接向承兑人收取票款。票据贴现作为一种高效实用的融资手段，贴现业务能为客户快速变现手中未到期的商业票据，手续方便、融资成本低。并且客户可预先得到银行垫付的融资款项，加速公司资金周转，提高资金利用效率。

(2) 转贴现。转贴现是指商业银行因为头寸紧张等因素，将已经贴现的票据到同业那里再做一次贴现，以获得头寸，解决短期融资的需要。

(3) 再贴现。再贴现一般是商业银行和央行之间的操作，商业银行用手中的央行票据向央行申请再贴现以获得相应的头寸。

总之，转贴现或是再贴现是贴现的不同品种，其含义不同但是交易的性质是相似的。

二、贴现与贷款的区别

贴现在形式上是票据的买卖，但实质上是一种信用业务。贴现是商业银行买进的债权，是商业银行对付款人的信贷，都是银行的资产业务，都是为客户融通资金。所以票据贴现可以被看作是间接的信贷。

贴现与一般的银行贷款还是有区别的：

(1) 资金流动性不同。由于票据的流通性，票据持有者可到银行或贴现公司进行贴现，换得资金。一般来说，贴现银行只有在票据到期时才能向付款人要求付款，但银行如果急需资金，它可以向中央银行再贴现。贷款是有期限的，在到期前不能收回。

(2) 利息收取时间不同。贴现业务中利息的取得是在业务发生时即从票据面额中扣除，是预先扣除利息。贷款是事后收取利息，它可以在期满时连同本金一同收回，或根据合同规定定期收取利息。

(3) 利息率不同，票据贴现的利率要比贷款的利率低，因为持票人贴现票据目的是为了得到现在资金的融通，并非没有这笔资金，如果贴现率太高，则持票人取得融通资金的负担过重，成本过高，贴现业务就不可能发生。

(4) 资金使用范围不同。持票人在贴现了票据以后，就完全拥有了资金的使用权，他可以根据自己的需要使用这笔资金，而不会受到贴现银行和公司的任何限制。借款人在使用贷款时，要受到贷款银行的审查、监督和控制，因为贷款资金的使用情况直接关系到银行能否很好地回收贷款。

(5) 债务债权的关系人不同。贴现的债务人不是申请贴现的人而是出票人即付款人，遭到拒付时才能向贴现人或背书人追索票款。贷款的债务人就是申请贷款的人，银行直接与借款人发生债务关系。有时银行也会要求借款人寻找保证人以保证偿还款项，但与贴现业务的关系人相比还是简单得多。

(6) 资金的规模和期限不同。票据贴现的金额一般不太大，每笔贴现业务的资金规模有限，可以允许部分贴现。票据的期限较短，一般为2~4个月。贷款的形式多种多样，期限长短不一，规模一般较大，贷款到期的时候，经银行同意，借款人还可继续贷款。

(7) 担保形式不同。贴现是以合法票据本身作为质押物的担保方式，无需其他担保。贷款是贷款人根据借款人资信状况一般采取保证、抵押、质押3种担保形式，特殊时可直接发放信用贷款。

三、各国票据贴现市场的运行方式

票据贴现市场的市场主体（市场参与者）、市场客体（市场交易工具）及与市场运行密切相关的贴现利率等因素综合在一起，构成了票据贴现市场的运作机制。在西方，由于不同国家在票据贴现市场的融资规模、结构状况及中央银行对再贴现政策的重视程度方面存在差异，因而票据贴现市场也具有不同的运行特点。

1. 美国票据贴现市场的运行方式

美国的票据贴现市场，主要由银行承兑汇票市场和商业票据市场所构成。银行承兑汇票是进出口贸易中进口商签发的付款凭证，当银行承诺付款并在凭证上注明“承兑”字样后，就变成了承兑汇票。大多数银行承兑汇票偿还期为90天，因其以商品交易为基础，又有出票人和承兑银行的双重保证，信用风险较低，流动性较强。商业票据市场容纳的商业票据，则不是以商业交易为基础而签发的汇票，而是以市场筹资为目的签发的融通票据，到期时由发行者偿还。当这种票据的发行利率低于商业银行短期放款的优惠利率时，其发行量就会显著增大，成为借款人重要的资金来源。由于这种商业票据的期限较短，故容纳这种票据的市场资本上是一级市场。

2. 英国票据贴现市场的运行方式

与美国相比，英国贴现市场的历史则显得久远，至今已走过了100多年的发展历程，且一直比较发达，在金融市场中的地位也颇为重要和独特。英格兰银行在相当长一段时间内高度重视再贴现政策的运用，不能不说和这种情况有直接关系。19世纪中叶，伦敦贴现市场所经营的几乎全部是商业汇票的贴现业务，到19世纪末，才陆续增加国库券和其他短期政府债券的贴现业务。20世经50年代中期以前，票据贴现市场是英国唯一的短期资金市场。50年代后，英国货币市场才逐步扩大，出现了银行同业存款、欧洲美元、可转让大额定期存单等子市场。尽管如此，票据贴现市场在英国货币市场中仍无可置疑地处于核心地位。英国票据贴现市场的参与者众多，包括票据贴现所、承兑所、企业、商业银行和英格兰银行。票据贴现所在伦敦贴现市场上有13家，是贴现市场的主要成员。最初，它只充当商业汇票交易的中介人，从中赚取佣金。后来，它们开始从事商业汇票的贴现业务，并使贴现的票据种类逐步增加，一方面，票据贴现所接受客户的商业票据，为其办理贴现；另一方面，它们又把手中未到期的汇票拿到商业银行或英格兰银行，办理转贴现或再贴现。因为英格兰银行只对票据贴现所办理再贴现，所以，英格兰银行的再贴现政策效能的发挥，主要是通过票据贴现所这个窗口得以实现的。票据贴现所的独特地位，使其成为连接贴现市场各类经济主体的桥梁和纽带。

3. 日本票据贴现市场的运行方式

日本的票据贴现市场上用来贴现的票据，主要是期票和承兑汇票。所谓期票，是由一些资信度较高的大企业签发的，以自身为付款人，以银行为收款人的一种票据。承兑汇票主要是指国际贸易中出口商持有的，经过承兑的出口贸易票据。按照日本的中央银行——日本银行的规定。出口商持出口贸易票据向商业银行贴现，或商业银行持同类票据向中央银行办理再贴现时，均可获得低于商业银行短期普通贷款利率的优惠利率。此举的目的在于刺激出口，增强日本商品的国际竞争力。在日本，不仅一些大的城市银行将票据贴现作为放款业务的主要内容，就是经营长期金融业务的长期信用机构，基于调整资产结构、保持资产流动性的目的，也十分重视票据承兑与贴现业务，将其作为放款业务管理的重要方面。

票据贴现利率是票据贴现市场运作机制的一个重要环节，从理论上讲，合理的贴现率水平，应比照相同档次的贷款利率水平来确定。不过，由于票据贴现是提前预扣利息，等于是占有了客户贴息的时间价值，因而利率水平应比同档次贷款利率低一些。实际上，在确定贴现率的具体水平时，票据贴现期限、票据信用程度、短期资金供求关系以及中央银行的再贴现率水准等，也都是必须考虑的因素。至于转贴现率和再贴现率，前者主要由贴现双方参照有关利率自由商定，或由金融同业公会加以规定，后者则主要取决于中央银行的货币政策意图和金融宏观调控决策。

四、我国票据贴现市场发展概况

票据作为重要的非现金支付工具之一，不仅是经济行为人安全、高效地转移资金的载体，也是货币市场中主要的金融产品之一，票据再贴现还是央行重要的货币政策工具。票据市场在资金配置、流动性管理、风险分散、货币政策传导以及缓解中小企业融资瓶颈等方面发挥着举足轻重的作用，是央行制定货币政策时的考虑因素。从总体上看，票据市场作为货币市场的子市场，在规范和引导商业信用、拓宽企业融资渠道、改善银行资产结构、完善货币政策传导机制等方面发挥着十分重要的作用。但目前票据市场存在的诸多问题，在很大程度上制约了其功能的发挥。

1. 票据贴现市场缺乏票据基础

贴现市场必须以票据为基础。但由于我国商业银行对票据承兑贴现业务认识的滞后，操作上的随意使票据难以推广，贴现市场也缺乏主体。一是承兑贴现的商业汇票无真实商品交易。按规定，在银行开立存款账户的法人须具有真正的商品交易关系或债权债务关系，才能使用商业汇票。但银行根据企业间的经济合同开具银行承兑汇票时，难以判断是否是真正的商品交易。当承兑汇票款和贴现票款不能按期收回时，银行只能垫付资金。加之企业效益差，商业信用低，企业普遍不愿意接受商业汇票，不利于贴现市场发展。二是违约拖欠付款时有发生，承兑行在银行承兑汇票到期时应无条件支付票面金额和贴现利率。但由于各银行信贷资金紧张，难以安排足额贷款予以贴现；或由于本位主义作怪，有些银行常以各种理由拖欠付款，以此维护票据当事人的利益。这既不利银行的信誉，更不利商业汇票的推广。

2. 贴现业务收益与风险错位

一是贴现再贴现资金少，同时贴现利率过低，贴现业务收益不能抵补资金成本，效益与预期风险极不对称。票据利率市场化滞后，票据贴现利率的规定使商业银行对票据贴现业务多持审慎态度，怕担风险。二是占用贴现行联行资金。目前，国有商业银行联行清算制度不统一。贴现行办理商业汇票收款时因不能及时收回联行汇票资金，必须先自行垫付，影响贴现行资金的流动性、效益性。三是商业银行未能及时收回到期的银行承兑汇票贴现资金，影响商业银行办理贴现、转贴现业务的积极性。

3. 法规制度不完善

一方面社会缺乏良好的信用环境，信用立法落后；另一方面各地银行关于商业银行汇票贴现、再贴现业务的规章制度不统一，造成商业银行汇票变现能力弱。同时执法不严，逃避债务者仍以有理有利者自居，地方保护主义、行政干预使赖账“钉子户”长期存在，都破坏了票据贴现市场所需要的信用环境。

4. 管理偏松、漏洞不少

一是商业银行只重视贷款规模的硬性管理，为了完成指标，忽视对银行承兑汇票签发对象资格、信誉、数额、范围的控制，甚至以票引存，暗藏风险。有些商业银行为了争抢票源，在票据业务中，对企业贴现票据审查把关不严，例如对没有增值税发票或商品购销合同、商品发运单据等要件的银行承兑汇票也予以贴现，无形中暗藏着票据风险。这样虽能揽取部分存款，但也影响到银行的收益，套取了银行信用。同时，这种通过下调利率、降低标准的方式，以票揽存，形成了明显的不正当竞争，扰乱了票据市场的正常秩序。二是一些银行承兑汇票到期时，在企业无力偿还时，银行被迫转为逾期贷款，形成风险并造成信贷规模膨胀。三是利益驱动，造成管理疏松，签发银行承兑汇票可收取一定手续费，银行可将这部分收入用于其他开支而不纳入经营收入，易造成资信审查方面的不严，给票据诈骗者以可乘之机。

5. 集中趋势明显，不利于市场发展

目前基层金融机构的票据业务办理越来越向少数大型企业集中，广大中小企业饱受歧视性待遇之苦，票据融资难度加大，其突出表现就是中小型企业与大型企业在承兑保证金缴存比例、贴现规模等方面的非平等性。金融机构的歧视性待遇不仅加大了中小企业票据融资的难度，也阻碍了票据市场的快速发展。

6. 承兑汇票质押贷款，形成变相贴现

在目前企业资金紧张、贷款较难的情况下，一些企业将目光转移到了利用承兑汇票质押贷款套取银行资金的做法上。由于以承兑汇票质押贷款，不必审查其有无真实的贸易背景，只需审查票据的真伪即可，因此为那些无真实贸易背景的票据套取银行资金开了方便之门，实质上形成一种变相贴现，容易成为企业融资性票据贴现滋生的温床，加大了银行资金风险。

7. 市场参与主体少，投资功能不明显

从西方发达国家的经验来看，成熟的票据市场的参与主体应该大众化，具有广泛性特征。目前票据市场的参与主体仅为政策规定的金融机构、企业法人、央行及少数事业法人，其参与身份各不相同，企业和金融机构以融资者身份参与市场，只有少数商业银行以投资者身份参与其中，央行以监管者身份参与市场。

8. 市场准入和退出机制不完善

发达而成熟的市场，都有其严格的市场准入条件和有效的退出机制，这也就是市场规则或“游戏规则”。当前我国票据市场的准入和退出机制尚不完善，表现在两个方面：一是定性指标多，定量指标少；二是强调的不多，执行的更少。这就使得违规者有恃无恐，守规者只能“一声叹息”。

9. 市场功能不能充分发挥

票据市场作为一种市场，具有融资短期资金、实现债权流通、反映市场信息、传导货币政策等多项功能，从目前的情况来看，这些功能都不能充分或正常发挥。甚至它的最基本功能，即融资短期资金。这一基本功能是交易工具的产生和发挥其他功能的基础。由于尚未形成全国性市场，票据业务规模还不大，加之信息采集、整理、分析等系列性方法不完善，票据市场的功能未得到有效发挥。

第四节 其他货币子市场

一、短期债券市场

短期债券市场是指以 1 年以内短期债券为交易对象的市场。短期债券市场融资工具，顾名思义是短期债券，短期是指期限为 1 年以下。按发行人的不同分类，可将短期债券分为金融企业的债券和非金融企业的债券。

根据我国法律规定，只有具有法人资格的企业才可以发行短期债券进行融资。一般来讲，只有实力雄厚、资信程度很高的大企业才有资格发行短期融资券。在我国，短期融资券的发行必须符合《短期融资券管理办法》中规定的发行条件。

一般短期债券不对社会公众发行，只对银行间债券市场的机构投资人发行，在银行间债券市场交易。短期债券的发行价格由企业和承销机构协商确定，发行期限最长不超过365天，发行债券的企业可在上述最长期限内自主确定每期融资券的期限。债券的发行规模由发行企业实行余额管理，即待偿还融资券余额不超过企业净资产的40%。

债券发行由符合条件的金融机构承销，企业自主选择主承销商，企业变更主承销商需报中国人民银行备案；需要组织承销团的，由主承销商组织承销团。企业不得自行销售债券。承销方式及相关费用由企业和承销机构协商确定。债券的投资风险由投资人自行承担。

债券发行采用实名记账方式在中央国债登记结算有限责任公司（以下简称中央结算公司）登记托管，中央结算公司负责提供有关服务。中国人民银行依法对债券的发行、交易、登记、托管、结算、兑付进行监督管理。

在银行间债券市场引入短期融资券是金融市场改革和发展的重大举措。既丰富了货币市场工具，又改变直接债务融资市场中长短期工具发展不协调的问题，改变政府债券市场与非政府债券市场发展不平衡的问题。因此，从某种程度上说，发展短期融资券市场有利于资本市场与货币市场的协调发展。

短期融资券作为企业的主动负债工具，为企业进入货币市场融资提供了渠道。与一般企业相比，好的上市公司治理结构相对完善、信息披露相对透明，具有成为短期融资券发行主体的优势。优质上市公司发行短期融资券，能够有效地拓宽融资渠道、降低财务成本、提高经营效益，还可以通过合格机构投资人市场强化对上市公司的外部约束，对于改善上市公司作为资本市场微观基础的素质以及资本市场的长远发展都有重要意义。

二、大额可转让定期提单市场

大额可转让定期存单（简称CDs）是一种固定面额、固定期限、可以转让的大额存款定期储蓄。发行对象既可以是个人，也可以是企事业单位。这种金融工具的发行和流通所形成的市场称为可转让定期存单市场。

CDs的主要特点是流通性强和投资性强，具体表现在：CDs具有自由流通的能力，可以自由转让流通，有活跃的二级市场；CDs存款面额固定且一般金额较大；存单不记名，便于流通；存款期限为3~12个月不等，以3个月居多，最短的14天。可转让大额定期存单市场的主要参与者是货币市场基金、商业银行、政府和其他非金融机构投资者，市场收益率高于国库券。

大额可转让定期存单与定期存款的区别是：定期存款是记名不可转让的，CDs通常是不记名和可以转让的；定期存款金额不固定，大小不等，可能有零数，CDs金额则都是整数，按标准单位发行；定期存款的利率一般是固定的，到期才能提取本金，CDs 则有固定利率也有浮动利率，不得提前支取，但可在二级市场上转让。

可转让大额定期存单最早产生于美国。美国的《Q 条例》规定商业银行对活期存款不能支付利息，定期存款不能突破一定限额。由于当时市场利率上涨，活期存款无利或利率极低，现行定期储蓄存款亦受联邦条例制约，利率上限受限制，存款纷纷从银行流出，转入收益高的金融工具。为了突破《Q 条例》的管制，美国花旗银行于 1961 年创造第一张大额可转让定期存单。其目的是为了稳定存款、扩大资金来源。大额可转让定期存单利率较高，又可在二级市场转让，对于吸收存款大有好处，于是，这种新的金融工具诞生了。大额可转让定期存款存单除对银行起稳定存款的作用、变银行存款被动等待顾客上门为主动发行存单以吸收资金、更主动地进行负债管理和资产管理外，存单购买者还可以根据资金状况买进或卖出，调节自己的资金组合。

与美国相比，我国的大额可转让存单业务发展比较晚。我国第一张大额可转让存单于 1986 年面世，最初由交通银行发行。1987 年中国银行和工商银行相继发行 CDs。当时 CDs 作为一种新型金融工具，利率比同期存款上浮 10%，同时又具有可流通转让的特点，集活期存款流动性和定期存款盈利性的优点于一身，因而深受欢迎。由于全国缺乏统一的管理办法，市场曾一度出现混乱，中央银行于 1989 年 5 月下发了《大额可转让定期存单管理办法》，对 CDs 市场的管理进行完善和规范。但是，鉴于当时对高息揽储的担心，1990 年 5 月中央银行下达通知规定，向企事业单位发行的 CDs，其利率与同期存款利率持平，向个人发行的 CDs 利率比同期存款上浮 5%，CDs 的利率优势尽失，市场开始陷于停滞状态。

1996 年，央行重新修改了《大额可转让定期存单管理办法》，对 CDs 的审批、发行面额、发行期限、发行利率和发行方式进行了明确。然而，由于没有给 CDs 提供一个统一的交易市场，同时由于盗开和伪造银行存单进行诈骗等犯罪活动十分猖獗，中央银行于 1997 年暂停审批银行的 CDs 发行申请。

三、债券回购市场

债券回购是指债券持有者在卖出一笔债券的同时，与买方约定在某一日期再以事先约定的价格将该笔债券购回，并支付一定利息的交易行为。债券回购实质上是一种以债券为抵押品拆借资金的信用行为。证券的持有方（融资者、资金需求方）以持有的证券作抵押，获得一定期限内的资金使用权，期满后则须归还借贷的资金，并按约定支付一定的利息；而资金的贷出方（融券方、资金供应方）则暂时放弃相应资金的使用权，从而获得融资方的证券抵押权，并于回购期满时归还对方抵押的证券，收回融出资金并获得一定利息。

债券回购市场的简单流程图见图 5-1。

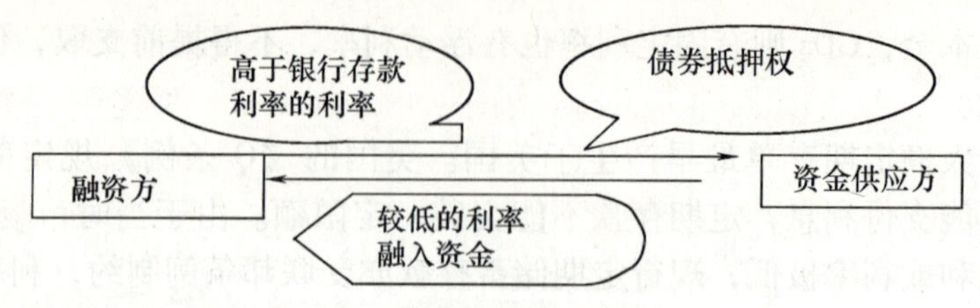

图5-1 债券回购市场流程图

债券回购包括正逆回购两方，通常融入资金、融出债券的那一方是正回购方，融出资金、收取利息、接受债券抵押的一方是逆回购方。投资者若作为逆回购方，则可获得无风险的利息收入，若为正回购方，只要融资之后的投资超过利息支付便意味着获得了超过仅仅进行债券投资的收益。

在债券市场的实际投资操作中，机构投资者通常在预期未来利率趋于平稳或下降时将债券抵押融资，再去购买付息率高的债券，放大债券投资的收益。若预期利率上涨时，提前卖出债券将资金做逆回购获取无风险利息收入，还可规避持有债券的价格损失。

债券回购的交易对象以国债居多，国债是一种在一定时期内不断增值的金融资产，而国债回购业务又是能为投资者提高闲置资金增值能力的金融品种，它具有安全性高（交易对手是交易所）、流通性强（根据资金闲置时间，可供选择3天、7天、14天、28天、91天、182天回购品种）、收益理想等特点，因此，对于资金充裕的非银行金融机构来说（个人投资者不能参与），充分利用国债回购市场来管理闲置资金，以降低财务费用来获取收益的最大化，又不影响经营之需，不失为上乘的投资选择，除了能充分保证资金的安全性和流动性，更能获得较高的收益。

国债回购交易是买卖双方在成交的同时约定于未来某一时间以某一价格双方再行反向成交，亦即债券持有者（融资方）与融券方在签订的合约中规定，融资方在卖出该笔债券后须在双方商定的时间，以商定的价格再买回该笔债券，并支付原商定的利率利息。

上证所开办的回购业务采用标准化国债（综合债券）抵押方式，不分券种，统一按面值计算持券量进行融资、融券业务，即融入资金与抵押国债的面值比例为1:1。

专栏

上海证券交易所所开办的回购业务交易过程

回购竞价交易由交易双方按回购业务每百元资金应收（付）的年收益率报价，报价时，可省略百分号，直接输入年收益率数值，并限于小数点后3位有效数字，最小报价变动为0.005或其整数倍。融资方申报“b”，融券方申报“s”，申报数量单位为“手”，并以面值10万元，即100手标准券国债为最小交易单位。

回购交易毋须申报账号，其成交后的资金结算和债券管理直接在其申报席位的自营账户内自动进行。在进行客户代理时，可在账号申报栏，输入客户股东账号，作为券商与众多客户的资金清算的区分标志。

国债回购交易设7天、14天、28天、91天、182天五个品种，各回购品种名称及其相应代码见表5-1。

表5-1　国债回购品种名称及其相应代码

品种名称	代码
7天国债回购	r007201001
14天国债回购	r014201002
28天国债回购	r028201003
91天国债回购	r091201004
182天国债回购	r182201005

综合债券回购分别开设28天、91天、182天三个挂牌品种，各品种名称及其相应代码见表5-2。

表5-2　综合债券品种名称及其相应代码

品种名称	代码
28天债券回购	rc018201006
91天债券回购	rc091201007
181天债券回购	rc181201008

证券公司对客户委托国债回购（综合债券）交易的佣金的收取标准为：7天、14天、28天的回购品种成交，分别按最高不超过回购成交金额的0.25‰、0.5‰、1‰，28天以上回购期品种成交佣金收取标准统一为最高不超过1.5‰。券商应缴经手费，按回购业务佣金标准的5‰收取。佣金、经手费两项费用皆于回购成交发生当日一次性收取。

清算资金的回购业务交易过程为：

(1) 回购交易双方实行一次成交、二次清算的方法，在成交当日对双方进行融资、融券的成本清算，其成本统一按标准券的面值100元计算，双方据此结算当日应收（付）的款项。

(2) 到期购回清算，由本所根据成交时的收益率计算出购回价，其计算公式为

$$购回价=100+\frac{年收益率\times 回购天数}{360}$$

如到期购回时恰逢节假日，则顺延至到期后的第一个交易日。

(3) 回购期满时，如融资方未按规定将资金划拨到位，其抵押的标准国债（综合债券）将用于交割。

债券的回购业务交易过程为：

(1) 用于国债回购的国债券必须是财政部已经发行，并在上证所可上市流通转让的国债券种。不可上市的国债一律不可用于国债回购交易。综合债券回购券种限于在上证所上市的金融债券、建设债券、企业债券等各类债券回购。

(2) 回购交易过程中，债券清算不在成交双方库存账户内划拨，其属保证券性质，由上海证券中央登记结算公司根据其出入库和买卖债券的变动情况核定该券商进行融资业务可供抵押的债券数量，用于融资方违规补偿。

(3) 回购业务融资方，应确保在回购成交日至购回日其在中央登记结算公司保留存放的标准国债（综合债券）的数量应等于回购抵押的债券量，否则将按卖空国债的规定予以处罚。若融资方在成交当日无足够的抵押债券，上证所将冻结其当天成交融入的资金，直至其将库存补足，其间造成的损失由融资方负责。

复习思考题

1. 货币市场的特点和功能是什么？
2. 贴现和贷款的区别是什么？
3. 我国贴现市场存在哪些问题？
4. 同业拆借市场的特点是什么？

第六章

资本市场

不论你使用什么方法选股或挑选股票投资基金，最终的成功与否取决于一种能力，即不理睬环境的压力而坚持到投资成功的能力；决定选股人命运的不是头脑而是耐力。敏感的投资者，不管他多么的聪明，往往经受不住命运不经意的打击，而被赶出市场。

——彼得·林奇

【本章导读】

资本市场是指期限在1年以上各种资金借贷和证券交易的场所。资本市场上的交易对象是1年以上的长期证券。

我国资本市场从开始出现的第一天起，就站在我国经济改革和发展的前沿，推动了我国经济体制和社会资源配置方式的变革。而随着市场经济体制的逐步建立，对市场化资源配置的需求日益增加，资本市场在国民经济中发挥作用的范围和程度也日益提高。资本市场的出现和发展，是我国经济逐渐从计划体制向市场体制转型过程中最为重要的成就之一，而资本市场改革和发展的经验，也是我国经济改革宝贵经验的重要组成部分。

2009年10月30日，创业板首批公司上市仪式在深圳举行，至此，我国多层次资本市场终于成形。主板、中小企业板、创业板、股票代办系统（场外柜台市场）四板同场争辉，共同为我国经济发展注入强大的资本支撑。

本章主要介绍3种基本的资本市场的投资工具：股票、债券和投资基金。

第一节　资本市场概述

一、资本市场的概念与特点

资本市场亦称长期金融市场、长期资金市场，是期限在1年以上各种资金借贷和证券交易的场所。资本市场上的交易对象是1年以上的长期证券。因为在长期金融活动中，涉及资金期限长、风险大，具有长期较稳定收入，类似于资本投入，故称之为资本市场。

资本市场的资金供应者为各金融机构，如商业银行、储蓄银行、人寿保险公司、投资公司、信托公司等。资金的需求者主要为国际金融机构、各国政府机构、工商企业、房地产经营商以及向耐用消费零售商买进分期付款合同的销售金融公司等。

与货币市场相比，资本市场的特点主要有：

（1）融资期限长。至少在1年以上，也可以长达几十年，甚至无到期日。

（2）流动性相对较差。在资本市场上筹集到的资金多用于解决中长期融资需求，故流动性和变现性相对较弱。

（3）风险大而收益较高。由于融资期限较长，发生重大变故的可能性也大，市场价格容易波动，投资者需承受较大风险。同时，作为对风险的报酬，其收益也较高。

二、资本市场的功能

资本市场有四大功能：

（1）筹资—投资功能。资本市场的筹资—投资功能是指资本市场一方面为费金需求者提供了通过发行证券筹集资金的机会，另一方面为资金供给者提供了投资对象。在资本市场上交易的任何证券，既是筹资的工具，也是投资的工具。在经济运行过程中，既有资金盈余者，又有资金短缺者。资金盈余者为使自己的资金价值增值，必须寻找投资对象；而资金短缺者为了发展自己的业务，就要向社会寻找资金。为了筹集资金，资金短缺者可以通过发行各种证券来达到筹资的目的，资金盈余者则可以通过买入证券而实现投资。筹资和投资是资本市场基本功能不可分割的两个方面，忽视其中任何一个方面都会导致市场的严重缺陷。

（2）定价功能。资本市场的第二个基本功能就是为资本决定价格。证券是资本的表现形式，所以证券的价格实际上是证券所代表的资本的价格。证券的价格是证券市场上证券供求双方共同作用的结果。证券市场的运行形成了证券需求者和证券供给者的竞争关系，这种竞争的结果是：能产生高投资回报的资本，市场的需求就大，相应的，证券价格就高；反之，证券的价格就低。因此，证券市场提供了资本的合理定价机制。

（3）资本配置功能。资本市场的资本配置功能是指通过证券价格引导资本的流动从而实现资本的合理配置的功能。资本市场由于存在强大的评价、选择和监督机制，而投资主体作为理性经济人，始终具有明确的逐利动机，从而促使资金流向高效益部门，表现出资源优化配置的功能。

（4）产权功能。资本市场的产权功能是指其对市场主体的产权约束和充当产权交易中介方面所发挥的功能。产权功能是资本市场的派生功能，它通过对企业经营机制的改造、为企业提供资金融通、传递产权交易信息和提供产权中介服务而在企业产权重组的过程中发挥着重要的作用。

三、资本市场的构成

资本市场按融通资金方式的不同，可分为银行中长期信贷市场和证券市场。本章将重点介绍证券市场。证券市场有很多种分类，比较常见的是以下几种：

1. 层次结构

这是按证券进入市场的顺序而形成的结构关系。按这种顺序关系划分，证券市场的构成可分为发行市场和交易市场。证券发行市场又称“一级市场”或“初级市场”，是发行人以筹集资金为目的，按照一定的法律规定和发行程序，向投资者出售新证券所形成的市场。证券交易市场又称“二级市场”或“次级市场”，是已发行的证券通过买卖交易实现流通转让的市场。证券发行市场和流通市场相互依存、相互制约，是一个不可分割的整体。证券发行市场是流通市场的基础和前提，有了发行市场的证券供应，才有流通市场的证券交易，证券发行的种类、数量和发行方式决定着流通市场的规模和运行。流通市场是证券得以持续扩大发行的必要条件，为证券的转让提供市场条件，使发行市场充满活力。此外，流通市场的交易价格制约和影响着证券的发行价格，是证券发行时需要考虑的重要因素。

2. 品种结构

这是依有价证券的品种而形成的结构关系。这种结构关系的构成主要有股票市场、债券市场、基金市场、衍生品市场等。

股票市场是股票发行和买卖交易的场所。股票市场的发行人为股份有限公司。股份有限公司通过发行股票募集公司的股本，或在公司营运过程中通过发行股票扩大公司的股本。股票市场交易的对象是股票，股票的市场价格除了与股份公司的经营状况和盈利水平有关外，还受到其他如政治、社会、经济等多方面因素的综合影响，因此，股票价格经常处于波动之中。

债券市场是债券发行和买卖交易的场所。债券的发行人有中央政府、地方政府、中央政府机构、金融机构、公司（企业）。债券发行人通过发行债券筹集的资金一般都有期限，债券到期时，债务人必须按时归还本金并支付约定的利息。债券是债权凭证，债券持有者与债券发行人之间是债权债务关系。债券市场交易的对象是债券。债券因有固定的票面利率和期限，因此，相对于股票价格而言，市场价格比较稳定。

基金市场是基金份额发行和流通的市场。封闭式基金在证券交易所挂牌交易，开放式基金则通过投资者向基金管理公司申购和赎回实现流通转让。此外，近年来，全球各主要市场均开设了交易型开放式指数基金（ETP）或上市开放式基金（LOF）交易，使开放式基金也可以在交易所市场挂牌交易。

衍生品市场是各类衍生产品发行和交易的市场。随着金融创新在全球范围内的不断深化，衍生品市场已经成为金融市场不可或缺的重要组成部分。

3. 交易场所结构

按交易活动是否在固定场所进行，证券市场可分为有形市场和无形市场。通常人们也把有形市场称作“场内市场”，是指有固定场所的证券交易所市场。该市场是有组织、制度化了的市场。有形市场的诞生是证券市场走向集中化的重要标志之一。一般而言，证券必须达到证券交易所规定的上市标准才能够在场内交易。有时人们也把无形市场称作为“场外市场”；是指没有固定交易场所的市场。随着现代通信技术的发展和电子计算机网络的广泛应用、交易技术和交易组织形式的演进，已有越来越多的证券交易不在有形的场内市场进行，而是通过经纪人或交易商的电传、电报、电话、网络等洽谈成交。

目前场内市场与场外市场之间的截然划分已经不复存在，出现了多层次的证券市场结构。很多传统意义上的场外市场由于报价商和电子撮合系统的出现而具有了集中交易特征，而交易所市场也开始逐步推出兼容场外交易的交易组织形式。

第二节 股票市场

一、股票的定义与特征

股票是股份证书的简称，是股份公司为筹集资金而发行给股东作为持股凭证并借以取得股息和红利的一种有价证券。每股股票都代表股东对企业拥有一个基本单位的所有权。股票是股份公司资本的构成部分，可以转让、买卖或作价抵押，是资本市场的主要长期信用工具。

股票的特征包括以下几个方面：

（1）不可偿还性。股票是一种无偿还期限的有价证券，投资者认购了股票后，就不能再要求退股，只能到二级市场进行转让。股票的转让只意味着公司股东的改变，并不减少公司股本。从期限上看，只要公司存在，它所发行的股票就存在，股票的期限等于公司存续的期限。

（2）参与性。股东有权出席股东大会，选举公司董事会，参与公司重大决策。股票持有者的投资意志和享有的经济利益，通常是通过行使股东参与权来实现的。股东参与公司决策的权利大小，取决于其所持有的股份的多少。从实践中看，只要股东持有的股票数量达到左右决策结果所需的实际多数时，就能掌握公司的决策控制权。

（3）收益性。股东凭其持有的股票，有权从公司领取股息或红利，获取投资的收益。股息或红利的大小，主要取决于公司的盈利水平和公司的盈利分配政策。股票的收益性还表现在股票投资者可以获得价差收入或实现资产保值增值。通过低价买入和高价卖出股票，投资者可以赚取价差利润。在通货膨胀时，股票价格会随着公司原有资产重置价格上升而上涨，从而避免了资产贬值。股票通常被视为高通货膨胀期间可优先选择的投资对象。

（4）流通性。股票的流通性是指股票在不同投资者之间的可交易性。流通性通常以可流通的股票数量、股票成交量及股价对交易量的敏感程度来衡量。一般来说，可流通股数越多，成交量越大，价格对成交量的敏感越低，股票的流通性就越好；反之就越差。通过股票的流通和股价的变动，可以看出人们对于相关行业和上市公司的发展前景和盈利潜力的判断。那些在流通市场上吸引大量投资者、股价不断上涨的行业和公司，可以通过增发股票，不断吸收大量资本进入生产经营活动，实现资源的优化配置。

（5）价格波动性和风险性。股票在交易市场上作为交易对象，同商品一样，有自己的市场行情和市场价格。由于股票价格要受到诸如公司经营状况、供求关系、银行利率、大众心理等多种因素的影响，其波动有很大的不确定性。正是这种不确定性，有可能使股票投资者遭受损失。价格波动的不确定性越大，投资风险也越大。因此，股票是一种高风险的金融产品。

二、股票的分类

1. 按股东享有权利的不同，可以分为普通股票和优先股票

（1）普通股票。普通股票是最基本、最常见的一种股票，其持有者享有股东的基本权利和义务。与优先股相比，普通股票是标准的股票，也是风险较大的股票。普通股票的持有者是股份公司的基本股东，按照《公司法》的规定，公司股东依法享有以下权利：

1）公司重大决策参与权。股东基于股票的持有而享有股东权，这是一种综合权利，其中首要的是可以以股东身份参与股份公司的重大事项决策。作为普通股股东，行使这一权利的途径是参加股东大会、行使表决权。

2）公司资产收益权和剩余资产分配权。普通股股东拥有公司盈余和剩余资产分配权，这一权利直接体现了其在经济利益上的要求。普通股股东行使资产收益权有一定的限制条件：①法律上的限制。我国有关法律规定，公司缴纳所得税后的利润，在支付普通股票的红利之前，应按如下顺序分配：弥补亏损→提取法定公积金→提取法定公益金→提取任意公积金。②其他方面的限制。普通股股东行使剩余资产分配权也有一定的先决条件：①普通股股东要求分配公司资产的权利不是任意的，必须是在公司解散清算之时。②我国《公司法》规定，公司财产在分别支付清算费用、职工的工资、社会保险费用和法定补偿金，缴纳所欠税款，清偿公司债务后的剩余财产，按照股东持有的股份比例分配。公司财产在未按照规定清偿前，不得分配给股东。

3）其他权利。我国《公司法》规定，股东还有以下主要权利：①股东有权查阅公司章程、股东名册、公司债券存根、股东大会会议记录、董事会会议决议、监事会会议决议、财务会计报告，对公司的经营提出建议或者质询。②股东持有的股份可依法转让。股东转让股份应在依法设立的证券交易场所进行或按照国务院规定的其他方式进行。公司发起人、董事、监事、高级管理人员的股份转让受《公司法》和公司章程的限制。③公司为增加注册资本发行新股时，股东有权按照实缴的出资比例认购新股。股东大会应对向原有股东发行新股的种类及数额作出决议。股东的这一权利又称优先认股权或配股权。

（2）优先股票。优先股票是一种特殊股票，在其股东权利、义务中附加了某些特别条件。优先股票的特征包括：股息率固定、股息分派优先、剩余资产分配优先、一般无表决权。优先股股票因拥有的具体优先条件不同，可分为以下几个种类：

1）累积优先股和非累积优先股。累积优先股是当公司经营不好，无力发放股息时，优先服的股息可以累积到下年股息之中，在发放普通股股息前补付。而非累积优先股是某期末支付的股息不能累积到下一期。就这一点来看，累积优先股比非累积优先股有优越性。

2）参与优先股、部分参与优先股和不参与优先股。当公司盈利较多时，优先股按预定的股利率优先于普通股分得股息外，对普通股股息分配后的剩余盈利，参与优先股能与普通股一起共向等额地分享，部分参与优先股有权参与一个额度的分配，不参与优先股对优先股和普通股分配后剩余盈利不再参加分配。

3）可转换优先股。这种股票的特点是允许股东在一定的时期里，按一定的比例将优先股股票转换为普通股股票。转换的比例一般是预先规定的，转换的比价视两种股票的价格而定。

4）股利率可调整的优先股。它的特点是股利率不固定，而且随着其他证券或存款利率定期调整其股利率。

5）可赎回优先股，亦称可收回优先股。它是指发行一定时期后可由发行公司按特定价格赎买回收的股票。一般情况下，股东不能向公司要求退股，发行公司也不能赎回股票，但当公司发行优先股时规定可以赎回，那么在公司不再需要发行优先股所筹集的资金时，可按事先规定的价格买回优先股。许多国家公司法对“可赎回的优先股”都有严格规定，必须符合“可赎回优先股”的条件方可收回。

2. 按是否记载股东姓名，可以分为记名股票和无记名股票

所谓记名股票，是指在股票票面和股份公司的股东名册上记载股东姓名的股票。我国《公司法》规定，公司发行的股票可以为记名股票，也可以为无记名股票。股份有限公司向发起人、法人发行的股票，应当为记名股票，并应当记载

该发起人、法人的名称或者姓名，不得另立户名或者以代表人姓名记名。公司发行记名股票的，应当置备股东名册，记载下列事项：股东的姓名或者名称及住所、各股东所持股份数、各股东所持股票的编号、各股东取得股份的日期。记名股票的特点包括：股东权利归属于记名股东；可以一次或分次缴纳出资；转让相对复杂或受限制；便于挂失，相对安全。

所谓无记名股票，是指在股票票面和股份公司股东名册上均不记载股东姓名的股票。我国《公司法》规定，发行无记名股票的，公司应当记载其股票数量、编号及发行日期。不记名股票的特点包括：股东权利归属股票的持有人；认购股票时要求一次缴纳出资；转让相对简便；安全性较差。

3. 按是否在股票票面上标明金额，可以分为有面额股票和无面额股票

所谓有面额股票，是指在股票票面上记载一定金额的股票。这一记载的金额也称为票面金额、票面价值或股票面值。股票票面金额的计算方法是用资本总额除以股份数求得，我国《公司法》规定，股份有限公司的资本划分为股份，每一股的金额相等。有面额股票的特点包括：可以明确表示每一股所代表的股权比例；为股票发行价格的确定提供依据，我国《公司法》规定股票发行价格可以和票面金额相等，也可以超过票面金额，但不得低于票面金额。这样，有面额股票的票面金额就成为发行价格的量低界限。

所谓无面额股票，是指在股票票面上不记载股票面额，只注明它在公司总股本中所占比例的股票。无面额股票也称为比例股票或份额股票。无面额股票的价值随股份公司净资产和预期未来收益的增减而相应增减。20 世纪早期，美国纽约州最先通过法律，允许发行无面额股票，以后美国其他州和其他一些国家也相继仿效。但目前世界上很多国家（包括中国）的公司法规定不允许发行这种股票。无面额股票的特点包括：发行或转让价格较灵活；便于股票分割。

三、股票发行市场

发行市场是指发生股票从规划到销售的全过程，发行市场是资金需求者直接获得资金的市场。新公司的成立，老公司的增资或举债，都要通过发行市场，都要借助于发生、销售股票来筹集资金，使资金从供给者手中转入需求者手中，也就是把储蓄转化为投资，从而创造新的实际资产和金融资产，增加社会总资本和生产能力，以促进社会经济的发展，这就是初级市场的作用。

1. 发行市场的特点

发行市场的特点，一是无固定场所，可以在投资银行、信托投资公司和证券公司等处发生，也可以在市场上公开出售新股票；二是没有统一的发生时间，由股票发行者根据自己的需要和市场行情走向自行决定何时发行。

2. 发行市场的构成

发行市场由 3 个主体因素相互连结而组成，是股票发行者、股票承销商和股

票投资者。发行者的股票发行规模和投资者的实际投资能力，决定着发行市场的股票容量和发达程度；同时，为了确保发生事务的顺利进行，使发生者和投资者都能顺畅地实现自己的目的，承购和包销股票的中介发行市场，代发行者发行股票，并向发行者收取手续费用。这样，发行市场就以承销商为中心，一手联系发行者，一手联系投资者，积极在开展股票发行活动。

3. 股票发行方式

各国政治、经济、社会条件不同，特别是金融体制和金融市场管理的差异使股票的发行方式多种多样。根据不同的分类方法，可以概括如下：

(1) 公开发行与不公开发行。这是根据发行的对象不同来划分的。公开发行又称公募，是指事先没有特定的发行对象，向社会广大投资者公开推销股票的方式。采用这种方式，可以扩大股东的范围，分散持股，防止囤积股票或被少数人操纵，有利于提高公司的社会性和知名度，为以后筹集更多的资金打下基础，也可增加股票的适销性和流通性。公开发行可以采用股份公司自己直接发售的方法，也可以支付一定的发行费用通过金融中介机构代理。

不公开发行又叫私募，是指发行者只对特定的发行对象推销股票的方式。通常在两种情况下采用：一是股东配股，又称股东分摊，即股份公司按股票面值向原有股东分配该公司的新股认购权，动员股东认购。这种新股发行价格往往低于市场价格，事实上成为对股东的一种优待，一般股东都乐于认购。如果有的股东不愿认购，他可以自动放弃新股认购权，也可以把这种认购权转让他人，从而形成了认购权的交易。二是私人配股，又称第三方分摊，即股份公司将新股票分售给股东以外的本公司职工、往来客户等与公司有特殊关系的第三方。采用这种方式往往出于两种考虑：一是为了按优惠价格将新股份摊给特定者，以示照顾；二是当新股票发行遇到困难时，向第三方分摊以求支持。无论是股东还是私人配售，由于发行对象是既定的，因此，不必通过公募方式，这不仅可以节省委托中介机构的手续费，降低发行成本，还可以调动股东和内部的积极性，项固和发展公司的公共关系。但缺点是这种不公开发行的股票流动性差，不能公开在市场上转让出售，而且也会降低股份公司的社会性和知名度，还存在被杀价和控股的危险。

(2) 直接发行与间接发行。这是根据发行者推销出售股票的方式不同来划分的。直接发行又叫直接招股。是指股份公司自己承担股票发行的一切事务和发行风险，直接向认购者推销出售股票的方式。采用直接发行方式时，要求发行者熟悉招股手续，精通招股技术并具备一定的条件。如果当认购额达不到计划招股额时，新建股份公司的发起人或现有股份公司的董事会必须自己认购来出售的股票，因此，只适用于有既定发行对象或发行风险少、手续简单的股票。在一般情况下，不公开发行的股票或因公开发行有困难（ 如信誉低所致的市场竞争力差、承担不了大额的发行费用等）的股票；或是实力雄厚，有把握实现巨额私募以节省发行费用的大股份公司股票，才采用直接发行的方式。

间接发行又称间接招股，是指发行者委托证券发行中介机构出售股票的方式。这些中介机构作为股票的推销者，办理一切发行事务，承担一定的发行风险并从中提取相应的收益。股票的间接发行有3种方法。一是代销，又称为代理招股，推销者只负责按照发行者的条件推销股票，代理招股业务，而不承担任何发行风险，在约定期限内能销多少算多少，期满仍销不出去的股票退还给发行者。由于全部发行风险和责任都由发行者承担，证券发行中介机构只是受委托代为推销，因此，代销手续费较低。二是承销，又称余股承购，股票发行者与证券发行中介机构签订推销合同明确规定，在约定期限内，如果中介机构实际推销的结果未能达到合同规定的发行数额，其差额部分由中介机构自己承购下来。这种发行方法的特点是能够保证完成股票发行额度，一般较受发行者的欢迎，而中介机构因需承担一定的发行风险，故承销费高于代销的手续费。三是包销，又称包买招股，当发行新股票时，证券发行中介机构先用自己的资金一次性地把将要公开发行的股票全部买下，然后再根据市场行情逐渐卖出，中介机构从中赚取买卖差价。若有滞销股票，中介机构减价出售或自己持有，由于发行者可以快速获得全部所筹资金，而推销者则要全部承担发行风险，因此，包销费更高于代销费和承销费。股票间接发行时究竟采用哪一种方法，发行者和推销者考虑的角度是不同的，需要双方协商确定。一般说来，发行者主要考虑自己在市场上的信誉、用款时间、发行成本和对推销者的信任程度；推销者则主要考虑所承担的风险和所能获得的收益。

（3）有偿增资、无偿增资和搭配增资。这是按照投资者认购股票时是否交纳股金来划分的。有偿增资就是指认购者必须按股票的某种发行价格支付现款，方能获得股票的一种发行方式。一般公开发行的股票和私募中的股东配股、私人配股都采用有偿增资的方式，采用这种方式发行股票，可以直接从外界募集股本，增加股份公司的资本金。

无偿增资，是指认购者不必向股份公司缴纳现金就可获得股票的发行方式，发行对象只限于原股东，采用这种方式发行的股票，不能直接从外办募集股本，而是依靠减少股份公司的公积金或盈余结存来增加资本金。一般只在股票派息分红、股票分割和法定公积金或盈余转作资本配股时采用无偿增资的发行方式，按比例将新股票无偿交付给原股东，其目的主要是为了股东分益，以增强股东信心和公司信誉或为了调整资本结构。由于无偿发行要受资金来源的限制，因此，不能经常采用这种方式发行股票。

搭配增资是指股份公司向原股东分摊新股时，仅让股东支付发行价格的一部分就可获得一定数额股票的方式，例如股东认购面额为100元的股票，只需支付

50元就可以了，其余部分无偿发行，由公司的公积金充抵。这种发行方式也是对原有股东的一种优惠，只能从他们那里再征集部分股金，很快实现公司的增资计划。

上述这些股票发行方式各有利弊及条件约束，股份公司在发行股票时，可以采用其中的某一方式，也可以兼采几种方式，各公司都是从自己的实际情况出发，择优选用。当前，世界各国采用最多、最普遍的方式是公开发行和间接发行。

4. 股票发行价格

当股票发行公司计划发行股票时，就需要根据不同情况，确定一个发行价格以推销股票。一般而言，股票发行价格有以下几种：面值发行、时价发行、中间价发行和折价发行等。

（1）面值发行。面值发行即按股票的票面金额为发行价格。采用股东分摊的发行方式时一般按平价发行，不受股票市场行情的左右。由于市价往往高于面额，因此以面额为发行价格能够使认购者得到因价格差异而带来的收益，使股东乐于认购，又保证了股票公司顺利筹措股金的目的。

（2）时价发行。时价发行即不是以面额，而是以流通市场上的股票价格（即时价）为基础确定发行价格。这种价格一般都是时价高于票面额，二者的差价称溢价，溢价带来的收益归该股份公司所有。时价发行能使发行者以相对少的股份筹集到相对多的资本，减轻其负担，同时还可以稳定流通市场的股票时价，促进资金的合理配置。按时价发行，对投资者来说也未必吃亏，因为股票市场上行情变幻莫测，如果该公司将溢价收益用于改善经营，提高了公司和股东的收益，股票价格将上涨；投资者若能掌握时机，适时按时价卖出股票，收回的现款会远高于购买金额，以股票流通市场上当时的价格为基准，但也不必完全一致。在具体决定价格时，还要考虑股票销售难易程度、对原有股票价格是否冲击、认购期间价格变动的可能性等因素，因此，一般将发行价格定在低于时价约5%～10%的水平上是比较合理的。

（3）中间价发行。中间价发行即股票的发行价格取票面额和市场价格的中间值。通常在时价高于面额，公司需要增资但又需要照顾原有股东的情况下采用这种价格。中间价格发行对象一般为原股东，在时价和面额之间采取一个折中的价格发行，实际上是将差价收益一部分归原股东所有，另一部分归公司所有，用于扩大经营。因此，在进行股东分摊时要按比例配股，不改变原来的股东构成。

（4）折价发行。折价发行即发行价格不足票面额，是打了折扣的。折价发行有两种情况。一种情况是优惠性的，通过折价使认购者分享权益。例如公司为了充分体现对现有股东优惠而采取搭配增资方式时，新股票的发行价格就为票面价格的某一折扣，折价不足票面额的部分由公司的公积金抵补。现有股东所享受的优先购买和价格优惠的权利就叫优先购股权。若股东自己不享用此权，他可以将优先购股权转让出售。这种情况有时又称作优惠售价。另一种情况是该股票行情不佳，发行有一定困难，发行者与推销者共同议定一个折扣率，以吸引那些预测行情要上浮的投资者认购。由于各国规定发行价格不得低于票面额，因此，这种折扣发行需经过许可方能实行。

四、股票流通市场

股票流通市场是已经发行的股票按时价进行转让、买卖和流通的市场，这一市场为股票提供了流动性，即变现的可能，包括交易所市场和场外交易市场两部分。由于它是建立在发行市场基础上的，因此又称作二级市场。

股票流通市场的构成要素主要有：①股票持有人，在此为卖方；②投资者，在此为买方；③为股票交易提供流通、转让便利条件的信用中介操作机构，如证券公司或股票交易所。

股票流通市场包含了股票流通的一切活动。股票流通市场的存在和发展为股票发行者创造了有利的筹资环境，投资者可以根据自己的投资计划和市场变动情况，随时买卖股票。对于投资者来说，通过股票流通市场的活动，可以使长期投资短期化，在股票和现金之间随时转换，增强了股票的流动性和安全性。股票流通市场上的价格是反映经济动向的"晴雨表"，它能灵敏地反映出资金供求状况、市场供求、行业前景和政治形势的变化，是进行经济预测和分析的重要指标，对于企业来说，股权的转移和股票行市的涨落是其经营状况的"指示器"，还能为企业及时提供大量信息，有助于它们的经营决策和改善经营管理。可见，股票流通市场具有重要的作用。

2. 流通市场的构成分类

目前，股票的流通市场可分为有组织的证券交易所和场外市场，以及新兴的第三市场和第四市场。

(1) 证券交易所。证券交易所是由证券管理部门批准的，为证券的集中交易提供固定场所和有关设施，并制定各项规则以形成公正合理的价格和有条不紊秩序的正式组织。证券交易所作为进行证券交易的场所，本身并不持有证券，也不进行证券的买卖，主要作用是为交易双方成交创造或提供条件，并对双方的交易行为进行监督。

(2) 场外市场。场外市场是相对于证券交易所而言的，广义而言，凡是在证券交易所以外进行的证券交易都可称为场外交易。由于这种交易最早是在各证券商的柜台上进行的，因此也称柜台交易（OTC）。与证券交易所交易相比，场外市场没有固定的交易场所，其交易是由自营商来组织，其价格是通过买卖双方协议达成的，一般是由证券自营商挂出各种证券的买入和卖出价，卖者和买者以此价与自营商进行交易。场外交易市场不像证券交易所有较高的上市条件，而且管制少，灵活方便，因而成为中小企业和具有发展潜质的公司证券流通的主要场所。

(3) 第三市场。第三市场是指原来在证券交易所上市的证券在场外交易所形成的市场。第三市场最早出现在20世纪60年代的美国。在美国，长期以来，证券交易所都实行固定佣金制，并且对于大宗交易也没有折扣佣金，导致买卖大宗上市证券的机构投资者和个人投资者通过场外市场交易上市证券以降低其交易费用。但在1975年，美国的证券交易委员会宣布取消固定佣金制，由交易所会员自行决定佣金，从而降低了第三市场的吸引力。

(4) 第四市场。第四市场是指大机构投资者不经过经纪人或自营商，彼此之间利用计算机网络直接进行的大宗证券交易所形成的市场。这种交易方式最大限度地降低了交易费用，它的存在和发展一方面对证券交易所和场外市场产生了巨大的竞争压力，另一方面也给证券市场的监督带来了更大的难度。

3. 股票交易方式

现代股票流通市场的买卖交易方式种类繁多，从不同的角度可以分为以下3类：

(1) 议价买卖和竞价买卖。从买卖双方决定价格的不同，分为议价买卖和竞价买卖。议价买卖就是买方和卖方一对一地面谈，通过讨价还价达成买卖交易。它是场外交易中常用的方式，一般在股票上不了市、交易量少、需要保密或为了节省佣金等情况下采用。竞价买卖是指买卖双方都是由若干人组成的群体，双方公开进行双向竞争的交易，即交易不但在买卖双方之间有出价和要价的竞争，而且在买者群体和卖者群体内部也存在着激烈的竞争，最后在买方出价最高者和卖方要价最低者之间成交。在这种双方竞争中，买方可以自由地选择卖方，卖方也可以自由地选择买方，交易比较公平，产生的价格也比较合理。竞价买卖是证券交易所中买卖股票的主要方式。

(2) 直接交易和间接交易。按达成交易的方式不同，分为直接交易和间接交易。直接交易是买卖双方直接洽谈，股票也由买卖双方自行清算交割，在整个交易过程中不涉及任何中介的交易方式。场外交易绝大部分是直接交易。间接交易是买卖双方不直接见面和联系，而是委托中介人进行股票买卖的交易方式。证券交易所中的经纪人制度，就是典型的间接交易。

(3) 现货交易和期货交易。按交割期限不同，分为现货交易和期货交易。现货交易是指股票买卖成交以后，马上办理交割清算手续，当场钱货两清。期货交易则是股票成交后按合同中规定的价格、数量，过若干时期再进行交割清算的交易方式。

4. 主板市场与创业板市场的区别

主板市场和创业板市场的区分最主要是在上市公司的规模和融资额上。主板市场也称为一板市场，是指传统意义上的证券市场（通常指股票市场），是一个国家或地区证券发行、上市及交易的主要场所。主板市场先于创业板市场产生，二者既相互区别又相互联系，是多层次资本市场的重要组成部分。相对创业板市场而言，主板市场是资本市场中最重要的组成部分，很大程度上能够反映经济发展状况，有国民经济“晴雨表”之称。主板市场对发行人的营业期限、股本大小、盈利水平、最低市值等方面的要求标准较高，上市企业多为大型成熟企业，具有较大的资本规模以及稳定的盈利能力。一般而言，各国主要的证券交易所代表着国内主板主场。例如，美国全美证券交易所（AMEX）即为美国主板市场；我国的上交所和深交所即为我国的主板市场。

创业板市场又称二板市场，是主板市场之外的证券交易市场，它的明确定位是为具有高成长性的中小企业和高科技企业融资服务，是针对中小企业的资本市场。与主板市场相比，在二板市场上市的企业标准和上市条件相对较低。如不设立最低盈利的规定，以免高成长的公司因盈利低而不能挂牌；提高对公众最低持股量的要求，以保证公司有充裕的资金周转；设定主要股东的最低持股量及出售股份的限制，如两年内不得出售名下的股份等，以使公司管理层在发展业务方面保持对股东的承诺。

2009 年 10 月 30 日，创业板首批公司上市仪式在深圳举行，至此，我国多层次资本市场终于成形。主板、中小企业板、创业板、股票代办系统（场外柜台市场）四板同场争辉，共同为中国经济发展注入强大的资本支撑。

我国创业板的市场定位可以用“两高五新”来概括，即高科技：企业拥有自主知识产权的；高增长：企业增长高于国家经济增长，高于行业经济增长；新经济：例如互联网与传统经济的结合、移动通信、生物医药；新服务：例如金融中介、物流中介、地产中介等新的经营模式；新能源：可再生能源的开发利用，资源的综合利用；新材料：提高资源利用效率的材料；节约资源的材料；新农业：具有农业产业化，可以提高农民就业、收入的企业。

我国主板和创业板上市条件对比见表 6-1。

表 6-1　我国主板和创业板上市条件对比

条件	A 股主板	创业板
主体资格	依法设立且合法存续的股份有限公司	依法设立且持续经营 3 年以上的股份有限公司
盈利要求	（1）最近 3 个会计年度净利润均为正数且累计超过人民币 3000 万元，净利润以扣除非经常性损益前后较低者为计算依据 （2）最近 3 个会计年度经营活动产生的现金流量净额累计超过人民币 5000 万元；或者最近 3 个会计年度营业收入累计超过人民币 3 亿元 （3）最近一期不存在未弥补亏损	最近两年连续盈利，最近两年净利润累计不少于 1000 万元，且持续增长；或者最近一年盈利，且净利润不少于 500 万元，最近一年营业收入不少于 5000 万元，最近两年营业收入增长率均不低于 30% 净利润以扣除非经常性损益前后孰低者为计算依据 （注：上述要求为选择性标准，符合其中一条即可）

（续）

条件	A股主板	创业板
资产要求	最近一期末无形资产（扣除土地使用权、水面养殖权和采矿权等后）占净资产的比例不高于20%	最近期末净资产不少于2000万元
股本要求	发行前股本总额不少于人民币3000万元	企业发行后的股本总额不少于3000万元
主营业务要求	最近3年内主营业务没有发生重大变化	发行人应当主营业务突出。同时，要求募集资金只能用于发展主营业务
董事及管理层	最近3年内没有发生重大变化	最近2年内未发生重大变化
实际控制人	最近3年内实际控制人未发生变更	最近2年内实际控制人未发生变更
同业竞争	发行人的业务与控股股东、实际控制人及其控制的其他企业间不得有同业竞争	发行人与控股股东、实际控制人及其控制的其他企业间不存在同业竞争
发审委	设主板发行审核委员会，25人	设创业板发行审核委员会，加大行业专家委员的比例，委员与主板发审委委员不互相兼任
初审征求意见	征求省级人民政府、国家发改委意见	无

专栏

纳斯达克简介

纳斯达克，是全国证券交易商协会自动报价系统（National Association of Securities Dealers Automated Quotations，NASDAQ）。纳斯达克是伴随着20世纪的电子技术革命而应运而生的。1961年，美国国会要求美国证券交易委员会对“柜台间”证券的有效交易进行研究。“柜台间”证券是指那些未能满足在主板市场（如纽约股票交易所）上市要求的公司的股票，这也是创业板的雏形。美国证券交易委员会提出了“自动操作系统”的设想，并由当时的全国证券交易商协会（NASD）来进行管理。1968年，自动报价系统研制成功，1971年2月8日，纳斯达克市场正式成立，当日完成了纳斯达克系统的全面操作，中央牌价系统显示出2500个证券的行情，成为世界上第一个不是在交易大厅，而是透过电子交易的证券交易市场。起初纳斯达克系统还只是一个电子布告栏系统，交易透过电话进行。随着电子技术的发展，纳斯达克于1984年实现交易全自动和电子化，于1986年又扩大至保证金交易，为投资者提供了更多的便利。

20世纪90年代，纳斯达克市场的交易日益活跃，成交量于1994年首次超过纽约证交所。从市值来说，纽约证交所仍是世界最大的证券交易市场，但纳斯达克已成为世界上交易最活跃的资本市场，2008 年全年交易量超过 36 万亿美元。2000 年，纳斯达克为了增加公众吸引力，在纽约的时代广场建立了市场大楼。2006 年，美国证券交易委员会批准纳斯达克正式成为一个国家证券交易所。在过去 38 年间，纳斯达克的成功不仅表现在其活跃的交易活动，更重要的是它成为美国技术创新、经济结构重整的“助推器”，见证了第三次技术革命，以及高科技企业如雨后春笋般蓬勃发展的时代。如今响亮且家喻户晓的企业名字，如因特尔、苹果、微软、甲骨文、思科、雅虎、谷歌都是在纳斯达克市场上成长的。英特尔，创建于 1968 年，1971 年 10 月 13 日上市当天筹到 820 万美元，如今总市值已达约 1100 亿美元。微软，创建于 1975 年，1986 年 3 月 13 日在纳斯达克上市，当时微软的净资产仅 200 万美元，后来一度成为全球最大市值公司，如今总市值已近 2400 亿美元。如今，I-Pod 和 I-Phone 风靡全球，而苹果公司的神话也是藉由纳斯达克完成的。1976 年创立的苹果公司，1980 年 12 月 12 日在纳斯达克上市，如今总市值达 1800 亿美元。思科，成立于 1984 年，于 1990 年 2 月 16 日上市，如今是世界最大的通信公司。纳斯达克孕育了一批领先世界技术革新的高科技企业，为全球高科技发展作出了极大的贡献。

第三节 债券市场

债券市场是发行和买卖债券的场所，是金融市场的一个重要组成部分。债券市场是一国金融体系中不可或缺的部分。一个统一、成熟的债券市场可以为全社会的投资者和筹资者提供低风险的投融资工具，债券的收益率曲线是社会经济中一切金融商品收益水平的基准，因此债券市场也是传导中央银行货币政策的重要载体。可以说，统一、成熟的债券市场构成了一个国家金融市场的基础。

一、债券的定义及特征

债券是发债人为筹措资金而向投资者出具的，承诺按票面标的面额、利率、偿还期等给付利息和到期偿还本金的债务凭证。债券作为一种有价证券，一般有以下特征：

（1）收益性。债券投资是一种直接投资，投资者本人直接承担了投资风险，同时也减少了投资过程中间环节，所以债券投资的收益一般要高于银行存款。

（2）安全性。债券的安全性主要表现在以下两个方面：一是债券利息事先确定，即使是浮动利率债券，一般也有一个预定的最低利率界限，以保证投资者在市场利率波动时免受损失；二是投资的本金在债券到期后可以收回。

（3）流动性。债券的流动性是指债券在偿还期限到来之前，可以在证券市场上自由流通和转让。由于债券具有这一性质，保证了投资者持有债券与持有现款或将钱存入银行几乎没有什么区别。

需要指出的是，债券的上述3个特性在一般情况下很难同时兼顾。例如，安全性高的债券收益率可能较低，而收益率高的债券可能其投资风险又较大。因此，对于投资者来说，应根据自己的情况和要求，选择最适合自己的投资方式和组合。

专栏

债券交易流通要素公告（10祁连山CP01）

根据《银行间债券市场非金融企业债务融资工具管理办法》（中国人民银行令［2008］第1号）与《银行间债券市场非金融企业短期融资券业务指引》（NAFMII指引0003）的规定，现将甘肃祁连山水泥集团股份有限公司2010年度第一期短期融资券交易流通日期及债券代码等要素公布如下：

债券名称：甘肃祁连山水泥集团股份有限公司2010年度第一期短期融资券

债券简称：10祁连山CP01

信用评级：A-1

评级机构：上海新世纪资信评估投资服务有限公司

债券代码：1081015

发行总额：4亿元

债券期限：365天

票面利率：3.99%

计息方式：利随本清

发行日：2010/01/21

起息日：2010/01/25

债权债务登记日：2010/01/25

交易流通起始日：2010/01/26

交易流通终止日：2011/01/20

兑付日：2011/01/25

重要提示：债券交易流通终止日如遇国家调整法定节假日安排，则另行公告。

中央国债登记结算有限责任公司

二零一零年一月二十五日

二、债券的种类

1. 按发行主体分类

按发行主体的不同，债券分为国债、地方政府债券、金融债券、企业债券、国际债券。

国债是由中央政府发行的债券。它由一个国家政府的信用作担保，所以信用最好，被称为金边债券。

地方政府债券是由地主政府发行，又叫市政债券。它的信用、利率、流通性通常略低于国债。

金融债券是由银行或非银行金融机构发行的债券，信用高、流动性好、安全，利率高于国债。

企业债券是由企业发行的债券，又称公司债券，风险高、利率也高。

国际债券是由外国政府、外国法人或国际机构发行的债券。按照面值货币与发行债券市场所在国的关系，国际债券主要分为两类：①外国债券，是指在面值货币所在国发行的债券；②欧洲债券，是指在债券面值货币国家之外的境外市场上发行的债券。

2. 按偿还期限分类

债券按偿还期限分为短期债券、中期债券、长期债券。

短期债券是指1年以内的债券，通常有三个月、六个月、九个月、十二个月几种期限。

中期债券一般是指发行期限在1~5年内的债券。

长期债券是指发行期限在5年以上的债券。

3. 按偿还与付息方式分类

债券按偿还与付息方式分为付息债券、贴现国债、转换公司债、附新股认购权公司债。

付息债券是按照票面载明的利率或票面载明的方式支付利息的债券，分为固定利率债券和浮动利率债券。固定利率的付息债券通常在券面上附有息票，在规定的时期内以息票兑换方式支付利息。浮动利率的付息债券是指利率随着市场利率浮动的债券。欧洲发行浮动利率债券的情况较多。

券面上不附息票，发行时按低于面额的的价格发行，而在兑付时按照面额兑付的债券称为贴现国债。美国的短期国库券和日本的贴现国债都属于这种形式的国债。

转换公司债是在一定条件下可以转换成该发行公司股票的一种公司债券。如果不希望转换成股票时，也可以继续作为附息债券持有。

附新股认购权公司债是在一定条件下该公司债券的持有者可以按所规定的价格向发行公司请求认购新股票的一种公司债券。债券持有人即使行使了认购新股票的权利，其债券仍可以作为普遍公司债券。

4. 按担保性质分类

债券按担保性质分为扣押债券、担保信托债券、保证债券、信用债券。

抵押债券是以不动产作为抵押而发行的债券。

担保信托债券是以动产或有价证券担保而发行的债券。

保证债券是由第三方作为还本付息的担保人而发行的债券。

信用债券是只凭发行者信用而发行的债券，如政府债券。

三、债券的信用评级

由于受到时间、知识和信息的限制，无法对众多债券进行分析和选择，因此需要专业机构对准备发行的债券还本付息的可靠程度，进行客观、公正和权威的评定，也就是进行债券信用评级，以方便投资者决策。

目前国际上公认的最具权威性的信用评级机构，主要有美国标准·普尔公司和穆迪投资服务公司。上述两家公司负责评级的债券很广泛，包括地方政府债券、公司债券、外国债券等，由于它们拥有详尽的资料，采用先进科学的分析技术，又有丰富的实践经验和大量专门人才，因此它们所做出的信用评级具有很高的权威性。标准·普尔公司信用等级标准从高到低可划分为：AAA级、AA级、A级、BBB级、BB级、B级、CCC级、CC级C级和D级。穆迪投资服务公司信用等级标准从高到低可划分为：Aaa级，Aa级、A级、Baa级、Ba级B级Caa级、Ca级、C级和D级。两家机构信用等级划分大同小异。前4个级别债券信誉高，风险小，是“投资级债券”；第五级开始的债券信誉低，是“投机级债券”。标准·普尔公司和穆迪投资服务公司都是独立的私人企业，不受政府的控制，也独立于证券交易所和证券公司。它们所做出的信用评级不具有向投资者推荐这些债券的含义，只是供投资者决策时参考，因此，它们对投资者负有道义上的义务，但并不承担任何法律上的责任。

四、债券发行市场

债券发行市场也叫做一级市场，是发行单位初次出售新债券的市场。债券发行市场的作用是将政府、金融机构以及工商企业等为筹集资金向社会发行的债券，分散发行到投资者手中。简单地说，就是以发行债券这个方式来筹集资金的场所。这个市场没有固定的场所和统一的时间，可以看作是一个无形的市场。

1. 债券发行市场的参与者

债券发行市场主要由发行者、认购者和委托承销机构组成。只要具备发行资格，不管是国家、政府机构和金融机构，还是公司、企业和其他法人，都可以通过发行债券来融资。认购者主要有社会公众团体、企事业法人、证券经营机构、非盈利性机构、外国企事业机构和个人。委托承销机构就是代发行人办理债券发行和销售业务的中介人，主要有投资银行、证券公司、商业银行和信托投资公司等等。

2. 债券的发行方式

债券按照发行对象的不同，可分为私募发行和公募发行两种方式。

(1) 私募发行。私募发行是指面向少数特定的投资者发行债券，一般以少数关系密切的单位和个人为发行对象，不对所有的投资者公开出售。具体发行对象有两类：一类是机构投资者，如大的金融机构或是与发行者有密切业务往来的企业等；另一类是个人投资者，如发行单位自己的职工，或是使用发行单位产品的用户等。私募发行一般多采取直接销售的方式，不经过证券发行中介机构，不必向证券管理机关办理发行注册手续，可以节省承销费用和注册费用，手续比较简便。但是私募债券不能公开上市，流动性差，利率比公募债券高，发行数额一般不大。

（2）公募发行。公募发行是指公开向广泛不特定的投资者发行债券。公募债券发行者必须向证券管理机关办理发行注册手续。由于发行数额一般较大，通常要委托证券公司等中介机构承销。公募债券信用度高，可以上市转让，因而发行利率一般比私募债券利率为低。

公募债券采取间接销售的具体方式又可分为3种：

1）代销。代销是指发行者和承销者签订协议，由承销者代为向社会销售债券。承销者按规定的发行条件尽力推销，如果在约定期限内未能按照原定发行数额全部销售出去，债券剩余部分可退还给发行者，承销者不承担发行风险。采用代销方式发行债券，手续费一般较低。

2）余额包销。余额包销是指承销者按照规定的发行数额和发行条件，代为向社会推销债券，在约定期限内推销债券如果有剩余，须由承销者负责认购。采用这种方式销售债券，承销者承担部分发行风险，能够保证发行者筹资计划的实现，但承销费用高于代销费用。

3）全额包销。首先由承销者按照约定条件将债券全部承购下来，并且立即向发行者支付全部债券价款，然后再由承销者向投资者分次推销。采用全额包销方式销售债券，承销者承担了全部发行风险，可以保证发行者及时筹集到所需要的资金，因而包销费用也较余额包销费用为高。

西方国家以公募方式发行国家债券一般采取公开招标、拍卖的办法进行。

1）公开招标。公开招标是指作为国债发行体的财政部直接向大宗机构投资者招标，投资者中标认购后，没有再向社会销售的义务，因而中标者即为国债认购者，当然中标者也可以按一定价格向社会再行出售。相对承购包销发行方式，公开招标发行不但实现了发行者与投资者的直接见面，减少了中间环节，而且使竞争和其他市场机制通过投资者对发行条件的自主选择投标而得以充分体现，有利于形成公平合理的发行条件，也有利于缩短发行期限、提高市场效率、降低发行体的发行成本，是国债发行方式市场化的进一步加深。

2）拍卖。拍卖是指在拍卖市场上，按照例行的经常性的拍卖方式和程序，由发行主体主持，公开向投资者拍卖国债，完全由市场决定国债发行价格与利率。国债的拍卖发行实际是在公开招标发行基础上更加市场化的做法，是国债发行市场高度发展的标志。由于该种发行方式更加科学合理、高效，所以目前西方发达国家的国债发行多采用这种形式。

3. 债券的发行价格

按照债券的实际发行价格和票面价格的异同，债券的发行可分平价发行、溢价发行和折价发行。平价发行是指债券的发行价格和票面额相等，因而发行收入的数额和将来还本数额也相等。前提是债券发行利率和市场利率相同，这在西方国家比较少见。溢价发行是指债券的发行价格高于票面额，以后偿还本金时仍按票面额偿还。只有在债券票面利率高于市场利率的条件下才能采用这种方式发行。折价发行指债券发行价格低于债券票面额，而偿还时却要按票面额偿还本金。折价发行是因为规定的票面利率低于市场利率。

五、债券流通市场

债券流通市场，又称二级市场，指已发行债券买卖转让的市场。债券一经认购，即确立了一定期限的债权债务关系，但通过债券流通市场，投资者可以转让债权，把债券变现。债券发行市场和流通市场相辅相成，是互相依存的整体。发行市场是整个债券市场的源头，是债券流通市场的前提和基础。发达的流通市场是发行市场的重要支撑，流通市场的发达是发行市场扩大的必要条件。

1. 流通市场的分类

根据市场组织形式，债券流通市场又可进一步分为场内交易市场和场外交易市场。

证券交易所是专门进行证券买卖的场所，如我国的上海证券交易所和深圳证券交易所。在证券交易所内买卖债券所形成的市场，就是场内交易市场，这种市场组织形式是债券流通市场的较为规范的形式。交易所作为债券交易的组织者，本身不参加债券的买卖和价格的决定，只是为债券买卖双方创造条件、提供服务并进行监管。

场外交易市场是在证券交易所以外进行证券交易的市场。柜台市场为场外交易市场的主体。许多证券经营机构都设有专门的证券柜台，通过柜台进行债券买卖。在柜台交易市场中，证券经营机构既是交易的组织者，又是交易的参与者。此外，场外交易市场还包括银行间交易市场，以及一些机构投资者通过电话、计算机等通信手段形成的市场等。目前，我国债券流通市场由 3 部分组成，即沪深证券交易所市场、银行间交易市场和证券经营机构柜台交易市场。

2. 债券交易方式

目前世界各国常用的交易方式有现货交易、期货交易、期权交易、信用交易等。

现货交易是指交易双方在成交后立即交割，或在极短的期限内交割的交易方式。现货交易是实物交易，买方交割时须支付现款，是买方的投资行为。

期货交易是指交易双方在成交后按照期货协议规定条件远期交割的交易方式，其交易过程分为预约成交和定期交割两个步骤。

投资者在给付一定的期权费后，取得一种可按约定价格在规定期限内买进或卖出一定数量的金融资产或商品的权利，买卖这一权利的交易即为期权交易，又称选择权交易。

信用交易又称垫头交易，是指交易人凭自己的信誉，通过交纳一定数额的保证金取得经纪人信任，进行债券买卖的交易方式。信用交易可分为保证金买长和保证金卖短两种。

回购协议交易是指交易人在卖出（或买人）债券的时候，事先约定到一定期间后按规定的价格再买回（或卖出）同一名称的债券，其实质与同业拆借一样是一种短期资金的借贷交易，债券在此充当担保。

第四节　投资基金市场

一、投资基金的定义和特点

投资基金是一种证券信托投资方式，是一种间接金融工具和中介金融机构，以金融资产为专门经营对象，以资产的保值、增值为目的，通过专门的投资管理机构集合投资者的资金，根据证券组合投资原理，将基金分散投资于各种有价证券和其他金融工具，并通过专门的托管人对信托资产进行保管，投资者按出资比例分享其收益并承担风险。投资基金在不同国家和地区称谓有所不同，美国称为“共同基金”（Mutual Fund），英国和我国香港称为“单位信托基金”（Unit Trust）。

投资基金具有以下特点：

（1）专家理财是基金投资的重要特色。基金管理公司配备的投资专家，一般都具有深厚的投资分析理论功底和丰富的实践经验，以科学的方法研究股票、债券等金融产品，组合投资，规避风险。相应地，每年基金管理公司会从基金资产中提取管理费，用于支付公司的运营成本。另外，基金托管人也会从基金资产中提取托管费。此外，开放式基金持有人需要直接支付的有申购费、赎回费以及转换费。上市封闭式基金和上市开放式基金的持有人在进行基金单位买卖时要支付交易佣金。

（2）组合投资，分散风险。证券投资基金通过汇集众多中小投资者的资金，形成雄厚的实力，可以同时分散投资于很多种股票，分散了对个股集中投资的风险。

（3）方便投资，流动性强。证券投资基金最低投资量起点要求一般较低，可以满足小额投资者对于证券投资的需求，投资者可根据自身财力决定对基金的投资量。证券投资基金大多有较强的变现能力，使得投资者收回投资时非常便利。

二、投资基金的种类

根据不同的标准，可以将投资基金划分为不同的种类。

1. 根据基金单位是否可增加或赎回，投资基金可分为开放式基金和封闭式基金

开放式基金的基金单位的总数不固定，可根据发展要求追加发行，而投资者也可以赎回，赎回价格等于现期净资产价值扣除手续费。由于投资者可以自由地加入或退出这种开放式投资基金，而且对投资者人数也没有限制，所以又将这类基金称为共同基金。

封闭式基金发行总额有限制，一旦完成发行计划，就不再追加发行。投资者也不可以进行赎回，但基金单位可以在证券交易所或者柜台市场公开转让，其转让价格由市场供求决定。

2. 根据组织形态的不同，投资基金可分为公司型投资基金和契约型投资基金

公司型基金是具有共同投资目标的投资者依据《公司法》组成以盈利为目的、投资于特定对象（如有价证券、货币）的股份制投资公司。这种基金通过发行股份的方式筹集资金，是具有法人资格的经济实体。基金持有人既是基金投资者又是公司股东。公司型基金成立后，通常委托特定的基金管理人或者投资顾问运用基金资产进行投资。

契约型基金是基于一定的信托契约而成立的基金，一般由基金管理公司（委托人）、基金保管机构（受托人）和投资者（受益人）三方通过信托投资契约而建立。契约型基金的三方当事人之间存在这样一种关系：委托人依照契约运用信托财产进行投资，受托人依照契约负责保管信托财产，投资者依照契约享受投资收益。契约型基金筹集资金的方式一般是发行基金受益券或者基金单位，这是一种有价证券，表明投资人对基金资产的所有权，凭其所有权参与投资权益分配。

3. 根据投资风险与收益的不同，投资基金可分为成长型投资基金、收入型投资基金和平衡型投资基金

成长型投资基金是指把追求资本的长期成长作为其投资目的的投资基金；收入型投资基金是指以能为投资者带来高水平的当期收入为目的的投资基金；平衡型投资基金是指以支付当期收入和追求资本的长期成长为目的的投资基金。

4. 根据投资对象的不同，投资基金可分为股票基金、债券基金、货币市场基金、期货基金、期权基金、指数基金和认股权证基金等

股票基金是指以股票为投资对象的投资基金。债券基金是指以债券为投资对

象的投资基金。货币市场基金是指以国库券、大额可转让定期存单、商业票据、公司债券等货币市场短期有价证券为投资对象的投资基金。期货基金是指以各类期货品种为主要投资对象的投资基金。期权基金是指以能分配股利的股票期权为投资对象的投资基金。指数基金是指以某种证券市场的价格指数为投资对象的投资基金。认股权证基金是指以认股权证为投资对象的投资基金。

5. 根据投资货币种类，投资基金可分为美元基金、日元基金和欧元基金等

美元基金是指投资于美元市场的投资基金。日元基金是指投资于日元市场的投资基金。欧元基金是指投资于欧元市场的投资基金。

6. 根据资本来源和运用地域的不同，投资基金可分为国际基金、海外基金、国内基金、国际基金和区域基金等

国际基金是指资本来源于国内，并投资于国外市场的投资基金。海外基金也称离岸基金，是指资本来源于国外，并投资于国外市场的投资基金。国内基金是指资本来源于国内，并投资于国内市场的投资基金。国家基金是指资本来源于国外，并投资于某一特定国家的投资基金。区域基金是指投资于某一特定地区的投资基金。

三、投资基金的发行

证券投资基金的发行也叫基金的募集，它是指基金发起人在其设立或扩募基金的申请获得国家主管部门批准之后，向投资者推销基金单位、募集资金的行为。

1. 投资基金的发行方式

常见的基金发行方式有直接销售发行、全销、销售集团、计划公司4种。直接销售发行方式是指基金不通过任何专门的销售部门直接销售给投资者的销售办法。包销方式是指基金由经纪人按基金的资产净值买入，然后再以公开销售价格转卖给投资人，从中赚取买卖差价的销售办法。销售集团方式是指由包销人牵头组成几个销售集团，基金由各销售集团的经纪人代销，包销人支付给每个经纪人一定的销售费用的销售方式。计划公司方式是指在基金销售过程中，有一公司在基金销售集团和投资人之间充当中间销售人，以使基金能以分期付款的方式销售出去的方式。

2. 我国证券投资基金的发行方式

我国证券投资基金的发行方式主要有两种：上网发行方式和网下发行方式。上网发行方式是指将所发行的基金单位通过与证券交易所的交易系统联网的全国各地的证券营业部，向广大的社会公众发售基金单位的发行方式。网下发行方式是指将所要发行的基金通过分布在一定地区的证券或银行营业网点，向社会公众发售基金单位的发行方式。

上网发行时，投资者申购基金的程序主要可以分为两个步骤。第一步，投资

者在证券营业部开设股票账户（或基金账户）和资金账户，这就获得了一个可以买卖基金的资格。基金发行当天，投资者如果在营业部开设的资金账户存有可申购基金的资金，就可以到基金发售网点填写基金申购表申购基金。第二步，投资者在申购日后的几天内，到营业部布告栏确认自己申购基金的配号，查阅有关报刊公布的摇号中签号，看自己是否中签。若中签，则会有相应的基金单位划入账户。

如果是网下发行，投资者在规定的时间里到当地的证券登记公司开设股票账户（或基金账户），并将申购资金直接存入指定的银行或证券营业网点；之后，负责发售的机构按照规定的程序进行比例配售。投资者获得配售的基金将自动转入账户，未获配售的余款将在规定的时间内退还给投资者。

四、投资基金的交易

基金的交易是在基金成立之后进行的买卖活动。封闭式基金一般是在证券交易所申请挂牌上市的。由于封闭式基金的封闭性，即买入的封闭基金是不能卖回给发起人的，投资者若想将手中的基金处理，只能通过证券经纪商再通过证券交易所的交易主机进行撮合转让给其他投资者；若想买入，也要通过证券交易所从其他投资者手中买进。开放式基金一般不到证券交易所挂牌上市交易，而是通过指定的销售网点进行申购或赎回。开放式基金的开放性对于投资者来说，就是可以随时从基金发起人和基金管理公司申购或赎回。

专栏

投资基金的起源

投资基金起源于19世纪中叶的英国，当英国经历工业革命之后，中产阶级累积了大量的财富，加上此时是英帝国主义兴盛的时期，大英帝国正极力扩张殖民地的版图，以谋求海外投资能获得更高之报酬，资金由英国流向美洲新大陆与亚洲等地区。

但由于英国中产阶级人士对于海外投资市场不熟悉，所以投资风险非常高，经常发生钱财被骗的事情。为了保障投资安全，投资人士开始寻找值得信赖的人士，委托专业人士代为处理海外投资事宜，分散风险，由此投资信托事业雏形初具，只是尚未有公司组织，仅是投资人与代理投资人之间的信托事业。

直到1868年，在英国始有海外及殖民地信托（the Foreign and Colonial Government Trust）的创立，当时主要以国外殖民地的公司债券投资为主，是目前记载最早的证券投资信托公司的组织。信托基金虽然发源于英国，却在美国蓬勃发展起来。20世纪第一次世界大战后，美国经济快速起飞，国民所得大幅提高，一般阶层对于投资理财产生强力需求，于是引进了英国的证券投资信托制度，投资人士所投入的资金便成为公司股份的一部分。随着投资人狂热的投入，投资公司在美国快速发展，亦由于竞争激烈，为了争取客户，致经营风格偏向投机。

投机泡沫终于在20世纪30年代金融风暴中破灭。许多经营不善的投资公司纷纷倒闭，投资人血本无归。美国政府为了市场健全与保障投资人权益，于1934年通过《联邦证券管理法》，1940年通过《投资公司法》，使得美国投资/互惠基金市场更为健全，在20世纪第二次世界大战后形成一股风潮。

在欧、美国家，基金已成为一般人经常使用的储蓄或投资工具。美国在目前约有8000多种互惠基金；日本则是在1954年开始蓬勃发展互惠基金，目前约有3500种。

互惠基金或单位信托基金为一种投资方式，即募集多数小额投资人士的资金，委托证券投资信托公司的专家分析研判投资策略并加以运用资金。基金的种类繁多，如果详细进行分门别类，可达数千种之多，就从买卖交易方式来区分，可以分成开放型基金与封闭型基金，此两种方式是目前市场基金的两大主流分类方式。

复习思考题

1. 资本市场与货币市场的区别是什么？
2. 资本市场的功能是什么？
3. 资本市场的投资工具有哪些？它们之间的区别是什么？
4. 股票、债券的发行方式和发行价格有哪几种？
5. 股票发行市场和流通市场的区别与联系有哪些？
6. 主板市场和创业板市场的区别有什么？
7. 投资基金的特点是什么？
8. 封闭式基金与开放式基金的区别是什么？

第七章

黄金市场

历史上，货币一直这样困扰着人们：要么很多却不可靠（指纸币[一]），要么可靠但又稀缺（指黄金[二]），二者必居其一。

——J K Galbraith：The Age of Uncertainty

【本章导读】

黄金自古以来就是人们身份的象征。早在人们把黄金当作货币使用之前，由于它的耐久性、密度以及色泽等方面的特点，黄金很自然地成为财富的象征。它曾是君王的专利，历史上的好多次战争都因它而起。而自从近代起，黄金被赋予硬通货的功能，使它具有了前所未有的地位。黄金承担了商品交换的一般等价物，成为商品交换过程中的媒介。又由于黄金具有特殊的货币功能——世界货币，它不但是投资和资金融通的重要媒介，而且也是各国国际储备的重要构成之一。因此，黄金市场也就成为了金融市场的一个重要组成部分，成为集中进行黄金交易、专门经营黄金买卖的场所。

本章将从以下几个方面进行介绍：黄金的特殊地位；黄金市场的分类；黄金的交易方式和特点；影响黄金价格的直接和间接因素；世界各主要黄金交易市场简介。

第一节　黄金市场概述

一、黄金的特殊地位

黄金是一种特殊的东西，它具有金融商品和一般商品的双重身份。作为金融商品，黄金曾经在历史上稳定地发挥货币功能，从而成为财富的一般象征；作为一般商品，黄金又是物化劳动的凝结，具有内在的价值。虽然，在现代信用货币

㊀ 作者译。

㊁ 作者译。

流通条件下，黄金作为货币已经退出了历史舞台，但是由于它的自然属性，如色泽光润、具有延展性、质地均匀、易于分割、适宜保存，更由于其稀缺性、不易开采且价值昂贵，黄金仍然残存着部分的货币功能。黄金仍然是国际经济交往，尤其是国际贸易往来的最后支付手段，各国在其国际储备中依旧保留着一定量的黄金储备，如表 7-1 所示。正是基于这一理由，学术界和工商界人士都把黄金市场看作金融市场的一个组成部分。

表 7-1　世界前二十位官方黄金储备一览表（2009 年 9 月）

序号	国家/地区/组织	数量/t	黄金占外汇储备
1	美国	8133.5	77.4%
2	德国	3408.3	69.2%
3	国际货币基金组织	3217.3	
4	意大利	2451.8	66.6%
5	法国	2445.1	70.6%
6	中国大陆	1054.0	1.9%
7	瑞士	1040.1	29.1%
8	日本	765.2	2.3%
9	荷兰	612.5	59.6%
10	俄罗斯	568.4	4.3%
11	欧洲央行	501.4	18.8%
12	中国台湾	423.6	3.9%
13	葡萄牙	382.5	90.9%
14	印度	357.7	4.0%
15	委内瑞拉	356.4	36.1%
16	英国	310.3	17.6%
17	黎巴嫩	286.8	26.5%
18	西班牙	281.6	38.9%
19	奥地利	280.0	57.9%
20	比利时	227.5	41.2%

资料来源：中国黄金网。

二、黄金市场分类

黄金市场是集中进行黄金买卖和金币兑换的场所。黄金市场按不同的标准可划分成不同的类型。

（一）按其作用和影响范围可划分为主导型市场和区域型市场

主导型市场是国际性交易集中的市场。由于交易量大，其黄金价格和变动对其他市场有很大影响，如伦敦等五大金市。

区域型市场是区域性交易集中的市场。其交易量相对较小，影响也局限于本地区，如法兰克福、巴黎、新加坡和东京等。

（二）按交割期限可划分为现货市场和期货市场

现货市场是指买卖成交后在两个工作日内交割的市场。

期货市场则是指在买卖成交后的一个约定的时间内办理交割的市场。

由于地理的、传统的原因，有些黄金市场主要经营黄金的现货买卖，有些黄金市场则主要经营黄金的期货买卖，由此分别形成黄金现货市场和黄金期货市场。伦敦、苏黎世和巴黎等欧洲黄金市场虽然也办理少量的期货交易，但以现货交易为主，因而属现货市场。纽约和芝加哥等北美市场则以期货交易为主，所以是期货市场。远东的黄金市场，如香港和新加坡则是现货交易和期货交易并重，成为混合型市场。

黄金市场现货交易中，伦敦以每条400盎司[㊀]的金条为交易单位。成交后在两天内进行交割。期货交易是买卖以100盎司为单位的期货合同，按规定的交割期进行交割。期货交易的投机性很大，交割时要求实际交付黄金的极少，绝大多数都是按结算买卖价格的差价来进行交割。黄金市场的黄金买卖在20世纪80年代以前大部分都是现货交易，期货交易占世界黄金市场的交易量不大。20世纪80年代中期以后，黄金期货交易量迅速增大，直至超过现货交易量。

（三）按交易管制的程度不同可划分为开放型市场和封闭型市场

开放型市场是指允许居民和非居民共同参与黄金交易的市场。

封闭型市场是指只允许本国居民参与黄金交易的市场，非居民不能参与，如巴黎市场和悉尼市场。

三、世界主要黄金市场分布

全世界约有40多个可以自由买卖黄金的国际市场，主要分布在经济高度发达的地区，其中最著名的如伦敦、苏黎世、纽约、芝加哥和香港，通常称为世界五大黄金市场。规模较大或较为著名的有：

西欧——伦敦、苏黎世、法兰克福、巴黎、布鲁塞尔、日内瓦、阿姆斯特丹、米兰、维也纳。

亚洲——贝鲁特、迪拜、东京、香港、澳门、新加坡、曼谷、雅加达。

非洲——达喀尔、开罗、亚历山大、卡萨布兰卡。

㊀ 1盎司（oz）=28.35g，全书同。

北美洲——多伦多、温尼伯、纽约、芝加哥、底特律、旧金山、布法罗。

拉丁美洲——墨西哥城、蒙得维多、里约热内卢等。

第二节　黄金市场的交易方式和特点

一、黄金现货交易

黄金现货交易的价格较为特殊，在伦敦黄金市场上分为定价交易和报价交易两种。世界其他黄金市场的金价都是参照伦敦市场的定价水平，再根据本市场供求状况决定的。

定价交易的特点是提供客户单一交易价，即无买卖差价，按所提供的单一价格，客户均可自由买卖，金商只收取少量的佣金。

定价交易只在规定的时间有效，短则一分钟，长则一个多小时，视市场的供求情况而定。伦敦市场每日进行两次定价交易，上午为10:30，下午为3:00。定价交易在英国最大的金商洛希尔父子公司的交易厅进行。该公司担任首席代表，其他各金商均选一名代表参加。一般在定价交易前，市场交易要停止片刻。此时各金商对外均不报价，由首席代表根据市场金价动态定出开盘价，并随时根据其他代表从电话里收到的订购业务调整价格。若定价交易开盘后无买卖手进入市场，则定价交易结束；若有新的买卖手订购，订购业务完毕时的金价即为黄金现货买卖的成交价格。定价交易是世界黄金行市的“晴雨表”，世界各黄金市场的金价均依此调整各自的金价。

在定价交易以外的时间则进行报价交易。报价交易由买卖双方自行达成，其价格水平很大程度上受定价交易的制约，但一般来说报价交易达成的现货交易数量比定价交易多。

在黄金市场上进行现货交易，除支付黄金价款外，还要支付金商的手续费。如伦敦黄金市场的手续费通常为0.25%。近年来由于竞争的加剧，手续费有下降的趋势。

二、黄金期货交易

黄金期货交易中，又有保值交易和投机交易之分。所谓保值交易，是指人们为了避免通货膨胀或政治动乱而寻求价值的“庇护所”来购买黄金，也有的以避免由于金价变动而遭受损失为目的而进行黄金买卖。投机交易是利用金价的波动，估计金价在未来时期的涨跌趋势，买空或卖空，从中谋取投机利润。有时保值交易和投机交易很难区分，但对大多数金融机构和用金企业来说，期货交易既是减少未来风险的一个方式，又是一个十分微妙复杂的投机形式。

进行期货投机时，当投机者预测金价趋跌时，他卖出期货，即所谓做“空头”（Bear）或叫“卖空”。期货到期时，如果金价果然下跌，他就可按跌落的价格买入黄金以履行卖出期货的义务，从而赚取先贵卖后贱买的差额投机利润。但在一般情况下，他并不要购买黄金现货来履行卖出期货义务，而是只收进价格差额。而当投机家预测金价趋涨时，他买进期货，即所谓做“多头（Bund）”或叫“买空”。期货到期时，如果金价果然上涨，他就将原按较低价格买进的期货再按上涨了的金价售出。同理，投机者一般并不需要在买卖时交割实际黄金，而只是收进价格差额，获得投机利润。另外，投机者也可以一面做多头，一面做空头，例如他预计1个月后的金价会上升，但3个月后金价又将下跌，他就可购进1个月的远期黄金合同而售出3个月的远期黄金合同。

黄金期货交易要收取各种费用，以香港市场为例，一笔黄金期货交易要收取4种费用，即手续费30港元、仓储费每日10港元、收仓手续费100港元、保险费5万港元。但承购远期黄金，不必缴纳试金费、保藏费等，且买方只须按每盎司黄金先付少量的保证金，而现货交易则须在交割时全额付清。因此，期货交易对于投资者，特别是对那些使用黄金的工业部门是有吸引力的。

三、交割方式

1. 账面划拨

在黄金市场上交易的黄金，不论是期货还是现货，大宗交易很少是直接以黄金实物交割的，而一般是采取账面划拨的方法，把存放于某金库的属于某个国家或集团的寄存黄金改变一下标签而已，特别是国际金融机构、国家之间以及大垄断金融机构之间的黄金买卖尤为如此。目前，各国的黄金储备大部分存放在英、美两国。因为这两个国家拥有宽敞、坚固、安全的黄金储存设施和管理技术，而且，美国与欧亚大陆远隔重洋，英国与欧洲大陆之间也有海峡天险，一般认为将黄金存放在这两个国家是较为安全的。世界上有73个国家或官方机构请美国代为储存黄金，数量共达11000t，超过了美国政府本身拥有的黄金储备量。

2. 实物交易

私人或企业集团对新开采出来的黄金，一般多按实物交易。成交额较大的是各种成色和重量的金块。专业金商和中央银行交易的对象一般是重量为400盎司、成色为99.5%的大金锭，进入世界市场的大金锭必须有国际公认的鉴定机构的印记。主要产金国，如南非、加拿大等国所开采的黄金一般都以这种形式投放市场，各金库储存的大量黄金也是采取这一形式的大金锭。

普通私人黄金储藏者交易的对象一般是成色、重量不等的小金条，最常见的为1kg重的金条（合31.151盎司），小金条的标准成色分为99.5%、99.9%和99.99%几种。客户购入的黄金可自行转移，自行储藏，也可委托金商（银行）代为保管，并支付一定的保管费用。保管的方法有两种，一种是将金条编号专门保管；另一种是只记存入黄金的重量和成色，在提取时提取的不必是原存入的黄金。一般客户多采用后一种方法存入，因为这种方法收费较为低廉。

3. 金币交易

作为储藏手段，1 盎司一枚的金币更便于转移，并且在很多国家还可以逃避遗产税，因此，金币也是黄金市场主要的交易对象。金币有旧金币和新金币，多数旧金币的可供量有限，是一种稀有金币，一般为古董收藏家购买的对象。因此，旧金币的价值高于其本身含金量的 30% ~90%。新金币则适合于以保存金属价值为目的的投资者。新金币的价格涨落直接依存于黄金市场的价格变动，但一般比金条价格高出 3% ~5%。世界上最大的黄金生产国南非发行的金币最多，而美国是金币的最大销售市场。

此外，近年来各国政府、国际组织、宗教团体甚至公司企业纷纷发行纪念金币。这种金币不但有特定的纪念意义，而且限量发行，一般不再翻制，储藏越久价值越高。另外，一些纪念金币图案优美、造型逼真、纹饰清晰、工艺精致、包装美观，购买者把它视作一种稀有的保值手段和工艺珍品或馈赠的高级礼品，其出售价格也远远高于面值。

4. 黄金券交易

近年来，随着世界性通货膨胀的加剧，有越来越多的集团、企业和私人卷入了抢购黄金的活动中，许多小额资金持有者也购买黄金作为保值手段。为了适应这一新情况，黄金交易中也出现了一些新动向，其中较为突出的就是黄金微型化交易发展很快，出现了黄金券交易。黄金券是黄金的凭证，持有人随时可向发行银行要求换成黄金或与其等价的货币。黄金券面额有多种，最小仅半盎司，有编号和姓名，不得私自转让，遗失了还可以挂失。对于购买人来说，黄金券随时可以兑现，与持有黄金实物无异，可用于保值，也可用于投资，方便安全。

第三节 影响黄金价格的因素

黄金同时作为一般商品和金融商品的特性使其价格变动必然受到来自多方面的、错综复杂且相互交织的各种因素的影响。这种情况加剧了金价波动的频率和幅度。在黄金需求不变的情况下，黄金供应的增加会直接导致黄金市价的跌落，而黄金供应的减少则会促成黄金市价的上扬。反之，若黄金供应不变，那么黄金需求的增加或减少就会引起金价的上升或下挫。所以，黄金价格的波动在根本上是黄金的供应和需求之间的相对变动的结果。

一、黄金的供应

从世界市场来看，黄金主要来源于以下几个途径：

1. 新产黄金的出售

产金国的黄金开采、冶炼等生产活动是直接增加整个世界的黄金存量的唯一来源，新产黄金的出售则构成黄金的初始供应，因而是影响黄金市价的重要因素。第二次世界大战以后，新产黄金量一直占世界黄金市场供应总量的一半以上。黄金市价的变动对黄金生产也会产生反作用：如果黄金市价较高，黄金的销售在扣除了生产成本等费用后仍有较大幅度的利润，就能刺激黄金的生产，黄金产量会随之增加，进而抑制黄金价格；反之，若黄金市价较低，黄金生产的积极性就会受到挫伤，从而减少黄金供应，并推动金价上涨。可见，新产黄金的供应与黄金的市价存在互为因果关系。

近年来，由于黄金的大量开采，富矿已被开发殆尽，使得进一步开采的生产成本大幅度提高。金价上涨也许会成为一种不可逆转的趋势，除非黄金的开采、冶炼技术有新的突破，使得黄金的生产成本能有大幅度的下降。

黄金的储量和产量较多的国家主要有南非、前苏联、加拿大和美国，称为四大产金国。另外还有巴西、中国、加纳、巴布亚新几内亚、津巴布韦、菲律宾、澳大利亚和哥伦比亚等国。

2. 官方机构的售金活动

由于黄金在历史上具有货币特性，因而各国官方机构尤其是中央银行都保留一定量的黄金储备，以便在必要时能用以对外支付。据统计，目前各国官方机构持有的黄金储备总量约为40000t。这无疑是一个潜在的、数量巨大的供应来源。

1973年，第二次世界大战以后建立起来的“美元—黄金”国际货币体系最终崩溃，美国无力保持美元等同黄金的地位。于是，美国政府大力推行“黄金非货币化”政策，以削弱黄金作为国际储备资产的作用。为了配合这一政策，美国财政部于1974年和1975年两次拍卖黄金，共计125.36万盎司，1978年又连续数月拍卖了大量黄金。其他有些国家的官方机构也在1979年出售了总计约100t的黄金。

国际货币基金组织也于1976年起把会员国缴纳的一部分黄金以拍卖的方式出售。这次售金活动一直到1981年5月才正式停止。这一系列官方机构的售金活动，使得国际市场上的黄金供应数量有了比较明显的集中增加，导致这一时期的金价有较大幅度的下跌。

3. 工业废料的熔化与回收

除了上述的新产黄金和官方机构的售金以外，含有黄金的工业废料的熔化、回收，则是黄金供应的一个补充来源。由此产生的黄金有时一年也能高达300t。

此外，在黄金的市场价格上升过快时，大量的私人藏金也会抛售出来。当然，这种抛售数量相对说来是不多的。

二、黄金的需求

在黄金市场上与供应相对的影响金价的因素是黄金的需求。黄金主要来自以下方面：

1. 工业用金

作为一种金属，黄金具有许多极其良好的物理和化学性能。由于这些特性，黄金可广泛适用于多种有特殊材料要求的产品制作，如首饰、装饰、奖牌、钟表、餐具、镀金器皿、牙科材料、机械用品、通信设备和电子产品等。随着经济的持续增长和人们收入的不断提高，工业用金量呈逐年递增的趋势。

2. 官方机构

官方机构在黄金市场上的买卖活动，使其一方面表现为黄金的供应方，另一方面又成为黄金的需求方。

从第二次世界大战后的情况来看，在20世纪50年代，各国官方机构主要以黄金需求方的身份出现在黄金市场上；在20世纪60年代和70年代，各国官方机构成为黄金市场的供应方。20世纪80年代以来，黄金的货币功能呈日渐退化的趋势，对官方机构来说，为了满足对外支付的需要，既可以保留黄金储备也可以持有外汇储备。由于世界政治经济局势日趋稳定，黄金价格在短期里出现大幅度上升的可能性越来越小，而且保留黄金还会发生贮藏、保管费用，而持有外汇储备（如外币存款和短期有价证券）却可获得利息收益。因此，各国官方机构对黄金的需求在总需求中的比例将越来越小。

3. 私人窖藏

私人作为需求方在黄金市场买入黄金主要有两种类型：

（1）保值性窖藏。在目前的不兑现纸币本位条件下以黄金作为保值手段，可以避免因通货膨胀而遭受纸币贬值的风险，因为黄金价格会随通货膨胀而相应上升，从而保持原有的实际价值。所以，在通货膨胀比较严重的时期出于保值动机而形成的私人购金的需求也会十分高涨。20世纪70年代黄金价格的飙升固然是由于当时的国际货币体系的动荡，但猛烈的通货膨胀导致保值性的购金行为同样是不可忽视的原因。

（2）投资性窖藏。私人购买黄金的另一动机是试图通过金价上涨而获利。黄金的价格最终可由其本身的内在价值得到支撑，因而其投资风险比股票等有价证券要小得多。从长期来看，由于黄金的供应受到生产成本的制约，而需求则始终能稳定增长，因而价格呈稳定的上升趋势。所以，购买黄金就成为一种受人欢迎的投资选择。在黄金价格上升时期，投资性窖藏更为盛行。据估计，投资性窖藏占私人窖藏的比重约在30%～50%之间。

除了金价走势以外，私人窖藏与人们的收入之间也存在密切的联系。随着世界经济的发展与人们收入的不断提高，私人窖藏对黄金的需求量也会与日俱增。

三、影响黄金价格的间接因素

黄金价格的变动虽然直接受到黄金供应和需求的影响，但黄金的供应和需求的变动又受到各种错综复杂的政治、经济等因素的影响。这种政治、经济因素通过改变黄金供求的力量对比，对金价变动发挥了间接的影响作用。

1. 政治局势

当今各国实行的是不兑现的纸币本位制度，纸币本身并无任何价值，它之所以能执行货币的各项职能完全是政府的法定程序强制其流通和使用的结果。在政治经济局势较为稳定的时期，人们对纸币并无内在价值这一特性并不敏感，但当政治经济局势出现震荡，基于安全性的原因人们就会倾向于保留有十足价值的物品以取代纸币。在这方面，黄金无疑是最佳选择。所以，黄金又是一种非常敏感的投机商品，任何政治、经济局势的较大变动，都会引起黄金需求的增加，并推动金价的上涨。

2. 美元汇率的走势

第二次世界大战以后，美国的政治经济实力虽然不断地相对衰落，但在世界经济中仍然享有优势，美元仍是主要的国际结算货币、干预货币和储备货币，各国政府、跨国公司和跨国银行均手持大量美元。此外，在国际黄金市场上，黄金买卖大都以美元计价，因此，美元的币值是否坚挺就可以直接通过黄金价格反映出来。在美元疲软之时，人们为了避免美元下跌的风险，就会竞相抛出美元，抢购黄金，从而导致金价的暴涨。反之，在美元坚挺之时，市场上又会出现大规模抛售黄金、换取美元的现象，以求从美元的汇率上升中得到好处。黄金价格也会因之而下跌。

3. 通货膨胀

在通货膨胀时期，一般商品的价格会发生持续的普遍上涨，而货币的购买力则会明显下降。这种实质上的货币贬值导致了每一个单位的货币所能购买的商品量的减少。在这种情况下，黄金作为一种直接就是财富的商品，其价格也会随货币购买力的下降而上升。所以，持有黄金可以避免因通货膨胀而造成的货币贬值风险。

由于人们对黄金的这种保值作用具有一致的认识，于是，当人们普遍形成通货膨胀预期时，出于保值心理的黄金需求就会迅即增加，黄金价格也会因之上涨，且其上涨幅度常常会超过实际的通货膨胀程度。20 世纪 70 年代期间的金价飘升与当时西方各国的严重通货膨胀无疑存在紧密的关联。

黄金固然有其保值作用，但在通货较为稳定期间，黄金的保值作用便不再具有优势，相反，持有金融资产都能生息获利。20 世纪 80 年代以来，由于各国采取了严厉的紧缩政策，整个世界的通货膨胀状况得到了有效的抑制。与此相应的是，黄金价格也进入了相对稳定时期，大致在每盎司 350 ~ 450 美元之间。

4. 石油价格

从历史上看，石油价格的变动也曾对黄金市价产生过很大的影响。1973 年和 1979 年，石油输出国组织曾两次大幅度提高石油的销售价格，结果，西方各国的国际收支普遍恶化，出现通货膨胀压力，人们纷纷购买黄金，以求安全。此外，石油交易是以美元计价和支付的，当时的美元汇率又呈下跌趋势，为避免美元汇率风险，石油输出国就将大量的石油美元兑换成黄金。这两方面原因的结合终于推动了金价的新一轮上扬。不过，石油价格的变动主要还是通过美元汇率走势和通货膨胀状况而对金价产生影响的。

第四节 世界主要黄金市场简介及我国的黄金市场

一、伦敦黄金市场

英国是工业革命的发源地，发达的工商业十分自然地推动了金融体系的发展。伦敦由于具有国际金融中心的各种有利条件，早在19世纪就已逐步成为金条的精炼、储藏、销售和金币兑换的中心，进而成为世界黄金销售、转运和调剂的枢纽，交易量曾经达到世界黄金交易总额的80%。伦敦黄金市场从1919年9月12日开始实行按日定价制度，从而形成一个初具规模、组织健全、经营得法的世界性黄金市场。

第一次世界大战期间，英格兰银行曾以低价包销了南非生产的全部黄金。这是导致伦敦黄金市场经营规模不断增大的一个重要原因。第二次世界大战爆发以后受战争影响，伦敦黄金市场于1939年被迫关闭。以后，南非就把黄金的销售渠道转向了邻近伦敦的苏黎世黄金市场。

1954年3月，伦敦黄金市场重新开放，但原有的大量业务已经转移到苏黎世市场，黄金市场交易量大不如前。当时又正遇上国际性的美元短缺现象，英格兰银行无法同意整个英镑区的居民自由进入黄金市场，使得黄金交易量难以恢复战前水平。在这种情况下，伦敦黄金市场的经纪商只能以较低的买卖差价和佣金来吸引客户，使得黄金交易量得以逐步增长，进而恢复其原有地位。到1955年底，伦敦市场的黄金交易量已占世界自由市场黄金交易量的3/4强。

直至今天，伦敦黄金市场仍是唯一可以成吨买卖黄金的市场，它报出的金价仍是最有代表性的，对世界黄金价格有很大的影响。此外，伦敦市场的组织设施比较齐全，从业人员的技术和经营素质也比较高。

20世纪50年代末，随着美元危机的频频爆发，国际金融市场上出现了抛售美元、抢购黄金的风潮。为了稳定黄金的市场价格，各主要西方国家于1961年10月建立黄金总库，用以联手干预黄金市场。然而，任凭黄金总库的抛售，黄金价格上升的压力却是有增无减，黄金总库被迫解散，伦敦黄金市场于1968年3月18日再度关闭，黄金双价制由此形成。同年4月1日，伦敦黄金市场重新开放，但其国际地位却大大削弱了。

二、苏黎世黄金市场

在伦敦形成黄金市场并迅速发展以后，瑞士也逐步开始了较有规模的黄金交易，但最初是以金条、金块和金币交易为主。

第二次世界大战以后，瑞士开始重视黄金买卖，努力开拓中近东和东南亚市场，建立流通渠道。瑞士的金商先从伦敦集中购买黄金，然后通过各种渠道销售到各地，起到了转手批发的作用。

瑞士的《银行法》规定，银行能吸收的存款的5%必须以金块的方式存在中央银行，不计利息。这就使得设立在瑞士的各家银行不得不保持一定量的黄金库存。这部分黄金便构成了市场交易的基础。

南非是世界上最大的产金国，其黄金销售主要有两个渠道：一是通过空运把黄金输送到苏黎世，主要通过瑞士联合银行销售；二是把黄金从约翰内斯堡船运到伦敦。由于船运费用大大低于空运，因而伦敦便成为南非销售黄金的主渠道。随着第二次世界大战的爆发，伦敦黄金市场被迫关闭，南非只能通过苏黎世出售黄金。与此同时，瑞士的几家大银行表示愿以优惠的价格购买南非能提供的全部黄金，并对南非储备银行提供优惠信贷。目前，南非新产黄金约有80%在苏黎世销售，只有20%通过伦敦市场销售。

瑞士在国际上享有“政治中立”的特殊地位，以此成为世界有名的“资金避风港”，吸引了大量游资，从而为购金保值、黄金买卖和黄金投机等活动提供了充裕的资金。从传统上来看，瑞士黄金市场一直是一个零售市场，能够为私人客户提供各种小规模的金条。这种特点使得它在与伦敦黄金市场的竞争中具有局部的优势。

实行“黄金双价制”后，伦敦黄金市场只准非居民按自由市场价格买卖黄金，并对黄金输出入实行限制。而苏黎世市场上无论居民或是非居民都可自由参与交易，且对黄金输出入没有限制。苏黎世黄金市场第二个主要的黄金供应来源是前苏联。自1972年起，前苏联差不多每年都通过其设在苏黎世的银行卖出大量的新产黄金。上述种种因素，使得苏黎世成为仅次于伦敦的重要的国际黄金市场。

三、美国黄金市场

美国有4个规模较大的黄金市场，其中1个设立在纽约，3个设立在芝加哥。这些黄金市场主要经营期货交易。这些黄金市场的管理机构是“商品期货交易委员会”。

（一）纽约商品交易所

建于1933年的纽约商品交易所（New York Mercantile Exchange，NYMEX）是世界上最大的金属期货交易所。根据纽约商品交易所的界定，它的期货交易分为NYMEX及COMEX两大分部。

NYMEX负责能源、铂金及钯金交易，在NYMEX分部，通过公开竞价进行交易的期货和期权合约有原油、汽油、燃油、天然气、电力，有煤、丙烷、钯的期货合约。

COMEX 负责金、银、铜、铝的期货和期权合约。COMEX 的黄金期货交易市场为全球最大，它的黄金交易往往可以主导全球金价的走向，买卖以期货及期权为主，实际黄金实物的交收占很少的比例；参与 COMEX 黄金买卖以大型的对冲基金及机构投资者为主，他们的买卖对金市产生极大的交易动力；庞大的交易量吸引了众多投机者加入，整个黄金期货交易市场有很高的市场流动性。黄金交收成色标准与伦敦相同。

COMEX 的黄金买卖早期只有公开喊价，后来虽然引进了电子交易系统，但 COMEX 并没有取消公开喊价，而是把两种模式混合使用。市场早期是采用公开喊价，然后由电子交易系统接力，两者相加使参与买卖者差不多可以 24 小时在 COMEX 交易。伦敦与纽约黄金交易市场有密切的互动关系，并衍生出如伦敦现货黄金与纽约期货黄金的掉期交易。

在交易场地关闭的 18 个小时里，NYMEX 分部和 COMEX 分部的能源和金属合约可以通过建立在互联网上的 NYMEXACCESS 电子交易系统来进行交易，这样就可以使日本、新加坡、香港、伦敦、以及瑞士的参与者们在他们的正常工作时间内积极主动地参与到能源和金属期货市场。市场的诚信是通过市场、交易和财务监督系统来保证的。票据交换所作为每一笔交易的最终交易对象，面对卖主时它扮演着买主的角色，而面对买主时又扮演着卖主的角色。通过票据交换所的保证金制度，减轻了市场参与者在交易所进行交易时交易双方的信誉风险。

纽约商品交易所的黄金交易以 100 盎司为一手，并允许有 5 盎司的误差，成色为 99.5%，可以是整块的黄金，也可以是金条，但要有编号和经过批准的检验商的印记。每盎司黄金的当日价格变动幅度以上一个交易市的清算价的上下 10 美元为限，但对当月交割的交易则没有价格限制。价格变动的升降单位为 10 美元，开市时间为东部标准时间 9:25 ~ 14:30。合约的交割期限分为当月、下两个月，或从本月开始的 23 个月内的二月、四月、六月、八月、十月、十二月。黄金的交割，可由合约卖方选择在合约规定的月份里的任一交易日进行。黄金的存放地点必须是持有纽约商品交易所许可证的金库。

买卖黄金期货合约须交付保证金，保证金的数额通常约为交易额的 10%。一旦黄金市场的金价变动对合约持有人不利时，保证金的数额就会相应提高。如果黄金市价变动对合约持有人有利，他就可以收回超额保证金。

（二）芝加哥商业交易所

芝加哥商业交易所（Chicago Mercantile Exchange，CME）建于 1919 年，是一家商品期货交易所。1972 年 5 月 16 日，该交易所设立了“国际货币市场（International Monetary Market，IMM）”，开始办理货币期货业务。1974 年底，随着黄金交易合法化，黄金期货业务也开始发展。该所的黄金期货合约以 100 盎司为一手，成色为99.5%，每条黄金至少重31盎司，最多3条。金价的升降单位为每盎司10美元。交割期为即期交割或每年三月、六月、九月、十一月，最长可达18个月。交割的地点为纽约或芝加哥的专门的金库。

（三）芝加哥农产品交易所

芝加哥农产品交易所（Chicago Board of Trade，CBT）建立于1848年，是最古老、最大的商品期货交易所。该所于1975年开始经营黄金期货业务，具体做法与芝加哥商业交易所类似。

（四）美国中西部商品交易所

美国中西部商品交易所建于1868年，是美国第四大期货交易所，其特点是可进行小额黄金交易，每笔交易额可为其他交易所的1/5 ~ 1/2。它的期货合约以1kg的金条为一手，成色为99.5%。每盎司金价的最低变动幅度为10美元，即每份合约为320美元。交割期为一月、三月、五月、七月、九月或十一月，交割地点为芝加哥或纽约的批准的金库。它的开市时间为美国中西部标准时间8:45 ~ 13:40。

四、香港黄金市场

香港黄金市场的黄金大多来自欧洲和澳大利亚等地，主要的需求来自东南亚的国家和地区。香港黄金市场由三部分组成：一是传统的香港金银贸易场；二是20世纪70年代中期才逐渐形成的当地伦敦金市场；三是20世纪80年代才开业的黄金期货市场。所以，香港被称为混合型黄金市场。

香港黄金市场的主要特点是：①香港是个自由港，有大量经验丰富的贸易商人，信誉可靠；②香港具有转运、储藏、调拨黄金的便利，既可做现货交易，又可做期货交易，因此对客户很有吸引力；③在世界各大市场中，只有香港市场在星期六不停业，照常开市，这也是能够吸引从事黄金买卖的客户到香港来进行交易的一个重要原因；④香港市场一直与伦敦市场保持密切的联系，同时在20世纪80年代后又与美国黄金市场形成纽约（芝加哥）—香港黄金集团。香港的地理位置，时差因素以及与伦敦、美国市场密切的业务合作，使香港黄金市场具有得天独厚的发展空间。

五、我国的黄金市场

（一）我国黄金市场的演变

鉴于黄金的特殊功能和在国民经济中的重要地位，世界上绝大多数产金国家都对黄金的生产、销售、流通进行过管制。建国以来，黄金始终是我国国家控制的特种货币，对其进行严格的货币性管理。但随着改革的深化和开放政策的扩大，我国黄金市场的运营越来越不适应市场经济的发展，因此中央银行从中国的现实条件出发进行职能转换，对我国黄金的生产、流通进行循序渐进的变革。

自新中国成立以来，我国黄金生产、流通和销售的体制经历了4个阶段的演变。

第一阶段：1949 ~1956 年。国家对黄金实施的是比较严格的管制：在生产领域中，宣布金矿归国家所有；对于非公营金矿，允许并鼓励私人经营；在流通领域实行统一的黄金价格。

第二阶段：1957 ~1992 年。国家实行统购统配体制，黄金生产纳入统一的国家计划，黄金行业实行全国集中统一管理。

第三阶段：1993 ~2001 年。黄金行业开始改革，央行开始根据国际金价变化调整国内金价，黄金企业也开始自主。

第四阶段：2002 至今。2002 年 10 月，上海黄金交易所宣告成立，我国的黄金管理体制发生了本质的变革，标志着我国黄金市场化改革走向了前台。上海黄金交易所的正式开业，意味着我国已经建立起了全国统一、公平竞争、规范有序的黄金市场，标志着我国已经初步建立起由证券市场、外汇市场、货币市场和黄金市场组成的金融市场体系。同年年底，中央银行批准四大国有银行经营面向企业和个人的八项黄金业务，其中包括现货买卖、交易清算、黄金收购、项目融资和居民个人黄金投资零售等。2003 年 11 月中国银行在上海正式试点推出的针对个人投资者的实盘黄金交易业务——“黄金宝”业务的启动表明了我国黄金经营体制市场化改革的框架已经形成。

但是，目前中国黄金市场与国际市场基本处于相对隔离状态：上海金交所交易的金锭全部产自国内企业，海外黄金进入我国市场的政策渠道没有完全打开，我国黄金也不能自由出入境。2003 年春节前后，上海金交所黄金价格曾一路飚升，最高时比国际市场黄金价格高出 1.5 元/g 左右。

随着黄金交易所开放，我国黄金流通体制改革还要逐步深化，我国黄金流通体制最终还要跟国际接轨，要纳入国际黄金流动的大体系里面。

（二）上海金交所交易方式

随着中国人民银行行长戴相龙敲响交易第一锣，上海黄金交易所在 2002 年 10 月 30 日正式开业。当天，金交所总共成交 540kg 黄金，其中 1 号金 352kg、2 号金 188kg。金交所的开业表明我国主要金融产品的交易市场全部建成，也使上海国际金融中心的建设向前大大迈进了一步。

在开放初期，上海黄金交易所只进行现货黄金交易。上海黄金交易所可交易的品种为标准牌号为 AU99.99 标准重量为 1kg、标准牌号为 AU99.95 标准重量为 3kg 的金锭。交易中，黄金的报价单位为人民币，金锭的最小交易单位为 kg，金锭的最小提货量为 6kg，交易手续费暂定为 0.06%。

交易所的交易规则是：交易前，买方会员必须在交易所指定的账户里全额存入相应金额的人民币资金，卖方会员必须把要售出的黄金全部存放在交易所指定的黄金交割仓库。交易中，根据“价格优先、时间优先”的原则，采取自由报价、撮合成交、集中清算、统一配送的交易方式。此外，会员还可以选择现场或是远程方式进行交易。

上海黄金交易所在全国34个城市设立了42家指定交割仓库，由交易所负责统一调运配送，会员可以自由地选择交割仓库存入或提取黄金，买方可以在交易当天或3天内拿到黄金。

专栏

世界最大的金库

美国联邦储备银行是一座其貌不扬的14层老楼，坐落在纽约股票交易所斜对面的一条小巷里。在它地下80英尺[㊀]深的地方，有全球最大的金库，里面储存着三亿几千万盎司黄金，占世界黄金储备总量的1/3，市场价值1400亿美元左右，如果加上库里储存的现金、证券，总价值约有2000亿美元。

金库有半个足球场大小，被分隔成122个隔间。第86号隔间专门向来客开放。这是122个隔间中比较小的一个，存有5160块金砖，每块市价约为16万美元，总价值8亿美元。而最大的隔间存有10700块金砖，俨然是一垛10英尺高、10英尺宽、18英尺长的金墙。

金块一进库，即由美国联邦储备银行的审计、保卫、金库保管三个部门的代表组成的“三人小组”负责验收。先是由提升机把金砖逐一送上一台老式但极其精确的秤上过磅（这个秤精确到0.01盎司，相当于一美元纸币重量的1/3）。随后，金库保管人员对照清单，核实铭刻在金砖上的重量、序号、纯度。如果一切无误，由工人把它们推入指定的隔间，把一块块金砖摆到架子上。

每块金锭呈长方形，7英寸[㊁]宽、近36英寸长、13英寸厚。也有少数呈梯形状的，那大多是早年西欧一些国家铸造的。每块金砖上都有一方铭文，标明该金块的黄金由哪家金厂冶炼、何时何地铸成金砖。铭文中的阿拉伯数字表示这块金砖是用第几锅金水浇铸的、含金量多少。这是因为在国际黄金交易中，对于金块纯度（成色）的要求非常严格，由于每锅金水的含金量不一，在金砖上记载用哪锅金水浇铸可以备以后查考。一般说来，含金量必须达到99.5%才算得上是合格的金砖，其余的0.5%是铜、银及其他难以去除的杂质。

各国把黄金储存在这里的主要原因有三：美国的良好信誉，纽约优越的地理位置，金库的安全保证。

美国联邦储备银行是美国政府的一个机构，是美国的中央银行。美国的政治稳定及其强大的经济实力有目共睹。据国际货币基金组织的报告，1990年底，

㊀ 1英尺=0.3048m。

㊁ 1英寸=0.0254m。

世界黄金储备总额为11.45亿盎司，美国拥有其中的23%，折合1050亿美元，平均每人420美元，相当于法国、德国、瑞士拥有黄金的总和。由此可见美国的底气之足，把黄金存在这里，绝无被吞食的危险。

美国联储银行在为本国财政部及储备银行从事国际交易的同时，还充当外国中央银行在美国从事黄金交易的代理。这种独特的职能和地位，使国际黄金交易更为便捷、省钱。国与国之间的黄金买卖，在一切手续完备之后，货物转移只需在金库里来一次“金块搬家”。

金库的安全可靠来自两个方面：首先，美洲大陆在地理位置上远离欧亚非多事之地，各国把黄金藏在纽约，比放在自己国内更安全；其次，金库有独特的结构和极其严密的保安制度。金库的设计，堪称保安工程的杰作。这是一个在岩石里凿出来的“地堡”，四周还有几米厚的钢筋水泥护墙，除大门外，别无旁门。金块放在这里，犹如放在一个巨大的保险箱里。恐怖分子可以摧毁地面上110层的高楼，但奈何不了联储银行“肚子里”的金库。大门被安置在一个狭窄的通道里，是一扇9英尺高、90t重的圆形钢筒，在一个140t重的钢筋水泥门框里垂直旋转。当圆筒旋转90°时，金库便开启或关闭。大门一关，犹如一个瓶塞塞进瓶颈一般。最后，大门外侧还要加上三把大锁：一把挂锁和两把字母锁，以及由一名审计人员签名的封条。每具锁的密码，只有一个保管人员知道。

这里有最先进的闭路电视、电子监视警报系统，工作人员受到极其严格的监督。银行对金库保管成员定期进行背景审查和持续不断的监视。开启和关闭库房时，“三个小组”成员必须全体到场监视。联储银行庞大的保安队伍成员，要定期通过实弹考试，最低要求必须达到专业射击运动员水平，实际上大多达到射击专家水平。此外，他们还要会熟练使用其他武器。

资料来源：《书市》2004年4月9日。

复习思考题

1. 如何理解黄金非货币化后的地位？
2. 黄金的现货交易和期货交易有何不同？
3. 与一般金融产品相比，黄金交易有何特点？
4. 在国际黄金市场上金价变动受哪些因素影响？如何影响？
5. 石油常常被人们称为“流动的黄金”，如何理解黄金与石油的关系？在历次的石油危机中，黄金市场是如何表现的？

第八章

保险与保险市场

一盎司的预防相当于一英镑的治疗。

——英国谚语

【本章导读】

在经济或社会生产力不发达时，人们往往凭借信仰及宗教的力量来逃避或战胜灾害事故对社会生活造成的不安定。但随着生产力的发展，人们慢慢地开始运用经济的方法来抵消灾害事故的影响，这便渐渐地产生了保险这一行为方式。

本章以保险的基本理论为基础，介绍了保险经营的基本原则，并分析了传统的保险业务——财产保险业务和人身保险业务。

第一节　风险与保险的基本理论

一、风险概述

1. 风险的定义和基本要素

“无风险则无保险”。风险是保险产生和存在的前提。风险的基本含义是损失的不确定性。它有两层含义，一是指存在损失；二是指这种损失是不确定的，包括是否发生不确定，发生时间不确定，发生空间不确定，发生的过程和结果不确定。如果损失的概率是0或1，就不存在不确定性，也就没有风险。

风险的基本要素包括风险因素、风险事故和损失：风险因素引起或增加风险事故；风险事故发生可能造成损失。

(1) 风险因素。风险因素是指引起或增加风险事故发生的机会或扩大损失幅度的原因和条件。它是风险事故发生的潜在原因，是造成损失的内在的或间接的原因。风险因素根据性质可分为3类：物质风险因素、道德风险因素和心理风险因素。物质上的条件或危险因素，如易爆物品、火灾、汽车的刹车系统失灵等，都是标的本身所具有的足以引起或增加损失机会和损失程度的客观原因和条件。道德风险因素是与人的品德修养有关的无形的因素，如纵火、盗窃、贪污等。心理风险因素是与人的心理状态有关的无形因素，它是由于人们主观上的疏忽或过失以致增加风险事故发生的机会或扩大损失程度的原因和条件。

（2）风险事故。风险事故是造成生命财产损失的偶发事件。风险事故是损失的媒介，风险只有通过风险事故的发生才能导致损失。需要注意的是，某一事件在不同条件下可能是风险事故也可能是风险因素。例如下冰雹造成路滑而发生车祸，造成人员伤亡，此时冰雹为物质风险因素。如果冰雹直接击伤行人，则它为风险事故。

（3）损失。在风险管理中，损失是指非故意、非预期的和非计划的经济价值的减少。

2. 风险的种类

风险按不同标准有不同分类。

（1）纯粹风险和投机风险。纯粹风险是指只有造成损失而无获利可能性的风险，其结果只有两种可能性：损失和无损失，如火灾、车祸、坠机、疾病等。投机风险是指既可能造成损失也可能产生收益的风险，其结果有3种可能：损失、无损失和获利，如股市行情的变动、赌博等。纯粹风险是风险管理的主要对象。

（2）静态风险和动态风险。静态风险是由于自然力变动或人的行为失常引起的风险，如地震、海难、盗窃、欺诈等。动态风险是由于人类活动而产生的各种风险，如新技术的应用、产业结构调整、人们消费观念的改变。静态风险总是纯粹风险，动态风险既可能是纯粹风险也可能是投机风险。

（3）财产风险、人身风险、责任风险和信用风险。财产风险是可能导致财产发生毁损、灭失和免职的风险。人身风险是指人们因生、老、病、死、伤残等原因导致经济损失的风险。责任风险是指因侵权或违约依法对他人遭受的人身伤亡或财产损失应负赔偿责任的风险。信用风险是指在经济交往中，权利人和义务人之间，由于一方违约或犯罪而给对方造成经济损失的风险。

另外，风险还可以分为自然风险、社会风险、经济风险和政治风险等。

3. 可保风险

并非所有的风险均可承保。可保风险必须满足以下条件：

（1）纯粹风险。保险人可承保的不是投机风险。

（2）大量同质的风险存在。据此，保险人能比较精确地预测损失的平均频率和程度。

（3）损失必须是意外的。即非人们的故意行为所致。

（4）风险的损失可以用货币来计量。凡是不能用货币计量其损失的风险是不可保风险。但对人的保险来说，很难计量一个人的伤残程度或死亡所蒙受损失的价值量，所以死亡给付的标准在出立保单时就确定了。

二、保险的本质

1. 保险的定义

在保险学中，保险有其特定、深刻和复杂的含义。它是由英语“Insurance”或“Assurance”翻译过来的，也是国际上通用的专业名词。保险在这里的含义是“分担危险”，即“少数人受损，多数人分担”。对受损失的人来主，也就是“以一定的支出，保障不定损失的补偿”。保险在19世纪中叶传入中国，1805年，英国人在广州开设了第一家保险公司，当地人习惯称保险为“燕梳”（音译）。

关于保险的定义，众说纷纭，迄今尚无举世公认的统一定义。我国保险学界普遍把保险的定义表述为：以签订保险合同的形式集中起保险费建立保险基金，用于补偿被保险人因自然灾害或意外事故造成的经济损失，或对个人因死亡、伤残给付保险金的一种方法。现代保险学者认为，保险定义包含了两层意思：其一是危险的减少；其二是危险的转移。

2. 保险的性质和职能

根据保险产生和发展的历史，保险的固有职能就是组织经济补偿和实现保险金的给付。任何一个要求参加保险的单位和个人，都会认识到现实生活中存在着各种自然灾害和意外事故，并有可能造成财产损失和人员伤亡。因此，被保险人的目的是在遭受灾害事故的时候能够获得保险补偿和保险金的给付。

对保险的派生职能，保险学界有着不同的认识，比较多的人赞同保险有防灾防损和积累资金的职能。

减少灾害事故的发生、尽量避免保险财产遭受损失和人员伤亡是保险人与被保险人的共同利益所在。保险人为了提高经济效益、减少赔款、增加盈余，必然要与被保险人共同做好防灾防损工作。防灾防损必须具体地体现在保险制度、保险条款和保险费率上，以提高被保险人遵守安全的自觉性、增强社会防灾防损的能力，起到防止或减少灾害事故的发生、保障被保险人的生命和财产的安全的作用。

保险的另一个派生职能是积累资金。保险积累资金是为了对受损单位或个人给予经济补偿和给付。保险基金在未支付赔款前，可作为信贷资金的来源。对比较长期的准备金，保险人可以通过资金运营形成利润，并通过税收上交国家财政，成为国家建设资金的组成部分。

3. 保险的分类

保险按不同标准有不同分类。

（1）按实施方式分为自愿保险和法定保险。自愿保险是保险人和投保人在自愿原则上通过签订保险合同而建立保险关系的一种保险，如企业财产保险、车辆损失保险等。法定保险又称强制保险，是以国家的有关法律为依据而建立保险关系的一种保险。法定保险具有强制性和全面性，其保险费和保险金额一般由国家统一标准确定。

（2）按保险标的的不同分为财产保险和人身保险。财产保险是以财产及其有关利益作为保险标的的一种保险。当保险财产遭受保险责任范围内的损失时由保险人提供经济补偿。人身保险的标的是人的生命和身体。当被保险人遭遇保险事故时由保险人依约给付一定的保险金。

（3）按业务承保方式分为原保险、再保险、重复保险和共同保险。原保险是保险人和投保人最初达成的保险。再保险是一个保险人把原承保的部分或全部保险业务转让给另外一个保险人。再保险是风险的第二次转嫁。重复保险是投保人对同一保险标的、同一保险利益、同一保险事故同时分别向两个以上的保险人订立保险合同，其保险金额之和超过保险价值的保险。共同保险也是由两个或两个以上的保险人同时联合直接承保同一保险标的、同一保险利益、同一保险事故，但其保险金额之和不超过保险价值的保险。

（4）按保险政策的不同分为社会保险和商业保险。社会保险是国家通过立法对社会劳动者暂时或永久丧失劳动能力或失业时提供一定的物质帮助以保障其基本生活的一种社会保障制度。商业保险是投保人根据合同约定，向保险人支付保险费，保险人对合同约定的可能发生的事故因其发生所造成的财产损失程度赔偿保额金责任，或者当被保险人死亡、伤残、疾病或者达到合同约定的年龄、期限时承担给付保险金责任的保险行为。

（5）按保障主体分为团体保险和个人保险。团体保险是以集体名义由一份总合同向其团体成员所提供的保险，如机关、团体、企业等按集体投保方式，为其员工个人向保险人集体办理投保手续所建立的保险关系。个人保险是以个人名义向保险人投保的家庭财产保险和人身保险。

（6）按所承保的风险不同分为单一风险保险和综合风险保险。单一风险保险是在保险合同中只规定对某一种风险造成的损失承担保险责任的保险。综合风险保险是指在保险合同中规定对数种风险造成的损失承担保险责任的保险。

4. 我国的保险事业

解放前，我国的保险市场基本上被洋商保险公司所垄断。1885 年成立的仁济和保险公司，标志着我国民族保险业的发展。据资料显示，在 20 世纪 40 年代，上海就设有 175 家华商保险公司。全国解放后，在接收官僚买办资本保险机构和改造民族资本保险公司的基础上，建立了国有的中国人民保险公司，经营国内外保险业务。

但在 20 世纪 50 年代末到 70 年代期间，国内保险业务基本上停办，仅保留轮船、火车、飞机对旅客的强制保险和海上保险、航空保险等国外保险业务。

1980年以后，才陆续恢复了以前停办的保险业务，我国保险事业从此进入了一个新的发展阶段。到20世纪90年代初，中国人民保险公司已在全国各地建立了保险机构3000多个，从业人员有9万人；承保各类财产总额近4万亿元，56万个企业参加了企业财产保险，1200万户家庭参加了家庭财产保险，近4亿人次参加了各种人身保险。1994年，我国各类保险公司保险费总收入达630亿元，人均保费4.5美元。尤其值得一提的是，以1991年4月26日在上海成立的中国太平洋保险公司为标志，原来由“人保”独家办保险的格局已不复存在，一个开放的和竞争的保险市场正在形成。2009年，即使在金融危机的影响下，我国保险业仍然取得了较大的发展。截至2009年12月31日，我国保险业原保费收入首次突破1万亿元，达到11137.3亿元。中国保险市场所蕴含的潜力正被全世界所关注。

三、保险费率——保险商品的价格

1. 保险费率的概念

保险人根据保险金额，按一定的比率计算出应收取的保险费。这里“一定的比率”就是保险费率，其公式为

$$保险费率=\frac{保险费}{保险金额} \tag{8-1}$$

保险费率是每一保险金额单位在一定的保险期间所交保险费的比例，通常用%或‰表示。

保险费率是根据保险赔偿给付金额、保险人的业务费用和保险标的的危险程度等情况制定的。因此，保险费率的构成，分纯费率和附加费率两部分。其公式为：

$$保险费率=纯费率+附加费率 \tag{8-2}$$

纯费率是保险费率的基本部分，用于建立保险基金；附加费率是支付业务上各种费用的开支。这两个费率相加就是保险人向投保人计收保险费的保险费率，也叫毛费率。

2. 保险费率厘定

保险费率的厘定，是根据保险的客观环境和主观条件形成的危险程度，运用数理方法计算的。它并非单纯的数学计算，应该体现经济目的性，要与保险人承担的义务相适应，故应遵循一定的原则：

（1）公平合理原则。公平是指被保险人的保险费负担基本上应与保险标的危险大小相匹配。危险性大，费率高，负担多；危险性小，费率低，负担小。

（2）保证偿付原则。保险费是保险标的损失偿付的基本资金来源，所以保险费率的厘定要保证保险人具有相应的偿付能力，这是保险基本职能所决定的。

（3）相对稳定原则。保险费率厘定后，通常保持相当长的一段时间，不能

经常变动。否则，会给保险人增大业务工作量，增多他们的经费开支；也会给保险人造成计算上的困难。为此，在厘定费率时应考虑各种因素，对未来趋势作科学预测，使费率保持相对稳定。

（4）促进防损原则。防灾防损是保险的职能之一。在厘定费率时要具体体现防灾、防损的精神。保险人积极从事预防损失活动，不仅可减少保险人的赔偿和被保险人的物质损失，更重要的是保障社会财富，稳定企业经营，安定人民生活，促进和发展国民经济。为贯彻这一原则，保险人应从保险费收入中提取一定比例的防灾费用，用以增强社会的防灾防损工作。同时，对被保险人的防损工作应予以鼓励，对防灾防损工作做得有成效的被保险人，保险费率可相应降低，以调动其防灾、防损的积极性。

第二节　保险的基本原则

一、可保利益原则

（一）可保利益的含义与条件

可保利益是指投保人或被保险人对保险标的具有的法律上承认的经济利益。可保利益是订立保险合同的前提条件，也是保持保险合同效力的重要条件。无论是财产保险还是人身保险，投保人只有对保险标的具有可保利益，才有条件或有资格与保险人订立保险合同。

可保利益的构成条件包括：

（1）可保利益必须是合法的利益。违法行为所产生的利益不能成为可保利益。如盗窃、走私所获取的财物不能成为保险合同的标的物，由此产生的利益不能构成可保利益。

（2）可保利益必须是确定的利益。所谓确定的利益是已经确定或可以确定的利益，包括现有利益、预期利益、责任利益和合同利益。因而，保险利益必须是客观存在的、可实现的利益，而不是仅仅凭主观臆测、推断可能获得的利益。

（3）可保利益必须是经济利益。所以经济利益是指投保人或被保险人对保险标的的利益必须是可通过货币计量的利益。因为保险合同的目的是补偿损失，若其损失不能以货币计量，则无法计算损失的额度，也无法理赔，保险补偿也无从实现。

（二）保险利益原则的运用

1. 保险利益的适用范围

可保利益体现的是投保人或被保险人与保险标的之间的经济利益关系。可保利益在财产保险中来源于投保人对保险标的所拥有的各种权利，包括财产所有权、财产经营权和使用权、财产承运权和保管权、财产抵押权和质押权等。

人身保险的可保利益来源于投保人与被保险人之间的各种利害关系：人身关系、亲属关系、雇佣关系、债权债务关系。我国《保险法》第 31 条规定：本人；配偶、子女、父母；前项以外与投保人有抚养、赡养、扶养关系的家庭其他成员、近亲属；与投保人有劳动关系的劳动者。除前款规定外，被保险人同意投保人为其订立合同的，视为投保人对被保险人具有保险利益。

2. 保险利益的适用时限

财产保险的保险利益一般要求从保险合同订立时到保险事故发生时始终要有保险利益。如果保险合同订立时具有保险利益，而当保险事故发生时不具有保险利益。则保险合同无效。但还是货物运输保险比较特殊，投保人在投保时可以不具有保险利益，但当保险事故发生时必须具有保险利益，这种规定是为了适应国际贸易法规的习惯做法。

人身保险的保险利益存在于保险合同订立时。在保险合同订立时要求投保人必须具有保险利益，而发生保险事故时，或发生保险事故给付时，则不追究具有保险利益。

二、最大诚信原则

诚信就是诚实和信用。诚实是指一方当事人对另一当事人不得隐瞒、欺骗；守信用是指任何一方当事人都必须善意地、全面地履行自己的义务。最大诚信原则的基本含义是：保险双方在签订和履行保险合同时，必须以最大的诚意履行自己应尽的义务，互不欺骗和隐瞒，恪守合同的认定与承诺，否则保险合同无效。

1. 最大诚信原则的主要内容

（1）告知。告知是保险合同当事人一方在合同缔结前和缔结时以及合同有效期内就重要事实向对方所作的口头或书面的陈述。最大诚信原则要求的告知是如实告知，投保人或被保险人和保险人都有如实告知的义务。投保人或被保险人告知的事实是重要事实，即足以影响谨慎的保险人决定是否承保以及保险费率的事实。保险人必须告知的重大事实是足以影响善意的投保人或被保险人是否投保以及投保条件的事实。我国《保险法》规定，保险人在订立合同时应当向投保人明确说明责任免除条款，未明确说明的该条款不产生效力。

（2）保证。保证是投保人或被保险人在保险期间对某种事项的作为或不作为、存在或不存在的允诺。保证是保险合同成立的基本条件，它可以使受害方有权解除合同。保证通常按形式不同分为明示保证和默示保证。明示保证是以保证条款形式在保险合同中载明。默示保证是按照法律和惯例投保人应保证的事项，默示保证在海上保险中运用比较多。默示保证和明示保证具有同等的效力。

（3）弃权与禁止反言。弃权是合同一方以明示或默示的形式放弃其在保障合同中可以主张的权利；禁止反言是合同的一方既然已放弃在保险合同中可以主张的某种权利，尔后便不得再向他方主张该种权利。从保险实践来看，弃权与禁止反言主要约束保险人。

2. 最大诚信原则的违法和后果

（1）违反告知的后果。投保人故意隐瞒事实，不履行如实告知义务的，或者因过失未履行如实告知义务的，足以影响保险人决定是否同意承保或者提高保费，保险人有权解除合同。对于投保人故意不履行告知义务的，保险人不承担理赔责任并不退还保险费。如果投保人过失未履行如实告知义务的，保险人不理赔但可以退还保险费。

（2）违反保证的后果。由于保险约定保证的事项均为重要事项，是订立保险合同的条件和基础，因而各国法律对投保人或被保险人遵守保证事项的要求极为严格。凡是投保人或被保险人违反保证，无论其是否有过失，亦不论是否对保险人造成损害，保险人均有权解除合同，不予承担责任。

三、损失补偿原则

1. 损失补偿原则的含义

损失补偿原则主要适用于财产保险以及其他补偿性保险合同。该原则是指保险合同生效后，如果发生保险责任范围内的损失，被保险人有权按照合同的约定，获得全面、充分的赔偿。保险赔偿是弥补被保险人由于保险标的的遭受损失而失去的经济利益，被保险人不能因保险赔偿而额外获利，体现“有损失，有赔偿”、“损失多少，赔偿多少”。

2. 损失补偿原则的基本内容

被保险人请求损失赔偿的条件：被保险人对保险标的必须具有可保利益；被保险人遭受的损失必须是在保险责任范围之内；被保险人遭受的损失必须能用货币衡量。

保险人履行损失赔偿责任的限度：以实际损失为限；以保险金额为限；以可保利益为限。以上3个原则保证被保险人即能恢复失去的经济利益，又不会由于保险赔款而额外受益。

3. 损失赔偿方式

（1）第一损失赔偿方式。这种赔偿方式即在保险金额限度内，按照实际损失赔偿，主要适用于家庭财产保险。其具体公式为：当损失金额≤保险金额，赔偿金额=损失金额；当损失金额>保险金额，赔偿金额=保险金额。

（2）比例计算赔偿方式。这种赔偿方式是按保障程度，即保险金额与损失当时保险财产的实际价值比例计算赔偿方式。其计算公式为

$$\text{赔偿金额}=\text{损失金额}\times\frac{\text{损失金额}}{\text{损失当时保险财产的实际价值}}$$

（3）限额赔偿方式。分相对免赔方式和绝对免赔方式。相对免赔是保险标的的损失超过免赔限度时，保险人按全部损失予以赔偿。绝对免赔是保险标的的

损失程度超过免赔限度时，保险人只对超出限度的部分予以赔偿。

4. 损失赔偿原则的例外

损失赔偿原则不适用于以下几方面：

（1）人身保险。人身保险合同不是补偿性合同，而是给付性合同。

（2）定值保险。定值保险是指保险合同双方当事人在订立保险时，约定保险标的的价值，并以此作为保险金额。其计算公式为

$$保险赔款 = 保险金额 \times 损失程度$$

（3）重置价值保险。所谓重置价值保险是指以被保险人重置或重建保险标的所需费用或成本确定保险金额的保险。为了满足重置的需要，保险人允许投保人按超过保险标的的实际价值的重置或重建价值投保，发生损失时，按重置费用或成本赔付，有可能出现保险赔款大于实际损失的情况。

（4）施救费用。当保险事故发生时，被保险人有义务积极抢救保险标的，以防止损失进一步扩大。被保险人抢救保险标的所支出的合理费用，由保险人负责赔偿。

四、近因原则

1. 近因的含义

近因不是指离损失发生空间或时间上最近的原因，而是指引起保险标的损失的直接、有效、起决定作用的因素。反之，引起保险标的损失的间接的、不起决定作用的因素，称为原因。

在保险理赔中，近因原则的运用具有普遍的意义。在处理赔案时，赔偿与给付保险金的条件是造成损失的近因必须属于保险责任。只有当保险事故的发生和损失形成有直接因果关系时，才构成保险人赔付的条件。

2. 近因原则的运用

（1）损失由单一原因所致。若该原因属于保险责任事故，则保险人应负责赔付；反之，保险人不负责赔付。

（2）损失由多种原因同时发生所致。多种原因同时发生而无先后之分，且均为保险标的损失的近因时，应区别对待。全部属于承保范围的，负责赔偿；全部不属于承保范围的，不负责赔偿。部分属于承保范围的，能够划分开的，保险人将承担所保风险导致的损失；不能划分开的，则保险公司可以完全不负赔偿责任。

（3）损失由多种原因连续发生所致。多种原因连续发生，持续不断，且具有前因后果的关系。若前因在承保责任范围以内，后因是前因导致的必然结果，保险人都付赔偿责任，而不论后因是在承保责任范围内还是属于除外责任。

（4）损失由多种原因间断发生所致。在一连串连续发生的原因中，有一个新出现的而又完全独立的原因介入，导致损失。若新的独立的原因为承保风险，

则赔偿；反之，不予赔偿。

第三节　财产保险业务

一、财产保险概述

财产保险是保险的基本类别之一，其保险对象是灾害事故可能损失的财产或与其相关的利益。凡以财产及其相关利益作为保险标的的保险即为财产保险。财产保险是补偿性保险，当被保险财产遭遇保险单上规定的危险，发生损失时，由保险人承担经济补偿责任。

财产保险的一条重要原则是可保利益原则，是指投保人对保险标的具有法律规定的利害关系。由于财产保险保障的是投保人对财产的可保利益，因此，投保人不但对财产的物质本身具有可保利益，而且对预期的、非物质的利益同样具有可保利益。

财产保险的可保利益在投保时必须具备，在发生保险事件，保险人进行赔付时也必须具备。财产保险合同生效后，保险人发现被保险人对保险标的无可保利益，保险合同自动失效。在保险合同有效期内，被保险人的可保利益已经终止或转移，即使发生保险财产损失，被保险人也不能得到任何赔偿。

《中华人民共和国财产保险合同条例》规定："本条例所指的财产保险，包括财产保险、农业保险、责任保险、保证保险、信用保险等以财产或利益为保险标的的各种保险。"这里的财产保险是广义的，它既包括火灾保险、海上保险、陆上运输保险、航空保险以及各种以物质财产为保险对象的保险，又包括农业保险、责任保险、保证信用保险等。

二、财产保险费率的厘定

1. 保险损失率

保险损失率是指保险财产受到损失的比率，即保险在一定时期内赔款数额与保险金额总和的比率，其计算公式为

$$\text{保险损失率} = \frac{\text{保险赔款}}{\text{保险金额}} \times 100\% \qquad (8\text{-}3)$$

保险损失率决定保险费率的最低限，是制定保险纯费率的依据。影响保险损失率的因素主要有 4 个：

（1）保险事故发生频率，即发生保险事故的次数与保险标的件数的比率。

（2）保险事故的毁损率，即受损保险标的件数与发生保险事故次数的比率。

（3）保险标的的损毁程度，即总赔偿额与受损保险标的的保险金额的比率。

（4）受损保险标的的平均保险与总平均保额的比率。这个比率表示受保险标的的平均价值与总保险标的的平均价值之间的比例关系。

2. 保险费率的结构

保险费率由3部分组成：净费率、第一附加费率、第二附加费率。

（1）净费率是以正常损失率为基础的，它所请求的保险费用于对损失进行赔偿和给付。保险事故的发生对于个别保险标的来说具有偶然性，但从社会的角度，把保险标的作为一个整体来看，保险事故的发生是有规律的，灾害损失大体稳定在某种水平上。这种较为稳定的损失，可以视为社会正常损失，它是净费率的基础。

（2）第一附加费率是以异常损失为基础的，它所请求的保险费用于对异常损失进行赔偿或给付。保险事故的发生有一定的规律性，损失的稳定性只有从广大的空间上和较长的时间上才能看到；同时，还存在着多种因素使某一时期的实际损失背离正常损失。如果实际损失小于正常损失，对保险人来说影响不大；如果实际损失大于正常损失，则净费率请求到的保险费就不足以补偿实际损失。这部分超过正常损失的部分只能由第一附加保险费来补偿。

（3）第二附加费率是以保险人经营保险业的种种费用（包括管理费、工资等）和经营利润为基础的；它所请示的保险费用于保险人的行政管理费用支出和提供部分利润。

净费率是相对于毛费率而言。人们习惯上把包括净费率、第一附加率和第二附加费率在内的保险费率称作毛费率。

第四节　人身保险业务

一、人身保险的概念及特点

1. 人身保险的概念

人身保险是指以人的生命身体（健康和工作能力）作为保险标的的一种保险。保险人根据投保人的要求，通过签订保险合同，向被保险人收取一定的保险费，当被保险人遭受不幸事故、病痛、意外灾害、衰老以致丧失工作能力、伤残、死亡或年老退休时，保险人承担给付预定的保险金或年金的义务。

2. 人身保险的特点

财产保险的对象是各种各样的物质，人身保险的对象则是人的生命和身体。因此，比较起来，人身保险具有以下特点：

（1）人身保险是定额保险。各种财产都有客观的价值可以衡量，或根据生产成本，或参考市价。而人的生命不是商品，其价值无法用货币进行衡量，如确定保险金额不合理，与被保险人的社会地位与经济状况不相适应，就有可能出现道德危险甚至还会危及被保险人的生命。它要根据被保险人保险需要和支付保险费能力由双方当事人事先约定一个数目作为保险金额，在保险事故发生时，由保险人依照约定给付保险金。

(2) 人身保险具有给付性。财产保险的保险金额是根据财产实际价值确定，在补偿灾害事故损失时，只能以实际价值为限，因此，财产保险具有补偿性。人身保险不适用这种补偿性。作为定额保险，其保险金额不是根据保险标的的实际价值来确定的，因此，不存在超额投保，也不受重复保险的限制。被保险人不论参加哪 一种人身保险或先后参加哪一种保险，当发生保险事故时，被保险人都可以在每一张保险合同中分别得到约定的保险金。

(3) 人身保险具有危险的变动性。在财产保险中，如社会环境、管理条件不变，财产遭受灾害的概率基本上变化不大，不会因为危险逐年变化而调整费率。在人身保险中，特别是人寿保险，其危险率是通过死亡率测定的。不同年龄的人死亡率不同，死亡危险随着年龄的增长而逐年增加，特别是人到晚年，死亡率上升的速度加快。

(4) 人身保险的储蓄性。人身保险除提供一般保险保障外，还兼有储蓄性质。当保险合同期满时，被保险人或受益人可收回保险金额的全部或部分。人寿保险的纯保险费一般由两部分组成。一部分是危险保险费，是根据每年危险保险金额计算出来的自然保险费；另一部分是储蓄保险费，也是投保人的储金，实质上是投保人存放在保险人那里的储蓄存款。

(5) 人身保险的长期性。财产保险的保险期限一般不超过 1 年，期满后可以续保。人身保险合同大都属于长期性的，保险有效期可持续几年或几十年。由于人身保险这种长期性的特点，它同财产保险在保险费交付、给付保费利息、资金运用和内部管理等方面都有许多不同。

二、人身保险的种类

人身保险可按保障范围划分为人寿保险、人身意外险和健康保险。

1. 人寿保险

人寿保险是指以人的生死为保险事故的一种保险，当发生保险责任范围内的事故时，保险人对被保险人履行给付保险金的义务，它是人身保险的主要形式。人寿保险可简称为“寿险”，通常分为死亡保险、生存保险以及两全保险。另外，还有可视作生存保险的年金保险。

(1) 死亡保险。死亡保险有定期死亡保险和终身保险之分。

定期死亡保险习惯上称定期保险，是指被保险人在规定期间内发生死亡事故，由保险人负责给付保险金，如期限届满被保险人仍然生存，保险人就不再尽保险责任，也不退还保险费。这种保险期限不长，适用于暂时需要保险的人。

终身保险是一种不定期死亡保险，也是一种不附生存条件的死亡保险，保险人一直负责到被保险人死亡时为止，即对被保险人终身负责，最终必定要给付保险金。因此，它的费率高于定期保险。

（2）生存保险。生存保险是指以被保险人在规定期限内生存作为给付保险金条件的保险，即被保险人要生存到约定期限时保险人才给付保险金，如在此期间被保险人死亡，所缴保险费不予退还。生存保险可使被保险人到一定期限后，领取一笔保险金以满足其生活上的需要。生存保险一般不单独设立，往往与其他险种结合起来办理。

（3）两全保险。两全保险是指被保险人在保险期限内死亡时保险人给付受益人保险金，或者被保险人在保险期满后仍生存时保险人给付被保险人保险金。两全保险又称生死合险，主要特点是被保险人不论生存或死亡，在到达一定期限后，保险人均给付保险金。因此，两全保险既提供保障，也具有投资性质。当被保险人人在合同期间死亡时，两全保险能为他的家属提供一笔保险金；如被保险人在合同期满仍健在，但由于年老而丧失部分收入，仍可依靠保险金得到生活保障。

（4）年金保险。年金保险是指保险人在被保险人生存期间按期给付一定金额保险金的保险。由于年金给付期是被保险人的生存期，所以年金保险也属于生存保险。年金保险与一般生存保险的不同之处在于，年金是采用整存零付或零存零付的方式，不是采用整付的方式。保险人和投保人签订年金合同后，投保人须先向保险人存入一笔数额较大的保险储金（零存或整存），根据合同规定，被保险人从某一特定日开始，可按约定按年、季或月从保险人处领取保险金，直到被保险人死亡为止。

2. 人身意外伤害保险

人身意外伤害保险是指被保险人在保险有效期间，因遭遇意外事故致伤致残或死亡时，保险人根据合同规定给付全部或部分保险金的保险。人身意外伤害保险只承担意外伤害责任，不承担因病死亡等其他保险事故的给付义务。与人寿保险比较，意外险的主要特点是：危险程度与被保险人的年龄无关，不涉及人的生死等自然规律，不像人寿保险以年龄作为保险费率的主要依据，而是根据以往各种意外伤害事故发生概率的经验统计确定费率。

3. 健康保险

健康保险又称“疾病保险”，是指以被保险人患病、分娩所致死亡或残废为给付条件的保险。投保后，如被保险人因疾病、分娩导致死亡、残废，保险人按保险合同规定，承担给付保险金的责任。

这种保险承担责任范围包括：工资收入补偿；医疗费用；专业技术人员劳务收入补偿；死亡补偿。

专栏

家庭财产保险案例

投保人、被保险人与标的物的利益必须为法律所承认，只有适法的利益才能成为保险利益。房屋转卖在法律中的解释是房屋的所有权转移给他人，即指所有权归属于他人。处于转卖过程中、手续尚未全部完成的房屋不能视作“房屋转卖”。

案情背景：

1999年12月10日，张某将自己已购的公有房屋及屋内财产投保了家庭财产保险，房屋的保险金额为30万元，家用电器的保险金额为8万元，其他财产的保险金额为8万元，保单中载明：“在保险期限内，保险标的被转卖、转让或赠与他人，或保险标的的危险程度增加时，应在七日之内通知保险公司，并办理批改手续。”后张某于2000年4月另购新居，而将原来的房屋卖给了赵某，5月5日，赵某将全部房款付清并入住，双方商定一星期后去房地产交易管理部门办理交易过户手续。不料，5月10日，因赵某家的煤气阀门未关紧而引发火灾，致使房屋遭受严重损失。事发后，赵某找到张某，于是张某向保险公司提出索赔。

对于此案，保险公司内部有3种不同的意见。第一种意见认为，虽然火灾确属家庭财产保险责任范围内的风险，但由于张某已将房屋卖出，且赵某房款已付，因此张某对发生事故的房屋已无保险利益，存在于保险公司与张某之间的保险合同已失效，张某无权向保险公司提出索赔。第二种意见认为，虽然赵某房款已付，但是双方尚未到房管部门办理交易过户手续和所有权登记转移手续，因此房屋仍属张某，所有权并未发生移转，张某仍具有保险利益，也无需通知保险公司，保险公司应予赔付。第三种意见也认为张某仍具有保险利益，但是房屋发生转卖，被保险人未在七日内通知保险公司，根据条款，保险公司无任何责任。

案情分析：

本案争论的焦点有两个：一是张某是否具有保险利益，是否有权索赔；二是“房屋转卖”的真正含义是什么。

(1) 房屋所有权的转移须以登记为前提条件。根据《保险法》：“投保人对保险标的应当具有保险利益，保险利益是投保人对保险标的具有的法律上承认的利益。”这里强调了投保人、被保险人与标的物的利益必须为法律所承认，只有适法的利益才能成为保险利益。房屋买卖是一种特定物的交易，它除了要求当事人之间合意外，还要求具备特定的法律形式。本例中张某已购公房的出售虽已获得房产行政主管部门的批准，但是买卖双方既未向房地产交易管理部门申请办理过户手续、缴纳契税，也未向房地产行政主管部门申请办理房屋所有权转移登记手续，因而可以认定房屋的所有权并未移转，买卖合同无效。根据《经济合同法》第16条：“经济合同被确认无效后，当事人依据该合同所取得的财产，应返还给对方。”即张某对该房屋仍具有保险利益，有权向保险公司提出索赔。

(2) 条款中的“房屋转卖”一词应指房屋所有权已转移。有人认为条款中的“房屋转卖”是指房屋转卖的实际行为开始，而不是以转卖手续全部完成为条件。根据保单词义的解释原则：当保险条款中的词语一词多义时，应按照其在所属专业的本来意义进行解释。房屋转卖在法律中的解释是房屋的所有权转移给他人，即所有权归属于他人。对于处于转卖过程中、手续尚未全部完成的房屋不能视作“房屋转卖”。因此，条款中的“在保险期限内，保险标的被转卖、转让或赠与他人，或保险标的的危险程度增加时，应在七日之内通知保险公司，并办理批改手续”的规定，也只能认为是当房屋转卖手续完成、所有权已转移他人时，被保险人才负有在七日内通知保险公司并办理批改手续的义务。

基于以上分析，应采用第二种意见。

资料来源:http://economy.enortl.com.cn/system/2004/04/02/000761586.shtmt。

复习思考题

1. 简述人身保险业务的特点与种类。
2. 简述财产保险业务的特点与种类。
3. 简述保险利益的构成和适用时限。
4. 简述保额的概念与职能。
5. 简述最大诚信原则的内容。
6. 简述保险费率厘定的原则。

第三篇

金融中介篇

第九章

金融机构体系

金融是经济发展到一定程度的反映。因此，从某种意义上讲，人们可以把金融体系看成是经济结构中的上层建筑。

——托马斯·梅耶《货币银行与经济》

【本章导读】

金融机构又称金融中介，它既不像制造厂商那样生产商品，也不像商店销售商品，它也不运送和分配各种物资。人们需要它的原因是因为它在人们日常的生产、运输、分配和销售过程中扮演着十分重要的角色。它以各种方式集中社会闲散资金提供给需求者；它可以为交易各方提供货币的收付、转账和结算；它还可以为政府调控经济运行提供各种工具和渠道……因此，没有金融机构体系的现代经济社会是不可想像的。

本章从金融机构体系的产生和发展出发，论述金融机构体系的基本功能和模式，并对西方发达国家和中国的金融机构体系的构成框架分别进行介绍。

第一节　金融机构体系概述

一、金融机构体系的概念

金融机构体系与人们经常讲的金融体系是有所不同的。金融体系是指各种金融活动和金融关系构成的一个系统框架，它是由货币体系、信用体系、利率体系、金融机构体系、金融市场体系等相互关联的环节组成的有机整体。而金融机构体系则是金融体系的一个组成部分，是指从事金融活动的各类经济组织和机构所组成的整体系统，大多由中央银行、商业银行、专业性银行、政策性银行和非银行金融机构组成。

二、现代金融机构体系的出现

在金融业的发展过程中，随着商品经济的发展与各项业务的扩大，金融机构体系出现了多元化发展的趋势。由于社会分工越来越细，专业化程度越来越高，单纯从事存贷款的商业银行已不适应这种要求，金融机构体系日趋多元化。专门从事一项或几项银行业务的专业银行从综合性商业银行中分离出来，如长期信贷银行、开发银行、投资银行、储蓄银行、抵押银行、进出口银行广泛设立起来；还有各种专业化的金融企业，如信托投资公司、证券公司、保险公司、财务公司等日益发展起来。

现代金融机构体系的形成是从中央银行的出现开始的。中央银行是专门从事银行券发行的银行，这类银行也经历了一个由分散到集中的过程。初期的银行券发行是分散的，由各商业银行发行。随着商品经济的发展，市场的逐步扩大和统一，客观要求银行券发行也要统一。这样，银行券发行由分散在许多家银行，逐步统一到独家垄断发行。这个垄断银行券发行的银行，后来由政府控制，变成了政府的银行，进而它又成为管理监督银行金融业的主要机构。从而现代金融机构体系便形成了一个以中央银行为核心，商业银行为主体，各类专业银行、非银行金融机构为辅助的分工明确而又协作一致的银行金融体系。

三、金融机构体系的功能

现代金融机构是以追求利润为目标，以经营货币资金为对象的特殊企业组织，具有一般企业的基本特征，但又与一般工商企业有所不同。工商企业经营的是具有一定使用价值的商品，从事商品生产与流通活动；而金融机构是以货币资金这种特殊商品为经营对象，经营内容包括货币的收付、借贷以及各种与货币运动有关的或与之相联系的金融业务。

金融机构作为一个特殊的企业，具有信用中介、支付中介、创造信用流通工具和把货币转化为资本的功能。

（一）充当信用中介

充当信用中介是金融机构最基本的功能。它是指通过金融机构的负债业务，把社会上的各种闲散货币资金集中起来，再通过资产业务把它投向各个部门。金融机构是作为货币资金的贷出者和借入者的中介人，来实现资金的融通，并从吸收资金的成本与发放贷款的利息、投资收益的差额中获取利差收入，形成其利息。

金融机构通过充当信用中介实现资金盈余与资金短缺之间的融通。因为金融机构以吸收存款的形式动员了不同数量和不同期限的闲置货币资金，这些资金集中起来就是一个很大的量，可以满足各种需要。不同时间的存款，可以满足不同期限的借款；若干个短期存款，便能满足一个相对长期的需要。当然，这种集中并不是简单的数量相加。此外，由于金融机构专门经营信用业务，不但自身信誉较一般企业高，而且通过各种业务也能确切了解借贷者的经济状况和信用能力。

金融机构的信用中介功能对社会经济发展具有重要意义。它虽然没有增加社会资本总量，但通过信用中介功能对资本进行了再分配，把闲置货币资金集中起来并转化为现实的职能资本，使资金得到了充分、有效运用，大大提高了全社会对资金的使用效率，从而促进了生产的发展。

（二）充当支付中介

支付中介是指为工商企业办理与货币运动有关的技术性业务。如通过办理转账结算和现金收付业务，代理客户支付。由于银行等金融机构的信誉好，拥有大量的分支机构和代理行关系，企业一般都在银行等金融机构开立账户，委托银行办理转账结算和现金收付，从而使银行等金融机构成为企业之间的支付中介人。银行还在存款的基础上，为客户兑付现款等，成为工商企业、团体和个人的货币保管者、出纳者。金融机构充当支付中介的功能有利于加速结算过程和货币资金的周转，促进再生产的顺利进行。

（三）创造信用流通工具

金融机构创造的信用流通工具主要是指支票和银行券，它们都是银行的债务凭证。银行券代替商业票据，用来扩大信用范围，满足流通中对现金的需要。支票是在银行存款业务的基础上产生的，由于转账结算广泛存在，支票往往用作转账，这样银行便可以借助支票流通，扩大自己的信用业务。

总之，银行等金融机构利用其创造信用工具的功能，适应经济发展的要求，不断创造出包括银行券、支票在内的多种形式的信用流通工具。这些信用流通工具的真正意义在于：一方面满足了流通中对流通手段和支付手段的需要；另一方面也节约了与现金流通相关的流通费用，并可将节约的非生产性流通费用用于生产中去，对经济发展是非常有意义的。

（四）把货币转化为资本

把货币转化为资本是金融机构的重要功能之一，它是从信用中介功能派生出来的。正因为金融机构具有信用中介的功能，所以能把社会各阶层的收入和储蓄集中起来。个人收入是供个人消费之用，储蓄是推迟的消费或收入的暂时结余，是将来的消费，这两部分都不是资本。如果没有金融机构，这些结余和推迟的收入或储蓄，只能转化为货币的储藏。而金融机构却可以通过有借有还的信用方式，把它们集中起来，再贷给企业使用。这样把非资本转化为资本，扩大了社会资本总量，有利于加速生产和流通的发展。

四、现代金融机构体系的模式

一般来讲，世界各国金融体系的结构都呈现出一定的模式，每一种模式都蕴含着特定的金融机制，同时也是某种特定金融机制赖以表现的形式。由于各国经济制度、经济发展程度和经济体制不同，各国的金融机构体系模式也不尽相同。

目前大多数国家普遍实行的是以中央银行为核心的金融机构体系，还有一部分国家和地区实行的是没有中央银行的金融机构体系。

（一）以中央银行为核心的金融机构体系

以中央银行为核心的金融机构体系是当今世界很多国家实行的一种金融机构体系模式，如美国、英国、法国、德国、日本，包括我国都实行这种金融机构体系模式。其特点是中央银行的职能与一般金融机构的业务既有明确分工又相互配合，中央银行的发展水平与一般金融机构的发达程度既基本一致又相互适应，中央银行在整个金融机构体系中居于核心地位。这种模式是一种比较完善的金融机构体系模式，它把中央银行运用经济手段调控宏观经济，与以商业银行为主体包括各种类型金融机构的灵活融通资金结合起来，既能保证宏观调控取得较好成效，也能确保搞活金融，取得较好的资金融通效果。

（二）没有中央银行的金融机构体系

中央银行体系是世界各国金融机构体系发展的趋势，但也有少数国家和地区例外，如新加坡和我国香港，它们实行没有中央银行的金融机构体系模式。这种体系的基本特点是整个金融机构体系由众多的商业银行、投资银行和其他各种金融机构组成，货币发行是由单纯行政机构的货币局发行，或由政府指定某几家商业银行为货币发行银行发行货币。如新加坡的货币由新加坡通货委员会发行，我国香港的货币则由香港特别行政区政府指定由商业银行性质的汇丰银行、渣打银行和中国银行发行。在金融管理方面，政府单独设立金融管理机构，如新加坡的货币管理局，我国香港的银行监理处，由这些机构对金融业进行广泛的监督和管理。没有中央银行的金融机构体系是一种不完善的金融机构体系模式，某些国家和地区之所以实行这种模式，是由其历史原因和本国、本地区的具体情况决定的。

第二节　西方国家的金融机构体系

西方国家的金融机构体系的构成一般包括中央银行、商业银行、专业银行、非银行金融机构、外资（合资）银行等。

一、中央银行

中央银行是在西方国家银行业发展过程中，从商业银行中独立出来的一种银行。20 世纪以前，全世界只有 18 个中央银行，16 个在欧洲，另外 2 个在日本和印度尼西亚。现在几乎所有国家和地区都有中央银行或类似中央银行的金融机构。

中央银行是一国金融体系的核心，它具有特殊的地位与功能。其主要职能是负责一国的货币发行与流通，制定相应的货币政策与调控金融经济活动；同时它作为银行的银行，还对一国的金融业负有监督管理的使命；中央银行往往还是政府的银行，代理国库，提供财政融资，制定利率政策。因此，中央银行更多地负有政府机构的职能，多数国家将中央银行实行国有化，并将其视为政府机构。

中央银行是各国金融机构体系的中心和主导环节，它不仅代表国家对整个金融体系实行领导和管理，维护金融体系的安全运行，实施宏观金融调控，是统治全国货币金融的最高机构，对外它还是一国货币主权的象征。

二、商业银行

商业银行是最早出现的现代银行机构。在许多国家，商业银行以机构数量多、业务渗透面广和资产总额比重大而成为金融体系的主体。在国内外教科书和著作中，习惯用来指那些与工商企业发生短期（一般指 1 年以下）存放款关系的银行，所以也有称存款货币银行的。

商业银行最初主要从事自偿性贷款，即银行通过贴现票据对储备资产发放的短期周转性贷款，一旦票据到期和产销完成，贷款就可以自动收回。这类贷款和消费性贷款与固定资产贷款不同，它是一种商业行为，以票据和流动资产为担保，流动性强，期限短，比较安全。第二次世界大战以后，随着银行业竞争的加剧，商业银行的业务范围有所扩大，特别是长期贷款和投资业务所占比重增加，但仍不失上述特点。所以，这种传统区分商业银行的标志仍被保留下来，并仍然适用。当前，世界上大多数国家的商业银行成为万能式银行，从事多种综合性银行服务，被称为“金融百货公司”。

三、专业银行

专业银行是指专门经营指定范围和提供专门性金融服务的银行。专业银行是社会分工的发展在金融业的表现。随着社会生产力的发展，社会分工越来越细，要求银行必须精通某一方面的知识，以提供专门金融服务，这样才能满足经济发展的需要，才能确保资金的安全和盈利。专业银行按服务对象和借贷资金运动的特点，一般可划分为开发银行、投资银行、储蓄银行和进出口银行。

（一）开发银行

开发银行多为国家或政府所创办，不以盈利为目的。这类银行是专门为满足经济建设长期投资需要而设立的银行。这类投资具有开发性，投资量大，时间长，见效慢，风险也大，一般商业银行不愿承担，有时也不能承担。像新产业的开发、新经济区的基础建设、公共设施和水电站建设等属于投资多、见效慢、周期长的开发项目工程，是否盈利难以预计，所以往往由国家承担。

开发银行可分为国际性、区域性和本国性 3 种。国际性开发银行以联合国的国际复兴开发银行（世界银行）为代表，它主要为会员国提供长期贷款，解决成员国经济的复兴和开发对资金的需求。贷款主要用于各种基础设施，如农业、工业、电信、铁路、公路、港口及动力设备、公共事业、文化教育等工程项目。

贷款需要成员国政府出面担保，期限最长可达30年，利息较低，贷款要专款专用，审查较严格。

区域性开发银行的宗旨、业务与世界银行基本相同，服务对象仅限于某一区域的会员国，如亚洲开发银行仅对亚洲地区参加该组织的会员国提供服务。

本国性开发银行主要对国内企业和建设项目提供长期贷款。

（二）投资银行

这是专门对工商企业办理投资和长期信贷业务的银行。从世界范围看，这类银行多是私营机构，以赚取利润为目的。投资银行的名称通用于工业化国家，在英国称其为商人银行，在日本则称其为证券公司。此外，与这种银行性质相同的还有长期信贷银行、实业银行、金融公司、持股公司、投资公司等。

投资银行与商业银行不同，其资金主要依靠发行自己的股票和债券筹集。即便有些国家的投资银行被允许接受存款，也主要是定期存款。投资银行的主要业务有：对工商企业的股票和债券进行直接投资；提供中期和长期贷款；为工商企业代办发行或包销股票与债券；参与企业的创建和改组活动，包销本国政府和外国政府的公债券；提供投资和财务咨询服务等。

（三）储蓄银行

这类银行专门吸收居民储蓄存款，并为居民个人提供金融服务。其服务对象主要是居民，资金来源主要是居民储蓄，资金运用主要是提供消费信贷和住宅贷款等，此外也进行投资活动。储蓄银行的名称各国有所差异，如有互助储蓄银行、储蓄贷款协会、国民储蓄银行、信托储蓄银行、贷款协会等，但功能基本相同。

（四）进出口银行

这类银行是指专门提供对外贸易及非贸易结算、信贷等国际金融服务的银行。创建进出口银行的目的是促进本国进出口业务的发展，加强国际间金融合作，广泛吸引国际资本，搜集国际信息。进出口银行一般是政府的金融机构，如美国的进出口银行、日本的输出入银行等。也有的是半官方性质的，如法国的对外贸易银行，就是由法兰西银行与一些商业银行共同出资组建的。

四、非银行金融机构

在各国金融体系结构中，一般把商业银行、专业银行、中央银行以外的其他金融机构，称为非银行金融机构。虽然银行和非银行金融机构有着共同的基本特点，即它们都执行着金融中介的职能，起着金融中介的基本作用，但是它们之间还是存在差异，如银行和非银行金融机构为最后贷款人创造的各类金融资产（如商业银行的银行存款和房屋互助协会的房屋互助会存款）在运行程度上不同，即流动性、便利性以及存在的风险等不同，并且各自在这些性质的相互关系上也有所不同。这些差异取决于这些金融资产的不同来源。

采用银行与非银行金融机构这种分类方法是因为：

（1）金融机构是货币运行的枢纽和关键性载体，银行和非银行金融机构对货币运行的影响程度存在着较大的差别。一般地说，银行对货币运行的影响作用要远较非银行金融机构大，但决不能因此就忽视非银行金融机构的作用，因为它也包括在总体货币运行的全部金融机构主体之中。

（2）有利于现实经济生活中对两类金融机构进行不同的管理。银行活动直接影响货币供给量，影响总供给与总需求的平衡，影响物价水平，因此，一般都对这类金融机构严格管理，政策规定和限制较多。对非银行金融机构则不然，例如在美国，保险公司可以不受州立法限制设置分支机构，开展业务活动。因此，这一类非银行金融机构应属于信用机构，一般不叫银行，如保险公司、信托公司、信用合作组织、证券交易所、消费信贷机构和租赁公司等。

五、外资（合资）银行

外资银行是在一国境内由外国开设的银行或银行的分支机构。合资银行是指外国资本与本国资本联合投资开设的银行。各国一般都将这类银行列入本国银行体系内，并受本国金融当局管理监督。随着国际经济交往的发展，特别是跨国公司的迅速发展，银行国际化步伐加快，出现了越来越多的外资银行，各国根据自己经济发展的需要普遍采取了放宽限制和管理外资银行的措施，以便更多地吸引外资，加强国际金融交往，促进本国经济的对外开放。

第三节　我国的金融机构体系

一、我国金融机构体系的建立

（一）新中国金融机构体系的建立和发展

由于中国革命的进程是从新民主主义革命转变为社会主义革命，因此，我国银行的建立过程包括以下几个阶段：

1. 合并解放区银行，建立统一的社会主义国家银行

早在第二次国内革命战争时期，中国共产党在革命根据地就建立了自己的银行；在抗日战争和解放战争时期，又在各抗日根据地和解放区建立和发展了自己的银行。1948 年 12 月 1 日，在华北银行、西北农民银行和北海银行的基础上成立了中国人民银行，这是我国统一的社会主义银行建立的开端。中国人民银行成立之后，各解放区的原有银行逐渐改组为中国人民银行的分支机构。到 1951 年，东北银行和内蒙古人民银行也改组为中国人民银行的分支机构。至此，中国人民银行成为我国统一的社会主义国家银行。

2. 没收官僚资本银行

没收官僚资本银行是我们实现银行国有化的一项基本政策和基本措施。

解放前，蒋、宋、孔、陈四大家族集中了价值高达100亿~200亿美元的巨额财产，垄断了全中国的经济命脉。旧中国的四行二局一库（即中央银行、中国银行、交通银行、中国农民银行、中央信托局、邮政储金汇业局和中央合作金库）是蒋、宋、孔、陈四大家族官僚垄断资本的金融中心。这些官僚资本银行集中了庞大的资本，操纵着旧中国的经济、财政和金融，是国民党政府的财政支柱。

没收官僚资本银行，是随着人民解放战争的胜利同步进行的。每当解放一个城市，就接管其原属“四行二局一库”的金融机构和国民党政府的省、市、县地方银行。同时把四大家族在“官商合办”银行中的股份予以没收，把这些银行改组成半社会主义性质的公私合营银行。1948年12月，中国人民银行组织了接管北平、天津等大城市官僚银行的队伍，随军进城，在城市管制委员会领导下，对官僚资本金融机构进行了迅速完整的接管。之后，根据集中统一原则，首先建立大城市金融中枢，即中国人民银行市分行，然后根据业务需要和可能，逐步建立中国人民银行市分行的下级机构。

3. 取消外国在华银行特权

旧中国的金融业具有浓厚的半殖民地性质。帝国主义国家为了控制和支配旧中国的经济，纷纷在中国开设银行。自1845年英国丽如银行在中国开设机构以后，美国、法国、德国、日本、意大利、俄国、荷兰、比利时等国都在上海开设了银行。这些外国银行凭借其政治和经济上的特权，形成了业务经营上的优势和金融垄断地位。帝国主义国家通过银行对我国进行经济侵略和政治控制，操纵金融机构，掠夺我国财富，使旧中国的金融业完全处于依附地位。

帝国主义在华银行拥有许多特权，如旧中国两大中央财政税收——关税、盐税的收缴由外国银行进行；外国银行可在中国任意增设机构，任意增加资本，发行纸币，垄断国际汇兑汇价等。为了建立起独立自主的金融体系，彻底摧毁帝国主义在我国的反动统治，维护我国权利的完整，取缔了外国在华银行的特权。

外国在华银行的特权被取缔后，我国政府规定这些银行必须严格服从和遵守我国法令和外汇管理制度，并在我国政府所允许的范围内经营指定的业务。凡被指定为外汇银行的，可经办指定的各项外汇业务。凡申请歇业的，必须依法将债权债务清理完毕。由于这些银行的业务逐渐减少，大部分银行自动歇业，少数银行则继续经营我国政府指定的业务，如英国的汇丰银行和麦加利银行至今仍在营业。

4. 对民族资本金融业进行社会主义改造

我国对民族资本金融业的政策，不是通过没收，而是通过赎买，对其实行“利用、限制、改造”的政策，通过国家资本主义形式，实行银行国有化。

当时的指导思想是：民族资产阶级在民主革命后既有剥削工人阶级取得利润

的一面，又有拥护宪法、愿意接受社会主义改造的一面；既有投机取巧、扰乱市场、不利于国民经济的一面，又有有利于国计民生、促进国民经济发展的一面。因此，对民族资本可以通过赎买的办法，实行“利用、限制、改造”的政策，完成对它们的社会主义改造。

5. 建立和发展农村信用合作社

早在第二次国内革命战争时期，中国共产党就领导农民在革命根据地建立起信用合作社。在抗日战争和解放战争时期，抗日根据地和解放区的信用合作事业又有了一定程度的发展，但数量不多。农村信用合作社的普遍建立和蓬勃发展是在1950年全国物价稳定之后，它是在中央银行领导下，农民自愿联合起来的社会主义劳动群众集体所有制的信用组织，是社会主义金融体系的一个组成部分。

（二）建国后“大一统”的金融体系

我国在改革开放之前的相当长时期，一直实行“大一统”的金融体系，属于高度集中的金融体系模式，其基本特征是：全国只有中国人民银行一家办理各项银行业务，它既是中央银行，承担金融宏观调控的任务，又是经营货币存款、贷款、结算的银行实体；既从事金融业务，又是全国的金融行政管理机构。中国人民银行内部实行高度集中管理，各级地方银行机构吸收的存款，全部上交总行，所需信贷资金由总行核批指标，层层下拨。各级银行不得任意突破贷款指标或改变贷款用途。

中国人民银行不仅从事金融业务，还负有对企业的开户、结算及现金出纳的监督管理职能。虽然在当时也有一些金融机构存在，如中国银行、中国人民建设银行、中国人民保险公司及农村信用合作社，但其本质上只不过是中国人民银行的一个业务部门罢了。

“大一统”的金融体系是中央银行和商业银行合二为一的体制，这种体制是适应高度集权的计划经济体制而形成的。在这种体制下，资源高度集中于国家手中，金融体系只是作为信贷资金的分配工具被纳入了国家的财政分配体系，金融业本身没有独立性，不受市场影响，缺乏经营的积极性与主动性，完全受行政计划控制，成为计划调控的一个工具。由于这种金融体系完全按行政指令管理金融活动，忽视了市场本身的规律，无法根据资金市场的供求情况来调节货币与金融，使金融体系的宏观调控功能难以发挥。

“大一统”的金融体系一直持续到1978年，其间，虽曾多次分设过中国农业银行，但不久又被撤销，并回中国人民银行。至于中国人民建设银行，设立较早，它虽名为银行，但实际上是隶属于财政部门的基本建设拨款机构，并不办理信贷业务。

二、改革开放后我国的银行机构体系

（一）中国人民银行

中国人民银行是我国的中央银行，处在全国金融机构体系的核心地位。中国人民银行在国务院领导下，制定和实施货币政策，对金融业实施监督管理。

1. 中国人民银行的架构

中国人民银行设行长一人，副行长若干人。行长的人选，根据国务院总理提名，由全国人民代表大会决定；副行长由国务院总理任免。中国人民银行实行行长负责制，行长领导中国人民银行的工作，副行长协助行长工作。

中国人民银行根据履行职责的需要设立分支机构，作为中央银行的派出机构，并实行集中统一领导和管理。目前，中国人民银行的分支机构按行政区划设置：在省、直辖市、自治区设一级分行；在地区或相当于地区级的市设二级分行；市辖区设办事处；农村县设支行。这些分支机构在辖区内履行中央银行的有关职责。

中国人民银行于1983年9月剥离商业银行业务，专门行使中央银行职能。1995年3月八届人大三次会议通过《中国人民银行法》，就中国人民银行的设立、职能等以立法形式作出了界定。1998年11月，中共中央、国务院决定对中国人民银行管理体制实行改革，撤销32个省级分行。设置大区分行，实行总行、大区分行、中心支行和县市支行四级管理体制。现有总行1个，大区分行9个，两个营业部（北京、重庆），339个中心支行，1776个县（市）支行。在总行和分支机构之间，银行业务和人事干部实行垂直领导，统一管理，地方政府需保证和监督央行贯彻执行国家的方针政策，但不能干预。

2. 中国人民银行履行的职责

中国人民银行应履行的职责是：①依法制定和执行货币政策；②发行人民币，管理人民币流通；③按照规定审批、监督管理金融机构；④按照规定监督管理金融市场；⑤发布有关金融监督管理和业务的命令和规章；⑥持有、管理、经营国家外汇储备、黄金储备；⑦经理国库；⑧维护支付、清算系统的正常运行；⑨负责金融业的统计、调查、分析和预测；⑩作为国家的中央银行，从事有关的国际金融活动；⑪国务院规定的其他职责。

（二）政策性银行

政策性银行是由政府投资设立的、根据政府的决策和意向专门从事政策性金融业务的银行。它们的活动不以盈利为目的，并且根据具体分工的不同，服务于特定的领域，所以，也有“政策性专业银行”之称。

1994年以前，我国没有专门的政策性金融机构，国家的政策性金融业务分别由4家国有专业银行承担。1994年，为了适应经济发展的需要，根据把政策性金融与商业性金融相分离的原则，相继建立了国家开发银行、中国进出口银行和中国农业发展银行3家政策性银行。

1. 国家开发银行

国家开发银行的主要任务是：按照国家法律、法规和方针、政策，筹集和引导境内外资金，向国家基础设施、基础产业和支柱产业的大中型基本建设与技术改造等政策性项目及其配套工程发放贷款，从资金来源上对固定资产投资总量进行控制和调节，优化投资结构，提高投资效率。国家开发银行的业务范围主要包括：①管理和运用国家核拨的预算内经营性建设基金和贴息资金；②向国内金融机构发行金融债券，向社会发行财政担保建设债券；③办理有关外国政府和国际金融机构贷款的转贷，经国家批准在国外发行债券，根据国家利用外资计划筹措国际商业贷款等；④向国家基础设施、基础产业和支柱产业的大中型基建和技改等政策性项目及其配套工作发放政策性贷款；⑤办理建设项目贷款条件评审、咨询和担保等业务，为重点建设项目物色国内外合资伙伴，提供投资机会和投资信息。

2. 中国进出口银行

中国进出口银行的主要任务是：执行国家的产业政策和外贸政策，为扩大机电产品和成套设备等资本性货物的出口提供政策性金融支持。中国进出口银行经办的主要业务包括：①办理与机电产品和成套设备有关的出口信贷业务（卖方信贷和买方信贷）；②办理与机电产品和成套设备有关的政府贷款、混合贷款、出口信贷的转贷、国际银行间及银团贷款业务；③办理短期、中长期出口信用保险、进出口保险、出口信贷担保、国际保理等业务；④经国家批准，在境外发行金融债券；⑤办理本行承担的各类贷款、担保、对外经济技术合作等项目的评审，为境内外客户提供有关本行筹资、信贷、担保、保险、保理等业务的咨询服务。

3. 中国农业发展银行

中国农业发展银行的主要任务是：按照国家的法律、法规和方针、政策，以国家信用为基础，筹集农业政策性信贷资金，承担国家规定的农业政策性金融业务，代理财政性支农资金的拨付，为农业和农村经济发展服务。中国农业发展银行的业务范围主要包括：①办理粮、棉、油等主要农副产品的国家专项储备贷款；②办理粮、棉、油等主要农副产品的收购、调拨、加工贷款；③办理国务院确定的扶贫和农业综合开发贷款；④办理国家确定的小型农、林、牧、水利基本建设和技术改造贷款；⑤办理业务范围内开户企事业单位的存款和结算；⑥发行金融债券；⑦办理境外筹资。

以上3家政策性银行在从事业务活动中，均贯彻不与商业性金融机构竞争、自主经营与保本微利的基本原则。贷款拨付等业务的具体经办，国家开发银行、中国进出口银行主要委托国有商业银行为其代理，故除个别情况外，一般不再设经营性分支机构。中国农业发展银行的业务经办则是以自营为主、代理为辅，所以，除在北京设总行外，还在各省、自治区、直辖市设立分行，在计划单列市和农业大省的地区（市）设立分行的派出机构，在农业政策性金融业务量大的县（市）设立支行。

（三）商业银行

我国商业银行的构成有：正在向商业银行转变的原有四大专业银行——中国工商银行、中国建设银行、中国银行、中国农业银行，以及1986年以后建立的商业银行——交通银行、中信实业银行、招商银行、华夏银行、中国光大银行、中国民生银行、广东发展银行、福建兴业银行、深圳发展银行、上海浦东发展银行、浙商银行、渤海银行、北京银行、上海银行，以及1998年以来由城市合作银行改建的一大批城市商业银行和农村信用（联）社。此外，还有众多的外资银行也是我国商业银行体系的一个组成部分。

在我国众多的商业银行中，工、中、建、农四大国有商业银行是主体。

1995年5月第八届人大常委会第十三次会议通过《中华人民共和国商业银行法》，就商业银行的性质、职能等通过立法形式作了界定。根据这一法律规定，商业银行在境内“不得从事信托投资和股票业务”，“不得投资于非自用不动产”，“不得向非银行金融机构和企业投资”，即我国商业银行业务与信托、证券等投资银行业务必须实行分业经营，不能交叉。

但是，随着我国加入了WTO，金融环境的变化，也使得我国正循序渐进地向着金融混业经营迈进。

2000年10月颁布的《开放式证券投资基金试点办法》不但支持商业银行托管开放式基金，而且默许商业银行在今后自行发起设立基金的可能性。

2001年7月，中国人民银行发布了《商业银行中间业务暂行规定》，鼓励商业银行开展部分投资银行业务。

2003年12月27日，全国人民代表大会常务委员会通过了关于修改《中华人民共和国商业银行法》的决定，修订后的《中华人民共和国商业银行法》将第43条修改为：“商业银行在中华人民共和国境内不得从事信托投资和证券经营业务，不得向非自用不动产投资或者向非银行金融机构和企业投资，但国家另有规定的除外。”

2004年1月31日，国务院颁布了《国务院关于推进资本市场改革开放和稳定发展的若干意见》，此文件明确提出，要完善证券公司质押贷款及进入银行间同业市场管理的办法，制定证券公司收购兼并和证券承销业务贷款的审核标准，在健全风险控制机制的前提下，为证券公司使用贷款融通资金创造有利条件；要鼓励合规的资金入市，支持保险资金以多种方式直接投资资本市场，使基金管理公司和保险公司为主的机构投资者成为资本市场的主导力量。

上述这些法律、政策的出台，都为我国的商业银行混业经营留下了一个发展的空间。

（四）中国邮政储蓄银行

2006 年 12 月 31 日，经国务院同意，中国银临会正式批准中国邮政储蓄银行成立。2007 年 3 月 6 日，经中国政府批准，中国邮政储蓄银行有限责任公司依法成立。2007 年 3 月 20 日，中国邮政储蓄银行成立仪式在北京举行。邮政储蓄银行由中国邮政集团公司组建，邮政网络是邮政储蓄银行生存和发展的依托。中国邮政储蓄银行的市场定位是：充分依托和发挥网络优势，完善城乡金融服务功能，以零售业务和中间业务为主，为城市社区和广大农村地区居民提供基础金融服务，与其他商业银行形成互补关系，支持社会主义新农村建设，为构建社会主义和谐社会作出新的贡献。

三、我国的非银行金融机构

（一）保险公司

截至到 2007 年，全国共有保险机构 110 家。其中：保险集团和控股公司 8 家，财产保险公司 42 家，人身险公司 54 家，再保险公司 6 家，保险资产管理公司 10 家。同期全国共有专业保险中介机构 2331 家，其中保险代理公司 1775 家，保险经纪公司 322 家，保险公估公司 254 家；共有兼业保险代理机构 14.31 万家。

在中资保险集团中，中国人民保险公司、中国人寿保险公司、中国太平洋保险股份有限公司和太平洋保险股份有限公司市场份额最高。

1. 中国人民保险公司

中国人民保险公司是经营国内外保险和再保险业务的专业集团公司，其前身是中国人民保险公司，成立于 1949 年 10 月 20 日，于 1959 年并入中国人民银行国外业务局，收缩机构和人员，停办了国内保险业务。1980 年为适应对外开放、对内搞活的方针和经济体制改革的需要，逐步恢复了停办多年的国内保险业务，1995 年 9 月，国务院正式批复了中国人民银行《关于中国人民保险公司体制改革的报告》，中国人民保险公司改建为中国人民保险（集团）公司（简称“中保集团”）。中保集团直接对国务院负责，中国人民银行负责对中保集团的业务领导、监督和管理。中保集团及三个专业子公司均为企业法人。中保集团以控股公司的形式对其子公司实施领导。管理和监督。中保财产保险有限公司经营各类财产保险业务；中保人寿保险有限公司专门经营长期寿险和短期人身险业务；中保再保险有限公司经营系统内部的再保险业务以及集团对外的分出分入业务，并代行国家法定再保险的职能。其海外保险机构为独立的经济实体直属中保集团，继续经营海外保险业务。

2. 中国人寿保险公司

1999 年，中保人寿保险公司更名为中国人寿保险公司。2003 年 6 月 30 日，中国人寿保险公司加快改革发展的步伐，组建中国人寿保险（集团）公司，并于2003年12月分别在纽约和香港上市，创造当年全球最大规模的IPO。

3. 中国太平洋保险公司

中国太平洋保险公司是由中国人民银行于1991年4月批准设立的一家股份制保险公司，其前身为交通银行保险部，总公司设在上海。

4. 中国平安保险公司

中国平安保险公司是由深圳蛇口工业区招商局社会保险公司和中国工商银行深圳分行信托投资公司共同发起组建的一家股份制保险企业，总公司设在深圳经济特区，其前身为“平安保险公司”。平安保险公司于1988年3月15日，经中国人民银行总行批准成立，同年5月正式试营业。经营区域为经济特区和沿海开放城市，业务范围为法定保险和国际再保险外的一切保险业务。根据保险体制改革和中国保险市场的发展需要，1992年经请示国务院同意，批准平安保险公司更名为“中国平安保险公司”，经营区域扩大至全国并同意该公司根据业务发展的需要和国家有关规定，在境外设立分支机构或代表处，同时批准该公司办理法定保险和国际再保险业务。

从保险公司资本的国别属性看，2007年底我国共有中资保险公司59家，外资保险公司43家。其中中资财产险公司27家，中资人身险公司30家，中资再保险公司2家；外资财产险公司15家，外资人身险公司24家，外资再保险公司4家。我国的保险市场形成了国有控股（集团）公司、股份制公司、政策性公司、专业性公司、外资保险公司等多种组织形式、多种所有制成份并存，公平竞争、共同发展的市场格局。

（二）信托投资公司

信托投资公司是经营信托投资业务的金融机构。我国的信托投资公司是在经济体制改革后开始创办起来的。比如，现已发展为金融、投资、贸易、服务相结合的综合性经济实体的中国国际信托投资公司，就是创办于改革之初的1979年。以后，又陆续设立了一批全国性信托投资公司，如中国光大国际信托投资公司、中国民族国际信托投资公司、中国经济开发信托投资公司等，以及为数众多的地方性信托投资公司与国际信托投资公司。

我国信托投资公司的业务主要有：

（1）信托投资业务。这类业务按资金来源分，可分为信托投资和委托投资。信托投资是指信托投资公司运用自有资金和组织的信托存款，以及发行公司股票债券筹集的资金，直接向企业或项目进行投资。委托投资则是信托投资公司接受委托单位的资金，对投资项目的资金使用负责监督管理，以及办理投资项目的收益处理等。

（2）代理业务。这方面业务包括代理保管、代理收付、代理有价证券的发行和买卖、信用担保等。

(3) 租赁业务。这主要是融资性租赁。

(4) 咨询业务。这主要是资信咨询、项目可行性咨询、投资咨询和金融咨询等。

(三) 证券公司

我国证券公司的业务范围包括：代理证券发行业务；自营、代理证券买卖业务；代理证券还本付息和红利的支付；证券的代保管；接受委托，代发证券本息和红利；接受委托，办理证券的登记和过户；证券抵押贷款；证券投资咨询业务等。

改革初期的我国证券公司，或是由某一家金融机构全资设立的独资公司，或是由若干金融机构、非金融机构以入股形式组建的股份制公司。20 世纪 90 年代中期以来，随着分业经营、分业管理原则的贯彻及规范证券公司发展工作的落实，银行、城市信用合作社、企业集团财务公司、融资租赁公司、典当行以及原各地融资中心下设的证券公司或营业机构，陆续予以撤销或转让。在要求证券机构彻底完成与其他种类的金融机构脱钩的同时，鼓励经营状况良好和实力雄厚的证券公司收购、兼并业务量不足的证券公司。

(四) 财务公司

我国的财务公司是由企业集团内部集资组建的，其宗旨和任务是为本企业集团内部各企业筹资和融通资金，促进其技术改造和技术进步，如华能集团财务公司、中国化工进出口公司财务公司、中国有色金属工业总公司财务公司等。

财务公司的业务包括存款、贷款、结算、票据贴现、融资性租赁、投资、委托以及代理发行有价证券等。从今后规范要求的角度看，财务公司的特点就是为集团内部成员提供金融服务，其业务范围、主要资金来源与资金运用都应限定在集团内部，而不能像其他金融机构一样到社会上去寻找生存空间。

财务公司在业务上受中国人民银行领导、管理、监督与稽核，在行政上则隶属于各企业集团，是实行自主经营、自负盈亏的独立企业法人。

(五) 金融租赁公司

我国的金融租赁业起始于20 世纪 80 年代初期。金融租赁公司创建时，大都是由银行、其他机构以及一些行业主管部门合资设立的，如中国租赁有限公司、联合租赁有限公司等。根据我国金融业实行分业经营及分业管理的原则，对租赁公司也要求独立经营，因此，与其所属银行等金融机构的脱钩工作也在进行之中。

目前，金融租赁公司的主要业务包括：①用于生产、科、教、文、卫、旅游、交通运输设备等动产、不动产的租赁、转租赁、回租租赁业务；②前述租赁业务所涉及的标的物的购买业务；③出租物和抵偿租金产品的处理业务；④向金融机构借款及其他融资业务；⑤吸收特定项目下的信托存款；⑥租赁项目下的流动资金贷款业务；⑦外汇及其他业务。

（六）在华外资金融机构

在我国境内设立的外资金融机构有以下两类：

（1）外资金融机构在华代表处。这类外资金融机构一般只可设在北京和我国经济特区；如有必要，经批准在北京设立代表处后，也可申请在其他指定城市设立派出机构。外资金融机构在华代表处的工作范围是：进行工作洽谈、联络、咨询、服务，而不得从事任何直接盈利的业务活动。

（2）外资金融机构在华设立的营业性分支机构。这类外资金融机构一般主要设在经济特区等经国务院确定的城市。目前，根据规定，在华外国银行分行获准可以经营下列业务项目的部分或全部：①外汇存款；②外汇放款；③外汇票据贴现；④经批准的外汇投资；⑤外汇汇款；⑥外汇担保；⑦进出口结算；⑧自营和代客户买卖外汇；⑨代理外币及外汇票据兑换；⑩代理外币信用卡付款；⑪保管及保管箱业务；⑫资信调查和咨询；⑬经批准的本币业务和其他外币业务。

我国于2001年12月首批外资金融机构在深圳、上海、大连、天津四城市开放了人民币业务。2002年12月又第二批开放了广州、珠海、青岛、南京、武汉五座城市。作为入世第二年，在2003年11月，我国按照WTO协议，将外资金融机构经营人民币业务的地域扩大到济南、福州、成都、重庆四个城市。自此，外资银行经营人民币业务的地域已扩大至13个城市。另据中国银行业监督管理委员会2007年3月发布报告说，中国加入世贸组织五年来，在华外资银行营业性机构从190家增加到312家。根据报告，截至去年12月底，外资银行经营的业务品种超过100种，115家外资银行机构获准经营人民币业务。在华外资银行本外币资产总额1033亿美元，占中国银行业金融机构总资产的1.8%，存款总额397亿美元，贷款余额616亿美元。

复习思考题

1. 金融机构体系的功能有哪些？
2. 现代金融机构体系的模式是哪两种？
3. 中央银行的主要职能是什么？
4. 采用银行与非银行金融中介机构的区分方法的理由是什么？
5. 简述西方国家的金融机构体系。
6. 简述我国的金融机构体系框架。
7. 政策性银行有何特点？我国有哪些政策性银行？各自承担哪些职责？

第十章

商业银行

这几十年银行创新唯一做对的是发明了 ATM 机。

——沃尔克

【本章导读】

商业银行是唯一可以吸收公众存款的金融机构，商业银行通过负债业务，把社会上的各种闲散货币集中到银行里来，再通过资产业务，把它投向经济各部门；商业银行是作为货币资本的贷出者与借入者的中介人或代表，来实现资本的融通，并从吸收资金的成本与发放贷款利息收入、投资收益的差额中，获取利益收入，形成银行利润。商业银行通过信用中介的职能实现资本盈余和短缺之间的融通，提高资金的配置效率。

第一节 商业银行概述

一、商业银行的起源和发展

关于银行的起源，大体有两种说法：一种认为银行业起源于钱币兑换；另一种认为银行业起源于庙宇借贷。银行（bank）一词，来源于意大利文“Banco”，即早期货币兑换商借以办理业务活动的“板凳”或者“货币兑换桌”。

我国的学者把“Bank”意译为“银行”原因，一是由于我国的货币向来以“银”为主，二是由于店铺在我国通称为“行”，故名之。

考古学家认为：人类历史上，最古老的文明都有庙宇文化。这些庙宇中曾经储藏着一些财宝，庙宇的教士们把储藏的某些财宝出借给当时的需求者，出借一定的期限，便觉得有了双重使命感：一方面，他们博得了他人的感激；另一方面，因为借贷受益者要偿还享受到的借款服务，其偿还物总要比借到的物品多一些。所以，古代的各种庙宇几乎都变成了出借所。考古学家曾在美索不达米亚的别乌鲁克庙宇废墟中，发掘出公元前4000年的计算板形状的古物，上面有出借物品的记载。这种财宝的出借行为可能就是商业银行放款业务的原始形式。

金属货币的出现使原始的银行业务有了发展。社会生产力的巨大进步，促使各国、各地区之间的商业往来和商业活动日益增多。但由于不同国家、不同城市的货币名称、重量、成色等各不相同，在商业往来中需要严格的鉴定方能兑现。于是，货币兑换业务与货币兑换商便应运而生了。金银器商、钱币兑换商、税收征集者便逐步变成了真正的钱币职业兑换商。早期的货币兑换商只能办理鉴定和兑换货币的技术性业务，并据此收取一定的手续费。经过长期的业务活动，他们逐渐建立了信用，并取得了商人们的信任。同时，商人们为了避免长途押运货币（当时主要是金、银）的不便和风险，便将自己的货币交给兑换商保管。这种兑换业务就是现代商业银行存款业务的雏形。

随着社会生产力和商业的发展，货币兑换商手中的货币越来越多，而且他们发现商人们不会同时来提取所存放的货币，因此手中总是能保有相当数量的货币。于是为了获得更多的利润，他们也仿效庙宇的做法，将手中的货币借出去，并向借款人收取一定的利息，这样真正意义上的贷款业务也就开始逐步发展起来。一旦货币经营商开始经营贷款业务，货币经营业也就转化为银行业，货币经营商也就转化为银行家了。

二、商业银行发展的主流传统理论

（一）英国式融通短期商业资金的传统

这一传统深受“商业放款论”或“实质票据论”的影响。根据这种理论，商业银行业务应集中于自偿性贷款。所谓“自偿性贷款”，是一种基于商业行为而能自动清偿的贷款。最典型的例证是国际贸易中的进出口押汇和国内贸易中的票据贴现与产销贷款，厂商为购储原料及支付工资向银行借款周转，一旦产销完成后，贷款即可从销售收入中偿还。但消费性贷款、房地产及股票抵押贷款，及固定资本放款等长期性放款，则通常不列入自偿性贷款范畴。自偿性贷款应根据真正的商业行为而进行，并有真正的票据为凭证，因而也是符合“实质票据论”的放款。这一类放款，偿还期甚短（通常为1年以下），流动性甚高，对银行来说比较安全、可靠。而且自偿性贷款依贸易需要而自动伸缩，因此对货币信用量也有一定的自动调节作用。

“实质票据论”对英语世界和受英美传统所影响的国家的银行家都有深远的影响。但经验证明这一理论是相当片面和肤浅的。首先，如果商业银行坚持对工商企业只作短期性自偿式贷款，则除非另有专营长期贷款的银行，否则经济很难有高速和持续性增长的可能。其次，从个别银行来看，自偿式贷款似乎表面上提供了安全感，但从整个银行体系而论，却并非如此，因为所谓“流动性”资产，是相对的而非绝对的。一种资产的流动性应视其是否易于脱手或转让于第三方而定。如果经济发生严重危机，而银行却坚持短期贷款必须如期偿还时，借款人可能会普遍无力偿付而宣告破产。在此情况下，短期资产或放款未必比长期资产或放款安全。最后，如果银行放款依商业需要而自动伸缩，则经济景气时，银行信贷会自动膨胀，刺激物价上涨；反之若经济不景气，银行信贷会自动收缩，则加速物价下跌。两者都有加剧商业循环波动幅度的作用，与中央银行的反循环政策相悖。

（二）德国式综合银行的传统

德国工业化开始比英国晚，但在19世纪中叶以后，德国工业革命高速发展。在短短数十年间，已超过了英国。不少经济史学家认为，德国银行制度在促进工业化和现代化过程中起了很大作用。德国银行不但提供短期商业或周转资金，而且也融通长期固定资本。此外，德国银行还直接投资于新兴企业，替新公司包销证券，积极参与新企业的决策和扩展过程，并在技术革新、地区选择、合并增资方面提供财务方便和咨询。换言之，德国式银行并不将商业银行与投资银行严格区分，大多数经营银行一切业务，它们是综合银行。这些欧洲大陆式的综合银行，接受各种形式和数量的存款；为工商业和消费者提供短期、中期和长期贷款；经常地经营证券业务；负责收付交易；融通进出口资金；买卖外币等。虽然个别银行很可能强调某一类业务，但就业务范围而论，它们并无本质上的区别。

德国、日本的综合银行业务发展迅速，原因在于其资本市场远比英、美落后，故需银行予以替代。德国式的综合银行虽然取得了辉煌成绩，但由于业务范围过广，因此在管理方面、在资本和流动性方面都产生了一些问题，增加了银行风险。此外，德国式综合银行能直接投资于企业，并有权委派代表参加董事会和行使投票权，也引起外界对银行势力过分膨胀和违反公益的批评。1976年，原联邦德国政府通过了新银行法，限制银行贷款，加强中央银行对银行体系的监督，并采取严格措施保障存款。

无论综合银行制本身的得失如何，近数十年来，所谓英国式商业银行和德国式综合银行的区别已逐渐消失。即使在英语国家，商业银行的业务范围也在不断扩展，乃至达到包括所有零售和批发银行业务的程度。多数国家中，商业银行事实上已成为“百货公司式”的银行。

第二节 商业银行的定义与职能

一、商业银行的定义与特征

我国《商业银行法》规定商业银行是指依照《商业银行法》和《中华人民共和国公司法》设立的吸收公众存款、发放贷款、办理结算等业务的企业法人。商业银行的特征如下：

（1）商业银行与一般工商企业一样，是以盈利为目的的企业。它也具有从事业务经营所需要的自有资本，依法经营，照章纳税，自负盈亏；它与其他企业一样，以利润为目标。

(2) 商业银行又是不同于一般工商企业的特殊企业。其特殊性具体表现于经营对象的差异。工商企业经营的是具有一定使用价值的商品，从事商品生产和流通；而商业银行是以金融资产和金融负债为经营对象，经营的是特殊商品——货币和货币资本，经营内容包括货币收付、借贷以及各种与货币运动有关的或者与之相联系的金融服务。从社会再生产过程看，商业银行的经营，是工商企业经营的条件。

(3) 商业银行与专业银行相比又有所不同。商业银行的业务更综合，功能更全面，经营一切金融“零售”业务（门市服务）和“批发业务”（大额信贷业务），为客户提供所有的金融服务。而专业银行只集中经营指定范围内的业务和提供专门服务。随着西方各国金融管制的放松，专业银行的业务经营范围也在不断扩大，但与商业银行仍相差甚远。

二、商业银行的职能

商业银行的职能是由它的性质所决定的，主要有5个基本职能：

(1) 信用中介职能。信用中介是商业银行最基本、最能反映其经营活动特征的职能。这一职能的实质，是通过银行的负债业务，把社会上的各种闲散货币集中到银行，再通过资产业务把它投向经济各部门；商业银行是作为货币资本的贷出者与借入者的中介人或代表实现资本的融通，并从吸收资金的成本与发放贷款利息收入、投资收益的差额中，获取利益收入，形成银行利润。商业银行通过信用中介的职能实现资本盈余和短缺之间的融通，并不改变货币资本的所有权，改变的只是货币资本的使用权。

(2) 支付中介职能。商业银行除了作为信用中介融通货币资本以外，还执行着货币经营业的职能。通过存款在账户间的转移，代理客户支付，在存款的基础上，为客户兑付现款等，成为工商企业、团体和个人的货币保管者、出纳者和支付代理人。

(3) 信用创造功能。商业银行在信用中介职能和支付中介职能的基础上，产生了信用创造职能。商业银行是能够吸收各种存款的银行，利用其所吸收的各种存款发放贷款，在支票流通和转账结算的基础上，贷款又转化为存款，在这种存款不提取现金或不完全提现的基础上，就增加了商业银行的资金来源，最后在整个银行体系形成数倍于原始存款的派生存款。长期以来，商业银行是各种金融机构中唯一能吸收活期存款、开设支票存款账户的机构，在此基础上产生了转账和支票流通，商业银行通过自己的信贷活动创造和收缩活期存款，而活期存款是货币供给量的主要构成部分，因此，商业银行就可以把自己的负债作为货币来流通，具有了信用创造功能。

(4) 金融服务职能。随着经济的发展，工商企业的业务经营环境日益复杂化，银行间的业务竞争也日益剧烈化，银行联系面广，信息比较灵通，特别是电子计算机在银行业务中的广泛应用，使其具备了为客户提供信息服务的条件，咨询服务、对企业“决策支援”等服务应运而生。工商企业生产和流通专业化的发展，又要求把许多原来属于企业自身的货币业务转交给银行代为办理，如发放工资，代理支付其他费用等。个人消费也由原来的单纯钱物交易，发展为转账结算。现代化的社会生活，从多方面给商业银行提出了金融服务的要求。在强烈的业务竞争下，各商业银行也不断开拓服务领域，进一步扩大资产负债业务，并把资产负债业务与金融服务结合起来，开拓新的业务领域。在现代经济生活中，金融服务已成为商业银行的重要职能。

(5) 宏观调控的职能。调节经济是指商业银行通过其信用中介活动，调剂社会各部门的资金短缺，同时在央行货币政策和其他国家宏观政策的指引下，实现经济结构、消费比例投资、产业结构等方面的调整。此外，商业银行通过其在国际市场上的融资活动，还可以调节本国的国际收支状况。

商业银行因其广泛的职能，使得它对整个社会经济活动的影响十分显著，在整个金融体系乃至国民经济中位居特殊而重要的地位。随着市场经济的发展和全球经济的一体化发展，现在的商业银行已经凸现了职能多元化的发展趋势。

三、商业银行的组织形态

从组织形态看，商业银行可分为单元制、分支行制、集团银行制、连锁银行制 4 种类型。

(1) 单元制。单元制目前仅流行于美国。所谓单元制，即银行业务完全由总行经营，不设任何分支行的制度。历史上，美国单元制的成立是由于恐惧金融权力的集中。反对分支行制度者认为，如果银行可以任意开设分支行，则势必引起金融托拉斯吞并小银行的现象。因此，各州通过《银行法》，禁止或限制银行开设分支行。虽然美国禁止任何银行在本州以外开设分支行，但在本州之内开设分支行的限制则因各州而异。在 1900 年，美国商业银行共有 8738 家，分支行仅有 119 家，当时几乎纯粹是单元制。近数十年来，开设分支行的限制逐渐放宽，如今约有近半数的州允许在全州范围内设立分支机构；有的州允许有限制地设立分支机构，如只允许银行在一个城市设立分支机构等。

(2) 分支行制。目前多数国家均采用这种制度。所谓分支行制，即在大都市中设立总行，然后在本市及国内、国外各地普遍设立分支行的制度。分支行制的优点在于银行规模可按业务发展而扩充，实现大规模经营的利益（如因规模扩大、分工较细，可聘任专业人才担任较专门的职务，对客户也能提供较佳服务）。在现金准备的运用方面，由于分支行之间能够互相调度，其效率也较高。在放款方面，由于放款总额分布于各地区，亦比较符合风险分散的原则。反对分支行制最重要的论据是：银行业过分集中会形成垄断。但银行集中的趋势是一个普遍现象，银行业本身就含有内在集中的倾向，与单元制或分支行制无关。即使在单元制下的大银行，仍可通过其他方法控制其他银行。

（3）集团银行制。这一制度流行于美国。所谓集团银行制，即由一集团成立一个股权公司，再由该公司控制或收购两家以上的银行。集团分行不同于“一行股权公司”（One Bank Holding Company），后者是指一家股权公司控制某一银行的股权，再成立附属公司提供与金融有关的服务，如计算机、保险、机器设备租赁、投资咨询等。

（4）连锁银行制。其与集团银行制的不同之处在于连锁银行无须成立股权公司。在连锁银行制下，两家或两家以上银行表面上保持其独立性，但所有权则操纵于同一个人或同一集团之手，董事会成员也由同一人担任。

上述各类银行主要是针对国内业务而言。在国际银行业务中，近年流行的组织形态为财团银行，即不同国家的大商业银行合资成立的银行，专门经营欧洲美元市场及国际资金存放业务。

四、商业银行的经营原则

商业银行作为一个特殊的金融企业，具有一般企业的基本特征，即追求利润最大化。商业银行合理的盈利水平，不仅是商业银行本身发展的内在动力，也是商业银行在竞争中立于不败之地的激励机制。尽管各国商业银行在制度上存在一定的差异，但是在业务经营上，各国商业银行通常都遵循盈利性、流动性和安全性原则。

1. 盈利性原则

盈利性原则是指商业银行作为一个经营企业，追求最大限度的盈利。盈利性既是评价商业银行经营水平的最核心指标，也是商业银行最终效益的体现。影响商业银行盈利性指标的因素主要有存贷款规模、资产结构、自有资金比例和资金自给率水平以及资金管理体制和经营效率等。坚持贯彻盈利性原则对商业银行的业务经营有着十分重要的意义。

（1）只有保持理想的盈利水平，商业银行才能充实资本和扩大经营规模，并以此增强银行经营实力，提高银行的竞争能力。

（2）只有保持理想的盈利水平，才能增强银行的信誉。银行有理想的盈利水平，说明银行经营管理有方，可以提高客户对银行的信任度，以吸收更多的存款，增加资金来源，抵御一定的经营风险。

（3）只有保持理想的盈利水平，才能保持和提高商业银行的竞争能力。当今的竞争是人才的竞争，银行盈利不断增加，才有条件利用高薪和优厚的福利待遇吸引更多的优秀人才。同时，只有保持丰厚的盈利水平，银行才有能力经常性地进行技术改造，更新设备，努力提高工作效率，增强其竞争能力。

(4) 银行保持理想的盈利水平，不仅有利于银行本身的发展，还有利于银行宏观经济活动的进行。因为商业银行旨在提高盈利的各项措施，最终会反映到宏观的经济规模和速度、经济结构以及经济效益，还会反映到市场利率总水平和物价总水平。

2. 流动性原则

流动性是指商业银行能够随时应付客户提现和满足客户借贷的能力。流动性在这里有两层意思，即资产的流动性和负债的流动性。资产的流动性是指银行资产在不受损失的前提下随时变现的能力。负债的流动性是指银行能经常以合理的成本吸收各种存款和其他所需资金。一般情况下所说的流动性是指前者，即资产的变现能力。银行要满足客户提取存款等方面的要求，在安排资金运用时，一方面要求使资产具有较高的流动性；另一方面必须力求负债业务结构合理，并保持较强的融资能力。

影响商业银行流动性的主要因素有客户的平均存款规模、资金的自给水平、清算资金的变化规律、贷款经营方针、银行资产质量以及资金管理体制等。流动性是实现安全性和盈利性的重要保证。作为特殊的金融企业，商业银行要保持适当的流动性是非常必要的，因为：

(1) 作为资金来源的客户存款和银行的其他借入资金，要求银行能够保证随时提取和按期归还，这主要依靠流动性资产的变现能力。

(2) 企业、家庭和政府在不同时期产生的多种贷款需求，也需要及时组织资金来源加以满足。

(3) 银行资金的运动不规则性和不确定性，需要资产的流动性和负债的流动性来保证。

(4) 在银行业激烈的竞争中，投资风险也难以预料，不能保证经营目标完全实现，需要一定的流动性作为预防措施。在银行的业务经营过程中，流动性的高低非常重要。事实上，过高的资产流动性会使银行失去盈利机会甚至出现亏损；过低的流动性可能导致银行出现信用危机、客户流失、资金来源丧失，甚至会因为挤兑导致银行倒闭。因此，商业银行的关键是要保持适度的流动性，这种“度”是商业银行业务经营的生命线，是商业银行成败的关键。而这种“度”既没有绝对的数量之限，又要在动态的管理中保持，这就要求银行经营管理者及时、果断地把握时机和作出决策。当流动性不足时，要及时补充和提高；在流动性过高时，要尽快安排资金运用，提高资金的盈利能力。

3. 安全性原则

安全性原则是指银行的资产、收益、信誉以及所有经营生存发展的条件免遭损失的可靠程度。安全性的反面就是风险性，商业银行经营的安全性原则就是尽可能地避免和减少风险。影响商业银行安全性的主要因素有客户的平均贷款规模、贷款的平均期限、贷款方式、贷款对象的行业和地区分布以及贷款管理体制等。商业银行坚持安全性原则的主要意义在于：

(1) 风险是商业银行面临的永恒课题。银行业的经营活动可归纳为两个方面：一是对银行的债权人要求按期还本付息；二是对银行的债务者要求按期还本付息。这种信用活动的可靠程度是银行经营活动的关键。在多大程度上被确认的可靠性，又称为确定性。与此对应的是风险性，即不确定性。但在银行经营活动中，由于确定性和不确定性等种种原因，存在着多种风险，如信用风险、市场风险、政治风险等，这些风险直接影响银行本息的按时收回，必然会削弱甚至丧失银行的清偿能力，危及银行本身的安全。所以，银行管理者在风险问题上必须严格遵循安全性原则，尽力避免风险、减少风险和分散风险。

(2) 商业银行的资本结构决定其是否存在有潜伏的危机。与一般工商企业经营不同，银行自有资本所占比重很小，远远不能满足资金的运用，它主要依靠吸收客户存款或对外借款用于贷款或投资，所以负债经营成为商业银行的基本特点。若银行经营不善或发生亏损，就要冲销银行自有资本来弥补，倒闭的可能性随时存在。

(3) 坚持稳定经营方针是商业银行开展业务所必需。一是有助于减少资产的损失，增强预期收益的可靠性。不顾一切地一味追求利润最大化，其效果往往适得其反。事实上，只有在安全的前提下营运资产，才能增加收益。二是只有坚持安全稳健经营的银行，才可以在公众中树立良好的形象。因为一家银行能否立足于世的关键就是信誉，而信誉主要来自于银行的安全，所以要维持公众的信心、稳定金融秩序，有赖于银行的安全经营。由此可见，安全性原则不仅是银行盈利的客观前提，也是银行生存和发展的基础；不仅是银行经营管理本身的要求，也是社会发展和安定的需要。

第三节 商业银行的资产业务

商业银行的资产业务，是指银行融出资金，运用货币资本来获得盈利的业务。商业银行通过各种负债业务获得资金的来源后，必须把所吸收的资金加以运用，并且资金运用的收益必须大于吸收资金的成本，银行才能获得盈利而生存。可以这样讲，银行经营是否成功，很大程度上取决于资金运用的结果，而资金运用的结果又主要取决于银行贷款的效益如何。银行资产按流动性的状况可分为现金资产、证券投资、贷款资产和其他生息资产。

一、现金资产

现金资产是商业银行流动资产中流动性最强但收益最低的资产，是商业银行存款支付的首要准备，现金资产的数量与内在结构，对保持商业银行的流动性来说，具有重要的影响。商业银行通过放款和投资将负债取得的大部分资金作为银行产生盈利的资金进行运营。但是，商业银行不可能将全部资金运用出去，为了随时应付客户的支取，银行必须保留足够的现金资产。所以现金资产管理的基本宗旨就是确保银行负债流动性和安全性所需资产数量的前提下，尽量减少现金资产的占用数量，以扩大其他盈利性资产在总资产中的比例，提高资金的利用率。

商业银行的现金资产一般包括下几类：

（1）库存现金。库存现金是指商业银行保存在金库中的现钞和硬币。库存现金的主要作用是银行用来应付客户提取现金和银行本身的日常零星开支。从经营的角度讲，库存现金不宜太多。库存现金的经营原则就是保持适度的规模。

（2）在中央银行存款。这是指商业银行存放在中央银行的资金，即存款准备金。在中央银行存款由两部分构成，一是法定存款准备金，二是超额准备金，而只有超额准备金才是商业银行的可用资金。法定存款准备金是按照法定准备率向中央银行缴存的存款准备金。规定缴存存款准备金的最初目的，是为了银行备有足够的资金以应付存款人的提取，避免流动性不足而产生流动性危机，导致银行破产。目前，存款准备金已经演变成为中央银行调节信用的一种政策手段，在正常情况下一般不得动用。缴存法定比率的准备金具有强制性。所谓超额准备金有两种含义：广义的超额准备金是指商业银行吸收的存款中扣除法定存款准备金以后的余额，即商业银行可用资金；狭义的超额准备金是指在存款准备金账户中，超过了法定存款准备金的那部分存款。超额准备金是货币政策的近期中介指标，直接影响社会信息总量。

（3）存放同业存款。存放同业存款是指商业银行存放在代理行和相关银行的存款。在其他银行保持存款，是为了便于银行在同业之间开展代理业务和结算收付。由于存放同业的存款属于活期存款的性质，可以随时支用，因此可以视同银行的现金资产。

（4）在途资金。在途资金也称托收未达款，是指本银行通过对方银行向外地付款单位或个人收取的票据。在途资金在收妥之前，是一笔占用的资金，又由于通常在途时间较短，收妥后即成为存放同业存款，所以将其视同现金资产。

商业银行现金资产管理的核心任务是保证银行经营过程中的适度流动性，即既要保证现金资产能满足正常的和非正常的现金支出需要，又要尽量降低持有现金的机会成本，以追求利润最大化。因此银行经营者必须精确计算和预测现金头寸，为流动性管理提供可靠依据。商业银行对现金资产的管理，必须坚持总量适度原则、适时调节原则和安全保障原则。

二、贷款资产

贷款资产是商业银行的主要盈利资产，同时也是银行风险最大的债权类资产，贷款期限内银行要承受利率变动、债务人及担保人的信用、通货膨胀等风险。贷款总额是指未减去准备金的全部贷款账面总额。贷款净额是指贷款总额中减去预收收益和贷款，因此银行每发放一笔贷款都必须衡量贷款的风险和收益。

划分和研究贷款分类的目的是针对不同性质的贷款，采取不同的策略和管理方法来提高银行贷款资产的质量，增加贷款合同的履约率，减少坏账的发生。

1. 按借款期限分，贷款包括短期贷款、中期贷款和长期贷款

短期贷款是指贷款期限在 1 年以内的贷款。中期贷款是指贷款期限在 1 年以上（含 1 年）、5 年以内的贷款。长期贷款是指 5 年以上（含 5 年）的贷款。

2. 按贷款的保障方式，可将贷款划分为信用贷款、担保贷款

信用贷款是一种不需一定实物或有价证券作担保，通常仅凭借款人出具本人签字的票据即可获得借款的一种放贷方式。由于信用放款没有有价物作担保，风险一般较大，因此，商业银行一般只对信誉良好、实力雄厚、经营有方的企业提供信用贷款。

根据我国《担保法》，由于担保方式的不同，担保放款又可分为保证贷款、抵押贷款及质押贷款。此种方式旨在降低银行放贷的风险程度。保证贷款是指按《担保法》规定的保证方式以第三人承诺在借款人不能偿还贷款时，按约定承担一般保证人责任或连带责任而发放的贷款。抵押贷款是指按《担保法》规定的抵押方式以借款人或第三人的财产作为抵押物发放的贷款。质押贷款是以贷款公司或第三人的动产或权利作为质物从而得的贷款。

3. 按贷款的质量，即按贷款本金利息（简称“贷款本息”）收回的可能性，将贷款划分为正常、关注、次级、可疑和损失

正常是指借款人能够履行合同，没有足够理由怀疑贷款本息不能按时足额偿还。

关注是指尽管借款人目前有能力偿还贷款本息，但存在一些可能对还款产生不利影响的因素。

次级是指借款人的还款能力出现明显问题，完全依靠其正常营业收入无法足额偿还贷款本息，即使执行担保，也可能会造成一定损失。

可疑是指借款人无法足额偿还贷款本息，即使执行担保，也肯定造成较大损失。

损失是指在采取所有可能的措施或一切必要的法律程序之后，贷款本息仍然无法收回，或只能收回极少部分。

其中，次级、可疑和损失类合并称为不良贷款，那可将贷款分为优良贷款和不良贷款。

4. 按贷款的对象和用途，可以分为工商业贷款、农业贷款、不动产贷款、消费贷款、证券贷款等

工商业贷款，是指商业银行对工商业企业发放的贷款，主要解决工商企业短

期资金周转需要、季节性资金需要、固定资产投资和基本建设需要。这种贷款是商业银行贷款业务中最普遍、量最大的。

农业贷款是指商业银行对农业单位发放的贷款。短期农业贷款主要解决农业单位购买种子、化肥、农药等资金需要；长期农业贷款主要解决土壤改良、水利设施、植树造林等资金需要。

不动产贷款是指对经营性单位土地开发、住宅建设、大型设施购置等项目发放的贷款。这类贷款收益高、期限长、风险大、要求专业管理水平较高，一般都由专业银行开展，商业银行的此类业务很少。

消费贷款是指商业银行向消费者个人或家庭发放的用以购买高档消费品或解决其他消费支出不足的贷款。消费贷款按借款对象的不同，可以划分为直接消费贷款和间接消费贷款。直接消费贷款是指银行直接发放给居民个人的消费贷款。间接消费贷款是指银行先向商业企业提供贷款，再由商业企业向消费者个人或家庭提供类似贷款的消费方式，如赊购购销、分期付款等。消费贷款按照偿还方式的不同，可以划分为一次性偿还的消费贷款和分期偿还的消费贷款。其中，分期偿还的消费贷款占很大比重。消费信贷业务发展很快，在经济发达国家和地区已成为商业银行贷款的重要组成部分。

证券贷款是指商业银行对证券自营商、经纪人、投资银行和证券公司等发放短期贷款。从事证券业务的金融机构，在证券交易中往往会出现短期资金需求。例如，新证券的包销和分销，要求证券公司立即向客户支付证券价款，但购入的证券还没有全部售出，这就需要周转资金，需要向商业银行申请短期贷款；又如，证券商和经纪人可能需要借款来为以信用交易方式买卖证券的客户提供短期融资。证券贷款的风险很大，因此商业银行在发放这类贷款时，一般都采取抵押方式。并且为了避免损失，还规定实施证券保证金比率控制，即发放证券贷款的额度要低于所抵押证券的市值，其差额作为保证金，其比率视为证券保证金比率。

三、银行的其他生息资产

商业银行除了发放贷款收取存贷利息差以外，还通过票据贴现、转贴现、信用卡透支、支票透支、同业放款等形式生息盈利。

1. 票据贴现

票据贴现是指放款人以购买借款人未到期的商业票据的方式发放的贷款，银行买进票据，等于通过贴现间接地给票据的持票人发放了一笔贷款。从形式上看，贴现是银行买入借款人手中的票据，但实质上是银行为出票人预付票款。因此，票据贴现是一种特殊形式的担保贷款。可贴现的票据大致有：银行承兑汇票、商业承兑汇票、商业本票、银行票据和政府债券等。

2. 信用卡透支

信用卡通常可以用于存款、结算、取现，还能依约透支，赊账消费。赊账商户根据与银行签订的协议逐笔与银行结算赊销金额，银行根据信用卡章程，向透支消费的持卡人收取透支利息。信用卡透支属于消费信用，但它与传统消费信贷合同放贷形式上是有区别的。它是建立在信用管理各项技术支持，特别是微电子技术和网络通信技术基础之上的，并由一系列法律框架协议保护的资本生息业务。

3. 同业拆借

商业银行的同业往来不论采取什么形式都是有偿的。在资产种类的划分上，银行的同业拆借属于银行的货币性资产，银行的同业贷款或透支属于银行的恶性信贷资产，而银行间债券买卖、票据回购买卖、外汇买卖属于银行的投资业务。

国内外银行一般都通过货币市场进行融资，只有市场有行无市、价格调节失灵或借款信用度差、融资成本高且借款困难时，才会发生银行间的直接借贷。例如关联银行之间的同业贷放或联行账户透支，又如国内的中央银行向商业银行的再贷款等。

四、证券投资

证券投资一般是指商业银行参与有价证券买卖而持有证券所引起的银行资金的占用。投资是商业银行的一项重要的资产业务，是银行收入的主要来源之一。商业银行从事投资不仅是为了获取收益，同时也是增强银行资产的流动性、分散和降低资产风险的重要手段。

商业银行证券投资的范围和对象因各国金融管理制度的差异而有所不同。商业银行的投资品种主要有债券、股票、外汇、黄金等。根据我国现行《商业银行法》的规定，不允许商业银行从事股票交易。目前我国商业银行的投资品种主要是债券类，有政府债券、金融债券、企业债券或公司债券。

（1）政府债券。政府债券是由中央和地方政府、政府有关机构发行的债务凭证。政府债券的安全性较高，销售比较容易，价格比较稳定，政府债券也可作为抵押品使用。政府债券的主要品种有国库券、重点建设债券、财政债券和基本建设债券。

（2）金融债券。金融债券是各银行和非银行金融机构为筹集中长期资金以满足发放特种贷款的要求而发行的债务凭证。我国的金融债券大多数与政府债券一样采取固定利率和期限，到期一次还本付息。也有一些是贴息金融债券和累进利率债券。

（3）企业债券或公司债券。企业债券或公司债券是由筹资企业向投资者出具的承诺在规定期限内还本付息的债务凭证，发行单位主要是实体性公司、工商企业和企业集团。

我国的内资商业银行及外资银行经中国人民银行批准，为规避汇率变动风险还可以参与国际市场上即期或远期的套汇、套期、套利等多种形式的外汇买卖投资活动。

2003年末，中国人民银行主办的黄金交易所重新在上海开业。商业银行是交易所里最重要的做市商，它们可以在交易所里投资买入和卖出现货黄金从中盈利，还可以担任交易所中介，接受居民和普通企业的黄金买卖业务委托，设立黄金买卖的二级交易柜台市场收兑居民交售的黄金，出售库存金条、金块以赚取黄金投资批零差价。

第四节 商业银行的负债业务

负债业务是商业银行的资金来源业务，也是商业银行最基本、最重要的业务之一，主要包括自有资本、存款负债和其他负债业务。

一、自有资本

商业银行的自有资本就是商业银行的资本金，企业的资本等于资产总值减去负债总值的净值，即所有者权益或者产权资本，也可称为自有资金；商业银行的资本金既包括所有者权益部分的资本，也包括一定比例的债务资本。例如呆账准备金、坏账准备金，在资产负债表中的资产方，但以“-”号来表示。

目前，我国商业银行资本金包括核心资本和附属资本。

1. 核心资本

核心资本包括实收资本、资本公积、盈余公积、未分配利润。

按照投入主体不同，实收资本分为国家资本金、法人资本金、个人资本金和外商资本金。

资本公积包括股票溢价、法定资产重估增值部分和接受捐赠的财产等形式所增加的资本。它可以按照法定程序转增资本金。

盈余公积是商业银行按照规定从税后利润中提取的，是商业银行自我发展的一种积累，包括法定盈余公积金（达到注册资本金的50%）和任意盈余公积金。

未分配利润是商业银行实现的利润中尚未分配的部分，在其未分配前与实收资本和公积金具有同样的作用。

2. 附属资本

附属资本包括商业银行的贷款呆账准备金、坏账准备金、投资风险准备金、5年及5年期以上的长期债券。

贷款呆账准备金是商业银行在从事放款业务过程中，按规定以贷款余额的一定比例提取的，用于补偿可能发生的贷款呆账随时的准备金。

坏账准备金是按照年末应收账款余额的3‰提取，用于核销商业银行的应收账款损失。

按照规定，我国商业银行每年可按上年末投资余额的3‰提取投资风险准备金。如达到上年末投资余额的1%时可实行差额提取。

5年及5年以上的长期债券属于金融债券的一种，是由商业银行发行并还本付息的资本性债券，用来弥补商业银行的资本金不足。

此外，根据《巴塞尔协议》的要求与我国商业银行的具体情况，我国还规定了商业银行资本金的扣除项目，形成资本净额：①在其他银行资本中的投资；②已对非银行金融机构资本中的投资；③已对工商企业的参股投资；④已对非自用不动产的投资；⑤呆账损失尚未冲减的部分。

各国的商业银行法均为商业银行的设立有最低注册资本限额的规定。此外，根据《巴塞尔协议》，商业银行的资本充足率要达到8%，其中核心资本要达到4%。

二、存款负债

存款业务是商业银行最传统、最古老的业务，是商业银行最主要的资金来源，也是最主要的负债业务，一般占到负债总额的70%以上。商业银行的存款一般分为活期存款、通知存款和定期存款以及储蓄存款。

1. 活期存款

活期存款是指不规定存款期限，客户可随时提取，银行有义务随时兑付的存款。活期存款达到一定规模时，一般会有一定的稳定余额，可以作为资金来源，用于发放贷款。活期存款业务的主要特点是一方面客户不但可以随时提款，而且可以随时开出支票给第三方付款，因此，活期存款账户又有支票存款账户之称；另一方面该业务发生频率较高，存取数量大，流通速度快，占用银行大量人力和物力。因此，很多国家的银行对活期存款不支付利息，有的国家还对活期存款客户收取手续费。很多客户，特别是工商企业进行活期存款的目的也并不是为了获取利息，而是为了通过银行进行各种支付和结算。

2. 通知存款

通知存款是指存款人提取在银行的存款时，必须提前一定时间通知银行，以便银行提前准备资金，保证支付的存款。这种存款的利率一般高于活期存款而低于定期存款。

3. 定期存款

定期存款是指有固定期限、到期才能提取的存款。这种存款凭存单提取，存单一般不能转让。定期存款具有稳定性，是银行资金来源中最可靠的部分。定期存款可以用于长期贷款业务，所以银行一般给的利息较高。定期存款在特殊情况下可以提前支取，但利息一般不按原利率给付。商业银行为了取得稳定的资金来源开展业务，特别注意吸收定期存款。

4. 储蓄存款

储蓄存款是客户用存折随时自由存取款项，商业银行向客户支付一定利息的存款。储蓄存款的客户一般不能据此账户签发支票，支用时一般也只能提取现金。储蓄存款可以分为活期储蓄存款和定期储蓄存款。储蓄存款的客户通常只限于个人和非营利组织。近几年来，吸收存款业务竞争比较激烈，商业银行逐渐放宽了对此的限制，允许一部分经营性机构开立储蓄存款账户。

商业银行在吸收各项存款的时候，有时会利用提高利率的方法，但利率竞争是十分激烈的，会受到商业银行自身成本的约束，同时可能还会受到金融管理部门的限定。因此，多数国家商业银行一般不用提高利率的办法来吸收存款，而主要是以提供有效服务来吸收存款。例如提高银行计算机化程度，减少客户等待的时间；使用提款机，方便客户提款；发行信用卡；加快结算速度，提高资金周转效率。

三、其他负债

商业银行资金来源中除自有资金、吸收存款以外，还有很多其他来源渠道，统称为其他负债，主要包括向中央银行借款、同业拆借、境外负债、发行银行债券、买卖有价证券、同业往来占款、中间业务中占用客户资金等。

1. 向中央银行借款

中央银行是整个金融体系的最后贷款人。当商业银行资金不足时，可以向中央银行借款，以维持资金周转。这种借款主要有两种形式：一种是再贷款，即商业银行用自己持有的合格票据或有价证券等作为抵押品向中央银行借款；另一种是再贴现，即商业银行把自己办理贴现业务而买进的未到期票据转卖给中央银行，以获得资金。

2. 同业拆借

同业拆借专指银行之间因资金周转而发生的短期借贷行为，是银行的传统业务。商业银行为了保持自己的清偿能力，一般都从存款额中提取存款准备金，并把准备金都存在中央银行。存款准备金应该随着商业银行存款的增加或减少经常变化，因此，商业银行在中央银行开立的存款准备金账户也会不断变化，准备金头寸有时不足，有时超额，同业拆借业务就发生在这种情况下。拆入资金的银行主要是为了弥补其在中央银行准备金存款账户上的头寸不足；拆出资金的银行主要是因为其头寸超额，储备闲置，可以拆出，并可获得利息收入。这种业务的主要特点是期限短，一般为日拆、周拆和月拆；数量大、频繁，是经常性业务。因此，在很多国家和地区都形成了固定的同业拆借市场。

3. 境外负债

境外负债主要是指向国际银行与国际金融组织借款；商业银行在境外设立分支机构，吸收存款；在国际金融市场上发行各种票据、各种有价证券，筹集资金。境外负债是利用外资的主要渠道。现代经济开放程度加深，一体化程度大大提高，金融业务与活动日益国际化，国际资本流动范围日益扩大，规模有增无减，各个国家和地区的境外负债都有上升的趋势。

4. 买卖有价证券

商业银行在金融市场上买卖有价证券，可以扩大其资金来源。这种业务一般称为证券回购业务，又称回购协议，是指商业银行在需要资金时，卖出所持有的证券，并同时与购买者，通常是中央银行签订协议，安排并保证在将来一定时间内，以确定的价格买回这些证券。证券回购业务对商业银行来说是一种融通资金的周转方式，其中证券具有一定担保作用。这种业务的主要特点是比较灵活，商业银行可以随时买卖有价证券，调剂资金；另外，很多国家中央银行不要求商业银行回购业务的资金交纳准备金，从而使这一部分资金被充分运用，大大降低了资金成本；期限也比较灵活，可以根据需要调整，短则一天，长则几个月。

5. 占用客户资金

商业银行在为客户办理中间业务时，特别是转账结算业务与汇兑业务，可以占用客户的资金。以汇兑业务为例，从客户把款项交给汇出银行起，到汇入银行把该款项传给指定的收款人止，中间有一定的间隔时间，在这段时间内，汇款人与收款人均不能支配款项，而为商业银行占用，从每笔汇款看，虽然占用时间很短，但对于商业银行，由于周转金额巨大，可占用的资金数量相当可观，构成商业银行稳定的资金来源。随着银行业竞争加剧，商业银行占用资金的时间有逐步缩短的趋势。

其他负债与存款具有相同的性质，都是商业银行吸收的外来资金。在商业银行的负债业务中，自有资金是基础，标志着商业银行的资本实力；吸收的外来资金即存款与其他负债是主要业务，标志着商业银行经营资金的能力。

第五节 商业银行的中间业务

广义的中间业务是指不构成商业银行表内资产、表内负债，形成银行非利息收入的业务（2001 年 7 月 4 日人民银行颁布《商业银行中间业务暂行规定》）。它包括两大类：不形成或有资产、或有负债的中间业务（即一般意义上的金融服务类业务）和形成或有资产、或有负债的中间业务（即一般意义上的表外业务）。我国的中间业务等同于广义上的表外业务，它可以分为两大类，金融服务类业务和表外业务。

金融服务类业务是指商业银行以代理人的身份为客户办理的各种业务，目的是为了获取手续费收入。其主要包括：支付结算类业务、银行卡业务、代理类中间业务、基金托管类业务和咨询顾问类业务。

表外业务是指那些未列入资产负债表，但同表内资产业务和负债业务关系密切，并在一定条件下会转为表内资产业务和负债业务的经营活动。其主要包括担保或类似的或有负债、承诺类业务和金融衍生业务三大类。

广义的商业银行中间业务可分为以下九大类。

一、支付结算类中间业务

支付结算类中间业务是指由商业银行为客户办理因债权债务关系引起的与货币支付、资金划拨有关的收费业务。

（一）结算工具

结算业务借助的主要结算工具包括银行汇票、商业汇票、银行本票和支票。

银行汇票是指出票银行签发的、由其在见票时按照实际结算金额无条件支付给收款人或者持票人的票据。

商业汇票是指出票人签发的、委托付款人在指定日期无条件支付确定的金额给收款人或持票人的票据。商业汇票分银行承兑汇票和商业承兑汇票。

银行本票是指银行签发的、承诺自己在见票时无条件支付确定的金额给收款人或者持票人的票据。

支票是指出票人签发的、委托办理支票存款业务的银行在见票时无条件支付确定的金额给收款人或持票人的票据。

（二）结算方式

结算方式主要包括同城结算方式和异地结算方式。

汇款业务是指由付款人委托银行将款项汇给外地某收款人的一种结算业务。汇款结算分为电汇、信汇和票汇3种形式。

托收业务是指债权人或售货人为向外地债务人或购货人收取款项而向其开出汇票，并委托银行代为收取的一种结算方式。

信用证业务是指由银行根据申请人的要求和指示，向收益人开立的载有一定金额，在一定期限内凭规定的单据在指定地点付款的书面保证文件。

（三）其他支付结算业务

其他支付结算业务包括利用现代支付系统实现的资金划拨、清算，利用银行内外部网络实现的转账等业务。

二、银行卡业务

银行卡是由经授权的金融机构（主要指商业银行）向社会发行的具有消费信用、转账结算、存取现金等全部或部分功能的信用支付工具。银行卡业务的分类方式一般包括以下几类：

(1) 依据清偿方式，银行卡业务可分为贷记卡业务、准贷记卡业务和借记卡业务。借记卡可进一步分为转账卡、专用卡和储值卡。

(2) 依据结算的币种不同，银行卡可分为人民币卡业务和外币卡业务。

(3) 按使用对象不同，银行卡可以分为单位卡和个人卡。

(4) 按载体材料的不同，银行卡可以分为磁性卡和智能卡（IC卡）。

(5) 按使用对象的信誉等级不同，银行卡可分为金卡和普通卡。

(6) 按流通范围，银行卡还可分为国际卡和地区卡。

(7) 其他分类方式，包括商业银行与营利性机构/非营利性机构合作发行联名卡/认同卡。

三、代理类中间业务

代理类中间业务是指商业银行接受客户委托、代为办理客户指定的经济事务、提供金融服务并收取一定费用的业务，包括代理政策性银行业务、代理中国人民银行业务、代理商业银行业务、代收代付业务、代理证券业务、代理保险业务、其他代理业务等。

代理政策性银行业务是指商业银行接受政策性银行委托，代为办理政策性银行因服务功能和网点设置等方面的限制而无法办理的业务，包括代理贷款项目管理等。

代理中国人民银行业务是指根据政策、法规应由中央银行承担，但由于机构设置、专业优势等方面的原因，由中央银行指定或委托商业银行承担的业务，主要包括财政性存款代理业务、国库代理业务、发行库代理业务、金银代理业务。

代理商业银行业务是指商业银行之间相互代理的业务，如为委托行办理支票托收等业务。

代收代付业务是指商业银行利用自身的结算便利，接受客户的委托代为办理指定款项的收付事宜的业务，如代理各项公用事业收费、代理行政事业性收费和财政性收费、代发工资、代扣住房按揭消费贷款还款等。

代理证券业务是指银行接受委托办理的代理发行、兑付、买卖各类有价证券的业务，还包括接受委托代办债券还本付息、代发股票红利、代理证券资金清算等业务。此处有价证券主要包括国债、公司债券、金融债券、股票等。

代理保险业务是指商业银行接受保险公司委托代其办理保险业务的业务。商业银行代理保险业务，可以受托代个人或法人投保各险种的保险事宜，也可以作为保险公司的代表，与保险公司签订代理协议，代保险公司承接有关的保险业务。代理保险业务一般包括代售保单业务和代付保险金业务。

其他代理业务包括代理财政委托业务、代理其他银行银行卡收单业务等。

四、担保及承诺类中间业务

（一）担保类中间业务

担保类中间业务是指商业银行为客户债务清偿能力提供担保，承担客户违约风险的业务，主要包括银行承兑汇票、备用信用证、各类保函等。

银行承兑汇票是指由收款人或付款人（或承兑申请人）签发，并由承兑申请人向开户银行申请，经银行审查同意承兑的商业汇票。

备用信用证是指开证行应借款人要求，以放款人作为信用证的收益人而开具的一种特殊信用证，以保证在借款人破产或不能及时履行义务的情况下，由开证行向收益人及时支付本利。

各类保函包括投标保函、承包保函、还款担保履、借款保函等。

（二）承诺类中间业务

承诺类中间业务是指商业银行在未来某一日期按照事前约定的条件向客户提供约定信用的业务，主要指贷款承诺，包括可撤销承诺和不可撤销承诺两种。

可撤销承诺附有客户在取得贷款前必须履行的特定条款，在银行承诺期内，客户如果没有履行条款，则银行可撤销该项承诺。可撤销承诺包括透支额度等。

不可撤销承诺是指银行不经客户允许不得随意取消的贷款承诺，具有法律约束力，包括备用信用额度、回购协议、票据发行便利等。

五、交易类中间业务

交易类中间业务是指商业银行为满足客户保值或自身风险管理等方面的需要，利用各种金融工具进行的资金交易活动，主要包括远期合约、金融期货、互换、期权等各类金融衍生业务。

远期合约是指交易双方约定在未来某个特定时间以约定价格买卖约定数量的资产，包括利率远期合约和远期外汇合约。

金融期货是指以金融工具或金融指标为标的的期货合约。

互换是指交易双方基于自己的比较利益，对各自的现金流量进行交换，一般分为利率互换和货币互换。

期权是指期权的买方支付给卖方一笔权利金，获得一种权利，可于期权的存续期内或到期日当天，以执行价格与期权卖方进行约定数量的特定标的的交易。按交易标的，期权可分为股票指数期权、外汇期权、利率期权、期货期权、债券期权等。

六、投资银行业务

投资银行业务主要包括证券发行、承销、交易、企业重组、兼并与收购、投资分析、风险投资、项目融资等业务。

七、基金托管业务

基金托管业务是指有托管资格的商业银行接受基金管理公司委托，安全保管所托管的基金的全部资产，为所托管的基金办理基金资金清算款项划拨、会计核算、基金估值、管理人投资运作监督，包括封闭式证券投资基金托管业务、开放式证券投资基金托管业务和其他基金的托管业务。

八、咨询顾问类业务

咨询顾问类业务是指商业银行依靠自身在信息、人才、信誉等方面的优势，收集和整理有关信息，并通过对这些信息以及银行和客户资金运动的记录和分析，形成系统的资料和方案提供给客户，以满足其业务经营管理或发展的需要的服务活动。咨询顾问类业务主要包括企业信息咨询业务、资产管理顾问业务、财务顾问业务、现金管理业务。

企业信息咨询业务包括项目评估、企业信用等级评估、验证企业注册资金、资信证明、企业管理咨询等。

资产管理顾问业务是指为机构投资者或个人投资者提供全面的资产管理服务，包括投资组合建议、投资分析、税务服务、信息提供、风险控制等。

财务顾问业务包括大型建设项目财务顾问业务和企业并购顾问业务。大型建设项目财务顾问业务是指商业银行为大型建设项目的融资结构、融资安排提出专业性方案。企业并购顾问业务是指商业银行为企业的兼并和收购双方提供的财务顾问业务，银行不但参与企业兼并与收购的过程，而且作为企业的持续发展顾问，参与公司结构调整、资本充实和重新核定、破产和困境公司的重组等策划和操作过程。

现金管理业务是指商业银行协助企业，科学合理地管理现金账户头寸及活期存款余额，以达到提高资金流动性和使用效益的目的。

九、其他类中间业务

其他类中间业务包括保管箱业务以及其他不能归入以上八类的业务。

专栏

2009《银行家》全球银行1000强排名

最新出版的英国《银行家》杂志（七月刊）公布了2009年“全球银行1000强”的排名，席卷全球的金融危机成为了影响此次排名最主要的因素。在大危机的影响下，全球银行千强的利润率大幅下跌，利润总额由2008年的7800亿美元下降到了1150亿美元，跌幅达85.3%，而资本回报率也由2008年的20%减少到了2009年的2.69%。但是，随着政府的介入和市场的整合，银行千强们的一级资本与总资产却呈现增长的趋势，两者分别增长了9.7%和6.8%，达到了42760亿美元和963950亿美元。

一、金融危机难撼美国霸主地位，美国银行稳居前三强

以一级资本为准的2009年“全球银行1000强”排名表中，位居前三的银行皆来自美国，分别是JP摩根、美国银行和花旗银行。在金融危机的影响，西方各国政府纷纷注资本国银行以维护金融体系的稳定。然而，除去政府资本后的排名表并未发生较大变化，JP摩根和美国银行依旧位居排名榜的前两位，前25强的银行当中也以欧美银行居多数。这表明，金融危机虽然极大影响了全球金融市场，但是仍然难以根本改变以美国为霸主的金融秩序，这也在一定程度上证明了欧美政府和银行等金融机构重组、调整政策的有效性。

二、中国入围银行再创历史新高，共计52家银行闯入千强排名

在2009年的“全球银行1000强”的排名中，中国入围银行数量再次刷新了历史记录，共计52家银行闯入千强俱乐部。特别值得关注的是，在全球金融危机的大环境下，中国的银行的盈利能力成为了此次排名的一大亮点，在全球税前利润25强的银行榜单上，中国占据了5个名额，中国工商银行和建设银行位居第一和第二，这是其他任何国家都难以媲美的。

资料来源：http：//www. ctsads. com/html/cn. News. asp？ID =59&offset：。

复习思考题

1. 商业银行的职能有哪些？
2. 商业银行的资产业务有什么？
3. 商业银行的负债业务有什么？
4. 什么是中间业务？我国商业银行的中间业务有什么？

第十一章

投资银行

我不相信，一场百年一遇的金融危机不对实体经济造成重创，我认为这正在发生，将有更多大型金融机构在这场危机中倒下。

——格林斯潘

【本章导读】

投资银行是证券资本市场的中坚力量，是推动资本市场运转的杠杆和连结资本市场各方参与者的纽带。如果说发达的市场经济离不开发达高效的资本市场，那么现代经济的发展就离不开投资银行业的发展。

投资银行起源于欧洲，在美国得到进一步的发展。它最本源的业务是证券承销和经纪业务，随着自由资本主义向垄断资本主义发展，欧、美等国的企业并购高潮迭起，与企业并购有关的金融事务逐步成为投资银行的另一大类业务。此后，金融创新又为投资银行增加了基金管理等其他衍生服务。

美国次贷危机引发的全球金融危机使投资银行遭受重创，贝尔斯登被摩根大通收购；雷曼兄弟破产；美林公司被美国银行收购；高盛和摩根士丹利投资银行转为银行控股公司……从中不难看出，在市场功能和业务发展实力雄厚的美国，投资银行的破产和倒闭也仅在顷刻之间，深刻分析华尔街危机的成因和教训，对投资银行业务的健康发展有着重要的借鉴意义。

第一节 投资银行的起源与发展

投资银行产生在欧洲，发展在美国。它从混沌的金融服务中分离出来的历史可以追溯到19世纪初叶。

一、投资银行的起源

投资银行起源于欧洲。18世纪80年代，英国已有一个具有一定规模的政府票据和证券市场，也有一个相应的投资者群体专门认购这种公债。这个群体一般只有少数富商和有影响的政治家才能进入。而在不到10年的时间里，一批专门的债券认购商（the Ioan Contractor）开始出现。他们与政府签署一笔公债合同以后就转卖出去以获得利润。进入19世纪以后，认购债券所需要的资本规模更加庞大，所以很多认购商往往会联合认购债券以降低认购的成本和分担认购投标的风险，实际上这已经具有了承销辛迪加的雏形。所有加入的认购商不但要保证他们的认购数量，而且要为所购证券在二级市场上的价格稳定努力。这种模式发展下去就是后来的证券承销制度和做市商制度。

与此同时，欧洲大陆上另一种融资机制也在运作，这就是经纪人制度。这种制度不像英国债券认购商那样认购全部证券，而是通过代理方式发行证券，代理人按照代理销售的数量收取一定的费用。这种欧洲大陆的代理制和英国证券认购制的不同做法在1815年以后一些重要的政府融资实践中开始融合。有经济学家认为，投资银行正是诞生于这段时期。当时的投资银行家承担新证券的发行时采用英国证券认购制，但他们分销全部证券时采用欧洲大陆的代理制。也就是证券的发行采用承销方式，而分销的报酬采用佣金方式。于是，为了新证券的竞争，从债券认购商到个人投资者之间的多层次投资者不复存在，债券认购商被看作是认购新发行证券以便通过转售获利的企业家时，投资银行就诞生了。而且可以看到投资银行最本源的业务就是与证券的有关的承销和经纪业务。

二、投资银行的发展

虽然美国投资银行业的产生比欧洲晚了几十年，但是投资银行业务的真正发展是在美国完成的，大致经历了以下几个阶段：

1. 第一次世界大战以前投资银行在美国的发展

19世纪中叶，美国内战和铁路建设产生了大量持续的资本需求，融资服务由一些拍卖商、投机商和其他商人提供。19世纪40年代，融资服务人决定成立一个私人银行家机构来处理证券交易。同时，美国对资本的需求吸引了欧洲的一些富豪家族的首脑，如巴林家族（The Barings）、罗斯查尔斯家族（The Rothschild's）等，亚历山大·巴林（Alexander Baring）还亲自到美国为政府的路易斯安那购买案作出了巧妙的融资安排。之后不久，一些富有的德国犹太移民从他们原来从事的各种商业活动转而从事私人银行业务，如扬基家族（Yankee Houses）、海金生（Higginson）和几家摩根家族（Mo1gan）设在纽约、伦敦和费城的商业机构。他们由于拥有在欧洲资本市场的特殊关系和背景，在美国很快得到发展。此外，欧洲和美国还成立了一些合资公司。

19世纪初叶，美国为了筹集公债而派遣了一些政府官员和商业银行家到伦敦。在那里他们向罗斯查尔斯和巴林等商号学到了许多关于借款的缔约方法和证券发行等技能。1837年后英国开始向美国提供资本资源。美国的一些银行家开始尝试通过双方合作把一些小证券发行到海外去。这种方式持续了很长时间。值得一提的是当时美国有名的投资银行库克公司（Cooke），它在南北战争期间成功地筹划了政府债券的销售。它实施了大胆的营销策略并建立了一个全国范围的分销系统，极大地激发了中小投资者的购买潜力。这种大规模的零售方式开创了独特的美国方式。库克公司的全国性分销网既能通过大量的广告吸引广大的投资者，又能运用中枢系统牢牢地加以控制，成了美国日后承销辛迪加的雏形。

可见，尽管投资银行的融资实践知识最早是由欧洲传入美国的，但美国投资银行在发展过程中并没有照搬欧洲模式，它形成了自己特有的结构和发展模式。虽然美国政府在南北战争以后对外借款的偿还业务仍然大量地被欧洲的投资银行所控制，但此时美国的投资银行在国内的承销业务和对证券市场的参与方面开始占主导地位。

2. 第一次世界大战后至大萧条之前美国投资银行的发展

第一次世界大战以前，银行业是一个大概念，包括了商业银行和投资银行，投资银行也接受客户的存款，然后在证券市场中从事承销、投资等业务，有时二者兼营。一般商业银行的主要业务是向企业发放流动资金贷款。美国政府看到了证券市场所具有的高度风险性，于 1864 年颁布了《国民银行法》，禁止国民银行进入证券市场。但是，由于第一次世界大战以后美国经济和金融业快速发展，有关禁止的法律很快被商业银行轻易绕过，投资银行也在更大程度上通过存款来承销疲软的证券。在很多情况下，按法律规定商业银行不能从事的证券业务往往由银行控股的附属证券机构进行，但这些机构大多资本薄弱，于是母银行就把大量的存款资金借贷给它们投入证券市场。由于第一次世界大战结束后发行公司债券成为市场热点，因此银行资金通过证券机构转到债券上所存在的潜在风险要比股票市场小得多，并没有引起人们足够的注意。

进入 20 世纪 20 年代以后，许多新兴的行业和公司开始出现。当时美国金融市场的特点是通货膨胀率低，长期借款利率低，债券的收益率下降。第一次世界大战的结束使政府对借债的需求下降，于是债券市场的缺口主要由公司与外国借款者来填补。此时的投资银行感兴趣于巨额的承销费用，它们对国外客户的情况往往不了解，这为 20 世纪 20 年代末期的大危机引起外国借款者无力偿债的巨大风险埋下了祸根。此外，大量新公司也以公开上市的方式扩大了股票市场，公司对银行存款的依赖性变小了。许多银行意识到公司的核心业务正在转向证券市场，于是为了增加收入而大量争取个人投资者，它们向客户推销债券，提供保证金信用贷款，过低的保证金比例使股票交易的风险大大增加。1927 年，美国政府甚至通过《麦克顿法》（the McFadden Act）为商业银行机构承销股票打开了通道。于是，利用信用贷款或保证金贷款从事证券发行与交易，狂热的投机将市场指数不断地推高，盈利的欲望使信用贷款与保证金贷款的规模进一步扩大，市场股价也进一步上涨。这种商业银行与投资银行相互推动的结果，使股价与公司的财务状况严重偏离。不正常的价格轮番上涨，最后导致了泡沫的破裂——1929

年10月28日“黑色星期一”到来。

3. 20世纪30年代至60年代美国投资银行的发展

1929年10月，华尔街股市发生大崩盘，引发金融危机，导致了20世纪30年代的经济大萧条。在大萧条期间，美国1/3家银行倒闭，严重损害了存款者的利益，企业也由于借不到贷款而大量破产。事后调查研究认为，商业银行、证券业、保险业在机构、资金操作上的混合是大萧条产生的主要原因，尤其是商业银行将存款大量贷放到股票市场导致了股市泡沫，混业经营模式成为罪魁祸首。由此得出的结论是：为避免类似金融危机的再次发生，证券业必须从银行业中分离出来。在此背景下，以《格拉斯—斯蒂格尔法案》为标志，美国通过了一系列法案。其中，1933年通过的《证券法》和《格拉斯—斯蒂格尔法案》对一级市场产生了重大的影响，规定了证券发行人和承销商的信息披露义务，以及虚假陈述所要承担的民事责任和刑事责任，并要求金融机构在证券业务与存贷业务之间作出选择，从法律上规定了分业经营；1934年通过的《证券交易法》不但对一级市场进行了规范，而且对交易商也产生了影响；同时，美国证券交易委员会取代了联邦贸易委员会，成为证券监管机构。

4. 20世纪60年代以后美国投资银行业的分业经营

20世纪60年代以后，美国金融业及其面临的内外环境已经发生了很大的变化：工商业以发行债券、股票等方式从资本市场筹集资金的规模明显增长，资本市场迅速发展，资本商品也日新月异，交易商、经纪人、咨询机构等不断增加，保险业与投资基金相继进入这个市场，资本市场在美国金融业中的地位日益上升；由于银行储蓄利率长期低于市场利率，而证券市场则为经营者和投资者提供了巨额回报，共同基金的兴起吸收了越来越多的家庭储蓄资金，甚至证券公司也开办了现金管理账户为客户管理存款，这使商业银行的负债业务萎缩，出现了所谓的脱媒现象；技术进步提高了金融交易的效率，降低了成本，更加复杂的衍生金融交易可以使用计算机程序安排；欧洲市场兼容型的金融业务使其竞争力更强。

5. 20世纪末期美国投资银行业的混业经营

20世纪八九十年代，日本、加拿大、西欧等国相继经历了金融大爆炸，银行几乎可以毫无限制地开展投资银行业务，这也是美国放松金融管制的外在原因。在内外因素的冲击下，到了20世纪末期，1933年《证券法》和《格拉斯—斯蒂格尔法案》等制约金融业自由化的法律体系已经名存实亡。作为持续了20余年的金融现代化争论的结论，1999年11月《金融服务现代化法案》先后经美国国会通过和总统批准，成为美国金融业经营和管理的一项基本性法律。《金融服务现代化法案》意味着20世纪影响全球各国金融业的分业经营制度框架的终结，并标志着美国乃至全球金融业真正进入了金融自由化和混业经营的新时代。

6. 美国金融风暴对投资银行业务模式的影响

2008 年美国由于次贷危机而引发的连锁反应导致了罕见的金融风暴，在此次金融风暴中，美国著名投资银行贝尔斯登和雷曼兄弟崩溃，其原因主要在于风险控制失误和激励约束机制的弊端。

美国监管机构越来越清楚地认识到，原投资银行模式过于依靠货币市场为投资银行提供资金，尤其是在雷曼兄弟申请破产之后，对于投资银行的借贷就变得日益困难。如果转型为银行控股公司，原投资银行机构就将获准开展储户存款业务，这可能是一种更为稳定的资金来源。为了防范华尔街危机波及高盛和摩根士丹利，美国联邦储备委员会批准了摩根士丹利和高盛从投资银行转型为传统的银行控股公司。由于银行控股公司可以接受零售客户的存款，成为银行控股公司将有助于两家公司重构自己的资产和资本结构。

三、投资银行在我国的发展

我国的投资银行业务是从满足证券发行与交易的需要而不断发展起来的。从我国的实践看，投资银行业务最初是由商业银行来完成的，商业银行不仅是金融工具的主要发行者，也是掌管金融资产量最大的金融机构。20 世纪 80 年代中后期，随着我国开放证券流通市场，原有商业银行的证券业务逐渐被分离出来，各地区先后成立了一大批证券公司，形成了以证券公司为主的证券市场中介机构体系。在随后的十余年里，券商逐渐成为我国投资银行业务的主体。但是，除了专业的证券公司以外，还有一大批业务范围较为宽泛的信托投资公司、金融投资公司、产权交易与经纪机构、资产管理公司、财务咨询公司等在从事投资银行的其他业务。

（一）我国投资银行业的发展阶段

我国投资银行 20 多年的发展大体可以划分为 3 个阶段。

1. 1978～1992 年投资银行的萌芽阶段

从 1978 年 12 月党的十一届三中全会召开起，经济建设成为国家的基本任务，改革开放成为我国的基本国策。随着经济体制改革的推进，企业对资金的需求日益多样化，我国资本市场及其投资银行业开始萌生。伴随着一、二级市场的初步形成，证券经营机构的雏形开始出现。1987 年 9 月，我国第一家专业证券公司——深圳特区证券公司成立。1988 年，为适应国库券转让在全国范围内的推广，中国人民银行下拨资金，在各省组建了 33 家证券公司，同时，财政系统也成立了一批证券公司。

在我国证券市场发展初期，证券经营机构在没有风险的情况下就可以获得高额收益，市场也没有严格的准入限制，银行、信托公司等竞相跻身证券业。到 1996 年底涉足投资银行经营的 430 家各类金融机构拥有营业网点 2600 多家，平均每家拥有营业网点 6 家。

从结构层次来看，我国投资银行已经基本形成了 3 个层次：全国性投资银行、地方性投资银行和兼营性投资银行。其中，全国性投资银行主要是华夏、南方、国泰、海通等几家大证券公司；地方性投资银行主要是各省、市人民银行、财政部门等办的专营证券公司；兼营性证券公司主要是信托投资公司和租赁公司等非银行金融机构办的证券营业部。

从市场竞争来看，由于一级市场的同质性和上市公司资源的稀缺性，承销市场的供需极不平衡，出现了严重的买方市场。在二级市场上也同样如此。不少证券公司业务单一，尤其是中小证券公司在一级市场和二级市场占有份额都较小的情况下，铤而走险到期货市场寻求利润，导致亏损累累。

2. 1993～1998 年投资银行业的调整发展阶段

1992 年 10 月，国务院证券管理委员会和中国证券监督管理委员会（以下简称“国务院证券委”和“中国证监会”）成立，标志着我国资本市场开始逐步纳入全国统一监管框架，区域性试点推向全国，全国性市场由此开始发展。1997 年 11 月我国金融体系进一步确定了银行业、证券业、保险业分业经营、分业管理的原则。1998 年 4 月，国务院证券委撤销，中国证监会成为全国证券期货市场的监管部门，建立了集中统一的证券期货市场监管体制。伴随着全国性市场的形成和扩大，证券中介机构也随之增加。各商业银行分行下属的信托投资公司均撤销，只保留了四大国有商业银行总行的信托投资公司并经营证券业务，各省人民银行兴办的投资银行独立为省级投资银行，同时一些投资银行通过兼并重组信托投资公司的证券营业部，规模得以迅速扩张。当时我国证券市场形成了投资银行专营与信托投资公司、财务公司、融资租赁公司兼营的格局。截止到 1998 年底，全国有证券公司 90 家，证券营业部 2412 家；信托投资公司有 243 家，财务公司有 69 家，融资租赁公司有 16 家。

从规模来看，投资银行的差异很大。有注册资本超过 10 亿元的全国性大投资银行，也有注册资本仅 1000 万元的袖珍投资银行。从网点布局来看，主要分布在全国经济较为发达的地区级以上的城市，深圳和上海是投资银行网点最密集的地方，几乎所有的投资银行都在这两座城市设立营业部或者管理总部。从业务经营看，形成了大而全、小而全的格局。各家投资银行都在经纪、自营、投行三大传统业务上进行争夺。证券业出现了越来越集中的趋势，一部分实力强大的投资银行开始兼并经营不善的投资银行，从而占据大部分市场，各中小投资银行则以特色业务取胜，对市场进行分化占领。

3. 1999 年以来投资银行业的规范发展阶段

1999 年《证券法》的实施及 2006 年《证券法》和《公司法》的修订，使我国资本市场在法制化建设方面迈出了重要的步伐，标志着资本市场走向更高程度的规范发展，也对投资银行的规范经营产生了深远的影响。

2004年至2007年8月底的我国证券公司综合治理工作是我国投资银行业走向规范发展之路的重要时期。2004年前后，证券公司长期积累的问题充分暴露，风险集中爆发，全行业生存与发展遭遇严峻的挑战。中国证监会按照风险处置、日常监管和推进行业发展三管齐下，防治结合、以防为主、标本兼治、形成机制的总体思路，对证券公司实施综合治理。2004年中国证监会制定了创新类和规范类证券公司的评审标准，支持优质公司在风险可控、可测、可承受的前提下拓展业务空间；普查摸清证券公司风险底数，清理挪用客户保证金、挪用客户债券、股东及关联方占用、违规委托理财和账外经营等违规风险事项；在维护市场和社会稳定的同时，积极稳妥地处置了31家高风险证券公司，并探索出多样化的重组并购模式；依法追究了有关人员的责任；实行客户交易结算资金第三方存管制度；改革国债回购、资产管理、自营等基本业务制度，建立证券公司财务信息披露和基本信息公示制度，完善以净资本为核心的风险监控和预警制度；加强对证券公司高管人员和股东的监管，规范高管和股东行为；成立了中国证券投资者保护基金有限责任公司；制定了我国证券公司分类监管的新办法和新标准。

在以上综合治理中，以净资本为核心的风险监控和预警制度及对证券公司的重新分类监管使我国投资银行业的监管走上了较稳定的常规监管的道路。

（二）我国投资银行发展中存在的问题

我国的投资银行与国外资本市场发达国家相比还处于起步阶段，目前存在的问题如下：

1. 业务结构单一，范围狭窄

我国投资银行业务主要由证券承销、证券经纪和证券自营业务构成，这3项业务收入构成了我国投资银行主要的收入来源。3类收入对利润贡献比分别为18%∶40%∶28%，其他收入对收入贡献比占14%。在2007年牛市的情况下，以中信证券为例，其盈利的主要来源是手续费及佣金收入，2007年A股市场成交额呈爆炸性增长，中信证券2007年手续费和佣金的净收入达到189.56亿元，同比增长403.07%。第二大来源是投资收益，达到75.76亿元，同比增长384.25%。然而资产管理业务则只有1.62亿元，占主营业务收入的0.5%。可以看出中信证券公司的传统业务仍为业绩增长的主要推动力。可见，业务结构单一是我国投资银行的主要特点，对新型投资业务，如基金发起、项目融资、兼并和收购并没有广泛开展。对金融创新而带来的新型金融业务，如期权、掉期、资产证券化等也涉足很少，只有少数国内的大投资银行略有涉及，但因实力不济、经验不足等原因，这些业务仍未能达到成熟。

2. 证券经营机构自有资本少，融资能力差

除大商业银行主办的少数几家证券公司以外，大多数证券机构资金均在1亿元以下，平均只有3000万元，而国外的一些投资银行，如摩根士丹利，它的资

产总额高达3175亿美元，美林公司的资产总额也达到2998亿美元，分别是我国130家证券公司资产总额的7.6倍和7.1倍。这样小的规模自然难以承受投资银行业务的风险，不利于自身的发展。造成自有资本少的原因有多方面，分业经营是其中的最主要因素。我国目前实行证券业和银行业、信托业、保险业分业经营的政策，这虽然能分散风险、稳定金融市场，但不能有效地聚集资本，无法扩大各金融行业的规模。另外，我国投资银行起步较晚，发展时间不够长，投资银行业自身不能进行有效的资本积累，也是造成自有资本少的重要因素。自有资本少、融资能力差直接阻碍了我国投资银行业的进一步发展。

3. 业务之间合作趋同化

近年来，在我国加入世界贸易组织的形势下，我国投资银行开始面临着潜在的、即将转变为现实的外国同行的竞争，各投资银行因此也纷纷开始致力于自身竞争力的提高，进行了一些业务创新和业间合作，包括与国内银行业的合作和与外国金融中介机构的合作。尽管如此，券商之间的业务仍然十分相似，并没有形成产品种类和服务质量的差异化，没有找到自身在国际市场中的正确定位，核心竞争力亟待提高。

4. 投资银行业法制不健全，操作不规范

《证券法》虽已出台，但是还比较笼统，还未涉及许多具体的投资银行业，《投资银行法》还没有出台。我国的证券公司还远远不是真正意义上的现代投资银行。目前在我国的投资银行业务中还存在着大量的违规行为，一些管理条例还很不完善。因此，要使投资者规范其行为，首先要有完善的法规体系、稳定的法律框架，让他们有法可依。

第二节 投资银行的定义与业务

一、投资银行的定义

投资银行业是一个不断发展的行业。在金融领域内，投资银行业这一术语的含义十分宽泛，在现有文献中，可以看到多种有关投资银行的定义。比较典型的是美国著名投资银行家罗伯特·L·库恩（Robert Lawrence Kuhn）所下的定义，他将投资银行按照业务范围的大小分为4种定义。最广义的定义实际上包括华尔街大型公司的所有业务，从国际承销到零售交易业务，以及其他不动产和保险金融服务。较广义的定义是投资银行从事所有资本市场业务，包括证券承销、公司理财、收购兼并、提供咨询、管理基金和风险资本（创业资本），不包括向散户零售证券、消费者房地产经纪业务、抵押银行业务、保险产品及其类似业务，但为本身的账户而投资和经营的商人银行业务则包括在内。此外，还包括为金融机构进行的大额证券交易。较窄的定义则只包括以证券承销与公司并购为重点的某些资本市场活动，不包括基金管理和风险资本（创业资本）及产品的风险管理，但包括前述商人银行业务。最狭义的定义回到投资银行的历史作用上，其业务严格限制在证券一级市场的承销、融资和在二级市场上进行交易（经纪商和交易商功能）。目前，包括库恩本人在内的多数学者和业内人士，都倾向于第二种定义。

应当指出的是，如果将上述4种定义的顺序倒过来看，都是正确的，它们反映了投资银行从起源到不同发展阶段的实际状况。不过，将投资银行定义为从事证券的承销和交易的金融机构可能更严格，它反映了投资银行区别其他金融机构的特质：只要从事证券的承销和交易，这类金融机构就是投资银行，不管它是否还有其他业务；反之，不管一个金融机构有多少业务，只要不从事证券的承销和交易业务，那它就不是投资银行。

在起源和发展初期，投资银行就是从事证券承销和经纪业务的金融机构，无论是欧洲还是美国，大规模的交通、能源等基础产业、基础设施建设和股份公司的大发展，促进了投资银行及其主营业务——资本市场承销和交易业务的蓬勃发展。19世纪末20世纪初，随着自由资本主义向垄断资本主义发展，欧、美等国的企业并购高潮迭起，与企业并购有关的金融事务逐步成为投资银行另一大类业务。此后，随着经济的发展和金融的创新与深化，投资银行又逐步增加了基金管理和以金融衍生产品为主要对象的风险管理。但万变不离其宗——只要是投资银行，就应有证券业务，这是投资银行区别其他金融机构的特质。

二、投资银行的业务

经过最近100年的发展，现代投资银行已经突破了证券发行与承销、证券交易经纪、证券私募发行等传统业务框架，企业并购、项目融资、风险投资、公司理财、投资咨询、资产及基金管理、资产证券化、金融创新等都已成为投资银行的核心业务组成。

1. 证券承销

证券承销是投资银行最本源、最基础的业务活动。投资银行承销的职权范围很广，包括本国中央政府、地方政府、政府机构发行的债券、企业发行的股票和债券、外国政府和公司在本国和世界发行的证券、国际金融机构发行的证券等。投资银行在承销过程中一般要按照承销金额及风险大小来权衡是否要组成承销辛迪加和选择承销方式。通常的承销方式有4种：

（1）包销。这意味着主承销商和它的辛迪加成员同意按照商定的价格购买发行的全部证券，然后再把这些证券卖给它们的客户。这时发行人不承担风险，风险转嫁到了投资银行的身上。

（2）投标承购。它通常是在投资银行处于被动竞争较强的情况下进行的。采用这种发行方式的证券通常都是信用较高、颇受投资者欢迎的债券。

(3) 代销。这一般是由于投资银行认为该证券的信用等级较低、承销风险大而形成的。这时投资银行只接受发行者的委托，代理其销售证券，如在规定的期限计划内发行的证券没有全部销售出去，则将剩余部分返回发行者，发行风险由发行者自己负担。

(4) 赞助推销。当发行公司增资扩股时，其主要对象是现有股东，但又不能确保现有股东均认购其证券，为防止难以及时筹集到所需资金，甚至引起本公司股票价格下跌，发行公司一般都要委托投资银行办理对现有股东发行新股的工作，从而将风险转嫁给投资银行。

2. 证券经纪交易

投资银行在二级市场中扮演着做市商、经纪商和交易商三重角色。作为做市商，在证券承销结束之后，投资银行有义务为该证券创造一个流动性较强的二级市场，并维持市场价格的稳定。作为经纪商，投资银行代表买方或卖方，按照客户提出的价格代理进行交易。作为交易商，投资银行有自营买卖证券的需要，这是因为投资银行接受客户的委托，管理着大量的资产，必须要保证这些资产的保值与增值。此外，投资银行还在二级市场上进行无风险套利和风险套利等活动。

3. 证券私募发行

证券的发行方式分作公募发行和私募发行两种，前面的证券承销实际上是公募发行。私募发行又称私下发行，就是发行者不把证券售给社会公众，而是仅售给数量有限的机构投资者，如保险公司、共同基金等。私募发行不受公开发行的规章限制，除能节约发行时间和发行成本外，又能够比在公开市场上交易相同结构的证券给投资银行和投资者带来更高的收益率，所以，近年来私募发行的规模仍在扩大。但同时，私募发行也有流动性差、发行面窄、难以公开上市扩大企业知名度等缺点。

4. 兼并与收购

企业兼并与收购已经成为现代投资银行除证券承销与经纪业务外最重要的业务组成部分。投资银行可以以多种方式参与企业的并购活动，如寻找兼并与收购的对象、向猎手公司和猎物公司提供有关买卖价格或非价格条款的咨询、帮助猎手公司制定并购计划或帮助猎物公司针对恶意的收购制定反收购计划、帮助安排资金融通和过桥贷款等。此外，并购还包括垃圾债券的发行、公司改组和资产结构重组等活动。

5. 项目融资

项目融资是对一个特定的经济单位或项目策划安排的一揽子融资的技术手段，借款者可以只依赖该经济单位的现金流量和所获收益用作还款来源，并以该经济单位的资产作为借款担保。投资银行在项目融资中起着非常关键的作用，它将与项目有关的政府机关、金融机构、投资者与项目发起人等紧密联系在一起，协调律师、会计师、工程师等一起进行项目可行性研究，进而通过发行债券、基金、股票或拆借、拍卖、抵押贷款等形式组织项目投资所需的资金融通。投资银行在项目融资中的主要工作是：项目评估、融资方案设计、有关法律文件的起草、有关的信用评级、证券价格确定和承销等。

6. 公司理财

公司理财实际上是投资银行作为客户的金融顾问或经营管理顾问而提供咨询、策划或操作。它分为两类：第一类是根据公司、个人、或政府的要求，对某个行业、某种市场、某种产品或证券进行深入的研究与分析，提供较为全面的、长期的决策分析资料；第二类是在企业经营遇到困难时，帮助企业出谋划策，提出应变措施，诸如制定发展战略、重建财务制度、出售转让子公司等。

7. 基金管理

基金是一种重要的投资工具，它由基金发起人组织，吸收大量投资者的零散资金，聘请有专门知识和投资经验的专家进行投资并取得收益。投资银行与基金有着密切的联系。首先，投资银行可以作为基金的发起人，发起和建立基金；其次，投资银行可作为基金管理者管理基金；最后，投资银行可以作为基金的承销人，帮助基金发行人向投资者发售受益凭证。

8. 财务顾问与投资咨询

投资银行的财务顾问业务是投资银行所承担的对公司尤其是上市公司的一系列证券市场业务的策划和咨询业务的总称，主要是指投资银行在公司的股份制改造、上市、在二级市场再筹资以及发生兼并收购、出售资产等重大交易活动时提供的专业性财务意见。投资银行的投资咨询业务是连接一级和二级市场、沟通证券市场投资者、经营者和证券发行者的纽带和桥梁。习惯上常将投资咨询业务的范畴定位在对参与二级市场投资者提供投资意见和管理服务。

9. 资产证券化

资产证券化是指经过投资银行把某公司的一定资产作为担保而进行的证券发行，是一种与传统债券筹资不同的新型融资方式。进行资产转化的公司称为资产证券发起人。发起人将持有的各种流动性较差的金融资产，如住房抵押贷款、信用卡应收款等，分类整理为一批资产组合，出售给特定的交易组织，即金融资产的买方（主要是投资银行)，再由特定的交易组织以买下的金融资产为担保发行资产支持证券，用于收回购买资金。这一系列过程就称为资产证券化。资产证券化的证券即资产证券为各类债务性债券，主要有商业票据、中期债券、信托凭证、优先股票等形式。资产证券的购买者与持有人在证券到期时可获本金、利息的偿付。证券偿付资金来源于担保资产所创造的现金流量，即资产债务人偿还的到期本金与利息。如果担保资产违约拒付，资产证券的清偿也仅限于被证券化资产的数额，而金融资产的发起人或购买人无超过该资产限额的清偿义务。

10. 金融创新

根据特性不同，金融创新工具即衍生工具一般分为3类：期货类、期权类和调期类。使用衍生工具的策略有3种，即套利保值、增加回报和改进有价证券的投资管理。通过金融创新工具的设立与交易，投资银行进一步拓展了投资银行的业务空间和资本收益。首先，投资银行作为经纪商代理客户买卖这类衍生工具并收取佣金；其次，投资银行也可以获得一定的价差收入，因为投资银行往往首先作为客户的对方进行衍生工具的买卖，然后寻找另一客户作相反的抵补交易；最后，这些衍生工具还可以帮助投资银行进行风险控制，免受损失。金融创新打破了原有机构中银行和非银行金融机构、商业银行和投资银行之间的界限和传统的市场划分，加剧了金融市场的竞争。

11. 风险投资

风险投资又称创业投资，是指对新兴公司在创业期和拓展期进行的资金融通，表现为风险大、收益高。新兴公司一般是指运用新技术或新发明、生产新产品、具有很大的市场潜力、可以获得远高于平均利润的利润、但却充满了极大风险的公司。由于高风险，普通投资者往往都不愿涉足，但这类公司又最需要资金的支持，因而为投资银行提供了广阔的市场空间。投资银行涉足风险投资有不同的层次：①采用私募的方式为这些公司筹集资本；②对于某些潜力巨大的公司有时也进行直接投资，成为其股东；③更多的投资银行通过设立风险基金或创业基金向这些公司提供资金来源。

第三节　华尔街金融危机中投资银行破产原因与启示

美国次贷危机引发全球金融市场出现剧烈震荡，首当其冲的则是投资银行：贝尔斯登被摩根大通收购；雷曼兄弟破产；美林公司被美国银行收购；高盛和摩根士丹利投资银行转为银行控股公司……从中不难看出，在市场功能和业务发展实力雄厚的美国，投资银行的破产和倒闭也仅在顷刻之间，深刻分析华尔街危机的成因和教训，对投资银行业务的健康发展有着重要的借鉴意义。

一、华尔街金融危机中投资银行破产的原因

美国投资银行产业是从20世纪90年代克林顿政府实行的金融现代化改革方案所实施的混业经营制度中产生的，其主要通过证券承销、经营金融衍生产品等中间业务，而不是通过存贷款利差等传统业务来获取利润。与此同时，美国实行次级房贷福利政策，政府投资的房地产信贷担保公司为筹集资金对外发行的债券通过投资银行推销出去。一旦贷款人无力还款加之房价下跌，大量的债券顷刻贬值，投资银行形成较大的流动性缺口一时难以弥补，而各大投资银行通过拆借业务互相牵连，则会给金融市场带来较大的连锁风险。

可见，次贷危机仅仅是此次金融风暴的一个导火索，美国投资银行业务本身的运作机制以及其自身的发展方式的缺陷才是造成金融风暴难以平息的原因。

1. 投机过度，杠杆率过高

美国投资银行的经营模式在过去10年间发生了巨大变化，过度投机和过高的杠杆率使得投资银行走上了一条不归之路。传统上以赚取佣金收入为主、对资本金要求很低的投资银行，在高利润的诱惑和激烈竞争的压力下，大量从事次贷市场和复杂产品的投资，投资银行悄然变成了追逐高风险的对冲基金。例如，高盛公司在近年内，直接股权投资和其他投资所获占到其总收入的80%左右。出于竞争压力，其他投资银行也在进行类似的转型。在对大量金融衍生品的交易中，投资银行赚取了大量利润，例如高盛和摩根士丹利两家投资银行在过去十几年中每年的平均净资产回报率高达20%左右，远远高出商业银行12%～13%的回报率。但同时，这些投资银行也拆借了大量资金，杠杆比率一再提高，从而积累了巨大的风险。雷曼兄弟宣布进入破产保护时，其负债高达6130亿美元，负债权益比是6130:260。美林被收购前负债权益比率也超过20倍。

过高的杠杆比率，使得投资银行的经营风险不断上升，而投资银行在激进参与的同时，却没有对风险进行足够的控制。一方面，由于杠杆率较高，一旦投资出现问题会使其亏损程度远远超出资本金；另一方面，高杠杆使得这些投资银行对流动性要求较高，在市场较为宽松时，尚可通过货币市场融资来填补交易的资金缺口，而一旦自身财务状况恶化，评级公司降低其评级使融资成本上升，便可能造成投资银行无法通过融资维持流动性，贝尔斯登便是因此遭挤兑而倒下。同样，评级公司降低雷曼兄弟的评级，也是其彻底崩盘的重要因素。

1998年，长期资本管理公司（LTCM）旗下的一家对冲基金倒下，就掀起了金融市场的轩然大波，而次贷危机发生前那么多投资银行实际上在变相从事对冲基金的业务却缺乏相应的风险控制措施，潜在的风险可想而知。

2. 衍生产品泛滥，金融监管不到位

美国金融市场过度自由化的发展模式走到了极端，衍生品过度泛滥，监管长期缺位，直至出现系统性的崩溃。摩根士丹利亚洲区前主席曾表示，在全球所有金融市场中，东京和纽约的金融市场可能是两个极端。东京市场是全世界最没有创新的证券市场，而纽约市场是全世界最有活力的市场。他说，两个市场迥然不同的原因可能非常小，那就是，在两个市场上对证券的定义有所不同。在东京市场，证券被定义成为“Stock or Bond”——也就是股票或债券。如果一个金融产品不是股票或者债券，上市之前政府的审批可能长达两年。而纽约是另外一个极端，那就是“Anything Under the Sun”——太阳底下的任何东西，只要能想到，“上午一包装，下午就能卖出去”。所以各种金融衍生品和证券化产品在美国非常多，金融机构不停地创造出各种各样眼花缭乱的复杂产品，通过柜台交易

（OTC），不需要论证，也没有监管，只要有对手方买，能够成交就行，当然这些对手方大都也是金融机构。这种模式使得金融产品极其丰富，使得资产证券化产品等金融衍生品过度泛滥。"一旦系统性风险出现的时候，危机就来得很快。"

3. 信用廉价，透支未来

从20世纪90年代开始，美国信用体系越来越"廉价"，不仅透支了未来，也埋下了一颗"定时炸弹"。这从申办信用卡可见一斑。90年代初期，中国留学生到美国，大概半年后才能拿到第一张信用卡。但到90年代末期，一个刚到美国的中国留学生一周之内就会收到几张信用卡，甚至在飞机刚落地就有信用卡公司主动为他办理信用卡。20世纪90年代以来，美国人透支未来的消费习惯愈演愈烈，而透支的利息高达17%左右，信用卡公司为了追逐高额利润，疯狂地到处寻找客户，甚至主动给毫无信用记录的人邮寄信用卡。同时，17%的利润也使得信用卡公司能够承担较大比例的坏账，所以大量信用卡公司疏于控制信用卡使用环节中的各种风险，出现了问题就轻松地将其作为坏账撇掉。但如果某一天17%的高利润不能延续，风险就来了。

在很大程度上，次贷的发生和"廉价"的信用相关。格林斯潘时期，美联储不断降低利息，大量资金涌入房地产市场，推高房价。房地产市场的持续火爆，使得美国众多银行对于房地产市场的预期过于乐观，贷款条件不断放松，以至于没有任何信用记录或信用记录很差的居民也可以申请贷款。这些低质量的贷款随后被美国发达的金融衍生品市场不断包装并销往全球，复杂的金融衍生工具和漫长的销售链条导致投资者看不到贷款质量的优劣，与此同时，风险可以得到分散但却不可能消除，等到美国进入加息周期，房地产市场泡沫破裂，这些风险就会像埋藏的定时炸弹被引爆。

4. 投资银行业务自身的特殊性

美国投资银行的特征：规模庞大，收入来源多样化。其净收入主要有佣金、承销、战略顾问、资产管理和组合服务收入、净利息收入构成，呈多元状态，在一定程度上化解了单向业务波动造成的风险。

然而，规模太过庞大也是投资银行在风险来临时难以有效规避、化解，从而遭受重创的一个原因。在面临"资不抵债"的危机时，只要有公司愿意出资缓解现金流断流的局面，就不会造成投资银行的破产。但正是由于规模庞大，所需资金较多，甚至连美国财政部和美联储分别宣布提供总额约为2万亿美元的美国货币市场基金行业支持救援也于事无补。美林公司在美联储的协助下与美国银行达成收购协议，勉强躲过破产厄运，而经营状况更加糟糕的雷曼兄弟公司则因美国政府拒绝提供收购担保、两家潜在的收购者纷纷宣布放弃后宣布破产。

与此同时，多样化的收入来源使得美国金融风暴能够以较快的速度影响到世界各大金融中心。以美林公司为例，2007年在次级债的影响下，公司美国本土的收入为16.19亿美元，然而非本土的营业收入则为128.69亿美元，分布于欧洲、中东、非洲、拉美等各个国家和地区，这些为美林公司融资的外国银行在其遭受危机时都不可幸免地受到严重损失。

可见，被华尔街金融风暴刮倒的不仅是美国各家投资银行，还有世界各大金融投资机构国际大投资银行等。

二、华尔街金融危机对我国投资银行发展的启示

此次危机不会是华尔街最后一次金融危机，华尔街的发展历史中，大大小小的危机出现过上百次。从某种意义上来说，金融市场的发展历史就是一个不断发生危机、不断进行修正的过程，应该深刻分析华尔街危机的成因和教训，并给正在发展中的我国资本市场提供借鉴。

（1）对美国投资银行运作模式的缺陷进行深入分析。近年来，投资银行纷纷开始由传统上以服务为主、靠赚取佣金的业务模式转向以资金交易为主的经营模式，大量涉足衍生品交易、对冲基金这些风险较高的领域，变相成为对冲基金，而在这一过程中风险控制又没有及时跟上，导致其纷纷陷入困境。华尔街金融机构过度强调短期回报的激励机制也是危机产生的诱因之一，金融机构高管的薪酬和激励机制没有与机构的风险管理、长期业绩相挂钩，形成了较高的道德风险，促成管理层短期行为倾向较重，为迎合追求利润的需要，投资银行不断设计复杂的产品以至于其自身都难以对这些产品的风险加以判断，也就难以进行风险控制了。

（2）此次危机暴露出投资银行资本金不足的问题和运营模式的缺陷。未来，全能银行是否会成为投行业务的唯一“宿主”？独立的投资银行还会不会有存在的空间？如果有，如何修正现有的投资银行的经营模式？是否需要对投资银行的资本金设定更加严格的要求？是否应该考虑将高风险的投资业务剥离成为独立子公司？“高盛和摩根士丹利申请成为银行金融控股公司，并不意味着投资银行业务的结束，可能更多的是投行业务管理模式的转型，以及对过去一段时期激进风格的修正。商业银行和投资银行可以互相借鉴对方的管理模式”。但与此同时，并入或转为商业银行的投资银行如何切实做到有效监控风险？与商业银行的文化冲突如何协调？这些问题仍然需要深入研究。

（3）美国20世纪90年代以来的货币政策引起了很多人的反思。20世纪90年代以来，美国金融市场曾出现过数次较大的危机，美联储多次采取注资、降息等方式，这在当时可能是不得已的选择，但是这也许是对未来的一种过度透支，暂时把问题掩盖下去，最后问题暴露的时候，变得不可收拾。当然，众所周知，这其中的平衡是很难把握的。

（4）如何对金融创新实施有效监管值得反思。此次危机表明，在证券化产品风险充分暴露前就进行大规模推广存在一定问题，也不符合审慎监管的原则。

全球化和金融混业也加大了监管的难度。如何强化监管部门对创新产品的主观判断和裁量的权利，同时又能保证这种裁量的科学性及防范可能的道德风险？如何建立一个适应不断发展变化的金融市场的有效金融监管体系？这些都需要进一步思考。

（5）国际金融市场联系日趋紧密，如何防范或有效阻断金融风险的传递需要深入研究。此次危机表明，在国际金融市场日趋一体化的情况下，金融风险在各个不同的子市场及全球市场的传播更为迅速、更为广泛，如何对大规模的系统性金融风险采取较为有效的预警措施？如何有效阻断金融风险的传递？如何建立起不同国家监管机构之间的协调机制？这些都值得进一步研究。

同时，要进一步探讨美国次贷危机可以提供什么教训，还要求我们深刻认识华尔街和我国资本市场的不同——发展阶段的不同和发展模式的不同。这场危机提供了一次观察和反思金融市场发展模式和方向的机会。需要仔细比较中、美两国金融市场的异同点，才能准确解读次贷危机。

在发展阶段上，美国市场经过了两百多年的发展，在一些领域中，如一些传统的投资银行业务，已经达到一定的饱和期，发展速度也明显放慢了。同时还应该看到，尽管此次危机对其金融体系有很大的打击，但美国市场仍然是一个相对发达的市场。美国市场的金融产品高度复杂，甚至近年来高度泛滥。而我国的资本市场仍处于新兴加转轨的初级阶段，国民经济对于资本市场提供的服务还有巨大的需求，同时，我国经济的转型和自主创新经济体系的构建也需要资本市场提供有效的支持。从金融产品的角度来看，我们也处在发展的早期。两者的情况有很大的不同。因此，不能因为美国金融市场的危机而停止我国发展的步伐。应该在认真研究和汲取美国市场的教训的同时，坚定不移地推动我国资本市场的改革和发展，走稳健发展和可持续发展之路。

从发展模式来看，美国金融市场的发展模式基本上是一个自下而上、自我演进的模式。其间有过一次重大调整，是在1929年前后。两百多年前美国资本市场萌芽时，完全是放任自流的状态，政府基本上不介入。到1929年股市崩溃，政府才进行修正，成立了监管机构，制定了证券交易和监管的法律法规，试图寻找政府与市场的平衡点。随后，这个过程也一直在不断地反复中。1998年，美国的长期资本公司造成美国市场崩溃后，很多人士都呼吁对对冲基金（Hedge Fund）实施监管，但是到现在美国监管机构还没有这样做。总体来说，美国反对政府干预的力量非常强。而我国则是自上而下的发展模式，从市场发展早期开始，一直是政府和市场力量共同推动市场的发展。应该说，没有绝对的自由也没有绝对的管制，金融市场的健康发展需要寻找两者的平衡点。

此次危机爆发以后，美国将不可避免地从过度的自由化向中间点回归。而我国资本市场的发展，在相当长一段时间内，简化行政审批、加强监管、推动市场化改革一直是主旋律。过去30多年，我国经济社会发生了巨大的变革，按照西方经济学家的评论，“在人类历史上，还从未有过如此多的人，在如此短暂的时间里，生活水平获得了如此巨大的提高”，正是由于经济领域的市场化改革才使得我国经济成为了全世界最为亮丽的一道风景线。资本市场的发展规律也是如此，但是这一市场化改革的过程也必须是一个渐进的过程，需要把握节奏，不断找寻政府与市场力量的合理的平衡点，以更加有效地推动我国资本市场的发展。此次美国次贷危机提供了一个过犹不及、自由化泛滥、整个社会为此支付高昂成本的经典案例，很有警示和帮助作用。

同时，此次危机也再次证明，虚拟经济的发展如果脱离了实体经济发展的实际需要就会产生灾难性的结果。资产证券化等金融创新的出现本意，是将这些贷款在证券化市场上进行分拆、打包、定价和交易，为广大投资者所持有，进而起到分散风险的作用，但是由于金融衍生工具过于复杂，销售链条过长，同时出于对高额利润的盲目追求和竞争的压力，所有参与这些过程的金融机构都忽视了必要的风险控制。加之越来越多的金融机构纯粹为了追求高利润而参加到复杂金融衍生品的创设、交易和投机中，使得很多复杂产品尤其是金融衍生品的市场交易与其分散金融市场风险的初衷差之千里，远远脱离了实体经济发展的需求，金融危机的最终降临成为必然。但是，尽管虚拟经济的发展过程中不断有“剑走偏锋”的情况出现，也不能由此否定虚拟经济对实体经济发展的重要推动作用。历史反复证明，资本市场在推动各国经济发展过程中起到举足轻重的作用，依然还是当今全球竞争的战略制高点。

专栏

“沃尔克法则”的核心是去杠杆化

美国当地时间1月21日，美国总统奥巴马宣布将对美国银行业进行重大改革，采纳了82岁的金融老将保罗·沃尔克的建议，因此其方案被称为“沃尔克法则”（Volcker Rule）。该法案一旦获得国会通过，将对美国金融市场和全球金融市场产生深远影响。其内容主要有以下3点：

（1）限制商业银行的规模。规定单一金融机构在储蓄存款市场上所占份额不得超过10%，此规定还将拓展到非存款资金等其他领域，用于限制金融机构的增长和合并。实际上美国在1994年即通过法案，要求银行业并购时不得超过存款市场份额的10%，本次提案将限制扩大到了市场短期融资等其他非储蓄资金领域，限制了银行过度举债进行投资的能力。

（2）限制银行利用自身资本进行自营交易（Proprietary Trading）。自营交易是金融机构用自身资本在市场买卖，而不是作为中介机构代表客户执行交易，这在金融危机时造成了严重的市场风险。

(3) 禁止银行拥有或资助对私募基金和对冲基金的投资，让银行在传统借贷业务与高杠杆、对冲、私募等高风险投资活动之间划出明确界线。今后将不再允许商业银行拥有、投资或发起对冲基金，也不能拥有私募股权投资基金，不能从事与自己利润有关而与服务客户无关的自营交易业务。

此方案公布后，G20 金融稳定委员会（The Financial Stability Board）公开表示力挺奥巴马进行银行改革，认为该政策对于解决银行业“大到不能倒”的问题有着重要作用。法国、英国对此方案也表示欢迎。法国财长拉加德表示，奥巴马的银行业改革计划与法国政府的立场完全一致，她称美国政府这一立场转变令人印象深刻。英国央行行长默文·金一直坚持必须分拆银行，将银行分拆为零售银行和投资银行，从事高风险、高杠杆金融活动的投资银行不应得到政府救助。

细察这三招，其实招招指向同一个目标，即对金融市场“去杠杆化”。商业银行规模越大，为市场提供杠杆的能力就越大，本次提案将10%的上限扩大到市场短期融资等其他非存款市场领域，直接降低了银行提供杠杆的能力。禁止银行自营交易，包括私募基金和对冲基金等业务，是希望通过控制银行机构激进的投资行为，以保证民众存款的安全性，并避免纳税人为华尔街的投资失误“埋单”。但在此目的背后，则是更直接地降低市场上的资金量，起到“去杠杆化”效果。

金融危机发生时，银行自营交易的风险集中在巨量的金融衍生品上，这些衍生产品都具有数十倍甚至近百倍的杠杆，给市场造成了极大风险。典型的例子就是贝尔斯登和雷曼兄弟以及花旗银行的表外资产为花旗带来的风险。可以说禁止自营交易，就是政府强行对市场进行大规模的“去杠杆化”。

这里不能不提及全球黄金市场。黄金市场包括现货金市场和黄金衍生品市场，黄金空头银行从美联储或其他央行借入黄金储备，到市场上抛售，然后再以低价买回还给央行，通过差价获取利润。2007 年摩根大通和汇丰银行、德意志银行所持有的黄金空头头寸占市场的90%，2008 年 9 月 17 日，短短几小时内，由于摩根大通巨量的黄金空头平仓，伦敦现货金价格上涨 87 美元/盎司㊀，涨幅达 13%，创下 1980 年以来单日最大涨幅，纽约商品交易所 12 月份交割的黄金期货暴涨 70 美元，报收于每盎司 850.5 美元，涨幅达到 9%。如果这次银行改革禁止银行的自营业务，无疑将导致持有巨量黄金空头头寸的银行进行平仓，黄金价格将得到难以想像的上涨。这多少有些讽刺意味。

“沃尔克法则”的银行分业经营，非常类似于 1933 年的《格拉斯—斯蒂格尔法案》。在美国经济大萧条后，此法案将投资银行业务和商业银行业务严格划分开，降低系统性风险，对此后半个多世纪美国金融市场的平稳运行起到了重要

㊀ 1 盎司 = 28.3495g。

作用。1999 年该法案被废止，商业银行开始全面涉足投资银行业务，重新成为全能银行。这些“大到不能倒”的银行有了政府的默认担保，肆无忌惮地涉足高倍杠杆的高风险业务，博取高收益，为政府和纳税人带来了巨大的风险。

分业经营虽表面上看不出有什么“去杠杆化”的痕迹，但由于分业经营，投资银行和商业银行之间的交易成本将被大幅提高，融资成本的增加本身即意味着杠杆化的下降。

资料来源：顾虎，第一财经日报，2010 年 1 月 27 日。

复习思考题

1. 投资银行的业务有哪些？
2. 华尔街金融危机的原因是什么？
3. 华尔街金融危机带来的启示是什么？

第十二章

中央银行

人类有史以来已经有三项伟大的发明：火、轮子和中央银行。

——维尔·罗杰斯

【本章导读】

中央银行是一国最高的货币金融管理机构，在各国金融体系中居于主导地位。中央银行的职能是宏观调控、保障金融安全与稳定、金融服务。

中央银行是“发行的银行”，对调节货币供应量、稳定币值有重要作用。中央银行是“银行的银行”，它集中保管银行的准备金，并对它们发放贷款，充当“最后贷款者”。中央银行是“国家的银行”，它是国家货币政策的制定者和执行者，也是政府干预经济的工具；同时为国家提供金融服务，代理国库，代理发行政府债券，为政府筹集资金；代表政府参加国际金融组织和各种国际金融活动。

中央银行所从事的业务与其他金融机构所从事的业务的根本区别在于：中央银行从事业务不是为了营利，而是为实现国家宏观经济目标服务。中央银行通常运用各种工具调节货币供给和利率，进而影响宏观经济目标。

第一节　中央银行的产生与发展

中央银行的产生与发展是与商业银行的信用活动以及社会经济发展的客观要求紧密相关的。

一、中央银行产生的客观原因

中央银行是在商业银行基础上经过长期发展逐步形成的。商业银行的出现比中央银行要早。但是银行数量的增加虽然促进了银行资本主义商品经济的迅速发展，同时也带来了一系列问题。随着经济危机的频繁发生，银行信用的普遍化和集中化，既为中央银行的产生奠定了经济基础，又为中央银行的产生提供了客观要求。中央银行产生的客观原因有五：

（1）统一货币发行的需要。随着商业银行业务的发展、商品生产与交换的扩大，商业银行发行的银行券越来越多。在经济危机中，商业银行往往无法兑换自己发行的银行券，引起社会混乱；同时商业银行由于资金、信用和分支机构等原因，银行券流通的范围有限，生产和流通受到限制，客观上要求有一个资力雄厚、权威的银行统一、广泛地发行货币。

（2）解决票据交换与业务清算的需要。随着银行业务的不断扩大，各商业银行的债权债务关系复杂化，由各银行自行轧差清算已成了问题，不仅异地结算，即便同城结算也很困难，客观上要求有一个统一的交换票据和清算债权债务的机构，建立全国统一的、权威的、公正的清算中心已成为金融事业的一个必然趋势。

（3）最后贷款人问题。随着社会经济的发展，对贷款的要求日益扩大，商业银行仅以自己吸收的存款发放贷款，往往受到地区和信用的限制以及偿付能力的限制，经常会发生由于能力不足而遭受挤兑和破产的情况，客观上要求有一个权威的金融机构，能适当集中各家银行的一部分现金准备，在某家银行发生支付困难时，予以必要的贷款支持。

（4）统一金融管理的需要。随着银行事业的发展，特别是世界性经济危机的爆发，人们充分认识到金融业务对国民经济的影响，保证金融稳定、经济稳定、加强金融监督管理已成为经济发展的迫切需要。同时，管理经济理论的出现，为政府干预、管理经济提供了理论依据，政府对金融活动进行必要的管理已成为公认。当然，政府对金融事业的管理必须依靠专门的机构进行，这就要求建立一个专职机构代替政府执行金融监督管理职能。

（5）政府融资的需要。随着国家政府的不断加强、自然灾害的发生和战争的频繁爆发，一方面国家收入减少，另一方面国家开支增加。为增加收入或弥补财政赤字，国家政府逐渐成为银行的客户，并需要建立能够为其解决融资问题的专业金融机构为政府服务。

二、中央银行产生与发展的过程

1. 1844～1912 年中央银行产生发展的第一阶段

19 世纪中叶到第一次世界大战以前，只是在个别国家设立了中央银行，如在英国，早在 1694 年，英国国会通过法案建立英格兰银行，使其成为政府的融资者和国库代理人。1825 年和 1837 年，英国爆发了历史上两次最早的周期性经济危机，冲击了整个英国经济，人们普遍认为货币信用问题是危机的根源，展开了关于银行券发行的辩论。1844 年，英国通过了《英格兰银行条例》，确定了英格兰银行的货币发行权。其后，英格兰银行又取得了清算银行的地位，成为商业银行的中心。英格兰银行是历史上第一家真正的中央银行。日本 1868 年发生了明治维新，学习英、美金融经验，颁布了《国立银行条例》，于 1882 年正式成立了日本银行。日本银行的资本半数以上由政府投资，受政府监督与指导，垄断了全国货币发行权，成为日本的中央银行。这一时期各国情况和形式要求不同，意识到货币发行需要统一管理，开始组建中央银行。但因经济发展水平有限，对中央银行的认识和建立的目的较为单一，而且不广泛。

2. 1914～1945 年中央银行产生发展的第二阶段

第一次世界大战结束后，各国在纷纷重建币制的时候，开始意识到作为发行银行的中央银行应当加强，出现了广泛设立改组中央银行的要求。特别是 1920 年在布鲁塞尔举行了国际经济会议，要求未建立中央银行的各国都应从速建立。同时，1929～1933 年经济危机和信用的冲击，使各国都纷纷设立和加强中央银行，努力稳定货币。此间，1930 年在瑞士巴塞尔成立了国际清算银行，由各国中央银行参加，中央银行的地位与作用得到了确立并向前推进。在这一阶段中，美国的中央银行得到了迅速的发展。1782 年成立的北美洲银行是具有第一家现代意义的银行，1791 年国会批准建立第一国民银行，即第一美洲银行，试图垄断货币发行，但很快停业。1816 年批准建立第二国民银行，即第二美洲银行，命运相同。1913 年 12 月美国国会通过了《联邦储备法》，真正的中央银行制度开始了。其后，先后多次对联邦储备制度做了重大修改，不断赋予联邦储备委员会更大的权力，一步步加强了中央银行在金融以至整个经济活动中的地位与作用。

3. 1946 年以来中央银行产生发展的第三阶段

从第二次世界大战以后到现在，中央银行获得了迅速的发展。特别是凯恩斯学派产生以来，国家干预经济的思想深入人心，建立了各种专门行使管理职能的机构，中央银行是典型代表。中央银行的地位与作用得到了巩固与提高。大多数国家都通过立法，授权中央银行调节国民经济，调节金融，稳定货币，促进经济增长、充分就业和国际收支平衡。中央银行已成为政府的组成部分，是国家金融货币政策的制定和监督管理机构。

三、我国中央银行的发展历程

我国的中央银行萌芽于 20 世纪初期，当时货币多种多样，银元、铜钱、银票及外国货币同时流通。为整理币制，1904 年，清政府设立户部银行，1905 年 8 月开业。1908 年，户部银行改为大清银行，经理国库，发行纸币。1908 年清政府批准交通银行成立并开业，经理铁路、轮船、电报、邮政 4 个部门的一切款项收支。户部（大清）银行、交通银行都未真正起到中央银行的作用，但确是中央银行的萌芽。

清政府结束后，大清银行改组为中国银行，北洋政府控制了中国银行和交通银行，两行部分承担了中央银行的职责。

1924 年，孙中山革命政府在汉口成立中央银行，1927 年春停业。

1927 年，蒋介石政府颁布了《中央银行条例》，1928 年 10 月公布了《中央银行章程》，11 月中央银行正式开业，但未起到真正的中央银行作用。1935 年 5 月，国民政府正式颁布了《中央银行法》，11 月开始改革币制，放弃银本位制，实施法币政策，规定中央银行、交通银行、中国银行、中国农民银行等所发行的货币为法币。此时，中央银行并未完全垄断货币发行权。但规定其集中调管国家外汇金银，中央银行的功能有所发展。1939 年，国民政府颁布了《国库法》，中央银行依法代理国库，业务进一步发展。1942 年 7 月，国民政府公布了《货币统一发行办法》，中央银行垄断货币发行权，成为真正意义的中央银行。1945 年 3 月，授权中央银行监督全国的金融机构，中央银行的作用得到发挥。

中国共产党于 1932 年 2 月建立中华苏维埃共和国国家银行，隶属财政部，除经营一般银行业务外，还发行货币、代理国库。1935 年，中华苏维埃共和国国家银行与陕北的陕甘晋苏维埃银行合并，改称国家银行西北分行。1937 年 10 月，西北分行又改称陕甘宁边区银行，总行设在延安。1947 年 11 月，成立了中国人民银行筹备处，1948 年 12 月，在石家庄正式成立了中国人民银行，发行人民币。1949 年 2 月，中国人民银行总行迁入北平。1949 ~ 1977 年，国家实行计划经济，财政起主要作用，中国人民银行主要处理金融业务。1978 年以后，金融体制改革，先后恢复设立了很多商业银行，即中国银行、农业银行、建设银行和工商银行，特别是 1984 年成立工商银行以来，中国人民银行开始专门行使中央银行职能。1995 年 3 月，八届人大通过了《中华人民共和国中国人民银行法》，规定中国人民银行作为中央银行发行货币、代理国库、监督管理金融执行货币政策、调节控制国民经济活动等，中国人民银行成为真正的中央银行，以法律为根据，开始实行其职能与职责。

第二节 中央银行的性质、职能和类型

一、中央银行的性质

中央银行是代表国家制定和执行货币政策、对金融业实施监督管理的国家机关，是特殊的金融机构。其特殊性表现在地位、业务、管理方面。

（一）地位的特殊性

尽管各国中央银行的名称不尽一致，但就其地位来说，中央银行都是居于一国经济金融体系中心地位的金融机构。

从一国经济体系的运行方面来看，中央银行为经济增长创造了基本的货币和信用条件，并为经济稳定运行提供了制度上的保障。从国家对宏观经济的调控来看，中央银行是一国货币金融体系中的最高权力机构，也是全国货币信用制度的中心枢纽和金融监督管理的最高机构。从一国对外金融关系方面来看，中央银行是国家对外进行经济金融往来与合作的桥梁和纽带，同时也肩负干预外汇市场、

平抑市场汇价波动的职责。

（二）业务的特殊性

中央银行业务的特殊性表现在3个方面：

（1）中央银行的业务活动有着特殊的法定权力、法定限制、业务范围。

法定权力有：①垄断货币发行；②管理货币流通；③发布监管金融机构的业务命令和规章制度；④持有经营、管理国家的黄金外汇储备；⑤经理国库；⑥对金融业的活动进行统计和调查；⑦保持业务活动的相对独立性。

法定限制有：①不得经营一般性银行业务或非银行金融业务；②不得向任何个人、企业或单位提供担保或直接发放货款；③不得直接从事商业票据的承兑、贴现业务；④不得从事不动产的买卖业务；⑤不得从事商业性的证券买卖业务；⑥一般不得向中央财政透支，也不得直接认购、包销国债和其他政府债券。

（2）中央银行的业务经营不以盈利为目的。

（3）中央银行的业务服务对象是各商业银行、政府机构和其他金融机构。

（三）管理的特殊性

中央银行虽然经过一国的政府授权，享有各种金融管辖权，但与一般政府行政管理机关相比有以下区别：

（1）中央银行在履行各项管理职能时，都是以“银行”的身份出现，而且管理手段也更多地具有银行业务操作的特征。

（2）中央银行通常凭借经济和法律的手段分层次来实施监督管理职能，行政手段居于次要地位。

（3）中央银行在行使管理职能时，具备较大的独立性。

二、中央银行的职能

中央银行的职能是中央银行的性质在其业务活动中的具体体现。根据中央银行的业务活动特征，中央银行的职能通常被概括为货币发行、政府的银行、银行的银行。

（一）中央银行是“发行”的银行

中央银行垄断货币发行，是一国唯一的货币发行机构，集中或垄断一国的货币发行权。其职能包括以下几个方面：①中央银行应根据国民经济发展的客观情况，适时、适度发行货币，保持货币供给与流通中货币需求的基本一致；②有效调节货币供给量，处理好货币稳定与经济增长的关系；③适时印刷，制造或销毁票币，调拨库款，满足货币的流通需要。

（二）中央银行是“政府的银行”

中央银行为政府提供金融服务，同时又是政府管理金融的专门机构。其职能包括以下几个方面：①代理国库；②为政府融通资金；③代理政府债务的发行；④代表政府参加国际金融活动；⑤为国家持有和经营管理国际储备；⑥制定和实施货币政策；⑦对金融业实施监管；⑧为政府提供经济、金融情报和决策建议。

（三）中央银行是“银行的银行”

中央银行通过办理存放、汇兑等项业务，充作商业银行与其他金融机构的最后贷款人。其职能包括以下几个方面：①集中保管存款储备金；②为商业银行提供信贷；③办理商业银行间的清算业务。

三、中央银行制度的类型

1. 按组织形式划分

（1）单一式中央银行制度。单一式中央银行制度即采取总、分行制，分行是总行的下一级组织，总行和分行组成中央银行统一体。西方国家的中央银行绝大多数属于这种类型，如英国、日本、法国等。我国的中央银行也实行这种制度。

（2）二元式中央银行制度。在国内设立中央和地方两级中央银行机构，中央级是最高权力机构或管理机构，地方机构有独立的权力，如欧洲中央银行。

（3）复合式中央银行制度。中央银行与普通银行职能不分，一家银行既行使中央银行职能又办理普通银行业务，具体又有“大一统”式和非“大一统”式两种形式。

（4）准中央银行制度。准中央银行制度是指国内没有真正专业化的、具备完全职能的中央银行，而是由几个履行有限中央银行职能的机构组成一个准中央银行体系的制度形式。采取这种形式的有新加坡、我国香港等。

（5）跨国中央银行制度。把同一个货币联盟联系在一起，由参加这个联盟的国家共同建立中央银行。

2. 按资本所有权类型划分

（1）国家所有制的中央银行。国家所有制的中央银行即全部资本归国家所有的中央银行，其产生有两种主要途径：由国家全额投资设立或对非国有中央银行进行国有化改造。

（2）集体所有制的中央银行。中央银行的资本由金融机构集体持有。

（3）混合所有制的中央银行。混合所有制的中央银行是由国家和私人共同投资组建的中央银行，其中国家一般持控制性股份。

（4）多国所有制的中央银行。跨国中央银行的资本由跨国中央银行的成员国所共有。

第三节 中央银行的主要业务

一、资产业务

中央银行的资产业务是指将其资金加以运用的业务，它是中央银行调控信用规模和货币供应量的总闸门。中央银行的资产业务通常包括贷款业务、再贴现业务、有价证券买卖业务和黄金、外汇储备业务等内容。

（一）贷款业务

贷款业务是中央银行运用其资金的重要途径之一。它不以盈利为目的，而是以实现货币政策目标为目的。贷款对象主要是商业银行等金融机构以及政府对商业银行的贷款，也称再贷款，是中央银行最后贷款人职责的具体体现。这种贷款一般用于解决商业银行临时性资金需求，禁止用于证券投资和发放长期贷款。中央银行对政府的贷款是政府弥补财政赤字的应急措施。但中央银行为维护其货币政策的独立性和有效性，一般都限制政府借款和财政透支，而转而通过在公开市场上购买政府债券来支持国家财政。

（二）再贴现业务

再贴现业务是指商业银行将通过贴现业务所持有的尚未到期的商业票据向中央银行申请转让，中央银行以贴现方式向其融通资金的业务。这项业务只对在中央银行开设账户的商业银行开放，且对贴现票据有严格的规定，一般只有那些反映真实交易关系的票据和国库券可获贴现。再贴现利率不同于随市场资金供求状况变动的利率，它是一种官定利率，是根据国家的信贷政策所规定的，在一定程度上反映着中央银行的政策意向。由于再贴现率在大多数国家略低于货币市场利率，商业银行趋向于通过再贴现窗口取得资金，所以很多国家的中央银行为保持本身流动资金的需要，总是尽可能对银行的再贴现贷款总金额加以限制。

（三）有价证券买卖业务

有价证券买卖业务是中央银行主要的资产业务之一。中央银行买卖有价证券一般都是通过其公开市场业务进行的，其直接目的是增减银行资金的流动性，间接目的则是影响市场利率变动，调节金融机构的信用活动。这一切归根到底又都是为了调节和控制货币供应量。尽管中央银行在证券买卖过程中会获得一些价差收益，但就中央银行自身的行为而言，其目的在于通过对货币量的控制和调节，以影响整个宏观经济，而不是为了盈利。中央银行在进行证券买卖业务时，一般应注意几个问题：

（1）不能在一级市场上购买各种有价证券，而只能在证券的交易市场上即二级市场上购买。

（2）不能购买流动性差的证券，只能购买流动性高、随时可以变现的证券。

（3）不能购买没有上市资格或不能在证券交易所挂牌的证券，只能购买具有上市资格且在证券交易所正式挂牌的、信誉非常高的有价证券。

（四）集中管理和经营国际储备资产

集中管理和经营国际储备资产是中央银行的一项重要职责，该职责必须通过中央银行储备资产的买卖业务来实现。中央银行买卖储备资产主要有 3 个目的：

（1）稳定币值。中央银行在市场上卖出黄金外汇储备，可回笼货币，防止总需求过盛引起物价上涨，使市值保持稳定。

（2）稳定汇价。在实行浮动汇率制度的条件下，一国货币对外价值会经常发生波动。汇率的变动会对该国的国际收支和经济发展产生重大影响，因此中央银行经常通过买卖国际储备资产有效调节外汇市场，使汇率保持在合理的水平。

（3）调节国际收支。国际收支发生逆差时，可动用黄金外汇储备弥补进口所需外汇的不足；顺差时，则可将多余的黄金外汇储备用来偿债或对外投资。目前，国际储备资产主要由黄金、外汇、特别提款权及普通提款权构成。这几类储备资产在安全性、收益性、灵活兑换性方面各有不同。为了解决储备资产的合理构成问题，目前各国中央银行的普遍做法是：努力改善国际储备构成，特别是使外汇资产多元化，以分散风险、增加收益，同时获得最大的灵活兑换性。

二、负债业务

中央银行的负债是指社会集团和个人持有对中央银行的债权，其业务主要包括货币发行、经理国库、集中存款准备金。

（一）货币发行业务

货币发行是中央银行主要的负债业务，通过这项业务，中央银行既为商品流通和交换提供流通手段和支付手段，也相应筹集了社会资金，满足中央银行履行其各项职能的需要。货币发行具有双重含义：一是指货币从中央银行发行库，通过各家银行业务库流向社会；二是指货币从中央银行流出的数量大于流入的数量。

（二）经理国库业务

中央银行经理国库业务是其履行政府银行职能的具体体现。中央银行经理国库收缴方便，调拨灵活，资金安全，数字准确，有利于中央银行的宏观调控，有利于发挥银行的监督作用。

国库是国家金库的简称，是专门负责办理国家预算资金的收纳和支出的机关。国家的全部预算收入都由国库收纳入库，一切预算支出都由国库拨付。

中国人民银行经理国库的职责有：准确、及时地收纳国家预算收入；审查办理财政库款的支拨；对各级财政库款和预算收入进行会计账务核算；协助财政征收机关组织预算收入及时缴库，监督财政预算收入的退库；组织管理和检查指导下级国库和国库经收处的工作及其他同国库有关的业务；总结交流经验，及时解决存在的问题；协助财政税务机关监督企业单位，同时向国家缴纳款项。

国库业务的主要内容有：①国库款项的吸纳，主要有3种吸纳方式：就地缴库，集中缴库，自取汇缴；②国库款项的划分：中央预算固定收入，地方预算固定收入，中央与地方共享收入；③国库款项的报解；④国库款项的退库：技术性差错需要退库，改变企业隶属关系财务结算，计划上缴税利，超过应缴数额，税收附加费代征手续费，财政部明文规定或专项批准的其他退库项目；⑤预算支出的拨付：又叫财政拨款，是指财政部门根据年度支付预算、季度计划和用款单位申请、计划用途以及拨款程序，按领拨关系将财政资金拨付给用款单位。

（三）集中存款准备业务

存款准备金是商业银行为应付客户提取存款和划拨清算的需要而设置的专项资金，一部分是支付准备金，即库存现金，为保证存款支付和票据清算而保留的货币资金；另一部分是法定存款准备金，依照法律的规定，商业银行必须将其存款的一部分上缴中央银行。实行存款准备金制度的意义在于保证商业银行等金融机构的清偿能力，有利于约束商业银行贷款规模，控制信用规模和货币供应量。

存款准备金制度的内容包括：

（1）法定存款准备金比例的确定。按存款的类别规定存款准备金比率，按银行规模、经营环境规定存款准备金比率。

（2）规定存款准备金的构成。存款准备金又分为第一准备和第二准备。第一准备是指银行应付客户提取现象，随时可以兑现的资产，主要包括库存现金及存款在中央银行的法定存款准备金。第二准备是指银行最容易变现而不致遭受重大损失的资产，主要是有价证券及其他流动资产，也叫“保证准备”。

第四节 货币政策

货币政策是指中央银行为实现既定的经济目标，运用各种工具调节货币供给和利率，进而影响宏观经济的方针和措施的总合。

一、货币政策的最终目标

货币政策的最终目标，是指中央银行组织和调节货币流通的出发点和归宿，它反映了社会经济对货币政策的客观要求。货币政策的最终目标一般有4个：稳定物价、充分就业、促进经济增长和平衡国际收支等。

（一）稳定物价

稳定物价目标是中央银行货币政策的首要目标，而物价稳定的实质是币值的稳定。所谓币值，原指单位货币的含金量，在现代信用货币流通条件下，衡量币值稳定与否，已经不再是根据单位货币的含金量，而是根据单位货币的购买力，即在一定条件下单位货币购买商品的能力。它通常以一揽子商品的物价指数，或综合物价指数来表示。目前各国政府和经济学家通常采用综合物价指数来衡量币值是否稳定，综合物价指数上升，表示货币贬值；综合物价指数下降，则表示货币升值。稳定物价是一个相对概念，就是要控制通货膨胀，使一般物价水平在短期内不发生急剧的波动。

衡量物价稳定与否，从各国的情况看，通常使用的指标有3个：①GNP（国民生产总值）平减指数，它以构成国民生产总值的最终产品和劳务为对象，反映最终产品和劳务的价格变化情况；②消费物价指数，它以消费者日常生活支出为对象，能较准确地反映消费物价水平的变化情况；③批发物价指数，它以批发交易为对象，能较准确地反映大宗批发交易的物价变动情况。

需要注意的是，除了通货膨胀以外，还有一些属于正常范围内的因素，如季节性因素、消费者嗜好的改变、经济与工业结构的改变等，也会引起物价的变化。总之，在动态的经济社会里，要将物价冻结在一个绝对的水平上是不可能的，问题在于能否把物价控制在经济增长所允许的限度内。这个限度的确定，各个国家不尽相同，主要取决于各国经济发展情况。另外，传统习惯也有很大的影响。有人认为，物价水平最好是不增不减，或者只能允许在1%的幅度内波动，这就是物价稳定；也有人认为，物价水平不增不减是不可能的，只要能把物价的上涨幅度控制在1%～2%就算稳定；还有人认为，物价每年上涨在3%左右就可以称之为物价稳定。

（二）充分就业

所谓充分就业目标，就是要保持一个较高的、稳定的就业水平，在充分就业的情况下，凡是有能力并自愿参加工作者，都能在较合理的条件下随时找到适当的工作。

充分就业是针对所有可利用资源的利用程度而言的。但要测定各种经济资源的利用程度非常困难，一般以劳动力的就业程度为基准，即以失业率指标来衡量劳动力的就业程度。所谓失业率，是指社会的失业人数与愿意就业的劳动力之比，失业率的大小也就代表了社会的充分就业程度。失业率越高，对社会经济增长越是不利，因此各国都力图把失业率降到最低的水平，以实现其经济增长的目标。

西方经济学认为，除需求不足造成的失业外，其他种种原因造成的失业也是不可避免的。从经济效率的角度看，保持一定的失业水平是适当的，充分就业目标不意味着失业率等于零。美国多数学者认为4%的失业率即为充分就业，而一些保守的学者则认为应将失业率压低到2%～3%以下。

（三）促进经济增长

所谓经济增长就是指国民生产总值的增长必须保持合理的、较高的速度。目前各国衡量经济增长的指标一般是人均实际国民生产总值的年增长率，即用人均名义国民生产总值年增长率剔除物价上涨率后的人均实际国民生产总值年增长率来衡量。政府一般对计划期的实际GNP增长幅度定出指标，用百分比表示，中央银行即以此作为货币政策的目标。

当然，经济的合理增长需要多种因素的配合，最重要的是要增加各种经济资源，如人力、财力、物力，并且要求各种经济资源实现最佳配置。中央银行作为国民经济中的货币主管部门，直接影响到其中的财力部分，对资本的供给与配置产生巨大作用。因此，中央银行以经济增长为目标，是指中央银行在接受既定目标的前提下，通过其所能操纵的工具对资源的运用加以组合和协调。一般地说，中央银行可以用增加货币供给或降低实际利率水平的办法来促进投资增加；或者通过控制通货膨胀率，以消除其所产生的不确定性和预期效应对投资的影响。

(四) 平衡国际收支

根据国际货币基金组织的定义，国际收支是某一时期一国对外经济往来的统计表，它表明：①某一经济体同世界其他地方之间在商品、劳务和收入方面的交易；②该经济体的货币性黄金、特别提款权以及对世界其他地方的债权、债务的所有权等的变化；③从会计意义上讲，为平衡不能相互抵消的上述交易和变化的任何账目所需的无偿转让和对应项目。

判断一国的国际收支平衡与否，就是看自主性交易平衡与否，是否需要调节性交易来弥补。如果不需要调节性交易来弥补，则称之为国际收支平衡；反之，如果需要调节性交易来弥补，则称之为国际收支失衡。

所谓平衡国际收支目标，简言之，就是采取各种措施纠正国际收支差额，使其趋于平衡。因为一国国际收支出现失衡，无论是顺差或逆差，都会对本国经济造成不利影响，长时期的巨额逆差会使本国外汇储备急剧下降，并承受沉重的债务和利息负担；而长时期的巨额顺差又会造成本国资源使用上的浪费，使一部分外汇闲置，特别是如果因大量购进外汇而增发本国货币，则可能引起或加剧国内通货膨胀。当然，相比之下，逆差的危害尤甚，因此各国调节国际收支失衡一般着力于减少以致消除逆差。

(五) 货币政策最终目标间的关系

要同时实现货币政策的 4 个最终目标非常困难。在具体实施中，以某项货币政策工具来实现某一货币政策目标经常会干扰其他货币政策目标的实现，或者说，为了实现某一货币政策目标而采用的措施很可能与实现另一货币政策目标所应采取的措施相矛盾。因此，除了研究货币政策目标的一致性外，还必须研究货币政策目标之间的矛盾以及缓解矛盾的措施。

1. 稳定物价与充分就业

事实证明，稳定物价与充分就业两个目标之间经常发生冲突。若要降低失业率、增加就业人数，就必须增加货币工资。若货币工资增加过少，对充分就业目标就无明显促进作用；若货币工资增加过多，致使其上涨率超过劳动生产率的增长，这种成本推进型通货膨胀必然造成物价与就业两项目标的冲突。例如，西方国家在 20 世纪 70 年代以前推行的扩张政策，不仅无助于实现充分就业和刺激经济增长，反而造成“滞胀”局面。

物价稳定与充分就业之间的矛盾关系可用菲利普斯曲线来说明。1958 年，英国经济学家菲利普斯（A. W. phillips）根据英国 1861 ~ 1957 年失业率和货币工资变动率的经验统计资料，勾划出一条用以表示失业率和货币工资变动率之间交替关系的曲线。这条曲线表明，当失业率较低时，货币工资增长率较高；反之，当失业率较高时，货币工资增长率较低。由于货币工资增长与通货膨胀之间的联系，这条曲线又被西方经济学家用来表示失业率与通货膨胀率此消彼长、相互交替的关系。

这条曲线表明，失业率与物价变动率之间存在着一种非此即彼的相互替换关系。也就是说，多一些失业人数，物价上涨率就低；相反，少一些失业人数，物价上涨率就高。因此，失业率和物价上涨率之间只可能有以下几种选择：①失业率较高的物价稳定；②通货膨胀率较高的充分就业；③在物价上涨率和失业率的两极之间实行组合，即所谓的相机抉择，根据具体的社会经济条件作出正确的组合。

2. 稳定物价与促进经济增长

稳定物价与促进经济增长之间是否存在着矛盾，理论界对此看法不一，主要有以下几种观点：

（1）物价稳定才能维持经济增长。这种观点认为，只有物价稳定才能维持经济的长期增长势头。一般而言，劳动力增加，资本形成并增加，加上技术进步等因素，促进生产发展和产量增加，随之而来的是货币总支出的增加。由于生产率是随时间的进程而不断发展的，货币工资和实际工资也是随生产率而增加的，只要物价稳定，整个经济就能正常运转，维持其长期增长的势头。这实际上是供给决定论的古典学派经济思想在现代经济中的反映。

（2）轻微物价上涨刺激经济增长。这种观点认为，只有轻微物价上涨才能维持经济的长期稳定与发展。因为，通货膨胀是经济的“刺激剂”。这是凯恩斯学派的观点。凯恩斯学派认为，在充分就业没有达到之前增加货币供应、增加社会总需求主要是促进生产发展和经济增长，而物价上涨比较缓慢。并认定资本主义经济只能在非充分就业的均衡中运行，因此轻微的物价上涨会促进整个经济的发展。美国的凯恩斯学者也认为：价格的上涨，通常可以带来较高的就业率，在轻微的通货膨胀之中，产量接近于最高水平，私人投资活跃，就业机会增多。

（3）经济增长能使物价稳定。这种观点则认为，随着经济的增长，价格应趋于下降，或趋于稳定。因为，经济的增长主要取决于劳动生产率的提高和新生产要素的投入，在劳动生产率提高的前提下，生产的增长，一方面意味着产品的增加，另一方面则意味着单位产品生产成本的降低。所以，稳定物价目标与促进经济增长目标并不矛盾。这种观点实际上是马克思，分析金本位制度下资本主义经济的情况时所论述的观点。

从西方货币政策实践的结果来看，要使稳定物价与经济增长齐头并进并不容易，主要原因在于：政府往往较多地考虑经济发展，刻意追求经济增长的高速度。例如采用扩张信用和增加投资的办法，其结果必然造成货币发行量增加和物价上涨，使物价稳定与促进经济增长之间出现矛盾。

3. 稳定物价与平衡国际收支

在一个开放型的经济中，国家为了促进本国经济发展，会遇到两个问题：

（1）经济增长引起进口增加，随着国内经济的增长，国民收入增加及支付能力增加，通常会增加对进口商品的需要。如果该国的出口贸易不能随进口贸易的增加而相应增加，必然会使得贸易收支状况变恶劣。

（2）引进外资可能形成资本项目逆差。要促进国内经济增长，就要增加投资，提高投资率。在国内储蓄不足的情况下，必须借助于外资，引进外国的先进技术，以此促进本国经济。这种外资的流入，必然带来国际收支中资本项目的差额。尽管这种外资的流入可以在一定程度上弥补贸易逆差而造成的国际收支失衡，但并不一定就能确保经济增长与国际收支平衡的齐头并进。其原因在于：

1）任何一个国家，在特定的社会经济环境中，能够引进技术、设备、管理方法等，一方面决定于一国的吸收、掌握和创新能力；另一方面还决定于国产商品的出口竞争能力和外汇还款能力。所以，在一定条件下，一国所能引进和利用的外资是有限的。如果把外资的引进完全置于平衡贸易收支上，那么外资对经济的增长就不能发挥应有的作用。此外，如果只是追求利用外资促进经济增长，而忽视国内资金的配置能力和外汇还款能力，必然会导致国际收支状况的严重恶化，最终会使经济失衡，不可能维持长久的经济增长。

2）在其他因素引起的国际收支失衡或国内经济衰退的条件下，用于矫正这种失衡经济形态的货币政策通常是在平衡国际收支和促进经济增长两个目标之间作合理的选择。国际收支出现逆差，通常要压缩国内的总需求，随着总需求的下降，国际收支逆差可能被消除，但同时会带来经济的衰退。而国内经济衰退，通常采用扩张性的货币政策，随着货币供之量的增加，社会总需求增加，可能刺激经济的增长，但也可能由于输入的增加及通货膨胀而导致国际收支失衡。

4. 充分就业与促进经济增长

一般而言，经济增长能够创造更多的就业机会，但在某些情况下两者也会出现不一致。例如，以内涵型扩大再生产所实现的高经济增长，不可能实现高就业。再如，片面强调高就业，硬性分配劳动力到企业单位就业，造成人浮于事、效益下降、产出减少，导致经济增长速度放慢等。

二、货币政策的中介目标

中央银行在实施货币政策中所运用的政策工具无法直接作用于最终目标，此间需要有一些中间环节来完成政策传导的任务。因此，中央银行在货币政策工具和最终目标之间插进了两组金融变量，一组叫做中介目标，另一组叫做操作目标。

货币政策的中介目标和操作目标是政策工具与最终目标之间的中介或桥梁，在货币政策的传导中起着承上启下的作用，使中央银行对宏观经济的调控更具弹性。操作目标是接近中央银行政策工具的金融变量，它直接受政策工具的影响，其特点是中央银行容易对它进行控制，但它与最终目标的因果关系不大稳定。中介目标是距离政策工具较远但接近于最终目标的金融变量，其特点是中央银行不容易对它进行控制，但它与最终目标的因果关系比较稳定。建立货币政策的中介目标和操作目标，总的来说，是为了及时测定和控制货币政策的实施程度，使之朝着正确的方向发展，以保证货币政策最终目标的实现。

货币政策中介目标必须具备3个特点：

（1）可测性。这是指中央银行能够迅速获得中介目标相关指标变化状况和准确的数据资料，并能够对这些数据进行有效分析和作出相应判断。显然，如果没有中介目标，中央银行直接去收集和判断最终目标数据（如价格上涨率和经济增长率）是十分困难的，短期内（如一周或一旬）是不可能有这些数据的。

（2）可控性。这是指中央银行通过各种货币政策工具的运用，能对中介目标变量进行有效地控制，能在较短时间内（如1~3个月）控制中介目标变量的变动状况及其变动趋势。

（3）相关性。这是指中央银行所选择的中介目标，必须与货币政策最终目标有密切的相关性，中央银行运用货币政策工具对中介目标进行调控，能够促使货币政策最终目标的实现。

可以作为中介目标的金融指标主要有长期利率、货币供应量和贷款量。

1. 长期利率

西方传统的货币政策均以利率为中介目标。利率能够作为中央银行货币政策的中间目标，是因为：①利率不但能够反映货币与信用的供给状态，而且能够表现供给与需求的相对变化，利率水平趋高被认为是银根紧缩，利率水平趋低则被认为是银根松弛；②利率属于中央银行影响可及的范围，中央银行能够运用政策工具设法提高或降低利率；③利率资料易于获得并能够经常汇集。

2. 货币供应量

以弗里德曼为代表的现代货币数量论者认为宜以货币供应量或其变动率为主要中介目标。他们的主要理由是：①货币供应量的变动能直接影响经济活动；②货币供应量及其增减变动能够为中央银行所直接控制；③与货币政策联系最为直接，货币供应量增加，表示货币政策松弛，反之则表示货币政策紧缩；④货币供应量作为指标不易将政策性效果与非政策性效果相混淆，因而具有准确性。

但以货币供应量为指标也有几个问题需要考虑。一是中央银行对货币供应量的控制能力。货币供应量的变动主要取决于基础货币的改变，但还要受其他种种非政策性因素的影响，如现金漏损率、商业银行超额准备比率、定期存款比率等，非中央银行所能完全控制。二是货币供应量传导的时滞问题。中央银行通过变动准备金以期达到一定的货币量变动率，但此间却存在着较长的时滞。三是货币供应量与最终目标的关系。对此有些学者尚持怀疑态度。但从衡量的结果来看，货币供应量仍不失为一个性能较为良好的指标。

3. 贷款量

以贷款量作为中介目标，其优点是：

（1）与最终目标有密切相关性。流通中现金与存款货币均由贷款引起，中央银行控制了贷款规模，也就控制了货币供应量。

（2）准确性较强。作为内生变数，贷款规模与需求有正值相关；作为政策变数，贷款规模与需求也是正值相关。

（3）数据容易获得。具有可测性。

以贷款量作为中介目标在具体实施中各国情况也有差异。政府对贷款控制较严的国家，通过颁布一系列关于商业银行贷款的政策及种种限制，自然便于中央银行控制贷款规模；反之则不然。以贷款量为指标，各国采用的计量口径也不一致，有的用贷款余额，有的则用贷款增量。

三、货币政策的操作目标

各国中央银行通常采用的操作目标主要有短期利率、商业银行的存款准备金、基础货币等。

1. 短期利率

短期利率通常是指市场利率，即能够反映市场资金供求状况、变动灵活的利率。它是影响社会的货币需求与货币供给、银行信贷总量的一个重要指标，也是中央银行用以控制货币供应量、调节市场货币供求、实现货币政策目标的一个重要的政策性指标，如西方国家中央银行的贴现率、伦敦同业拆放利率等。作为操作目标，中央银行通常只能选用其中一种利率。过去美国联储主要采用国库券利率，近年来转为采用联邦基金利率。日本采用的是银行同业拆借利率。英国的情况较特殊，英格兰银行的长、短期利率均以一组利率为标准，其用作操作目标的短期利率有隔夜拆借利率、3 个月期的银行拆借利率、3 个月期的国库券利率；用作中间目标的长期利率有 5 年公债利率、10 年公债利率、20 年公债利率。

2. 商业银行的存款准备金

中央银行以存款准备金作为货币政策的操作目标，其主要原因是，无论中央银行运用何种政策工具，都会先行改变商业银行的存款准备金，然后对中间目标和最终目标产生影响。因此可以说变动存款准备金是货币政策传导的必经之路，由于商业银行存款准备金越多，银行贷款与投资的能力就越大，从而派生存款和货币供应量也就越多。因此，银行存款准备金增加被认为是货币市场银根放松，存款准备金减少则意味着货币市场银根紧缩。

但存款准备金在准确性方面的缺点如利率。作为内生变量，存款准备金与需求负值相关。借贷需求上升，银行体系便减少存款准备金以扩张信贷；反之则增加存款准备金而缩减信贷。作为政策变量，存款准备金与需求正值相关。中央银行要抑制需求，一定会设法减少商业银行的存款准备金。因而存款准备金作为金融指标也会误导中央银行。

3. 基础货币

基础货币是中央银行经常使用的一个操作指标，也常被称为“强力货币”或“高能货币”。从基础货币的计量范围来看，它是商业银行存款准备金和流通中通货的总和，包括商业银行在中央银行的存款、银行库存现金、向中央银行借款、社会公众持有的现金等。通货与存款准备金之间的转换不改变基础货币总量，基础货币的变化来自那些提高或降低基础货币的因素。

中央银行有时还运用“已调整基础货币”这一指标，或者称为扩张的基础货币，它是针对法定准备的变化调整后的基础货币。单凭基础货币总量的变化还无法说明和衡量货币政策，必须对基础货币的内部构成加以考虑。这是因为：①在基础货币总量不变的条件下，如果法定准备率下降，银行法定准备减少而超额准备增加，这时的货币政策仍呈扩张性；②若存款从准备率高的存款机构转到准备率较低的存款机构，即使中央银行没有降低准备率，但平均准备率也会有某种程度的降低，这就必须对基础货币进行调整。其具体做法是，假定法定准备率已下降，放出1亿元的法定存款准备金，这1亿元就要加到基础货币上，从而得到已调整的基础货币。

多数学者公认基础货币是较理想的操作目标。因为基础货币是中央银行的负债，中央银行对已发行的现金和它持有的存款准备金都掌握着相当及时的信息，因此中央银行对基础货币是能够直接控制的。基础货币比银行存款准备金更为有利，因为它考虑到社会公众的通货持有量，而存款准备金却忽略了这一重要因素。

四、货币政策工具

货币政策的运用分为紧缩性货币政策和扩张性货币政策。总的来说，紧缩性货币政策是通过减少货币供应量达到紧缩经济的作用，扩张性货币政策是通过增加货币供应量达到扩张经济的作用。

货币政策工具是指中央银行为实现货币政策目标所运用的策略手段。中央银行的政策工具有主要的一般性政策工具、选择性和补充性工具等。

（一）一般性政策工具

1. 法定存款准备金率政策

法定存款准备金率是指存款货币银行按法律规定存放在中央银行的存款与其吸收存款的比率。

法定存款准备金率政策的真实效用体现在它对存款货币银行的信用扩张能力、对货币乘数的调节。由于存款货币银行的信用扩张能力与中央银行投放的基础货币存在乘数关系，而乘数的大小与法定存款准备金率成反比。因此，若中央银行采取紧缩政策，中央银行提高法定存款准备金率，则限制了存款货币银行的信用扩张能力，降低了货币乘数，最终起到收缩货币供应量和信贷量的效果；反之亦然。

但是，法定存款准备金率政策存在 3 个缺陷：一是当中央银行调整法定存款准备金率时，存款货币银行可以变动其在中央银行的超额存款准备金，从反方向抵消法定法定存款准备金率政策的作用；二是法定存款准备金率对货币乘数的影响很大，作用力度很强，往往被当作一剂“猛药”；三是调整法定存款准备金率对货币供应量和信贷量的影响要通过存款货币银行的辗转存、贷，逐级递推而实现，成效较慢、时滞较长。因此，法定存款准备金政策往往是作为货币政策的一种自动稳定机制，而不可将其当作适时调整的经常性政策工具来使用。

2. 再贴现政策

再贴现是指存款货币银行将客户贴现的商业票据向中央银行请求贴现，以取得中央银行的信用支持。就广义而言，再贴现政策并不单纯是指中央银行的再贴现业务，也包括中央银行向存款货币银行提供的其他放款业务。

再贴现政策的基本内容是中央银行根据政策需要调整再贴现率（包括中央银行掌握的其他基准利率，如其对存款货币银行的贷款利率等），当中央银行提高再贴现率时，存款货币银行借入资金的成本上升，基础货币得到收缩；反之亦然。与法定存款准备金率工具相比，再贴现工具的弹性相对要大一些、作用力度相对要缓和一些。但是，再贴现政策的主动权却操纵在存款货币银行手中，因为向中央银行请求贴现票据以取得信用支持，仅是存款货币银行融通资金的途径之一，存款货币银行还有其他的诸如出售证卷、发行存单等融资方式。因此，中央银行的再贴现政策是否能够获得预期效果，还取决于存款货币银行是否采取主动配合的态度。

3. 公开市场业务

中央银行公开买卖债券等的业务活动即为中央银行的公开市场业务。中央银行在公开市场开展证券交易活动，其目的在于调控基础货币，进而影响货币供应量和市场利率。

公开市场业务是比较灵活的金融调控工具。与法定存款准备金政策相比较，公开市场操作政策更具有弹性，更具有优越性：一是中央银行能够运用公开市场业务，影响存款货币银行的准备金，从而直接影响货币供应量；二是公开市场业务使中央银行能够随时根据金融市场的变化，进行经常性、连续性操作；三是通过公开市场业务，中央银行可以主动出击；四是由于公开市场业务的规模和方向性可以灵活安排，中央银行有可能用其对货币供应量进行微调。但是，它的局限性也比较明显：一是金融市场不但必须具备全国性，而且具有相当的独立性，可用以操作的证券种类必须齐全并达到必需的规模；二是必须依靠其他货币政策工具配合，例如，如果没有法定准备金制度配合，这一工具就无法发挥作用。

（二）选择性和补充性工具

传统的三大货币政策都属于对货币总量的调节，以影响整个宏观经济。在这些一般性政策工具以外，还可以有选择地对某些特殊领域的信用加以调节和影响，其中包括消费者信用控制、证券市场信用控制、优惠利率、预缴进口保证金等。

消费者信用控制是指中央银行对不动产以外的各种耐用消费品的销售融资予以控制，主要内容包括规定分期付款购买耐用消费品的首付最低金额、还款最长期限、使用的耐用消费品种类等。

证券市场信用控制是中央银行对有关证卷交易的各种贷款进行限制，目的在于限制过度投机。例如可以规定一定比例的证券保证金，并随时根据证券市场状况进行调整。

（三）直接信用控制

直接信用控制是指中央银行以行政命令或其他方式，从质和量两个方面，直接对金融机构尤其是存款货币银行的信用活动进行控制。其手段包括利率最高限、信用配额、流动比率和直接干预等。其中，规定存贷款最高和最低利率限制，是最常使用的直接信用管制工具。

（四）间接信用指导

间接信用指导是指中央银行通过道义劝告、窗口指导等办法间接影响存款货币银行的信用创造。

道义劝告是指中央银行利用其声望和地位，对存款货币银行及其他金融机构经常发出通告或指示，或与各金融机构负责人面谈，劝告其遵守政府政策并自动采取贯彻政策的相应措施。

窗口指导是指中央银行根据产业行情、物价趋势和金融市场动向等经济运行中出现的新情况和新问题，对存款货币银行提出信贷的增减建议。若存款货币银行不接受，中央银行将采取必要的措施，如可以减少其贷款的额度，甚至采取停止提供信用等制裁措施。窗口指导虽然没有法律约束力，但影响力往往比较大。

间接信用指导的优点是较为灵活，但是要起作用，必须是中央银行在金融体系中有较高的地位，并拥有控制信用的足够的法律权利和手段。

专栏

美联储简介

美国联邦储备系统（Federal Reserve System，简称Fed）负责履行美国的中央银行的职责，这个系统是根据《联邦储备法》（Federal Reserve Act）于1913年成立的。它的主要职责有：①制定并负责实施有关的货币政策；②对银行机构实行监管，并保护消费者合法的信贷权利；③维持金融系统的稳定；④向美国政府，公众，金融机构，外国机构等提供可靠的金融服务。这个系统主要由联邦储备委员会、联邦储备银行及联邦公开市场委员会等组成。

一、联邦储备委员会

联邦储备系统的核心机构是联邦储备委员会（Federal Reserve Board，简称美联储；它的全称即联邦储备系统管理委员会（The Board of Governors of the Federal Reserve System），也可以称之为联邦储备系统理事会。它是一个联邦政府机构，其办公地点位于美国华盛顿特区。该委员会由7名成员组成（其中主席和副主席各1位，委员5名），须由美国总统提名，经美国国会上院之参议院批准方可上任，任期为4年（主席和副主席任期为4年，可连任）。

美联储有如下基本职能：

(1) 通过3种主要的手段（公开市场操作，规定银行准备金比率，批准各联邦储备银行要求的贴现率）来实现相关货币政策。

(2) 监督、指导各个联邦储备银行的活动。

(3) 监管美国本土的银行以及成员银行在海外的活动和外国银行在美国的活动。

(4) 批准各联邦储备银行的预算及开支。

(5) 任命每个联邦储备银行的9名董事中的3名。

(6) 批准各个联邦储备银行董事会提名的储备银行行长人选。

(7) 行使作为国家支付系统的权利。

(8) 负责保护消费信贷的相关法律的实施。

(9) 依照《汉弗莱—霍金斯法案》（Humphrey Hawkins Act）的规定，每年2月20日及7月20日向国会提交经济与货币政策执行情况的报告（类似于半年报）。

(10) 通过各种出版物向公众公布联邦储备系统及国家经济运行状况的详细的统计资料，如通过每月一期的联邦储备系统公告（Federal Reserve Bulletin）。

(11) 每年年初向国会提交上一年的年度报告（需接受公众性质的会计师事务所审计）及预算报告（需接受美国审计总局的审计）。

(12) 另外，委员会主席还需定时与美国总统及财政部长召开相关的会议并及时汇报有关情况，并在国际事务中履行好自己的职责。

二、联邦公开市场委员会

联邦公开市场委员会（the Federal Open Market Committee，FOMC）是联邦储备系统中另一个重要的机构。它由12名成员组成，包括：联邦储备委员会全部成员7名，纽约联邦储备银行行长，其他4个名额由另外11个联邦储备银行行长轮流担任。该委员会设1名主席（通常由联邦储备委员会主席担任），1名副主席（通常由纽约联邦储备银行行长担任）。另外，其他所有的联邦储备银行行长都可以参加联邦公开市场委员会的讨论会议，但是没有投票权。

联邦公开市场委员会最主要的工作是利用公开市场操作（主要的货币政策之一），从一定程度上影响市场上货币的储量。另外，它还负责决定货币总量的增长范围（即新投入市场的货币数量），并对联邦储备银行在外汇市场上的活动进行指导。

该委员会主要的决定都需通过举行讨论会议投票产生，它们每年都要在华盛顿特区召开8次例行会议，其会议日程安排表每年都会向公众公开。而平时，则主要通过电话会议协商有关的事务，当然，必要时也可以召开特别会议。

资料来源：http：//baike. baidu. com/view/59 >> 63. html。

复习思考题

1. 简述中央银行的性质与职能。
2. 简述货币政策的最终目标及其相互关系。
3. 简述中央银行的主要业务。
4. 货币政策工具有哪些？

第十三章

政策性银行

如果一家银行的政策性业务和商业性业务是混合的，可能对银行的各层负责人是最舒服的事情，因为事情办得好的可以是商业性（业务），赚了钱机构也都有份，事情办得不好的推给政府，说是政策性的。

——周小川

【本章导读】

政策性银行，主要是指由政府创立或担保、以贯彻国家产业政策和区域发展政策为目的、具有特殊的融资原则、不以盈利为目标的金融机构。我国 1994 年成立政策性银行以来，按照国家产业政策和区域经济发展政策，加大了对重点产业、基础设施、进出口企业和农产品流通等领域的政策性信贷支持，为我国经济发展作出了重大贡献。但是政策性银行在发展中也积累了一定的矛盾和问题，单纯依靠政府融资，难为长久之计。目前，3 家政策性银行都在着手进行商业化改造。

第一节　政策性银行概述

一、政策性银行的定义

所谓政策性银行，主要是指由政府创立或担保、以贯彻国家产业政策和区域发展政策为目的、具有特殊的融资原则、不以盈利为目标的金融机构。我国政策性银行的金融业务受中国人民银行的指导和监督。

在经济发展过程中，常常存在一些商业银行从盈利角度考虑不愿意融资的领域，或者其资金实力难以达到的领域。这些领域通常包括那些对国民经济发展、社会稳定具有重要意义，投资规模大、周期长、经济效益低、资金回收慢的项目，如农业开发项目、重要基础设施建设项目等。为了扶持这些项目，政府往往实行各种鼓励措施，各国通常采用的办法是设立政策性银行，专门对这些项目融资。这样做，不但是从财务角度考虑，而且有利于集中资金，支持重大项目的建设。

二、政策性银行的特点

政策性银行不同于政府的中央银行，也不同于其他商业银行，它的重要作用在于弥补商业银行在资金配置上的缺陷，从而健全与优化一国金融体系的整体功能。与其他银行相比，政策性银行具有如下特点：

（1）从资本金性质看，政策性银行一般由政府财政拨款出资或政府参股设立，由政府控股，与政府保持着密切关系。德国复兴开发银行为政府所有，其中联邦政府占80%的股份，各州政府占20%的股份。法国的对外贸易银行，是由法国的中央银行持股24.5%，信托储蓄银行持股24.5%，以及其他大商业银行投资组成。

（2）从经营宗旨上看，政策性银行不以盈利为目的，而以贯彻执行国家的社会经济政策为己任。其主要功能是为国家重点建设和按照国家产业政策重点扶持的行业及区域的发展提供资金融通，一般包括支持农业开发贷款，农副产品收购贷款，交通、能源等基础设施和基础产业贷款，进出口贸易贷款等。但是不以盈利为目标并不意味着政策性银行都不盈利，或是都无视效益性，而仅仅是以经营的目标角度来讲，不追求盈利或利润最大化。

（3）从业务范围上看，政策性银行不能吸收活期存款和公众存款，主要资金来源是政府提供的资本金、各种借入资金和发行政策性金融债券筹措的资金，其资金运用多为长期贷款和资本贷款。政策性银行收入的存款也不作转账使用，贷款一般为专款专用，不会直接转化为储蓄存款和定期存款。所以，不会像商业银行那样具备存款和信用创造职能。政策性银行有自己特定的服务领域，不与商业银行产生竞争。它一般服务于那些对国民经济发展、社会稳定具有重要意义，投资规模大、周期长、经济效益低、资金回收慢的项目，如农业开发项目、重要基础设施建设项目等。

（4）从融资原则上看，政策性银行有其特殊的融资原则。在融资条件或资格上，要求其融资对象必须是从其他金融机构不易得到所需的融通资金的条件下，才有从政策性银行获得资金的资格，且提供的全部是中长期信贷资金，贷款利率明显低于商业银行同期同类贷款利率，有的甚至低于筹资成本，但要求按期还本付息。

（5）从信用创造能力看，政策性银行一般不参与信用的创造过程，资金的派生能力较弱。因为政策性银行的资金来源往往是由政府提供，而且贷款主要是专款专用，正常情况下不会增加货币供给。

第二节　我国三大政策性银行

一、我国组建政策性银行的原因

我国最初建立政策性银行，一方面是为经济体制改革转轨服务。由于我国经济正处于起飞阶段，从我国投融资体制来看，我国的经济长期受基础产业和基础设施瓶颈制约，受投资规模膨胀、社会资本短缺、产业结构不合理、地区经济发展不平衡等问题困扰，导致资源配置不合理，同时农业、进出口领域也迫切需要政府支持。为了适应社会主义市场经济体制的需要，政府需要建立政策性金融机构弥补市场经济条件下资源配备的不足，充分发挥金融机构在国民经济中宏观调控和优化资源的作用。

另一方面是我国金融体制改革和财政信用体制改革的需要。组建政策性银行之前，我国的信贷资金一直由中国人民银行、四大国有专业银行、财政等部门分散办理，政出多门，造成贷款的使用效率低下，四大国有专业银行长期集商业性金融和政策性金融于一身，难以建立完善的商业银行经营机制，也不能摆脱政府干预，实现自主经营。为了使当时的四大专业银行能够摆脱政策性业务，专心从事商业性业务，实行政策性金融和商业性金融的分离，解决专业银行一身二任的问题，我国创建了3家政策性银行。

1994年，国务院发出组建国家开发银行、中国进出口银行和中国农业发展银行的通知，3家政策性银行的业务范围主要集中在国家“两基一支”、农副产品收购和进出口信贷领域。10多年来，政策性银行为我国经济建设、宏观调控、农业和对外贸易的发展发挥了重要作用。

二、我国政策性银行简介

我国3家政策性银行已于1994年完成组建工作并开始运作，但当时专门的立法尚未完成，其业务开展的依据是各自的《银行章程》和《中国人民银行法》、《信贷资金管理暂行办法》的相关规定。

（一）国家开发银行

1. 国家开发银行的设立宗旨

国家开发银行成立于1994年3月17日，是一家以国家重点建设为主要融资对象的政策性投资开发银行，主要办理国家重点建设（包括基本建设和技术改造）的政策性贷款及贴息业务。其设立宗旨是为了更有效地集中资金保证国家重点建设，缓解经济发展的“瓶颈”制约，增强国家对固定资产投资的宏观调控能力，进一步深化投融资体制的改革。

2. 国家开发银行的地位和任务

国家开发银行是直属国务院领导的政策性金融机构，在金融业务上接受中国人民银行的指导和监督。其主要任务是按照国家的法律、法规和方针、政策，筹集和引导社会资金，支持国家基础设施、基础产业和支柱产业的大中型基本建设和技术改造等政策性项目及配套工程的建设，从资金来源上对固定资产投资总量进行控制和调节，优化投资结构，提高经济效益，促进国民经济持续、快速、健康发展。

3. 国家开发银行的资金来源和业务开展

（1）资金来源。国家开发银行的注册资本为500亿元人民币，由财政部核拨，中国人民银行不对国家开发银行提供资金。其资金来源的主要渠道是：①财政部拨付的资本金和重点建设基金；②国家开发银行对社会发行的国家担保债券和对金融机构发行的金融债券，其发行额度由原国家发展计划委员会和中国人民银行确定；③中国建设银行吸收存款的一部分；④邮政储蓄存款除按余额10%留存存款备付金外，主要用来购买国家开发银行发行的金融债券。

（2）业务开展。按照有关规定，国家开发银行经营和办理下列业务：①管理和运用国家核拨的预算内经营性建设基金和贴息资金；②向国内金融机构发行金融债券和向社会发行财政担保建设债券；③办理有关的外国政府和国际金融组织贷款的转贷，经国家批准在国外发行债券，根据国家利用外资计划筹借国际商业贷款等；④向国家基础设施、基础产业和支柱产业的大中型基本建设和技术改造等政策性项目及其配套工程发放政策性贷款；⑤办理建设项目贷款评审、咨询和担保等业务，为重点建设项目物色国内外合资伙伴提供投资机会和投资信息；⑥经批准的其他业务。

国家开发银行在办理上述政策性金融业务时，要实行独立核算，自主、保本经营，责权利统一，建立投资约束和风险责任机制。

4. 国家开发银行的组织体制与监督管理

（1）组织体制。国家开发银行在北京设立总部，根据精干、高效的原则设置若干职能部门，在行长领导下进行工作。原则上不设分支机构，随业务的发展，经批准可以在国内外设置必要的办事机构。国家开发银行对国家政策性贷款业务的拨付业务，优先委托中国建设银行办理，并对其委托的有关业务进行监督。国家开发银行设行长一人，副行长若干人，均由国务院任命；国家开发银行实行行长负责制，行长负责全行工作，副行长协助行长工作。国家开发银行行长主持行长会议，研究决定以下重大事项：①审定本行的业务方针、计划和重要规章；②审查行长的工作报告；③审定筹资方案，确定政策性贷款计划；④审查通过本行年度财务决算报告；⑤审定其他重大事项。

（2）监督管理。国家开发银行在金融业务上接受中国人民银行的指导和监督。同时，要设立国家开发银行监事会，由国家发展和改革委员会、财政部、中国人民银行、审计署、商务部等部门各出一位负责人以及国务院指定的其他人员组成。监事会主席由成员单位定期轮换担任，任期为3年。监事会受国务院委托，履行以下职责：①监督国家开发银行执行国家方针政策的情况；②监督国家开发银行资金使用方向和资产经营状况；③提出国家开发银行行长的任免建议。但监事会不干预国家开发银行的具体业务。

（二）中国农业发展银行

1. 中国农业发展银行的成立宗旨

中国农业发展银行成立于1994年11月18日，是一家以承担国家粮棉油储备、农副产品收购、农业开发等方面的政策性贷款为主要业务的政策性银行。其成立的宗旨是为了完善农村金融服务体系，更好地贯彻落实国家的产业政策和区域发展政策，促进农业和农村经济的健康发展。

2. 中国农业发展银行的地位和任务

中国农业发展银行是直属国务院领导的政策性金融机构，是独立的法人组织，实行独立核算，自主、保本经营，企业化管理。其主要任务是：按照国家的法律、法规和方针、政策，以国家信用为基础，筹集农业政策性信贷资金，承担国家规定的农业政策性金融业务，代理财政性支农资金的拨付，为农业和农村经济服务。

3. 中国农业发展银行的资金来源和业务范围

（1）资金来源。按照国务院《关于金融体制改革的决定》和《中国农业发展银行章程》的规定，中国农业发展银行的注册资本为200亿元人民币。其资本金从现在的中国农业银行资本金中拨出一部分解决，中国农业发展银行接管原中国农业银行和中国工商银行的农业政策性贷款（债权），并接受相应的中国人民银行的贷款（债务）。中国农业发展银行的资金来源主要是：①对金融机构发行的金融债券；②财政支农资金；③使用农业政策性贷款企业的存款；④对因季节性等原因出现先支后收的临时性需要，中国人民银行可视情况对中国农业发展银行总行发放少量短期贷款。

（2）业务范围。中国农业发展银行的业务范围如下：①办理由国务院确定、中国人民银行安排资金并由财政部予以贴息的粮食、棉花、油料、猪肉、食糖等主要农副产品的国家专项储备贷款；②办理粮、棉、油、肉等农副产品的收购贷款及粮油调销、批发贷款，办理承担国家粮、油等产品政策性加工任务企业的贷款和棉麻系统棉花初加工企业的贷款；③办理国务院确定的扶贫贴息贷款、老少边穷地区发展经济贷款、贫困县县办工业贷款、农业综合开发贷款以及其他财政贴息的农业方面的贷款；④办理国家确定的小型农、林、牧、水利基本建设和技术改造贷款；⑤办理中央和省级政府的财政支农资金的代理拨付，为各级政府设立的粮食风险基金开立专户并代理拨付；⑥发行金融债券；⑦办理业务范围内开户企事业单位的存款；⑧办理开户企事业单位的结算；⑨境外筹资；⑩经国务院和中国人民银行批准的其他业务。

4. 中国农业发展银行的组织体制和监督管理

（1）组织体制。按照国务院《关于金融体制改革的决定》、《关于农村金融体制改革的决定》（1996年）和《中国农业发展银行章程》的规定，中国农业发展银行在机构设置上实行总行、分行、支行制，总行对分行、支行实行垂直领导的管理体制。中国农业发展银行的总行设在北京，按“精减、高效”原则适当增设中国农业发展银行的分支机构，基本实现业务自营。在中国农业发展银行总行、省级分行设立营业部，在地（市）、县（市）设立分行、支行；地（市）、县（市）同在一地的，只设一个机构；业务量小的县（市）可不设分支机构，其业务由中国农业银行等金融机构代理。中国农业发展银行分支机构的设置，须经人民银行批准。

中国农业发展银行设行长一人，副行长若干人，均由国务院任命。中国农业发展银行实行行长负责制，行长为法定代表人，负责全行工作，副行长协助行长工作。中国农业发展银行行长主持行长会议，研究决定以下重大事项：①本行的业务方针、计划和重要规章制度；②行长的工作报告；③国家重点农业政策性贷款项目；④本行年度决算报告；⑤有关本行的其他重大事项。

中国农业发展银行分行的正、副行长由总行任命，支行正、副行长由所在省、自治区、直辖市分行任命。

（2）监督管理。中国农业发展银行在业务上接受中国人民银行的指导与监督，应按规定向中国人民银行交存存款准备金。同时，要设立中国农业发展银行监事会。监事会由中国人民银行、国家发展和改革委员会、财政部、农业部、商务部等有关部门选派的人员组成，报国务院批准。监事会设主席一人，由国务院任命。监事会的主要职责是：①监督中国农业发展银行执行国家方针政策的情况；②检查中国农业发展银行的业务经营和财务状况；③查阅、审核中国农业发展银行的财务会计报告和其他财务会计资料；④监督、评价中国农业发展银行行长的工作，提出任免、奖惩建议。监事会不干预中国农业发展银行的具体业务。

按《中国农业发展银行章程》的规定，中国农业发展银行监事会每年举行两次会议，由监事会主席召集并主持，必要时可召开临时会议。监事会会议应有全部成员的2/3以上出席（包括委托代表出席）方可召开，决议事项须经全体监事会成员半数以上通过。

5. 中国农业发展银行的经营管理

中国农业发展银行实行统一计划、指标管理、统筹统还、专款专用的资金计划管理办法，其财务会计制度按照《会计法》、《企业会计准则》、《企业财务通则》和财政部有关金融、保险企业财务、会计制度执行。中国农业发展银行以公历自然年度为会计年度，每年向财政部报送年度财务决算。中国农业发展银行基本财务报表为资产负债表和损益表，每年定期公布，并由我国的注册会计师和审计事务所出具审计报告。中国农业发展银行负责农业政策性贷款的审批、发放、管理、监督和检查。中国农业发展银行可以采取委托代理方式办理业务。中国农业发展银行对接受其他部门委托发放的低息贷款，按委托协议办理。中国农业发展银行职员实行行员制。

（三）中国进出口银行

1. 中国进出口银行的法律地位和任务

中国进出口银行成立于1994年7月1日，是直属国务院领导的政策性金融机构，具有法人资格，实行自主、保本经营，企业化管理。在业务上接受财政部、商务部、中国人民银行的指导和监督。其任务主要是为机电产品和成套设备等资本性货物进出口提供政策性金融支持。

2. 中国进出口银行的资金来源与业务范围

（1）资金来源。中国进出口银行的注册资本为33.8亿元人民币，其资本金由财政部核拨，资金来源主要是财政专项资金和对金融机构发行的金融债券，也可从国际金融市场筹措资金，中国人民银行不提供资金。2000年财政又增加其资本到50亿元。

（2）业务范围。中国进出口银行的主要业务范围如下：①为机电产品和成套设备等资本性货物进出口提供卖方信贷、买方信贷；②与机电产品出口信贷有关的外国政府贷款、混合贷款、出口信贷的转贷，以及我国政府对外国政府贷款、混合贷款的转贷；③国际银行间的贷款，组织或参加国际、国内银团贷款；④出口信用保险、出口信贷担保、进出口保险和保理业务；⑤在境内发行金融债券和在境外发行有价证券（不含股票）；⑥经批准的外汇经营业务；⑦参加国际进出口银行组织及政策性金融保险组织；⑧进出口业务咨询和项目评审，为对外经济技术合作和贸易提供服务；⑨经国家批准和委托办理的其他业务。如为中国银行的成套机电产品出口信贷办理贴息及出口信用担保。

3. 中国进出口银行的组织体制

中国进出口银行本部设在北京，不设营业性分支机构，信贷业务由中国银行或其他商业银行代理，但可在个别大城市设派出机构（办事处或代办处），负责调查统计，监督代理业务等事宜。

中国进出口银行设董事会，实行董事会领导下的行长负责制。行长为法定代表人。董事会由董事长1人，副董事长2人，董事若干人组成；正副董事长由国务院任命，董事由有关部门提名，报国务院批准。董事会作为中国进出口银行的最高决策机构，对国务院负责。其主要职责是：①根据国家产业政策和外贸政策，审定本行的中长期发展规划、经营方针和年度计划；②听取和审定行长的工作报告，监督本行的财务会计和国有资产的保值增值工作；③审查通过本行的财务预算、决算方案以及税后利润分配方案；④讨论决定提供出口信贷的国别政策及担保、信贷风险等重大决策；⑤审定银行内部机构的设立、撤销和职能的变动；⑥审定重要的财务管理等规章制度；⑦审议重要的人事管理规章制度及其他重大事项。中国进出口银行董事会应定期召开会议，如遇重大事件时，可临时召开会议。董事会由董事长召集并主持，董事长因故不能出席时，可委托副董事长召集和主持。董事会会议应由全部董事的2/3以上出席方可举行；董事会作出决议必须经全体董事的过半数通过。

中国进出口银行设行长1人，副行长若干人。行长、副行长由国务院任命，其他人事任免，按有关规定办理。进出口银行行长负责主持银行全面经营管理工作，副行长按照分工协助行长工作。行长的主要职责是：①负责本行全面经营管理工作；②组织实施董事会决议；③定期向董事会报告工作；④组织制定本行的发展规划、经营方针和年度经营计划；⑤组织制定本行的财务预算、决算方案以及税后利润分配方案；⑥组织拟定本行的人事管理、财务管理等规章制度；⑦组织拟定本行的机构设立、撤销和职能方案；⑧董事会授予的其他职责。

4. 中国进出口银行的经营管理、财务会计及监督管理

（1）经营管理。中国进出口银行实行独立核算、企业化管理，依法纳税；按国家有关规定自主决定人员聘用和辞退；根据国家有关法规和政策，按国务院发布的行员工资制度决定职工的报酬。

（2）财务会计。中国进出口银行按照《会计法》、《企业会计准则》、《企业财务通则》和财政部有关金融、保险企业财务、会计制度等规定，制定本行财务管理、会计核算的实施细则。

（3）监督管理。中国进出口银行按国家有关规定向政府有关部门报送会计报表，并接受财政部、审计署的监督。同时，要建立银行内部稽核制度，在行长领导下对银行财务收支进行审计。

值得注意的是2008年12月16日国家开发银行股份有限公司在北京正式揭牌成立，标志着国家开发银行已经完全由一家政策性银行转型为股份制商业银行。以此为开端，另外两家政策性银行的商业化改造也已经开始。因此，目前三大政策性银行的组织机构、监管机构与上述历史情况发生很大的改变。本章将在下面一节对此详细介绍。

第三节　我国政策性银行的商业化改造

2008年12月16日国家开发银行股份有限公司在北京正式揭牌成立，标志着我国政策性银行的商业化改革在金融业正式展开。

一、我国政策性银行的制度缺陷

我国1994年成立政策性银行以来，按照国家产业政策和区域经济发展政策，加大了对重点产业、基础设施、进出口企业和农产品流通等领域的政策性信贷支持，为我国经济发展作出了重大贡献。但是政策性银行在发展中也积累了一定的矛盾和问题：

(1) 缺乏相关法律制度保障业务运营。我国政策性银行至今没有单独的立法，成立时国务院的批复文件也没有根据发展条件的变化而修订，成为政策性银行业务进一步发展的瓶颈。而国外政策性银行一般是先立法，再依法设立并经营，金融制度通过立法确定，并根据情况变化及时修订和补充，如《日本开发银行法》、《韩国产业银行法》等。

(2) 国家信用和担保内容缺失。国家开发银行属于政府独资经营的政策性银行，享有准财政资信等级，这是国家开发银行运营的基础。但我国政策性银行的国家信用缺乏实质性内容，在资本金补充、财政补贴、税收政策等主要方面的支持有限，与国际上规范的政策性银行相比，存在较大差距。

(3) 资本金及充足率不足。我国政策性银行目前尚未形成资本金补充机制，资本充足率有下降趋势。而国外政策性银行除了实收资本外，还注重增加资本准备，资本充足率与政府给予的国家信用支持相匹配，通常高于一般商业银行。

(4) 银行功能不完善，管理手段不到位。近年来，国外开发性银行正由专业银行向综合银行转变，在传统银行业务基础上开拓资本市场业务。而我国国家开发银行的业务范围过于狭窄，主要资产业务仍为单纯贷款业务，缺少国外同业所从事的债券、股本投资以及担保等创新业务，难以运用市场化、商业化手段实现政策性目标，随着金融体制改革的推进和市场开发程度的深入，将难以满足客户日趋多样化的需求，难以适应市场要求。

(5) 缺乏健全的风险管理体系。国外政策性银行主要通过构筑政策支持体系建立风险管理体系，保证贷款回收和防范、化解风险，其核心是建立可靠的担保体系，优先清偿债务，以及资产证券化等。而我国政策性银行这方面的支持和手段较少，运营中有较大的风险。因此，提高信贷决策质量、建立和改进信贷风险管理是政策性银行发展的迫切需要。

二、我国政策性银行商业化改造的对策

回顾历史，我国在1994年建立3家政策性银行时，基本思路是模仿日本模式，即以政府补贴和非盈利为目标，该模式此后逐渐陷入困境。进入21世纪，改革政策性银行的呼声日渐高涨，而国家开发银行也通过有效引入商业化运行模式，成为3家政策性银行中最成功的典范。政策性金融与商业性金融的分离，曾经是我国金融体系改革中的重大制度突破。随着金融问题逐渐成为决定我国经济增长和社会进步的重要环节，金融体系中各个层面的制度优化问题再次摆到了我们面前。其中，对于政策性金融在我国金融发展中的重新定位，也成为推进金融改革与提高金融效率的重要突破点。

2007年全国金融工作会议明确提出推进政策性银行改革，按照分类指导、“一行一策”的原则，首先推进国家开发银行改革，按照建立现代金融企业制度要求，全面推行商业化运作，自主经营、自担风险、自负盈亏，主要从事中长期业务。进出口银行和农业发展银行也要进行内部改革，增强资本实力，为进行全面改革创造条件。继续发挥政策性金融围绕国家战略任务、支持经济社会发展的任务，逐步改革政策性金融业务运作机制，实行公开透明的招标制，财政给予必要的贴息等风险补偿。

2007年12月31日，中投公司向国家开发银行注资200亿美元，国家开发银行资本实力显著增强。2008年3月，国务院批准国家开发银行改革实施总体方案，方案明确国家开发银行将按照《公司法》和《商业银行法》要求，建立健全公司治理结构，改制为一家以市场为导向的股份制商业银行，主要通过发债筹集资金，开展中长期信贷与投资等金融业务，为国民经济中长期重大发展战略服务。条件成熟时，可择机上市，标志着国家开发银行商业化转型正式启动。2008年12月16日，国家开发银行股份有限公司挂牌成立，标志着国家开发银行改革发展进入了新阶段，也是我国银行业改革开改30年迈出的重要一步。

国家开发银行的改革经验表明我国政策性银行在商业化改造的过程中要注意处理好以下几个方面的问题：

（1）正确处理政策性银行改革和发展的关系，积极推进政策性银行改革转型。督促政策性银行树立科学发展观和全局观，改变盲目扩张业务，上项目、铺摊子的粗放经营模式，提高依法经营意识，加强内部管理和内部控制，建立自我约束的良性发展机制，更好地服务于国家经济建设和产业结构调整。同时认真研究政策性银行改革发展中的问题，通过改革手段解决政策性银行体制不顺、内部管理薄弱等根本问题。对政策性银行的监管要积极适应政策性银行改革转型需要，不断进行监管创新。

（2）尽快制定专门针对政策性银行监管的相关法律、法规，将政策性银行监管纳入法制化、规范化。尽快完善金融监管法律体系，出台政策性银行条例，实施依法监管。在制定法规时，要根据各家政策性银行的不同特点和业务范围，分别制定政策性银行法律或条例，明确政策性银行的性质、职能和任务、组织模式、业务范围和基本业务规则、与商业银行的关系、财务会计、监督管理和法律责任，不断完善对政策性银行进行金融监管的法规体系，使政策性银行监管制度化、规范化，从而保证政策性银行的健康发展。

（3）认真把握政策性银行的特殊性，实施差别监管。制定适合政策性银行经营管理的专门监管指标和内容。一是监管政策性银行执行国家政策的效果，看其是否及时贯彻国家宏观经济政策和产业政策，贷款投向是否合理等。二是坚持合规监管和风险监管并重，制定科学的监管指标和内容，完善非现场监管指标体系，在继续做好合规监管的同时，加强内部控制有效性、资产负债匹配、贷款长期风险、资本充足率是否达到国际通行的标准等监管。三是尽快推进政策性业务和商业性业务分账管理。并账管理由于政策性业务和商业性业务混合，容易产生商业性业务风险转嫁政策性业务的风险，因此要对目前政策性业务和商业性业务尽快进行分账改革，提高监管效果。

（4）加强政策性业务的指导，规范政策性业务管理。有关部门要根据国家经济发展战略和年度经济发展规划，考虑政策性银行的资本金来源和融资规模、经营范围、经营目标及业务特点，定期制定政策性业务的发展规划，将政策性业务细化，使政策性业务的开办能够顺应国家经济发展的整体战略，提高金融资源配置的效率，增加社会整体福利。

（5）加强各方监管合作，提升监管效果。各监管部门之间应建立畅通的信息沟通渠道，实现信息共享，如建立联席会议，通报检查计划、情况和结果，采用统一的数据指标标准及建立统一的信息库等。在信息共享的基础上建立协商机制，作出整体效果一致而不是互相掣肘的监管决策，以尽早发现问题，提高监管效果。

（6）完善政策性银行激励机制，规范信息披露和公司治理。由于政策性银行业务日趋复杂化，外部监管和银行之间存在信息不对称，设计最优的激励机制鼓励银行控制风险和完成国家政策任务非常关键。同时，对世界各地发生的银行危机的研究表明，在公司治理、法律和信息披露制度不完善的国家，政府监管机构的外部监督很难有效地保证银行体系的稳定，应加强政策性银行信息披露，利用市场力量作为政府监管的补充机制来控制银行的风险，充分发挥市场约束作用，促使政策性银行加强经营管理和提高经营效率。

专栏

国家开发银行挂牌：商业化改革迈出关键一步

12月16日，北京阜成门外大街29号，国家开发银行位于此间的办公大楼内呈现出一派热烈欢庆的景象。

商业化改革启动近两年后，国家开发银行股份有限公司终于正式挂牌成立。这不仅是国家开发银行自身改革所迈出的关键一步，也意味着我国政策性银行改革取得重大进展。

作为政策性银行中成功的典范，国家开发银行为大量有助于实现经济社会发展目标的中长期项目提供了资金，而在各项经营指标上，则丝毫不逊色于任何一家国内商业银行。实现向商业银行的转型后，国家开发银行面临的压力将有增无减，国家开发银行能否继续保持其优异业绩？

注资→剥离不良资产→成立股份公司→引进战略投资者→上市，被视为商业银行改革的几个必经步骤。国家开发银行改革会否遵循这一路径？如果回答为肯定，那么“正式挂牌”是否意味着“引进战略投资者”、“上市”等后续改革行动也将提上日程？

国家开发银行股份公司挂牌后，商业化转型仍将面临诸多挑战，后续改革将于何时以何种方式启动，人们仍将拭目以待。

国家开发银行披露，新成立的国家开发银行股份有限公司承继原国家开发银行全部资产、负债、业务、机构网点和员工，国家开发银行原有的营业机构、商标、互联网域名和咨询服务电话等保持不变，由股份公司继续使用，各项业务照常进行。

新公司注册资本为3000亿元。公司股份总额为3000亿元，每股面值为人民币1元，其中，财政部出资共计人民币1539.08亿元，折合股本1539.08亿元，持股比例为51.3%，中央汇金注资共计1460.92亿元，折合股本1460.92亿元，持股比例为48.7%。

去年12月底，汇金公司向国家开发银行注资200亿美元，汇金公司和财政部共同成为国家开发银行的大股东，各持有50%股权。但在新成立的股份公司中，汇金和财政部在新公司的持股比例略有差异，这一现状与此前业界盛传的国家开发银行将复制“工行模式”的消息并不相符。

新公司对重要人事安排也作出明确公布。而从酝酿到设立，国家开发银行股份公司成立历时不短。

2007年年初全国金融工作会议确定，国家开发银行将在3家政策性银行中率先进行改革。按照建立现代金融企业制度的要求，全面推行商业化运作，自主经营、自担风险、自负盈亏，主要从事中长期业务。国家开发银行改革的总体方向由此得以确立。

随后，国务院成立了国家开发银行改革工作小组，由中国人民银行牵头、财政部、银监会、商务部、国务院法制办等部门参与起草改革方案，确定国家开发银行改革的具体操作路径。

随后，汇金公司和国家开发银行在北京签署协议，向国家开发银行注资200亿美元，与财政部并列为国家开发银行的两大发起人。2008年12月1日，国家开发银行股份有限公司正式创立，确定了公司章程以及第一届董事会、监事会、高级管理人员团队。

从2007年正式启动商业化改革到股份公司正式成立，国家开发银行改革已经历时两年，改革的艰巨性和复杂性由此可见一斑。

国家开发银行改革涉及到的一个根本性问题是——商业化转型后，原本享有的国家信用能否存续？国家信用存续与否将直接影响到国家开发银行的筹资成本。

在股份公司挂牌当天，银监会对国家开发银行的债券风险和担保评级进行了明确规定。国家开发银行挂牌前发行的存量人民币债券风险权重全部为零，挂牌后新发行的债券风险在2010年底前为零，2010年后由银监会按市场化原则另行研究确定规则。

与一般商业银行主要通过吸收存款不同的是，国家开发银行的资金来源主要通过在债券市场发债。作为中国债券市场中仅次于财政部和央行的第三大发债主体，国家开发银行金融债券存量占全国银行间市场债券存量的20%。国家开发银行转型后是否能依旧享用准国家信用，关系着其能否在债券市场上以较低的成本融得资金。

按照银监会现行规定，长期信用评级为AAA到AA-的商业银行，其发行金融债的风险权重为20%，评级为A+到A-的，其风险权重计为50%，BBB+到BBB-的则计为100%。国家开发银行因享有国家信用支持，其发行的债券风险权重被计为0。由于购买主权级债券对商业银行的资本金不会发生占用，国家开发银行债券受到市场欢迎。

2010年过渡期结束后，国家开发银行债券的信用评级显然不会再和以前一样和国债同等级别，商业银行持有国家开发银行债券将占用其资本金，投资者的购买意愿会发生变化，国家开发银行的资本金也必然有所上升。

资料来源：金融时报，2008年12月17日，http：//www.sina.com.cn。

复习思考题

1. 政策性银行的特点是什么？
2. 我国3家政策性银行的业务有什么区别？
3. 我国政策性银行的制度缺陷有哪些？

第四篇

金融理论篇

第十四章

货币需求理论

即使是爱情也不会像对货币性质的思考那样能捉弄人。

——W·E·格拉德斯通

货币确实重要——任何关于在经济活动中的短期运动的解释，如果忽视货币变化及其带来的影响，如果不能解释为什么人们现实中持有一定量的名义货币，那么这些解释很有可能是严重错误的。

——弗里德曼

【本章导读】

货币理论的基石是货币供求规律，即货币的需求与供给相互作用。毫无疑问，货币需求理论是货币理论的重要组成部分。货币需求是指一国经济发展在客观上需要多少货币量。货币需求理论所研究的内容包括货币需要量由哪些因素决定，货币数量同就业、产量、收入和物价等各种实际经济变量之间的关系。本章主要描述了货币需求理论的演进历程。从传统货币数量论到凯恩斯的货币需求理论，最后探讨米尔顿·弗里德曼的现代货币数量理论。

从历史上看，经济学家曾经从两个不同的角度来探讨货币需求。一是从社会的角度出发，仅仅把货币视为交易的媒介，从而探讨为完成一定的交易量，需要有多少的货币来支撑。马克思的货币必要量公式和费雪的交易方程式都属于这种类型。另一个则是从微观的个人角度出发，把货币视为一种资产。也就是说，它和股票、债券，以及各种实物资产一样，是人们持有财富的一种形式，不同之处仅在于，它还具有交易媒介的职能。从这一角度出发，货币需求不是被理解为经济中为完成一定的交易量所需要的货币量，而是被理解为人们愿意以货币这种形式持有的财富量。自剑桥学派提出现金余额说以来，经济学家们主要是从后一角度来讨论货币需求。

第一节　传统货币数量论

传统货币数量论最早产生于17世纪，当时并不是完整系统的论述，而是散见在许多学者的论述中。其主要意思是货币本身没有内在价值，对经济并不发生实质性的影响，物价水平的变动由货币数量的多少决定。在20世纪30年代传统货币数量论发展到了顶峰，并采取了数学的表达方式。其代表人物是配弟、休谟、李嘉图、费雪、马歇尔和庇古等。而其中最有影响的是费雪，他使早期的货币数量论形成了比较完整的理论体系。他的观点主要反映在其交易方程式中，后来的剑桥学派提出了余额方程式，这两个方程式看起来不同，交易方程式中的货币量是指交易中的货币量，余额方程式中的货币量是指为进行交易而暂时保存在手边的货币量，因而实际上两者数值终归一致。下面分别介绍欧文·费雪的现金交易数量说和剑桥学派的现金余额数量说。

一、现金交易数量说

美国经济学家欧文·费雪（Irving Fisher）在他1911年出版的《货币的购买力》（Purchasing Power of Money）一书中，对古典的货币数量论（Quantity Theory of Money）进行了最好的概括。在这本书中，他提出了著名的“交易方程式”（Equation of Exchange），即

$$MV_T = PT \tag{14-1}$$

式中，M代表在一定时期内流通货币的平均量；V_T代表货币的平均流通速度；P是适当选定的一个价格平均数，代表所有交易商品或劳务的平均价格；T则是一个适当选定的数量指标，代表了该时期内商品或劳务的总交易量，因此，PT代表的是该时期内商品或劳务交易的总价值。显然，这是一个恒等式，它仅仅描述了这样一个简单的事实：在交易中发生的货币支付总额（MV）等于被交易商品或劳务的总价值（PT）。

由于所有商品或劳务的总交易量资料不容易获得，而且人们关注的重点往往也在于国民收入，而不在于总交易量，所以交易方程式通常被写成

$$MV = PY \tag{14-2}$$

式中，Y代表以不变价格表示的一年中生产的最终产品和劳务的总价值，也就是实际国民收入；P代表一般物价水平（用价格指数表示），因此PY即为名义国民收入；V则代表一年中每一元钱用来购买最终产品或劳务的平均次数，即货币的收入流通速度。相应地，式（14-1）中的V_T被称为货币的交易流通速度。下文的讨论，主要围绕式（14-2）展开。

费雪提出其现金交易数量说的基本观点时，曾作了几个重要的假设。首先，费雪认为，货币流通速度（V_T或V）是由制度因素决定的，具体地说，它取决

于人们的支付习惯、信用的发达程度、运输与通信条件及其他与流通中的货币量无关的社会因素。由于这些因素是随时间的推移而缓慢变化的，所以在短期内可以将货币的流通速度视为一个常数。

其次，费雪认为通过工资和物价的灵活变动，经济会保持在充分就业的水平上，因而实际国民收入 Y 在短期内也将保持不变。由于 V 和 Y 都保持不变，所以货币供应量 M 的变化就将完全体现在价格 P 的变化上。这样可以得出传统货币数量论的一个重要观点：货币供应量的变化将引起一般物价水平的同比例变化。

从交易方程式中不难得出货币需求的表达式。以式（14-2）为例，只要等式的两边同除以 V，就可得

$$M = \frac{1}{V}PY$$

在货币市场均衡的情况下，货币存量（M）就等于人们所愿意持有的货币量，即货币需求（M^d）。因此有

$$M^d = \frac{1}{V}PY \tag{14-3}$$

式（14-3）就是由传统货币数量论导出的货币需求函数。从中可以看出，货币需求取决于货币流通速度和名义国民收入。而根据货币数量论的观点，货币流通速度是一个相对固定的量，所以货币需求就取决于名义国民收入。

式（14-3）具有一定的理论和实践意义。在货币流通速度变化比较平稳的时期，中央银行常常利用它来预测货币需求。但是这样做要冒很大的风险，因为即便对货币流通速度预测的误差只有1%，用它去除名义国民收入预测值之后所得的货币需求预测值误差仍是相当惊人的。

费雪的现金交易数量说表明：货币需求仅仅是收入的函数，利率对货币需求没有影响。费雪之所以得出这一结论，是因为他相信人们持有货币仅仅是为了进行交易，而没有多大的自由来选择所希望持有的货币数量。

二、现金余额数量说

传统货币数量论的另一个版本——现金余额数量说是由剑桥的经济学家马歇尔、庇古等人发展起来的。它虽然得出了和现金交易数量说完全相同的结论，但是分析的出发点却完全不同。它首先将货币视为一种资产，然后探讨哪些因素决定了人们对这种资产的需求，并最终得出货币量和价格水平同比例变动的货币数量论观点。虽然现金余额数量说的最终结论是错误的，但是它作为一种货币需求理论却影响至深，开创了从个人的资产选择角度来探讨货币需求的分析方法。

在剑桥经济学家看来，影响人们希望持有的货币额的因素主要有三：一是个人的财富总额；二是持有货币的机会成本；三是货币持有者对未来收入、支出和

物价等的预期。

上述分析表明，剑桥学派的经济学家已经考虑到了影响货币需求的多种因素。但遗憾的是，他们在作出结论的时候，把其他因素都忽略了，而只是简单地断定人们的货币需求同财富的名义值成比例，财富又同国民收入成比例，所以货币需求就同名义国民收入成比例。即：

$$M^d = kPY \tag{14-4}$$

式中，k 为比例系数，代表了人们愿意以货币这种形式持有的名义国民收入的比例。

剑桥学派还假定，货币供给 M 和货币需求 M^d 会自动趋于均衡，于是便有

$$M = kPY$$

这便是著名的剑桥方程式。如果把 k 看成一个常数，该方程式和费雪的交易方程式就只有符号的不同，只需令 $k=1/v$，它们便完全一样了。从中也可以得出名义国民收入决定于货币供应量，乃至物价水平与货币供应量成比例的货币数量论观点（后一个论点只需进一步假定实际国民收入固定在充分就业水平上即可得出，而这一假定在古典经济学家看来，是不言自明的）。事实上，剑桥学派的经济学家正是这样推导出了传统货币数量论的另一个版本。

罗伯特森把剑桥学派的现金余额数量说概况为“静止的货币”，即基于某一时点的特定货币价值量的存量概念。而把费雪的“现金交易数量说”归为“飞翔的货币”，暗示为一种流量方法，即定义为一定时间间隔中的货币数量，如 1 年。因此，剑桥学派给出了给定一定水平交易额的货币流量的静态图，而费雪则提供了一幅货币与交易额流量的动态图。

综合现金交易数量说和现金余额数量说，可以得出传统货币数量论的主要观点是：

（1）认为货币的功能只是交易媒介。

（2）假定经济处于“充分就业”水平，货币流通速度和商品产量在短期内不会有大的变化，可视为常数。

（3）认为物价水平取决于货币数量的变化，随货币数量的变动而变动。也就是说，货币供应量的增加会直接引起物价同比例上升，达到通货膨胀的境地。

（4）认为货币政策应是控制货币量的增长以稳定币值和物价。

这里要指出的是，在早期的货币需求理论中，除了货币数量论外，还有非货币数量论即商品价格论观点，如斯图亚特的观点，该观点认为不是货币数量决定商品价格，而是商品价格决定货币数量，但这种观点并未形成一个很有影响的主流学派。

“在第一次世界大战前的几年里，货币数量理论的两大组成部分，欧文·费雪的交易理论与马歇尔和他学生们的货币需求存量理论都在其支持者的努力下结

出了丰硕的果实，这一事实结合当时在货币经济学中占有统治地位的思想——货币经济学家的主要职责便是解释一般物价水平变动——赋予了货币数量论在货币理论中曾经有过的最高地位，前无古人，后无来者。”（Laidler，1993）（戴维·莱德勒，《数量论的黄金时代》）

第二节　凯恩斯的流动性偏好论

作为古典经济学宏观经济理论的传统货币数量论认为货币只影响物价，而不影响就业和产量。20 世纪 30 年代空前严重和持久的经济大危机宣告了古典经济理论的破产。正是在这种历史背景下，凯恩斯提出了新的货币理论。

约翰·梅纳德·凯恩斯（John Maynard Keynes）在 1936 年出版的著名的《就业、利息和货币通论》一书中，摒弃了古典学派将货币流通速度视为常数的观点，提出了一种强调利率重要性的货币需求理论。凯恩斯继承了剑桥学派的分析方法，从资产选择的角度来考察货币需求。凯恩斯对人们持有货币的各种动机进行了详尽的分析，并进而得出了实际货币需求不但受实际收入的影响，而且也受利率影响的结论。这一结论隐含着另一个重要的含义，那就是：货币流通速度也是受利率影响的，因而是多变的。

凯恩斯将人们持有货币的动机称为流动性偏好，所以凯恩斯的货币需求理论也被称为流动性偏好论（Liquidity Preference Theory）。

一、持有货币的三种动机

凯恩斯将人们持有货币的动机分为 3 类，即交易动机、预防动机、投机动机。相应地，货币需求也被分为 3 部分：交易性需求、预防性需求、投机性需求。

1. 交易性需求

货币的交易性需求是指企业或个人为了应付日常的交易而愿意持有一部分货币。这是由于货币的交易媒介职能而导致的一种需求。遵循这一古典传统，凯恩斯强调货币的交易性需求主要取决于人们的交易规模，虽然货币的交易性需求也受其他一些次要因素的影响，但它主要还是取决于收入的大小。所以与古典经济学家的观点一致，他假定货币需求的交易部分与收入成比例。

2. 预防性需求

凯恩斯还认为，人们之所以持有货币，不但是为了完成当期交易，而且还用来预防意料之外的需求，这一认识使得凯恩斯超越了古典分析的框架。货币的预防性需求是指企业或个人为了应付突然发生的意外支出，或者捕捉一些突然出现的有利时机而愿意持有的一部分货币。例如，在途经一家商场时，恰巧发现你一直想要购买的商品正在特价销售，此时如果你持有为预防诸如此类事件发生的货币，你就可以立即购买，否则就只能错失良机了。根据凯恩斯的观点，人们愿意持有的预防性的货币余额的数量主要取决于人们对未来交易规模的预期，并且这些交易与收入成比例。因此，他假定出于预防动机的货币持有与收入成正比。

3. 投机性需求

凯恩斯货币需求理论的真正创新之处在于他引入了对货币的投机性需求的分析，从而强调了利率在货币需求中的影响。这一点对于他的整个宏观经济理论体系也是至关重要的。

所谓货币的投机性需求是指人们为了在未来某一适当的时机进行投机活动而愿意持有一部分货币。为分析方便起见，凯恩斯假定人们可以以两种形式来持有其财富：货币或生息资产，后者可以用长期政府债券来作代表。因此，影响财富在这两者之间进行分配的因素也就是影响货币投机性需求的因素。

那么究竟有哪些因素会影响人们在货币和生息资产之间的选择呢？凯恩斯认为，这主要取决于这两种资产分别能给人们带来多少预期报酬。他假定，货币的预期报酬率为零，债券等生息资产却可能有两种报酬——利息和资本利得。利息收入显然取决于利率的高低。资本利得则是指债券的卖出价和买入价之间的差额，也是和利率相关的。我们知道，债券的价格是和利率成反向变化的。因此，预期资本利得的大小取决于预期的利率波动。那么人们又是如何预测未来利率波动的呢？凯恩斯假定，每个人心目中都会有一个利率的"安全水准"。当利率低于这个安全水准时，人们就会预期它将上升；反之，当利率高于这个安全水准时，人们就预期它将下降。因此，预期资本利得就取决于当前利率与安全利率的偏离程度。

由此至少有两个理由相信货币的投机性需求与利率成反向变化。首先，当利率较高时，持有生息资产的利息收入较大；其次，当利率较高、高于安全利率时，在未来时期内下降的可能性也较大，所以持有生息资产获得资本利得的可能性也较大。这两方面因素加起来，就使利率越高，生息资产越有吸引力，货币的投机性需求越小。反之，当利率水平很低时，从生息资产上获得的利息收入还不足以补偿可能的资本损失，人们就宁愿持有货币。在极端情况下，当利率水平低到所有人都认为它肯定将上升时，货币的投机性需求就可能变得无限大，任何新增的货币供给都会被人们所持有，而不会增加对债券的需求，结果使利率进一步下降。这就是后人所谓的"流动性陷阱"。

二、凯恩斯的货币需求函数

将上面的讨论归纳起来，就可以得到凯恩斯的货币需求函数。应该注意的是，凯恩斯讨论的货币需求是实际的货币需求，而不是名义的货币需求。他认为，人们在决定持有多少货币时，是根据这些货币能够购买到多少商品来决定的，而不是仅仅看货币的面值是多少。实际货币需求可由名义货币需求除以价格水平，(也就是 M^d/P) 来表示。

凯恩斯把与实际收入成正向关系的交易性需求和预防性需求归在一起，称为 L_1，它随实际收入的增加而增加，即 $L_1 = L_1(Y), dL_1/dY > 0$。把受利率影响的投机性需求称作 L_2，它随利率的上升而减少，即 $L_2 = L_2(i), \mathrm{d}L_2/\mathrm{d}i < 0$。把这两项合起来，就得到以下的货币需求函数

$$\frac{M^d}{P} = L_1(Y) + L_2(i) \tag{14-5}$$

显然，由式 (14-5) 描述的货币需求同实际收入成正向关系，与利率成反向关系。

由货币需求对利率的敏感性可以得出下面一系列与货币数量论格格不入的结论：

(1) 货币需求是不稳定的。由于市场利率往往有较大的波动，受其影响，人们对货币这种资产的需求也会有较大的波动。而且，由于人们对于安全利率的看法也会发生变化，所以货币需求函数本身也是不稳定的，它会随人们对安全利率看法的变化而发生变化。这样，货币需求与利率和实际收入之间就缺乏稳定的关系。因此，货币需求不但是波动的，而且是难以预测的。

(2) 在货币需求波动较大的情况下，货币流通速度也必然有较大的波动。在货币市场均衡的情况下，恒等式 $MV = PY$ 即可写成 $M^dV = PY$，从中可得

$$V = \frac{PY}{M^d} = \frac{Y}{L_1(Y) + L_2(i)} \tag{14-6}$$

也就是说，货币流通速度是和实际货币需求成反向关系的。这样，当实际货币需求随利率的涨落而发生波动时，货币流通速度也就随之波动。

(3) 在货币流通速度波动很大的情况下，货币量 M 与名义收入 PY 之间就不具有稳定的关系，因而名义收入完全由货币量决定的货币数量论观点就不能成立。例如当货币供给增加时，利率将下降，从而实际货币需求上升，由式 (14-6) 可以看出货币流通速度将因此下降。这样，货币供应量的增加就可能完全为货币流通速度的减小而抵消，从而对名义收入没有任何影响。更进一步讲，在货币流通速度不稳定的情况下，交易方程式虽然是一个随时都成立的恒等式，但其本身并不能说明任何问题。这也是凯恩斯抛弃交易方程式这一分析工具的重要原因。

凯恩斯将货币同实物经济紧密联系起来，使货币贯穿在一般理论体系中，成为一个必不可少的、非常独特而重要的范畴。特别在资本边际效率理论、流动偏好理论、工资与就业理论、经济危机理论、物价一般理论等领域，居于更为突出的重要地位。这是凯恩斯货币理论的一大变更，也是对传统货币数量论的补充和发展。尽管如此，凯恩斯货币需求理论仍然存在许多不足之处。

(1) 凯恩斯认为利率取决于由流动性偏好决定的货币需求和中央银行决定的货币供给，把利息视为与生产过程无关的纯粹货币现象。这就完全抹煞了利息的本质，同时也歪曲了决定利率及其变动的真正原因。因此，马克思指出，这实际上是“作为现象观念的单纯的现象复写”。

(2) 在分析货币需求时，凯恩斯把货币的需求归结为由流动性偏好决定，完全从人们的主观动机出发，研究人们的心理因素对经济活动的影响，并根据人们的心理状态去把握经济活动的客观必然性。这显然是错误的。人的心理因素虽然对经济活动有一定的影响，但仅仅根据人们的心理状态来分析社会的现实生活，显然不可能得出结论。

(3) 凯恩斯在分析货币需求时，将货币需求分为交易性货币需求和投机性货币需求，认为交易性货币需求只取决于收入而与利率无关，而投机性货币需求则决定于利率。这实际上是认为人们对自己未来利率变化的预期是确信不疑的，因而人们根据对未来利率的预期决定是持有债券还是货币，在债券和货币两者之间只能择其一。事实上，人们不能肯定自己对未来利率变化的预期是否准确，因而总是既持有货币又持有债券，以分散风险。

(4) 凯恩斯的分析是短期、均衡静态分析，所使用的都是各种经济总量及其相互关系。显然，这种分析是不够的，它不可能揭示各种经济活动或经济变量的实际运动过程及在运动过程中的调节，因而凯恩斯的分析显得太笼统。

第三节 凯恩斯货币理论的发展

第二次世界大战以后，经济学家们开始提出更为精确的理论来解释凯恩斯提出的 3 种持币动机，虽然没有出现像凯恩斯对古典理论那样革命性的突破，但却进一步丰富和发展了凯恩斯的货币需求理论。这里对几个比较有影响的模型作一个概括性的介绍，分别是鲍莫尔（W. J. baumol）等人对于凯恩斯关于交易性货币需求理论的发展模型、惠伦（E. L. whalen）等人对预防性货币需求理论的发展模型以及托宾等人对投机性货币需求理论的发展模型。

一、鲍莫尔模型

早在 20 世纪 40 年代，汉森就对凯恩斯关于交易性货币需求与利率基本无关的观点提出质疑，他指出，当利率上升到相当高度时，货币的交易性余额也会具有利率弹性。但首先将交易性货币需求与利率和规模经济的关系以数学形式表达的学者是威廉·鲍莫尔（William Baumol）和詹姆斯·托宾（James Tobin），因此这一模型又称为“鲍莫尔—托宾模型”。同时，由于该模型本质上是运用管理科学中最适度存货控制技术于货币理论的成果，所以又称为“货币需求的存货管理模型”。

鲍莫尔认为，如果企业或个人的经济行为都以收益最大化为目标，则在货币收入的取得和支出之间的时间间隔内，没有必要让所有用于交易的货币都以现金形式持有，因为现金不会给持有者带来收益。应将暂时不用的现金转化为生息资产的形式，到用时再变现。只要利息收入超过变现的手续费就有利可图。并且利率越高，收益越大，生息资产的吸引力也越强，人们就会把现金持有额压到更低的限度。如果利率不够高，实现成本大于利息收入，人们将持有现金。因此，交易性货币需求与利率有关，“凯恩斯贬低利率对现金的交易需求的影响可能是错误的”。

鲍莫尔的模型有如下假定：

1）人们有规律地每隔一段时间内取得一定收入 Y；支出则是连续和均匀的。

2）生息资产一律采取短期政府债券的形式，因为这种形式最安全。

3）每次出售债券与前一次出售的时间间隔及每次的出售量 K 都相等。

鲍莫尔将一个企业的现金余额视作一种货币存货，这种存货被其持有者随时用来交换劳动、原料等。保存任何存货都有成本，现金存货的成本有两项：一是将债券变现时所必须支付的手续费 b，设每次变现额为 k，而支出总额为 y，故在一个支出期间内，全部手续费为 by/k；二是持有现金而牺牲的利息（机会成本），在支出期间的平均交易余额为 $k/2$，设利率为 r，从而利息成本为 $rk/2$。若以 C 代表现金存货的总成本，则有 $C = by/k + rk/2$。由于 C 值在一阶导数为零处取得最小值，得到 $k = \sqrt{\frac{2by}{r}}$，即每次变现量为 $\sqrt{\frac{2by}{r}}$，平均手持现金余额为 $\frac{1}{2}\sqrt{\frac{2by}{r}}$，若将物价因素考虑在内，实际平均交易余额为 $\frac{M}{P} = \frac{1}{2}\sqrt{\frac{2by}{r}}$

或改写为

$$M = 2b^{0.5}Y^{0.5}r^{-0.5}P \tag{14-7}$$

上式就是著名的“平方根公式”。它表明：在交易量或手续费增加时，最适度现金存货余额将增加；而当利率上升时，这一余额会下降，从而将利率与交易性余额联结起来。从式（14-7）中还可以看出，最适度现金存货与交易量、手续费以及利率的变化不是成比例的关系，其弹性分别为 0.5、0.5 和 -0.5。由于现金余额与交易量的平方根成比例，所以在最适度现金余额的决定中存在着规模经济的作用。

鲍莫尔模型论证了最基本的货币需求，即交易性货币需求也在很大程度上受到利率变动的影响。利率上升，则用作交易目的的现金持有量将会减少，从而意味着，随着利率上升，货币流通速度也将加快，概况而言，货币需求的交易部分与利率水平负相关。这一论证不仅为凯恩斯主义以利率作为货币政策的传导机制的理论进一步提供了证明，而且向货币政策的制定者指出，货币政策如果不能够影响利率，那么它的作用就不大。

其次，根据平方根公式，假定利率和物价不变，收入增加的比例必须大于货币供给增加的比例，才能使公众吸纳新增的货币，因此在萧条时期，货币政策的效果可能比预期的要大。此外，鲍莫尔模型的基本结论也可用于国际金融领域，有学者认为国际储备也有“规模经济”的特点，因此国际储备未必与国际贸易成同一比例增长，使用一种普遍的国际货币，可以节省国际支付和交易成本。

但是，由于鲍莫尔模型的假设过于简单，得出的结论，如交易性货币需求对交易量和利率的弹性分别为0.5和-0.5是站不住脚的。其他经济学家也从理论和实证两个方面对此模型作了批评。如米勒和奥尔也根据他们的计量模型指出现金需求对交易量的弹性可以在1/3~2/3，甚至在更大范围内变化。

由此可见，鲍莫尔模型对影响交易性现金需求的诸因素所作的定性分析有相当的启发意义，而对此所作的定量分析则有着很大的局限性。

二、惠伦模型

美国经济学家惠伦（Whalen）认为，预防性货币需求产生于未来的不确定性，因此，人们实际保持的货币往往比预期所需要的多一些，其中超额部分就属于预防动机的货币需求。他认为，影响最适度预防性货币需求的因素主要有三：一是非流动性成本，二是持有该现金余额的机会成本，三是收入和支出的平均值和变化的状况。非流动性成本是指因低估在某一支付期间内的现金需要而付出的代价，即少持有或不持有预防性货币余额而可能造成的损失，该成本之高甚至是很难估量的。持有预防性现金余额的机会成本则是指为持有这些现金而需放弃的一定利息收益。以上非流动性成本和持有预防性现金余额的机会成本构成了持有预防性现金余额的总成本，即

$$C = rM + Nb \tag{14-8}$$

式中，r代表利率；M代表预防性现金的平均持有额；b代表每次将非现金资产转换成现金的手续费，N代表一定期间内这种转换的可能次数。

惠伦假设，企业和家庭都是风险规避者，所以，在估计净支出可能超过预防性现金余额时，即作最保守的估计，取$N = S^2/M^2$，其中S为净支出的标准差，则有

$$C = rM + S^2/M^2 b$$

因此，货币持有者选择最适度的预防性现金余额为

$$M = \sqrt[3]{2S^2 \frac{b}{r}} \tag{14-9}$$

上式表明，最适度的预防性现金余额同净支出分布的方差S^2、非流动性的成本b成正相关，与持有现金余额的机会成本率r成负相关。

在建模思想上，惠伦模型与鲍莫尔模型基本相同。如果人们为预防不测持有

较多货币，就减少了预期的非流动性成本，但同时却增加了持有预防性现金的机会成本；反之，如果其持有较少的预防性现金余额，减少了机会成本，但却提高了非流动性成本。因此，追求利润极大化的企业，必然选择适当的预防性现金余额，以使这两种成本之和下降到最低限度。

惠伦模型的结论同鲍莫尔模型基本一致，不同的是惠伦模型中预防性现金余额对手续费用、利率的弹性分别为1/3、-1/3。

三、托宾模型

凯恩斯学派货币理论的另一重大发展，是将凯恩斯的流动性偏好论，扩大和修正为资产偏好或资产组合论。

凯恩斯对投机性货币需求的分析受到了严厉的批评。根据凯恩斯的分析，当债券的预期回报率低于货币的预期回报率时，人们将持有货币来储藏财富。当债券的预期回报率高于货币时，人们仅持有债券。只有当人们认为货币和债券的预期回报率相同时，才同时持有两种资产，而这种情况几乎不会出现。因此，凯恩斯实际上认为没有人同时持有债券和货币的多样化组合来储藏财富。而实际情况中，投资者对自己的预计往往并不完全有把握，一般人都是既持有货币又持有债券。很明显，多样化对于选择持有何种资产是一种明智的策略，而凯恩斯却认为这种情况几乎不会出现，这是其投机性货币需求理论的一个严重缺陷。

托宾发展了一个投机性货币需求模型，试图避免凯恩斯分析所受到的批评。他将资产选择理论和货币需求理论结合起来，用投资者避免风险的行为动机来解释对闲置货币余额的需求。

托宾模型中，资产的保存形式有两种：货币和债券。持有债券可以得到利息，但也要承担由于债券价格下跌而受损失的风险，因此债券是风险资产；持有货币虽然没有收益，但也没有风险，所以称作安全性资产。将资产按不同比例投资于债券和货币，其预期收益率 μ_R（在数学上，是收益率的期望值）与风险 θ_R（在数学上以 μ_R 的标准差表示）存在线性关系 $\mu_R = k\theta_R$。其中 k 为债券预期收益率与其收益率标准差的比值。债券预期收益率 R 越大，k 值越大。

托宾认为典型的投资者都是风险回避者，当投资风险增加时，其相对的预期收益率必须相应增加，作为补偿，两者的关系可以用投资者的无差异曲线表示。将收益与风险之间的线性关系与投资者的无差异曲线两者结合起来，就可以得出投资决策：资产中债券比例为多少，货币比例为多少。在经过一系列推导之后，托宾得到了一个债券预期收益率与现金持有比率之间的对应关系——一个向右下方倾斜的曲线，有些学者称之为“托宾曲线”，该曲线证明了利率与货币投机需求之间的反向关系。

“托宾曲线”的形成见图 14-1。

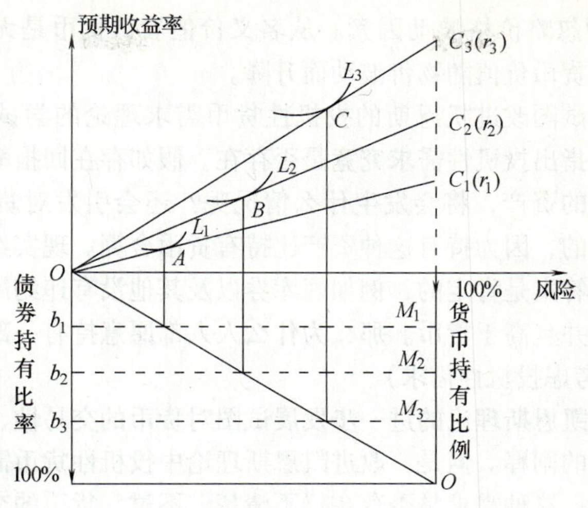

图 14-1 "托宾曲线"的形成

图中，OC_1，OC_2，OC_3 线表示在不同利率（r_1，r_2，r_3，$r_3>r_2>r_1$）水平下的投资机会轨迹。L_1，L_2，L_3 是一组无差异曲线，在任一既定的曲线上，不同的收益与风险的组合都具有等量的效用。该图下半部分左纵轴表示风险资产率（债券）的构成比例，箭头向下从 0～1（100%）；右纵轴表示安全性资产（货币）的比例，箭头向上由 0～1（100%）。当利率为 r_1 时，无差异曲线 L_1 与 OC_1 相切于 A 点，此时资产组合比例是 $M_1+b_1=1$。显然 $M_1>b_1$，故在 A 点，风险与收益都较小。若市场利率上升为 r_2，投资机会轨迹 OC_2 与 L_2 相切于 B 点，资产组合的比例也随之调整，风险资产从 b_1 增加到 b_2，安全资产从 M_1 减到 M_2，因此在 B 点的风险与收益都大于 A 点。若利率升至 r_3 时，切点为 C，则 b_3 的比例大于 M_3，此时的收益率和风险远远高于 A、B 两点。

此图说明 A、B、C 点都是人们资产组合的均衡点，即风险负效用等于收益正效用之点。从这些均衡点的变化中可见，利率越高，预期收益率越高，而货币持有比例越小，证实了货币投机需求与利率直接存在着反方向变动的关系。

和凯恩斯流动性偏好曲线不同的是，托宾曲线明确肯定了不确定性对货币需求的重要作用，而且也能解释现金与其他风险资产同时持有，即资产分散的现象。

托宾模型对投机性货币需求解释的不足之处有 3 点：

（1）托宾模型只包括两种资产，即货币及公债，而不包括其他金融资产。

（2）由于信息及其他交易费用的存在，分散化投资策略事实上只能由一些庞大的投资基金或少数富人采取，普通投资者难以运用。

(3) 该模型忽略价格波动因素。从名义价值看，货币是无风险资产，但用实物价值衡量。货币价值随物价波动而升降。

因此，托宾试图改进凯恩斯的投机性货币需求理论的尝试只取得了部分成功。它仍未明确指出投机性需求究竟是否存在。假如存在回报率较高，同时像货币那样没有风险的资产，将会发生什么情况呢？还会引发对货币的投机性需求吗？答案是否定的，因为持有这种资产比持有货币合算。现实经济社会中是否存在这类资产呢？答案是肯定的，例如国库券以及其他没有违约风险的资产所提供的回报率确定，并且高于货币。那么为什么人人都愿意持有一部分货币余额来储藏财富呢？(只考虑投机性需求)

总的来说，凯恩斯理论的进一步发展试图对货币的交易性、预防性及投机性需求作出更精确的阐释。但是，改进凯恩斯理论中投机性货币需求推理的尝试仅取得了部分成功，这种需求是否存在仍不清楚。不过，货币的交易性需求和预防性需求模型表明，货币需求的这两个部分与利率负相关。所以，凯恩斯的货币需求对利率敏感这个命题仍然成立，这意味着货币流通速度并非常数，名义收入可能受货币数量之外的其他因素影响。

第四节　弗里德曼的现代货币数量论

1956 年，弗里德曼发表了他的名作《货币数量学说——新解说》，从而标志着现代货币数量论的诞生。伴随着这一理论的产生而出现的，还有一个崭新的宏观经济学派——货币主义学派。

按照弗里德曼的观点，货币数量说“原是货币需求的理论。它不是产出或货币所得、或价格水准的理论”。所以，弗里德曼对货币数量论的表述是从货币需求入手的。

一、弗里德曼的货币需求函数

弗里德曼继承了凯恩斯等人把货币视为一种资产的观点，从而把货币需求当作财富所有者的资产选择行为来加以考察。所不同的是，他不像凯恩斯那样，用债券来代表所有货币之外的金融资产，从而把资产选择的范围限定在货币和债券之间，而是把债券、股票，以及各种实物资产都列为可替代货币的资产，从而将资产选择的范围大大扩大，并从中得出了与凯恩斯主义者截然不同的结论。

货币既然是一种资产，那么最终财富所有者对它的需求，也就是以货币这种资产形式持有财富的愿望就受以下因素的影响：

(1) 财富总量它相当于消费者理论中的预算约束。由于在实际生活中，财富很难加以估计，所以必须用收入来代表，但弗里德曼认为，利用一般的现期收入指标来作为衡量财富的指标是有缺陷的，因为它会受到经济波动的影响，必须用持久性收入来作为财富的代表。所谓持久性收入（Permanent Income），它是指消费者在较长一段时期内所能获得的平均收入。在实际计算中，可以用现在及过去年份实际收入的加权平均数来加以估算。利用这一变量可以排除一些暂时性因素的干扰。

（2）财富在人力与非人力形式上的比例。所谓人力财富主要是指个人的谋生能力。由于人力财富向非人力财富的转化往往因社会制度的转化而局限在很小的范围内，所以人力财富的流动性较低。因此，人力财富在财富总额中占较大比例的所有者将试图通过持有较多的货币来增加其资产的流动性，因为货币是一种流动性最高的资产。弗里德曼据此认为，人力财富对非人力财富的比率（或者非人力财富占总财富的比率）是影响货币需求的重要因素。

（3）持有货币的预期报酬率。持有货币的预期收益包括两个部分：首先是银行为支票存款支付的少量利息；其次是银行为支票存款提供的各种服务。

（4）其他资产的预期报酬率，即持有货币的机会成本。这也包括两部分：首先是任何当期支付的所得或所支，例如债券的利息，股票的股息以及实物资产的保管费用；其次是这些资产项目价格的变动，例如债券和股票的资本利得，实物资产在通货膨胀时期的价格上涨；最后，是财富所有者的特殊偏好等其他因素，它们在短期内可以被视为是不变的。

通过以上的分析，弗里德曼得出了下面的货币需求函数：

$$\frac{M^d}{P} = f\left(Y_p, \omega, r_m, r_b, r_e, \frac{1}{P}\frac{\mathrm{d}P}{\mathrm{d}t}, u\right) \tag{14-10}$$

式中，$\frac{M^d}{P}$表示实际货币需求；Y_p 表示实际持久性收入，用来代表财富；ω 表示非人力财富占总财富的比率；r_m 表示货币的预期名义报酬率；r_b 表示债券的预期名义报酬率，包括债券的资本利得；r_e 表示股票的预期名义报酬率，包括股票的资本利得；$\frac{1}{P}\frac{\mathrm{d}P}{\mathrm{d}t}$表示商品价格的预期变化率，也就是实物资产的预期名义报酬率；u 表示其他影响货币需求的因素。

在上述影响货币需求的因素中，Y_p，r_m 与货币需求成正向关系，ω，r_b，r_e，$\frac{1}{P}\frac{\mathrm{d}P}{\mathrm{d}t}$与货币需求成反向关系。

虽然都是从资产选择的角度来讨论货币需求，但是弗里德曼的货币需求理论和凯恩斯的理论却有着明显的不同。首先，凯恩斯考虑的仅仅是货币和生息资产之间的选择，而弗里德曼所考虑的资产选择范围则要广泛得多，不仅包括货币、债券，还包括实物资产。其次，费里德曼没有像凯恩斯那样把货币的预期报酬率视为零，而是把它当作一个会随着其他资产预期报酬率的变化而变化的量。

二、现代货币数量论

从式（14-10）的货币需求函数如何能得出名义收入受货币数量决定的货币数量论观点呢？

首先，弗里德曼的货币需求函数暗含着这样的结论，那就是货币需求对利率并不敏感。这是因为，利率的变动往往是和货币的预期报酬率同向变化的。当利率上升时，银行可以从贷款中获得较高的收益，所以就会希望吸收更多的存款来发放贷款。当存款利率不受限制时，银行将通过提高存款利率来做到这一点；当存款利率受到限制时，银行就会通过提供更完善的服务来竞争存款。无论采取哪种方式，都意味着货币（$M1$ 或 $M2$）的预期报酬率提高了。由于影响货币需求的是货币和其他资产之间相对预期报酬率的高低，所以当货币的预期报酬率与其他资产的预期报酬率同向变化时，货币需求将相对保持不变。

弗里德曼认为，事实上，货币和其他资产的预期报酬率往往是同向变化的，所以影响货币需求的主要因素实际上只是持久性收入，即

$$\frac{M^d}{P} = f(Y_P) \tag{14-11}$$

这就意味着货币需求是稳定的，因为持久性收入的变化是缓慢的，而不像利率那样经常上下波动。

其次，弗里德曼认为，货币需求函数本身是相当稳定的，它不会发生大幅度的位移。这就意味着，货币需求与其影响因素之间的关系是稳定的，利用过去数据估计出来的货币需求函数经验公式可以被用来估计未来的货币需求。这一点与凯恩斯的理论有很大的不同。在凯恩斯看来，货币需求函数将因人们对安全利率看法的改变而发生变化。

由上面两点便可直接导出以下的结论，即货币流通速度是稳定的、可预测的。在货币市场均衡的条件下，由交易方程式就可知：

$$V = \frac{Y}{M^d/P} = \frac{Y}{f(Y_P)} \tag{14-12}$$

只要货币流通速度是稳定的、可预测的，那么当货币供给发生变化时，我们把货币流通速度的预测值代入交易方程式，就可以估计出名义国民收入的变动。因此，货币供给是决定名义收入的主要因素这一货币数量论观点仍然能够成立。弗里德曼把他的理论称为名义收入货币理论，也就是我们所谓的现代货币数量论。

三、比较与评价

现代货币数量论与传统的货币数量论相比，其差异主要表现在以下几个方面：

（1）传统的货币数量论将货币的流通速度看作不变的常量，而弗里德曼则把它看作是少数几个变量的一个稳定函数。

（2）传统的货币数量论既假定货币流通速度为常数，又假定总产量或国民收入是充分就业下的常量，于是货币量与价格水平二者必然直接形成同方向、同比例的变动关系。弗里德曼则认为货币量的变动先是直接影响国民收入水平的变动，通过后者的变动在短期内既可以体现在价格水平上也可以体现在产量上，只有在长期才完全体现在价格水平上。

（3）传统货币数量论中的收入是现期的真实收入，而弗里德曼的收入是恒久性收入，即人们在很长时期中的过去、现在和未来的收入平均数，并且是比较稳定的。

现代货币数量论与凯恩斯货币论的差异性主要表现在：

（1）凯恩斯只论及人们在货币与债券二者之间的流动性偏好，并强调利息率的作用。弗里德曼则把货币、债券、股票、耐用消费品、房地产等均看作财富的一种形式，并将此类财富称作非人力财富，以与人力财富相区别。故其公式中财富的内容更广泛。

（2）在由货币市场到产品市场的传导机制上，凯恩斯强调利息率的重要作用，并把利息率作为制定货币政策的基本目标。与此不同，弗里德曼认为利息率并不重要，重要的是货币供给量，因此应把货币政策的目标放在货币供应量的控制上。

不管是凯恩斯货币需求理论还是弗里德曼的现代货币主义理论，都是为了解决资本主义在特定时期经济危机而找寻的对策，缺乏从价值形态历史发展角度来考察货币的本质和货币需求。就整个货币需求理论而言，虽然各个学派都力图引入新的变量和限制因素对货币需求重新解释，但各个学派的货币理论仍然没有突破视货币为资产的核心，并利用它把货币数量论改写成需求函数这一范式。

西方货币需求理论主要将货币作为一种资产保持的方式，即研究对资产货币的需求，而对负债货币需求的研究则比较欠缺，也即在分析3种动机之余缺乏对融资动机的分析。另外，货币需求函数模型虽然在形式上日趋完善，但是在实际运用中其预期的货币需求量不是高估就是低估，这与模型函数变量体系中漏掉重要的因素以及缺乏对已知变量进行结构性分析等不无关系。最后，现代主流的货币需求理论认为货币需求决定货币供给，而把货币供给视为给定的，这样就人为地分割了货币需求和货币供给，影响货币需求的收入、价格水平、利率与预期因素不可能不受货币供给的影响，如当货币供给急剧增加时，货币需求无法及时调整到相应的水平，从而经济运行就偏离了稳定的货币需求函数，这时货币供给量已不能看作由货币需求决定了，货币供给的力量已能严重影响到利率及预期等因素，加入供给因素对于稳定需求函数变得很有必要。

专栏

凯恩斯和他的经济理论

约翰·梅纳德·凯恩斯（John Maynard Keynes，1883—1946），英国经济学家，因开创了所谓经济学的“凯恩斯革命”而称著于世。1883年6月5日生于英格兰剑桥，14岁以奖学金入伊顿公学（Eton College）主修数学。毕业后，以数学及古典文学奖学金入学剑桥大学国王学院。1905年毕业，获剑桥文学硕士学位。之后又滞留剑桥一年，从师马歇尔和庇古攻读经济学，以准备英国文官考试。1906年以第二名成绩通过文官考试，入选印度事务部。1908年辞去印度事务部职务，回剑桥任经济学讲师至1915年。其间1909年以一篇概率论论文入选剑桥大学国王学院院士，另以一篇关于指数的论文获亚当·斯密奖。第一次世界大战爆发不久，即应征入英国财政部，主管外汇管制、美国贷款等对外财务工作。1919年初作为英国财政部首席代表出席巴黎和会。同年6月，因对赔偿委员会有关德国战败赔偿及其疆界方面的建议愤然不平，辞去和会代表职务，复归剑桥大学任教。不久表明其对德国赔偿问题所持看法的《和平的经济后果》（The Economic consequences，1919）一书出版，引起欧洲、英国及美国各界人士的大争论，使其一时成为欧洲经济复兴问题的核心人物。

因其深厚学术造诣，曾长期担任《经济学杂志》主编和英国皇家经济学会会长，1929年被选为英国科学院院士，1942年晋封为勋爵，1946年剑桥大学授予其科学博士学位。1940年出任财政部顾问，参与战时各项财政金融问题的决策，并在他倡仪下，英国政府开始编制国民收入统计，使国家经济政策拟订有了必要的工具。1944年7月率英国政府代表团出席布雷顿森林会议，并成为国际货币基金组织和国际复兴与开发银行（世界银行）的英国理事，在1946年3月召开的这两个组织的第一次会议上，当选为世界银行第一任总裁。

凯恩斯主义，或称凯恩斯主义经济学（Keynesian economics），是根据凯恩斯的著作《就业、利息和货币通论》（凯恩斯，1936）的思想基础上形成的经济理论，主张国家采用扩张性的经济政策，通过增加需求促进经济增长。

18世纪晚期以来的“政治经济学”或者“经济学”建立在不断发展生产从而增加经济产出的基础上，而凯恩斯则认为对商品总需求的减少是经济衰退的主要原因。由此出发，他认为维持整体经济活动数据平衡的措施可以在宏观上平衡供给和需求。因此，凯恩斯的和其他建立在凯恩斯理论基础上的经济学理论被称为宏观经济学，以与注重研究个人行为的微观经济学相区别。

资料来源：http：//baike. baidu. com/view/44333. htm；
http：//wiki. mbalib. com/wiki/% E5% 87% AF% E6% 81% A9% E6%96%AF%E4%B8%BB%E4%B9%89。

复习思考题

1. 试比较现金交易数量说与现金余额数量说的异同。

2. 凯恩斯流动性偏好论的独创性表现在什么地方？它与传统的货币数量说有何异同？

3. 简述鲍莫尔模型及对凯恩斯理论的发展。

4. 简述惠伦模型及对凯恩斯理论的发展。

5. 简述托宾模型及对凯恩斯理论的发展。

6. 试比较弗里德曼的货币需求理论与传统货币数量论的异同。

第十五章

货币供给理论

货币需求理论意味着货币供给的控制是控制通货膨胀趋势率的充分必要条件……货币需求可以看作是中央银行借以控制通货膨胀的支点，货币供给则可以看作是如此做的杠杆。

——古德弗兰德

【本章导读】

由于货币供给对经济活动的深远影响，理解货币供给的决定因素十分重要。谁来控制货币供给？如何控制货币供给？哪些因素会影响货币供给的变动？这些问题将在本章通过描述货币供给的过程而相继给出解释。

所谓货币供给，是指一国在某一时点上为社会经济运行服务的货币量，它由包括中央银行在内的金融机构供给的存款货币和现金货币两部分构成。研究货币供给的目的，是为了使社会实际提供的货币量与经济发展客观需求的货币相吻合。所以，对货币供给有重要研究价值的不是实际的货币供给量，而是合理的货币供给量。

货币供给理论是货币理论的重要组成部分，它主要包括货币供给量的规定性、供给渠道或程序、决定因素及中央银行调控等内容。相对于货币需求理论的研究而言，货币供给理论的研究要滞后得多。

第一节　基础货币与货币乘数

一、货币供给理论的基础——信用创造

货币供给理论的产生不仅有其客观必要性，还有其现实可能性，这就是信用创造学说的产生与发展。

信用创造学说认为，银行的功能在于为社会创造信用，银行能够贷款大于其

所吸收的存款额的发放，并且能够通过发放贷款再创造出存款。所以，银行的授信业务（资产业务）优先于其受信业务（负债业务），银行通过信用的创造，能够为社会创造出新的资本并推动国民经济的发展。

信用创造学说的先驱者是18世纪的约翰·劳（John Law）。他在《关于货币的考察》一书中提出了信用创造货币、货币推动经济发展的观点。他指出，信用量的增加与货币量的增加有同样的效果。

19世纪初期，资本主义信用制度迅速发展，支票流通和存款转账的办法被广泛采用。麦克劳德（H. D. Macleod）提出了创设转账存款的信用创造理论。他认为，银行及银行业者的本质是信用的创造和发行。这种信用被银行创造出来后，就流通于社会，担任着货币的一切职能。而且，麦克劳德认为，不仅发行银行能够创造货币，就连一般商业银行也能够创造货币，而且后者所创造的货币数额远比发行银行创造的数额大；银行在收受现金存款的基础上，究竟可以膨胀多少信用，主要取决于习惯的存款准备率。

信用创造学说的另一杰出代表阿伯特·韩（Atbert Hahn）将银行划分为两类，第一类银行是信用创造银行，第二类银行是信用表现银行。信用表现银行只起信用的媒介作用，它所提供的信用规模依存于它所接受的信用即现金存款的多少。这类银行并不以提供信用为主要业务，所以它对国民经济的影响甚小。信用创造银行则与此相反，它的主要业务是提供信用，而且提供信用的规模并不受现金存款多少的限制。在他看来，信用创造银行提供信用的规模，只受社会公众对它的信赖程度和它自已对于流动性的顾虑这两个因素的制约，其他因素都不能够限制它。

二、基础货币与货币供给理论的一般模型

在前面的章节中已经提到，商业银行的重要特征之一是，它能以派生存款的形式创造和收缩货币，从而非常强烈地影响货币供应量。商业银行创造存款货币的能力虽然直接受制于法定存款准备率、超额存款准备率、现金漏损率等因素，但首要是视其在受信中所能获得的原始存款的数量。而这些原始存款正是来源于中央银行所创造和提供的基础货币。

基础货币，或称高能货币（High-powered Money），它通常是指起创造存款货币作用的商业银行的存款准备金与流通于银行体系之外的通货两者之和。前者包括商业银行持有的库存现金、在中央银行的法定存款准备金以及超额存款准备金。基础货币的表示公式为

$$B = R + C \tag{15-1}$$

式中，B为基础货币；R为商业银行保留的存款准备金；C为流通于银行体系之外的现金。基础货币直接表现为中央银行的负债。

中央银行扩大信贷，往往直接的结果就是增加商业银行的准备金，这就相当

于增加了它们的原始存款。如果流通中非银行部门及居民的现金持有量不变，只要中央银行不增加基础货币的供应量，商业银行的准备金便难以再有增加，从而也无法反复去扩大贷款和创造存款。如果中央银行缩减或收回对商业银行等机构的信用支持，从而减少基础货币的供给，则必然引起商业银行准备金持有量的减少，并必将导致商业银行体系对贷款乃至存款的多倍收缩。所以，基础货币量的增减变化直接决定着商业银行准备金的增减，从而决定着商业银行创造存款货币的能量。

基础货币作为货币供给之源，可以引出数倍于自身的货币供给量。把货币供给量与基础货币相比，其比值就是货币乘数（Money Multiplier)，反映了基础货币的既定变动所引起的货币供给变动的比率。设 Ms 为货币供给量，m 为货币乘数，B 为基础货币，则有

$$Ms = mB \tag{15-2}$$

式（15-2）是货币供给理论的一般模型，该模型建立了货币供给变动和基础货币变动之间的联系。现在所有的货币供给理论研究成果都可以用式（15-2）来概括，只是不同的理论强调的货币乘数决定因素不同。

三、货币乘数的推导及决定因素

1. 货币乘数的推导

在存款创造模型中，我们忽略了公众持有现金和银行持有超额准备金的变动对存款创造的影响。下面将这些因素的变动考虑进货币供给模型中。假定人们愿意持有的现金水平 C 和超额准备金 ER 与商业银行存款 D 呈同比例增长，也就是说现金比率与超额准备金比率在均衡状态下不变，即

$c = \dfrac{C}{D}$（现金比率）

$e = \dfrac{ER}{D}$（超额准备金比率）

由于基础货币等于现金和准备金之和，则

$$B = C + R = rD + ER + C \tag{15-3}$$

式中，r 为法定存款准备金率。

这个等式反映了一个重要特征，由现金增加 1 美元所引起的基础货币也增加了 1 美元，而不会产生任何额外的存款。因此，基础货币中的现金部分不引起多倍存款创造。同样，如果基础货币增加 1 美元是由于超额准备金增加所引起的，也同样不会创造额外的现金和存款，因为如果银行持有超额准备金，就不会增加贷款的发放，这些超额准备金就不会引起存款的创造。概况而言，如果基础货币的增加是由现金增加导致的，就没有乘数效应，而用来支持存款的基础货币的增加则存在乘数效应。在给定的准备金水平下，如果超额准备金规模越大，那么银

行体系事实上用于支持存款的准备金就越少。

为进一步推导货币乘数的公式，可以把式（15-3）进行简单变换，令 $C=cD$，$ER=eD$，则

$$B = C + R = rD + eD + cD = (r + e + c)D \tag{15-4}$$

等式两边同时除以括号里的项，就可以得到存款与基础货币之间联系的表达式为

$$D = \frac{1}{r + e + c}B \tag{15-5}$$

利用货币供给等于现金加上存款的定义（$M=C+D$），再次变换为

$$M = C + D = cD + D = (1 + c)D \tag{15-6}$$

把式（15-5）代入式（15-6）中，并整理得

$$M = \frac{1 + c}{r + e + c} \cdot B \tag{15-7}$$

因此，货币乘数 m 可以表示为

$$m = \frac{1 + c}{r + e + c} \tag{15-8}$$

可见，货币乘数是储户所决定的现金比率 c、银行决定的超额准备金比率 e 以及中央银行所决定的法定准备金率 r 的函数。货币供给一般模型没有考虑现金漏损和超额准备金，所以准备金的增加导致了最大限度的多倍存款创造。而在式（15-7）所表示的货币供给模型中，多倍存款扩张的总体水平必然降低，这意味着基础货币的一定增长所引起的货币供给的增加要小于货币供给一般模型的结论。

2. 货币乘数的决定因素

为了深入理解货币乘数的意义，下面将考察 c、e、r 等模型中的变量变动对货币乘数的影响。

如果其他变量不变，法定存款准备金率增加，r 提高，存款的多倍扩张就会减少，存款扩张倍数的降低必然导致货币乘数的降低。相反，如若法定准备金降低，由于相同的准备金能够支持更多的存款，存款的扩张倍数增加，货币乘数必然上升。因此可以得出结论：货币乘数和货币供给同法定准备金率负相关。

如果其他变量保持不变，储户的行为导致 c 增加，货币乘数会发生怎样的变化呢？如前所述，c 增加意味着储户将部分存款转化为现金，由于现金不会带来存款的多倍扩张，所以货币供给中会出现多倍扩张的部分转化为不能多倍扩张的部分，多倍扩张的总体水平将下降，从而货币乘数会降低。同样我们可以得出结论：货币乘数和货币供给同现金比率负相关。

如果银行增加所持有的超额准备金，事实上会导致银行体系能够创造存款货

币的资金减少。这意味着，在给定的基础货币水平下，银行会收缩贷款，引起货币供给水平的下降，从而降低了货币乘数。但从实证的检验可以得出，在 e 较小的情况下，超额准备金的增长所导致货币乘数的降低比例很小，也就是它的变动对货币乘数的影响有限。但在有些时期，e 这一比率较高的时候，其变动对货币供给和货币乘数的影响就非常明显了。同样可以得出结论：货币乘数与货币供给同超额准备金比率也是负相关。

当然，除此之外，货币供给还受到多方面因素的影响，如中央银行不可能完全控制基础货币等，这在货币供给的理论发展中还会有所讨论。

第二节　货币供给理论的发展

货币供给理论在20世纪60年代有了长足的发展，弗里德曼、施瓦茨（Anna Jacobson Schwartz）、卡甘（Phillip Cagan）等人在货币供给理论方面都有很深的造诣。

一、弗里德曼—施瓦兹货币供给论

弗里德曼和施瓦兹关于货币供给决定因素的分析见两人合著的《1867～1960年的美国货币史》（A Monetary History of the United States，1867—1960）一书。

首先，弗里德曼和施瓦兹将现代社会的货币划分为两种类型：一类是货币发行者的负债，即通货；另一类是商业银行的负债，即银行存款。如果分别以 M、C、D 代表货币存量、非银行公众所持通货和商业银行存款，则有

$$M = C + D \tag{15-9}$$

而根据高能货币定义，又有

$$H = C + R \tag{15-10}$$

其中 H 和 R 分别代表高能货币和商业银行存款准备金。因此可得

$$\frac{M}{H} = \frac{C+D}{C+R} = \frac{\frac{D}{R}(C+D)}{\frac{D}{R}(C+R)} = \frac{\frac{D}{R}C\left(1+\frac{D}{C}\right)}{\frac{DC}{R}+D} = \frac{\frac{D}{R}\left(1+\frac{D}{C}\right)}{\frac{D}{R}+\frac{D}{C}} \tag{15-11}$$

或

$$M = H\frac{\frac{D}{R}\left(1+\frac{D}{C}\right)}{\frac{D}{R}+\frac{D}{C}} \tag{15-12}$$

式（15-12）是弗里德曼、施瓦兹分析货币供给决定因素时所使用的基本方程式。从这一方程式可以看出决定货币存量的3个因素：高能货币 H、商业银行存款与其准备金之比 D/R，以及商业银行的存款与非银行公众所持通货之比 $D/$

C。其中，D/R、D/C 同时也是货币乘数的决定因素。

高能货币是非银行公众所持有的通货与银行的存款准备金之和。弗里德曼和施瓦兹认为，高能货币的一个典型特征就是能随时转化为存款准备金。

D/R 和 D/C 的变化会引起货币存量的同方向变化。这是因为，D/R 比率越高，一定量的存款准备金所支持的存款就越多。同样，D/C 的值越大，高能货币中充当银行准备金的部分也越大，从而货币乘数就越大，货币存量也就越大。

弗里德曼和施瓦兹还认为，上述 3 个决定货币存量的因素涉及公众、银行、货币当局 3 个经济主体，是这 3 个经济主体的行为分别决定的。首先，在信用货币制度下，高能货币量取决于政府的行为；其次，银行存款与其准备金的比率取决于银行体系；最后，存款与通货的比率既取决于公众的行为，同时还受到银行存款服务水平和利率的影响。

二、卡甘货币供给论

菲利普·卡甘是美国著名经济学家，在弗里德曼、施瓦兹两人写作《1867~1960 年的美国货币史》一书的同时，卡甘系统地研究了美国 85 年中货币存量的主要决定因素，并于 1965 年出版了专著《1875~1960 年美国货币存量变化的决定及其影响》，这一研究成果是对近 100 年来美国货币供给量的最全面和最深入的分析。

卡甘将货币定义为公众手持通货及商业银行的活期存款和定期存款。卡甘货币供给模式的推导过程如下：

由 $M=C+D$ 和 $H=C+R$，有

$$\frac{D}{M}=\frac{D}{C+D}=1-\frac{C}{M}$$

$$\frac{R}{M}=\frac{R}{D}\frac{D}{M}=\frac{R}{D}\left(1-\frac{C}{M}\right)$$

$$\frac{H}{M}=\frac{C+R}{M}=\frac{C}{M}+\frac{R}{M}=\frac{C}{M}+\frac{R}{D}\left(1-\frac{C}{M}\right)=\frac{C}{M}+\frac{R}{D}-\frac{R}{D}\frac{C}{M} \quad (15\text{-}13)$$

此式是卡甘的货币供给决定模型，它表示货币存量由强力货币（即高能货币）乘以货币乘数决定。

这一模型与弗里德曼—施瓦兹的模型相似，但有两个特点：一是卡甘将通货比率定义为 C/M，即通货与货币存量的比率，并以此取代存款与通货比率；二是卡甘将准备金比率定义为 R/D，即准备金与存款的比率，并以此取代存款准备金比率。

除了分析货币存量的各个决定因素外，卡甘还阐述了这些因素间的相互联系。卡甘认为这种相互联系表现在两个方面：一是这些决定因素都受到某些经济现象影响，如在金融危机时 C/M 和 R/D 均会提高；二是一个因素的变化会影响

到另一个因素，如当公众将一部分手持通货转化为银行存款时，如银行不及时增加贷款或投资，则通货比率的降低会提高准备金比率。

根据卡甘的货币定义，从1875～1955年美国货币供给量平均每年增长5.7%。据调查数据说明，高能货币的变化是货币存量长期增长的主要原因。而通货比率和准备金比率的作用则很小，这两个比率下降所引起的货币长期增长大约只有1/10，因为在大部分时期，这两个比率的变化对货币量的影响几乎相互抵消。

综上所述，卡甘在深入研究了美国1875～1960年货币存量变动的决定性因素后，得出了以下结论：长期的和周期性的货币存量变动取决于高能货币、通货比率和准备金比率3个因素。高能货币的增长是货币存量长期增长的主要原因，而货币存量的周期性波动则主要取决于通货比率的变动。在金本位制下高能货币的增长，主要源于黄金储备的增长，而现在则同时取决于黄金储备的增长和联邦储备体系的操作。通货比率长期的下降趋势主要归因于收入和财富的增长与城市化。至于准备金比率的变动，则主要归因于法定准备率的变化。

三、乔顿货币供给论

前述弗里德曼—施瓦茨和卡甘关于货币存量决定因素的分析有两个共同特征：一是采用了广义的货币定义，即货币不但包括公众持有的通货和活期存款M1，而且包括定期存款和储蓄存款，也就是M2；二是未区分不同类型的银行和金融当局对不同类型存款的不同准备金要求。20世纪60年代末，美国经济学家乔顿推导出较为复杂的货币乘数模型。

$$\mathrm{M1} = C + D = \frac{C + D}{H}H = \frac{C + D}{C + R}H = \frac{kD + D}{kD + r(D + T + G)}H =$$

$$\frac{kD + D}{kD + r(D + tD + gD)}H = \frac{k + 1}{k + r(1 + t + g)}H$$

则

$$m = \frac{k + 1}{k + r(1 + t + g)}$$

式中r代表各种存款的加权平均准备率，存款包括商业银行活期存款D、私人定期存款T和政府存款G；又记公众手持通货C、定期存款T。政府存款G与活期存款的比率分别为k、r、t、g。

不难理解，当r、t、g上升时，货币乘数减小。对于通货比率k，也认为其上升时，意味着存款扩张过程中的漏出增加，货币乘数必然下降。在一般情况下，这种分析是成立的，但是忽略了一个细节问题：因为在数学上存在k与货币乘数同方向变动的可能，则

$$m = \frac{k + 1}{k + r(1 + t + g)} = 1 + \frac{1 - r(1 + t + g)}{k + r(1 + t + g)} = 1 - \frac{r(1 + t + g) - 1}{r(1 + t + g) + k}$$

通常 k 与 m 反方向变动，但是，如果 $r(1+t+g)>1$，货币乘数的后一项为负，k 就与 m 同方向变动。这种现象如何解释？

首先看 $r(1+t+g)>1$ 意味着什么。$r(1+t+g)>1$ 表示在特殊情况下，活期存款在绝对量上小于准备金总额。活期存款扩张过程中，漏向其他存款准备金的数额是如此之大，以至于活期存款对准备金而言，不是“扩张”而是“收缩”了。货币存量（$M1=C+D$）小于基础货币（$H=C+R$），货币乘数 $m<1$。

因此，在中央银行基础货币供应 H 保持不变时，公众降低通货比率 k，基础货币中 C 下降，R 等值上升，D 随之上升，但上升的绝对量小于 R 上升量，因此货币存量 M1 下降，货币乘数（$m=M1/H$）减小，即货币乘数与 k 同方向变动。

当然，由于私人活期存款占了商业银行全部存款的很大一部分，存款准备金通常只占存款的较小比例，（R/D）远小于 1，实际情况中，m 与 k 总是反方向变动。

由此发现，通过一系列的恒等式可以得到许多不同形式的货币乘数。除了前面介绍的一些货币供给理论外，其他学者也都有各自的货币供给理论和货币供给模型。因为他们对不同变量的重视程度不同，所以这些模型相互之间都不尽相同。但有一点是一致的，即货币供给量由强力货币和货币乘数两个因素共同作用而成。

第三节　货币供应新论

在以上货币供给理论的讨论中，货币乘数被看成是一些变量的函数，因而货币乘数部分地属于内生性的。所以关于货币控制的问题，主要同货币乘数的具体形式和稳定性有关。中央银行控制货币供给能力的大小，取决于它能否准确地预测货币乘数及其决定因素的变化；而中央银行能否准确地作此预测，又取决于这些变化是否稳定。所以，当前西方货币供给的研究，许多已经转向对货币乘数及其决定因素的稳定性和可测性的研究。

虽然货币供给理论比那种将货币乘数看作常数的简单机械方法大大改进了，但它仍受到一些经济学家的挑战，这一方法被称为“新论”（New View）。

货币供给新论最早可以追溯到格雷（J. G. Gurley）和肖（E. S. Shaw）两人合著的《货币金融理论》，最后经托宾（J. Tobin）等人的发展完善而成为一种系统的货币供给理论。新论的新颖之处在于：

（1）极为重视利率及货币需求对货币供给的影响。托宾等人认为，视货币供给为外生变量是错误的，货币供给深受利率和货币需求的影响，H 和 M 之间并不是简单明确的倍数关系。一是银行的资产负债规模及公众的货币需求量具有很大的利率弹性。利率的变动既诱使银行调整其资产经营规模，也引导社会公众改变其资产偏好行为。如果中央银行扩大基础货币的供给，会增加商业银行的准备金，从而出现 M 扩张的趋势。但与此同时，利率趋于下跌，从而使银行减少贷款，公众增加通货的持有量，于是又导致一个货币紧缩的过程。二是银行体系创造存款货币的能力，并不完全取决于基础货币和法定准备金比率这些外生变量。因为只有当银行体系有足够贷款和投资机会，才能实现存款货币的创造。而贷款和投资机会则是由经济运行状况和货币需求决定的，是中央银行无法直接控制的内生变数。

（2）强调非银行金融中介机构对货币供给的影响。货币供应新论的支持者认为非银行金融机构同商业银行一样，具有信用创造的功能。他们认为，没有必要对活期存款与其他金融资产，商业银行与其他非银行金融中介机构作出严格的区分。理由是：①其他金融机构的某些负债同活期存款一样具有支付功能，所以它们往往被人们视为货币的良好替代物；②其他金融机构与商业银行在吸收存款等方面的激烈竞争，会减少商业银行的准备金，从而削弱商业银行创造存款的能力；③商业银行未必能尽量扩张存款，因为人们对贷款和活期存款的需求是有限的；而非银行金融机构也未必没有成倍地创造其负债的能力，因为只要经济内部存在着对其的贷款需求，该类机构就可以通过存款的增加来创造出若干倍的新负债来。

持货币供给新论的经济学家一般采用一般均衡的方法来分析货币供给量与利率等经济变数之间的复杂关系，以及货币供给与货币需求之间互为因果的关系。其中，比较有代表性的是尼翰斯（J. Niehans）提出的一般均衡货币供应模型。

在这个模型中共有 3 个部门，即中央银行、银行体系和非银行体系；有 3 种资产，即中央银行供应的基础货币、银行存款和直接证券（包括银行体系的放款和投资，以债券为代表）；有两种利率，其一为存款利率 i_d，其二为债券利率 i_b。模型中的变量有通货 C，银行体系存款 D，银行体系储备 R，银行体系资产或直接证券 L，货币供应 M 和基础货币 B。

非银行体系对通货和银行存款的需求函数为

$$C = C(i_d, i_b) \qquad C_1 < 0, C_2 < 0$$

$$D = D(i_d, i_b) \qquad D_1 > 0, D_2 > 0$$

上述需求函数的偏导数符号，表示对通货的需求与两种利率成反向关系，对银行存款的需求则与存款利率依相同的方向变动，但与债券利率依相反方向变动。

商业银行对准备金和直接证券的需求函数为

$$R = R(i_d, i_b) \qquad R_1 > 0, R_2 < 0$$

$$L = L(i_d, i_b) \qquad L_1 > 0, L_2 > 0$$

这些函数的偏导数符号可以解释如下：$R_1 > 0$，因存款利率越高，存款数量越大，故对准备金的需求也越强；$R_2<0$，因债券利率越高，银行体系准备金用以增加证券投资的可能性越大；$L_1>0$，$L_2>0$ 的理由更加明显，即如果存款利率越高，银行成本越大，对盈利资产的需求也越强；同样，债券利率越高，证券投资和放宽的吸引力也越大。均衡条件为

$$\begin{cases} M = C(i_d,i_b) + D(i_d,i_b), & \text{即货币供应等于货币需求；} \\ B = C(i_d,i_b) + R(i_d,i_b), & \text{即银行体系对基础货币的需求与中央银行的基础货币供应相等；} \\ D(i_d,i_b) = R(i_d,i_b) + L(i_d,i_b), & \text{即非银行体系对银行存款的需求与银行体系的存款供应相等。} \end{cases}$$

已知基础货币 B 后，即可求出 3 个未知数：存款利率 i_d，债券利率 i_b，货币供应量 M。

由这样一个简单的模型不难看出，货币供应最终由中央银行、银行体系和非银行体系之间错综复杂关系所决定，而后两者的行为又受存放利率变动的影响。

专栏

高货币供给真的会引发高物价通胀吗?

仅仅从中国今年的货币供应量来看，目前中国 M2 已经高达 29.42%，不仅远高于今年年初定下来的 17% 的增幅，而且也远高于 GDP + CPI 的增幅。

根据传统的经济学理论，货币供给与 GDP 必须稳定在一定的范围内才能够保持物价的平稳。当 M2 远高于 GDP 的增速时，表明经济体内的货币供应量已经远远超出实际经济的需求，实体经济发生通胀的概率较大。历史分析表明，广义货币供给量 M2 与名义 GDP 增速的差距一般稳定在 3 ~ 4 个百分点以内，才能保证物价稳定在 3% 的温和通胀范围内。

以美国的数据为例，金融海啸爆发前，美国 M2 与名义 GDP 的差距平均为 1.1 个百分点，而反观中国，两者差距在 5 ~ 6 个百分点以上，2009 年差距更扩大到 20 个百分点以上的水平，让市场产生明年将产生通货膨胀的预期。

事实上，从中国的历史数据看，尽管 M2 远高于名义 GDP 增速，但与 CPI 的走势关系并不大，从 2000 年以来，中国发生超过 3% 的通胀主要有两次，一次在 2003 ~ 2004 年，另一次发生在 2007 ~ 2008 年，这两次通胀均与 M2 和 GDP 的相关性并不明显。这也意味着，M2 增速必须限制在名义 GDP 的 3 ~ 4 个百分点的国际惯例并不适用于中国市场。

出现这种现象，除了我国 CPI 构成中没有反映房价等资产通胀外，更主要的原因，我们认为是我国经济结构不同导致的，也就是说，目前的高货币供给并不一定会引发物价通胀。对 M2 进行解构可以看出，尽管中国 M2/GDP 及基础货币 /GDP 的比值远高于美国，但从资金使用效率来看，中国货币乘数却远小于美

国，直到金融海啸发生后美国开始急剧去杠杆化后两者的差距才开始缩小。仅从这一点来看，说明中国货币的使用效率并不高。

以弗里德曼为主导的“货币学派”认为：通货膨胀无论何时何地均是一种货币现象。但这种实体经济的物价通胀却不一定会发生于中国。事实上，从中国M2的构成看，储蓄存款占M2的比例达到43.2%，这还不包含居民投放于股市的资金，由于中国居民的储蓄率远高于美国，表明居民以银行存款及股市“虚拟”资本的形式持有现金，而并没有投放入实体经济，实际资金投入实体使用效率并不高，这导致了历史上中国货币乘数远低于美国。尽管中国M2增速、基础货币及M2与GDP的比值较高，但却不一定会对实体经济造成严重的通货膨胀。

对于中国而言，2010年的资本通胀更是值得关注的事件。

资料来源：第一财经日报，日期：2009年12月29日06：52，http://www.1cbn.com。

专栏

以最简单的语言表达最艰深的经济理论——弗里德曼

米尔顿·弗里德曼（Milton Friedman，1912年7月31日~2006年11月16日）美国经济学家，以研究宏观经济学、微观经济学、经济史、统计学、及主张自由放任资本主义而闻名。1976年获得诺贝尔经济学奖，以表扬他在消费分析、货币供应理论及历史、和稳定政策复杂性等范畴的贡献。

弗里德曼生于纽约市一个工人阶级的犹太人家庭，是家中第四个孩子，也是唯一的男孩。在高中时，父亲逝世后，举家搬到新泽西州的罗威市（Rahway）。16岁前完成高中，凭奖学金入读罗格斯大学（Rutgers University）。原打算成为精算师的弗里德曼最初修读数学，但成绩平平，1932年取得文学士，翌年他到芝加哥大学修读硕士，1933年芝加哥大学硕士毕业。上第一堂经济课时，座位是以姓氏字母编排，他紧随一名叫罗斯（Ross Director）的女生之后，两人6年后结婚，从此终生不渝。弗里德曼曾说他的作品无一不被罗斯审阅，更笑言自己成为学术权威后，罗斯是唯一敢跟他辩论的人。当弗里德曼病逝时，罗斯说：“我除了时间，什么都没有了。”

1946年获哥伦比亚大学颁发博士学位，随后回到芝加哥大学教授经济理论，期间为国家经济研究局研究货币在商业周期的角色。这是他学术上的重大分水岭。弗里德曼在芝加哥大学成立货币及银行研究小组，在经济史论家Anna Schwartz的协助下，发表《美国货币史》鸿文。他任职芝加哥大学经济系教授逾30年，力倡自由主义经济，在这30年里他将芝加哥大学的经济系形塑成一个紧密而完整的经济学派，被称为芝加哥经济学派。在弗里德曼的领导下，多名芝加哥学派的成员获得诺贝尔经济学奖。

弗里德曼在1953~1954年间以访问学者的身份前往英国剑桥大学任教。从1977年开始弗里德曼加入了史丹佛大学的胡佛研究所。在1988年取得了美国的国家科学奖章（National Medal of Science）。

弗里德曼分别于1980年、1988年（张五常邀请，会见赵紫阳）、1993年（会见江泽民，政府开始强调日本韩国式的对经济的控制）三次来华访问。曾宣称："谁能正确解释中国改革和发展，谁就能获得诺贝尔经济学奖。"

米尔顿·弗里德曼于2006年11月16日在旧金山三藩市家中因心脏病病发引致衰竭逝世。

弗里德曼的三大理论贡献有：

（1）现代货币数量论。通货膨胀唯一原因来自印刷厂："太多的货币追逐太少的商品"。政府可以通过控制货币增长来遏制通胀。这被视为现代经济理论的一场革命。

（2）消费函数理论。根据凯恩斯的边际消费递减规律：随着社会财富和个人收入的增加，人们的欲望已得到满足，用于消费方面的支出呈递减趋势，与此同时储蓄则越来越多。如果这一理论成立，那么政府就可以通过增加公共支出来抵消个人消费的减少，从而保证经济的持续增长。然而通过分析历史消费模式，弗里德曼指出，欲望实际上永无止境，原有的得到满足后，新的随即产生。

（3）"自然率假说"理论。1968年，弗里德曼与美国哥伦比亚大学经济学家菲尔普同时提出"自然率假说"理论。他们发现，长期来看，失业率与通货膨胀并没有必然联系。经过了一段时间的通货膨胀后，人们将把对未来通货膨胀的期待添加在自己决策的考虑因素中，抵消了通货膨胀对就业的任何积极影响。自然失业率永远存在，是不可消除的。因此政府的宏观调控政策长期来看是不起任何作用的。

复习思考题

1. 什么是基础货币？
2. 简述货币乘数的推导。
3. 中央银行、银行以及非银行公众的行为是如何决定货币乘数的？
4. 简述弗里德曼-施瓦兹货币供给论。
5. 简述货币供给新论的特点。

第十六章

通货膨胀与通货紧缩

通货膨胀在任何时候、任何地方都是一种货币现象，这就是说，只有当货币数量增长远远快于产出增长时，才会产生通货膨胀。

——弗里德曼

经济科学所研究的一系列问题，都是围绕货币展开的，其原因并非是由于人们将货币或者物质财富当成人类奋斗的主要目标，而是因为，在我们所生活的这个世界上，货币在很大程度上是衡量人类动机的便利工具。

——艾尔弗雷德·马歇尔：《经济学原理》第8版

【本章导读】

最早的通货膨胀可以追溯到中世纪时期。但是，与后来的20世纪相比，之前的通货膨胀对社会经济的影响较小，并且局限于少数国家（葡萄牙、西班牙），持续时间与价格涨幅相对有限。进入20世纪，通货膨胀成为了世界上所有国家的严重社会经济问题。从西方到亚洲，从发达国家到欠发达国家，都不同程度地经受了持续通货膨胀的影响。特别是20世纪70年代的通货膨胀，具有了极强的危害性与广泛性，出现了高通货膨胀率与经济滞胀、高失业率相伴的新特点。正因此，这一时期的通货膨胀受到了各国政府和经济学家的高度关注。到20世纪最后的20年，全世界关于通货膨胀的关注更多地转移到一些发展中国家，特别是中国。改革开放以来，伴随着计划经济向市场经济的转轨，我国经济保持了快速持久发展的同时，也多次出现较重的通货膨胀。

通货膨胀表现为物价水平的持续升高，它是政治家和社会公众关注的焦点，是什么导致了通货膨胀？如何充分认识通货膨胀的危害？如何有效控制通货膨胀等问题已成为经济政策讨论的主题。

（2）外部输入型。一国经济部门可分为开放性部门和非开放性部门。对于小国经济而言，外部通货膨胀会通过一系列机制传递到其开放性部门，使其通货膨胀率向世界通货膨胀率看齐。而小国开放性部门的价格和工资上涨后，又会使其非开放性部门的价格和工资向开放性部门的价格和工资看齐，从而导致全面性通货膨胀。

（3）部门差异型。一国不同的经济部门之间劳动生产率的提高总是有差异的，而各部门之间货币工资的增长却存在互相看齐的倾向。当发展较快的经济部门因劳动生产率提高而增加货币工资时，其他部门由于向其看齐也会提高货币工资，从而引起工资成本推进的通货膨胀。

第二节　通货膨胀的经济效应及治理

一、通货膨胀的经济效应

关于通货膨胀对经济的影响，西方经济学界在20世纪60年代曾有过激烈的争论，形成3种观点：一是促进论，认为通货膨胀可以促进经济增长；二是促退论，认为通货膨胀会损害经济增长；三是中性论，认为通货膨胀对经济增长既有正效应，也有负效应。

认为通货膨胀可以促进经济增长的观点大多遵循凯恩斯有效需求分析的传统。他们认为，西方社会中普遍存在的问题是有效需求不足，因此，要刺激经济增长就要增加财政支出，增加货币供应量，实行膨胀性政策，刺激投资与消费，增加有效需求。通货膨胀促进论的主要观点有：

（1）通货膨胀的直接表现是货币供给过多，货币是由政府强制发行的，多发行的那一部分直接表现为政府的收入，可以用于增加投资。政府用多发性的货币来购买社会物资，等居民拿到货币再去购买商品时，市场上的商品已经减少，而存留于流通领域中的则是更多的货币，这时物价开始上升，居民持有的货币事实上已经贬值，所受损失被国家占有，用于投资。这实质上是政府对所有货币持有人的一种隐蔽性的强制征税，称为“通货膨胀税”。如果居民的消费不变或消费的下降小于投资的增加，通过乘数效应，产出以新增投资的倍数上升。

（2）通货膨胀具有一种有利于高收入阶层的收入再分配效应。在通货膨胀过程中，高收入阶层的收入比低收入阶层的收入增加得更多。与此同时，高收入阶层的边际储蓄倾向比低收入阶层高，因此，在通货膨胀时期，高收入阶层的储蓄总额增加，转化为投资，导致实质经济的增长。

（3）在通货膨胀初期，全社会都会存在货币幻觉，将名义价格、名义工资、名义收入的上涨看成是实际的上涨。就业者将名义工资的增加看成是实际收入的增加，因而他们愿意提供更多的劳动。企业家将一般物价上涨看成是自己产品的相对价格的提高，因而扩大投资，增加雇佣工人，单个企业家行为的集合就导致了就业的增加和产出增长速度的加快。

（4）通货膨胀增加了持有现金的机会成本。资本的边际生产率和通货膨胀率之和构成了持有现金余额的机会成本。通货膨胀率上升，导致持币的机会成本上升，由于实物资产和现金余额两种财富形式之间的替代性，经济单位会增加实物资产的需求，从而推动投资和产出的增加。

（5）通货膨胀有利于产业结构调整。由于价格存在下降的刚性，相对价格调整困难。通货膨胀引起的物价上涨在各地区、各部门、各行业、各企业之间是不平衡的。长线产品的价格和短线产品的价格都上升，但短线产品上升的幅度更大，因此，两类部门的投资都可能增加，但短线产业的投资规模比长线行业大，增长速度快，从而全社会的产业结构可以得到局部调整。

与此相反，另一些经济学家认为通货膨胀不仅不能促进经济增长，反而会降低效率，阻碍经济增长，这种观点被称为“促退论”，理由是：

（1）在通货膨胀时期，价格上升和工资增加在时间和幅度上都是不对应的，工人可能会通过罢工等方式向政府和资方施加压力；政府从本身利益考虑，可能对某些价格实行行政控制，从而使经济运行缺乏竞争性和活力，价格的信号作用削弱，经济效率下降。

（2）在通货膨胀时期，货币贬值，存贷款风险增大，严重的通货膨胀甚至导致金融活动的瘫痪。在通货膨胀时期，政府控制名义利率，导致对借贷资金的过度需求，出现对借贷资金实行配给的局面，从而使资金的运用起不到优化资源配置和加快经济成长步伐的作用。

（3）较高的通货膨胀率会错误地引导资金流向，使一部分资金从生产部门转向非生产部门，对长期经济增长不利。在通货膨胀中，进行投机的商业资本周转快，投机者对商品、黄金、外汇和有价证券进行投机交易可获取丰厚投机利润。而投入生产领域里的资本，一般周转期较长，在物价上涨时期，进行生产投资是不利的，生产不如囤积。结果一部分工业资本从生产领域转向流通领域，服务于投机活动，生产资本减少，经济衰退。

（4）通货膨胀会降低储蓄。一方面，通货膨胀会减少人们的实际可支配收入，削弱其储蓄能力；另一方面，通货膨胀又会使本金贬值，人们对储蓄产生悲观预期，边际储蓄倾向下降，出现消费对储蓄的强迫替代。投资资金减少，生产规模因资本缺乏而缩减。

（5）反复无常的通货膨胀打乱正常的生产秩序，市场不确定性因素加大，价格信号确切性降低，增大生产性投资风险和经营风险，打击投资者信心，产生萎缩。

通货膨胀对商品流通，货币金融等领域的影响前面已经有所涉及，除此之外，通货膨胀对社会稳定、政权巩固、对外关系等其他方面也有影响，很多甚至已超出了经济的范畴。

二、通货膨胀的治理

由于通货膨胀对一国国民经济乃至社会、政治生活各个方面都产生了严重的影响，因此各国政府和经济学家都将控制和治理通货膨胀作为宏观经济政策研究的重大课题加以探讨，并提出了治理通货膨胀的种种对策措施。

1. 宏观紧缩政策

宏观紧缩政策是各国对付通货膨胀的传统政策调节手段，也是迄今为止在抑制和治理通货膨胀中运用得最多、最为有效的政策措施。其主要内容包括紧缩性货币政策和紧缩性财政政策。

紧缩性货币政策是中央银行通过减少流通中货币量的办法，提高货币的购买力，减轻通货膨胀压力。其具体政策工具和措施包括：①通过公开市场业务出售政府债券，以相应地减少经济体系中的货币存量；②提高贴现率和再贴现率，以提高商业银行存贷款利率和金融市场利率水平，缩小信贷规模；③提高商业银行的法定存款准备金，以压缩商业银行放款，减少货币流通量。

紧缩性财政政策主要是通过削减财政支出和增加税收的办法来治理通货膨胀。在财政收入一定的条件下，削减财政支出可相应地减少财政赤字，从而减少货币发行量，抑制总需求，对于抑制财政赤字和需求拉动型通货膨胀比较奏效。但财政支出的许多项目具有支出刚性，可调节的幅度有限，因此增加税收就成为另一种常用的紧缩性财政政策。提高个人的所得税或增开其他税种可使个人可支配收入减少，降低个人消费水平；而提高企业的所得税和其他税率则可降低企业的投资收益率，抑制投资支出。

紧缩性货币政策和财政政策都是从需求方面加强管理，通过控制社会的货币供应总量和总需求实现抑制通货膨胀的目的。在20世纪60年代中期以前，一些国家根据英国经济学家菲利普斯揭示的通货膨胀与失业的相关关系（见图16-3）制定需求管理政策，用以治理需求拉动型通货膨胀，取得了较为显著的成效。

在图16-3中，纵轴表示通货膨胀率（$\Delta P/P$），横轴表示失业率（U），图中的曲线即菲利普斯曲线，表示通货膨胀率与失业率的相关关系。根据该曲线可知，政府在面临通货膨胀和失业两大经济和社会问题时，会遇到两难的困境，即如果要降低失业率就不得不付出高通货膨胀率的代价，而如果要降低通货膨胀率又不免会导致失业率的上升。要解决这一难题，政府可运用菲利普斯曲线制定一个适当的宏观紧缩或扩张政策，即首先确定社会可接受

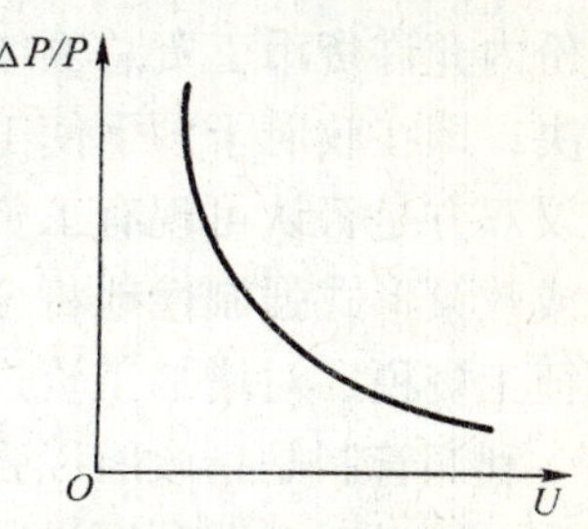

图16-3　通货膨胀与失业率的相关关系

或容忍的最大失业率和通货膨胀率，并将其作为临界点。例如，确定4%为失业率和通货膨胀率的临界点。如果失业率和通货膨胀率都低于这一临界点，如图16-4中阴影部分的任何一点（假定为B点），则政府不必采取措施进行干预；而当经济处于阴影部分之外（如A点或C点）时，政府就应采取措施进行干预。例如，当经济处于A点时，通货膨胀率超出了临界点，但失业率低于临界点，根据菲利普斯曲线，就应该采取紧缩性的货币政策和财政政策，在不使失业率超出临界点的前提下，以提高失业率为代价换取通货膨胀率的降低。相反，如果经济处于C点，失业率超出了临界点，而通货膨胀率低于临界点，则政府可采取扩张性的宏观调控政策，以较高的通货膨胀率为代价，使失业率降低到临界点以下。

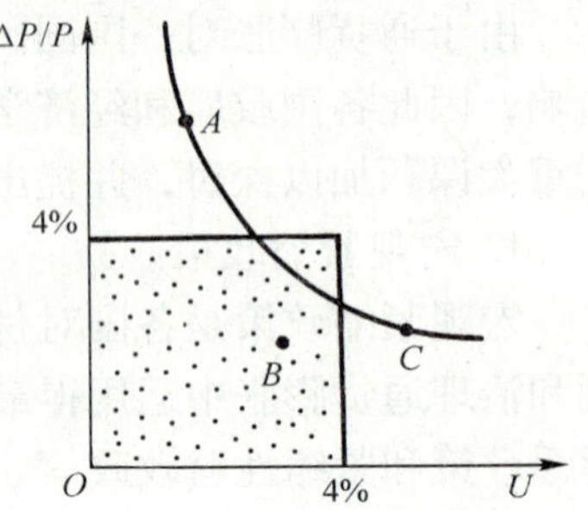

图16-4 根据菲利普斯曲线制定宏观调控政策

但是20世纪60年代中期以后，由于较高的通货膨胀与较高的失业率同时发生，即经济中出现了滞胀现象，根据菲利普斯曲线制定的宏观经济调控政策不再奏效，于是一些西方国家又将收入紧缩政策作为治理通货膨胀的重要手段。

2. 收入紧缩政策

收入紧缩政策主要是根据成本推进论制定的，其理由是：依靠财政信用紧缩的政策虽然能够抑制通货膨胀，但由此带来的经济衰退和大量失业的代价往往过高；而收入紧缩政策的主要内容是采取强制性或非强制性的手段，限制工资提高和垄断利润的获取，抑制成本推进的冲击，从而控制一般物价的上升幅度。

其具体措施一般包括工资管制和利润管制两个方面。工资管制是指政府以法令或政策形式对社会各部门和企业工资的上涨采取强制性的限制措施。工资管制的办法包括：①道义规劝和指导，即政府根据预计的全社会平均劳动生产率的增长趋势，估算出货币工资增长的最大限度，即工资—物价指导线，以此作为一定年份内允许货币工资总额增长的目标数值线来控制各部门的工资增长率；②协商解决，即在政府干预下使工会和企业就工资和价格问题达成协议，其效果取决于协议双方是否认可现有工资水平并愿意遵守协议规定；③冻结工资，即政府以法令或政策形式强制性地将全社会职工工资总额或增长率固定在一定的水平上；④开征工资税，对增加工资过多的企业按工资增长超额比率征收特别税款。

利润管制是指政府以强制手段对可获得暴利的企业利润率或利润额实行限制措施。通过对企业利润进行管制可限制大企业或垄断性企业任意抬高产品价格，从而抑制通货膨胀。利润管制的办法包括：①管制利润率，即政府对以成本加成方法定价的产品规定一个适当的利润率，或对商业企业规定其经营商品的进销差价；②对超额利润征收较高的所得税。

3. 增加供给——凯恩斯学派和供给学派的政策

凯恩斯学派和供给学派都认为，总供给减少是导致滞胀的主要原因。凯恩斯学派认为，总供给减少的最主要原因是影响供给的一些重要因素发生了变化，如战争、石油或重要原材料短缺、主要农作物歉收、劳动力市场条件变化、政府财政支出结构或税收结构等方面发生了变化，因而造成了总供给减少并引起通货膨胀。因此，治理经济滞胀必须从增加供给着手。凯恩斯学派提出的对策主要包括：政府减少失业津贴的支付、改善劳动条件、加强职业培训和职业教育、调整财政支出结构和税收结构等，其目的是降低自然失业率，使总体经济恢复到正常状态。供给学派则认为，政府税率偏高是总供给减少、菲利普斯曲线左移的主要原因。过高的税率降低了就业者的税后收入和工作意愿，同时也降低了企业的投资意愿，并助长了逃税行为，阻碍了社会生产力的提高和总供给的增长。因此，治理滞胀必须首先降低税率，以此提高劳动者的工作意愿和劳动生产率，增加储蓄和企业投资，刺激经济增长和降低失业率，从而走出滞胀的困境。

第三节　通货紧缩理论

一、通货紧缩的定义

萨缪尔森在其《经济学》第16版中是这样定义通货紧缩的：通货紧缩是指物价总水平的持续下跌。斯宾塞在《当代经济学》中对通货紧缩的定义是：所有商品和服务的一般价格水平的下降，或者说单位货币购买力的上升。斯蒂格利茨、巴罗、布兰查德、戈登、雷诺兹等在其各自所著的《宏观经济学》中对通货紧缩的定义基本上都表述为一般物价水平的持续下跌。

在西方流行的经济学辞典中，货币主义代表人物D. 莱德勒在《新帕尔格雷夫财政金融大辞典》中对“通货紧缩”的定义是：通货紧缩是一种价格下降和货币升值的过程，它是和通货膨胀相对的。托宾在《经济学百科全书》中对通货紧缩的解释是：“通货紧缩也是一种货币现象，它是每单位货币的商品价值和商品成本的上升。”此处他把通货紧缩表述为货币升值。由于货币升值与价格总水平下降这两种不同表述方法对应的是同一过程，因此托宾与D. 莱德勒对通货紧缩的定义是一致的。

综上所述，通货紧缩是指一般物价水平持续下跌、币值不断上升的一种货币现象。

既然通货紧缩是与通货膨胀相对应的一种货币现象，因此衡量通货膨胀的指标同样适用于通货紧缩。

二、通货紧缩理论

（一）凯恩斯关于通货紧缩的理论

凯恩斯在《就业、利息和货币通论》中除仅有一处直接提到了通货紧缩以外，更多是使用“就业不足均衡”和“有效需求不足”这样的术语。由于发生有效需求不足的时候物价往往是下降的，因此后人将实际有效需求同能够实现充分就业的有效需求之间的差额称为通货紧缩缺口，如图16-5所示。

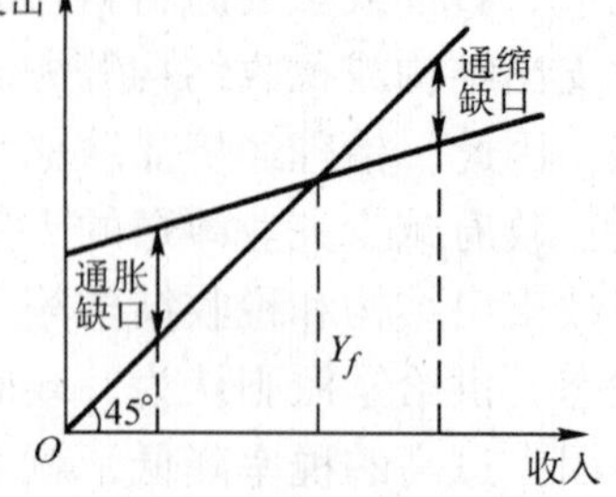

图16-5　通货紧缩缺口

在封闭经济中，有效需求包括消费C、投资I和政府开支G 3个部分，有效需求决定了社会的产出水平。由于消费较为稳定，波幅很小，因而凯恩斯认为经济波动主要源于企业投资的不稳定，而投资需求取决于企业的利润预期。因此，凯恩斯认为经济衰退的原因在于企业家利润预期的突然下降，认为投资无利可图，甚至在很低的利率水平下也是如此。投资的不稳定对经济总量的影响又会因乘数效应而加剧，当企业投资减少时，总产出会以多倍的数额减少。

凯恩斯理论的政策含义是：当企业投资低落、经济衰退，特别在经济严重衰退时，企业家的利润预期非常之低，以至于任何正利率都显得太高，因此通过放松银根、降低利率的货币政策来抑制衰退的效果不会明显，只有通过增加政府开支来增加有效需求。

（二）费雪的“债务—通货紧缩”理论

费雪在其1933年的论文《大萧条中的“债务—通货紧缩”理论》中，从某个时点经济体系中存在过度负债这一假设开始，认为由于新发明、新产业的出现或新资源的开发等所导致的利润前景看好、企业过度投资，从而导致过度借债。债权人一旦注意到这种过度借债的危险，就会趋于债务清算。费雪认为这种清算会导致如下的连锁效应：债务清算→销售的困难→存款货币的收缩和货币周转速度的下滑→加剧销售的困难→价格水平的下降或货币的升值。假使价格水平的这种下降过程不能被通货再膨胀或其他措施所抑制，将会出现净经营资产的更大幅度的下降，并推动破产，很可能出现利润的下降，造成那些正在营运的企业的亏损，从而导致产量、劳动力就业数量的减少。而这类亏损、破产、失业又会导致悲观情绪和信心的丧失，这又相应地导致窖藏货币和货币周转速度的更大幅度的下降。上述几种变化将导致对利率的复杂扰动，尤其是会出现名义利率的下降及实际利率的上升。

费雪以这种简明的逻辑清楚地解释了债务和通货紧缩是如何导致大萧条的。

过度负债和通货紧缩两者是相互作用的。过度负债这种较轻的“疾病”会导致通货紧缩这种较重的“疾病”；反过来，由债务所导致的通货紧缩也会反作用于债务。当通货紧缩发生时，尚未偿付的债务的实际价值变大，即“正是人们减轻其债务负担的努力反而增加了债务负担，因为人们一起蜂拥而上清偿债务的整体效益是提升了所欠的每元钱的价值”。这种悖论正是大多数经济萧条发生的主要内因。“债务人偿债越多，他们就欠得越多”，费雪以 1929～1933 年经济“大萧条”为例证实了上述结论。从 1929 年到 1933 年 3 月，名义债务额减少了 20%，但美元升值约 75%，这样真实债务反而上升了 40%。

费雪认为，如果他的“债务—通缩”理论是正确的，那么控制价格水平就颇为重要了。但即使价格水平是稳定的，仍然有可能出现过度负债问题。

（三）货币主义的理论分析

凯恩斯学派关于货币政策对抑制经济衰退无效的观点，遭到了货币主义学派的激烈反驳。货币主义的核心观点是：货币对于经济活动是重要的。关于货币存量与价格变化的相互关系，货币主义的论点是：“货币存量的大幅度变动是一般价格水平大幅度变动的必要而且充分的条件。”

在弗里德曼重新表述的货币数量论中，也包含着从货币紧缩到价格下降的传导机制的说明：当货币紧缩时，货币的边际收益上升，人们就会将金融资产和实物资产转换成货币资产，直到重新构成新的资产组合使得各资产的边际收益率相等。这就可能导致金融资产和实物资产的价格下降。

但是，弗里德曼也指出，货币存量的变动与价格的变动之间的关系虽然十分紧密，但并不是机械不变的，产量的变动与公众希望持有的货币数量的变动会造成货币存量变动与价格变动之间的不一致。因此，他认为更为重要的是，不仅要考察单位产量的货币存量，同时还要考虑到货币流通速度的变化。弗里德曼和施瓦茨提供了大量实证材料证明其论点。在 1867～1960 年这 93 年中，美国曾发生 6 次严重的经济紧缩，其间都伴有货币存量的下降。同时，这 6 次经济紧缩中，价格总水平的降幅也较为明显。但两者的变化也有可能不一致。其中一种情况是货币供应量还在增长，但由于货币供应的增长慢于经济的增长，价格总水平出现了明显下降。例如 1882～1894 年间，美国的货币供应量一直在增长，但同期批发价格指数下降 35.2%，消费价格指数下降 10%。

由于从货币存量的变动到价格水平变动之间的传递存在时滞，而且这种时滞的长短难以把握，因此货币主义理论认为：“相机决策”的政策不仅无助于经济的稳定，往往还加剧了经济波动。货币主义的政策“处方”是：为了避免大规模的通货膨胀和通货紧缩，必须使货币供给的增长率保持在适当的水平上，即货币政策的“单一规则”。

专栏

金融危机下，中国离通货膨胀有多远？

“无论何时何地，通货膨胀都是一种货币现象。”这是货币学派经济学家弗里德曼的一句名言。将该理论应用于判断我国未来一段时期的物价走势，就不免产生对通胀的担忧，因为自2008年11月份实施积极的财政政策和适度宽松的货币政策以来，无论货币还是信贷都出现了空前的增长。

一、对最近30年我国通胀的回顾与总结

从通胀的形成机理来看，可分为需求拉动型通货膨胀、成本推动型通货膨胀、外部输入型通货膨胀。上述3种类型的通货膨胀在我国最近20多年的历史中都有所表现。自改革开发以来，我国共出现三次明显的通胀：上个世纪80年代和90年代的两次明显的通胀主要属于需求拉动型的通胀，而2007年至2008年的通胀属于典型的外部输入型通胀。

1988年，国家开始实施“价格闯关”，使物价出现大幅度上涨。1988年CPI同比增长18.8%，PPI同比增长15%。在价格改革之前，我国的商品价格大多属于管制价格，价格没有反映市场的供求关系。尽管当时已经改革开放了10年，商品供给能力已经大大提高，但依然没有走出短缺经济时代。在商品供给严重短缺的背景下，价格的“闯关”导致了严重的通货膨胀。

如果说1988年的通胀主要是由消费需求拉动，那么1994年的通胀更多是依靠投资需求拉动的。1992~1993年，投资增长速度均在40%以上。由于投资需求极为旺盛，也必然带动了生产资料成本和工资的较大上涨。

2007~2008年的通胀形成机制与1988年和1994年有很大的区别，这次通胀是在全球通胀的背景下产生的。由于国际粮食、原油、铁矿石等重要原材料价格飙升，美元贬值，以及国际游资的流入等因素的影响，使得本轮通胀主要表现为外部输入的特征比较明显。当然，国际大宗商品价格的大幅度飙升与我国经济的高速增长也有密切关系，我国经济不但受国际市场价格的影响，而且是影响国际市场商品价格的重要因素。

二、如何看待当前的中国通胀形势

2009年的通胀预期缘于信贷与货币的快速扩张。2009年三季度广义货币供应量（M2）同比增长29.3%，狭义货币供应量（M1）同比增长29.5%。M2、M1增长率均超过名义GDP增长率达22%左右。前10个月，人民币新增贷款总额8.92万亿元，据估计，今年全年新增信贷将接近10万亿元。货币投放的高速增长使市场产生了货币贬值的预期（即通货膨胀预期）。

在出口难以实现高速增长的情况下，不可能出现需求拉动型的通货膨胀，但需要关注成本推动型的通胀和资产价格膨胀，尤其要关注房地产价格的大幅度上升。其理由如下：从宏观经济的总量看，高储蓄率就意味着消费需求的不足，储蓄大于投资则意味着我国经济的增长必须依赖于出口的增长。再从经济结构看，最近10年的经济发展主要由出口的高速增长带动的，我国外贸依存度已经达到70%左右，40%的工业生产能力依赖出口消化。在金融危机的打击下，国际贸易在短期内难以恢复，因此，我国经济的总体状态将是总供给大于总需求，不太可能出现需求拉动型的通胀。

事实上，在金融危机的影响下，全球经济的总体状态就是总供给大于总需求，从这个角度看，全球经济有通缩的风险。但我们应该清楚地认识到货币供给影响物价的另外一条途径，即大宗商品市场。毫无疑问，货币供给影响金融资本的成本，而金融资本已经成为全球大宗商品市场的主导力量。全球中央银行为了应对金融危机向市场注入了大量的货币，这些货币无法被实体经济所吸收，必然流向大宗商品市场及资产市场（如股票市场），从过去的一年看，石油价格从最低的每桶30美元一路上升到目前的近80美元左右，其关键的影响因素就是货币，换句话说，石油的价格主要由金融资本决定，与石油市场的供求形势关系不大，石油的供求形势顶多就是金融炒家们的一个噱头而已。与石油一样的还有有色金属及黄金等贵金属商品，它们都成为全球过剩的货币追逐的对象。当然，美元的不断贬值给这些金融资本的投机提供了绝好的题材，成为统一全球金融资本意志的“指挥棒”。大宗商品期货价格的大幅度上升成为推动生产资料价格上涨的最主要动力，也是未来我国物价上涨的最主要动力。

对于过剩的我国金融资本而言，参与大宗商品的投机不会成为主流，因为全球大宗商品的主要市场不在我国，我国金融资本还没有能力主宰全球大宗商品市场。我国多余的货币主要进入了股票市场和房地产市场。

尽管是否有资金进入股票市场还有很多争论，但股票价格在2009年近一倍的涨幅及最近创业板市场的火爆登场等表现无不向世人昭示中国股票市场“不差钱”的现实。但相比股票市场而言，投资者更应担心房地产市场。因为股票市场有大量的限售流通股等待流通，还有数百家公司在排队上市和数千亿的上市公司再融资计划等待实施，股票市场不会有失控的危险。但需要注意的是，如果进入股市的资金中信贷资金比例过大则结果就不一样了，需要高度关注。

房地产市场和股票市场的主要区别在于有大量的银行资金介入，如果出现房价的大幅度下跌，将直接表现为银行坏账迅速增加，威胁我国的金融安全，美国的次贷危机对此已经作了充分的演示，无需赘述。2009年初以来，宽松的货币政策对房地产市场形成了强烈的刺激，使房价出现大幅度上涨，房价的上涨已经由一线城市向二、三线城市蔓延扩散，社会公众对房价的上涨形成了一致的共识。

因此，以CPI衡量的消费物价不会出大幅度上涨，但资产价格（尤其是房地产）容易出现失控的危险。决策者如果仅仅依靠传统的判断方法来度量通胀形势，有可能出现重大失误，20 世纪 90 年代日本出现泡沫经济的最主要原因也正是在此，需要有关方面高度关注。

资料来源：中国社会科学院金融研究所金融市场研究室副主任尹中立为英国《金融时报》中文网撰稿节选。

复习思考题

1. 简述对通货膨胀含义的理解。
2. 简述通货膨胀的成因。
3. 简述通货膨胀的经济效应。
4. 简述通货膨胀的治理。
5. 简述通货紧缩的含义。
6. 什么是通货紧缩缺口？
7. 向下倾斜的菲利普斯曲线有何政策含义？

第十七章

利率理论

我们是明明白白地天生靠我们最深刻的直觉和全副精力来解决经济问题的。

——约翰·梅纳德·凯恩斯：《经济前景展望》

【本章导读】

利息从何而来、利率如何决定，历来有许多经济学家为之作过多种解释和争论。利率理论是说明利息的产生及其本质、论证利率决定因素对利率水平影响的理论。在现代经济中，利率的决定受制于社会经济的诸多因素，但利率作为资金的价格对整个经济也产生重大影响。因此，现代及当代的经济学家在研究利率决定问题时更加关注各种变量的关系以及整个经济的平衡。研究西方利率理论有助于我们分析西方国家的货币政策，也有助于我们发现利率变动与经济发展的关系，为研究我国的利率问题提供重要的借鉴。

本章介绍了古典利率理论、凯恩斯的流动性偏好利率理论、可贷资金利率理论，以及利率的期限结构理论。

第一节　古典利率理论

现代利率决定理论一般以古典利率理论作为分析的起点。早期的经济学家都坚持实物资本的供求决定利率的基本观点。古典利率理论接受了这种基本观点和基本结论，认为货币不过是覆盖在实物经济上的一层面纱，因为人们的借贷活动虽然是以货币形式进行的，但实质是货币所购买的实物，借贷利息是实物的利息，利率也必然是实物利率。因此，20 世纪 30 年代以前，实物利率理论是西方经济学界普遍流行的一种利率理论。

倡导这一理论的主要有 4 位著名经济学家，他们分别是：奥地利经济学家庞巴维克（E. V. Böhm—Bawerk）、英国经济学家马歇尔（Alfred Marshall）、瑞典经济学家魏克赛尔（Knut Wicksell）以及美国经济学家费雪（Irving Fisher）。他们4人的理论都是彼此独立地提出的，因此其具体的思路和分析的角度各不相同，但是其基本的结论却相同，这就是储蓄与投资的均衡决定利率水平。下面分别对这4位经济学家提出的利率决定理论作一简介。

一、庞巴维克的利率理论

庞巴维克是现代著名经济学家、奥地利学派的主要代表人物。他曾对前人的利息和利率理论作过全面的评价，并在1889年发表的著作《资本实证论》中论述了自己的利息和利率理论。

庞巴维克根据人们的心理感觉和实际因素来说明利息产生的原因。他认为，"绝大多数人感到现在物品的主观价值比同量的未来物品的主观价值高一些"，随着这个主观评价而来的是"现在物品在市场上一般地具有较高的客观交换价值和市场价格"，"未来物品在主观和客观两方面，都有较小的价值，和它们在时间上的差距程度相适应着"㊀。他断言：这种价值上的差别是一切资本利息的来源。

庞巴维克还认为，资本主义生产有两种方式：一种是直接生产；另一种是迂回生产。直接生产是指人们利用原始生产要素直接生产出消费品；而迂回生产则是指人们先将原始生产要素生产成各种中间产品，然后再用中间产品生产出消费品。在庞巴维克看来，迂回生产要比直接生产更有效率。但是，在迂回生产中生产出来的中间产品不能直接用于消费。于是，在生产中间产品的过程中，人们首先必须具有生活必需的消费基金。这种消费基金主要来源于两个方面：一是自己的储蓄；二是向他人借款（实际是他人的储蓄）。庞巴维克认为，这种消费基金是维持迂回生产所必需的，所以，他称这种消费基金为"生活维持基金"，而对于整个国家来说，这种消费基金则被称为"国家维持基金"。这种基金越多，由这种基金所赡养的工人人数越少，迂回生产的过程就可越长，由这种迂回生产所产生的剩余收益也就越多。

然而，随着迂回生产过程的延长，所增加的剩余收益是递减的。而利率就决定于最后一次延长生产过程所能增加的剩余收益。很显然，庞巴维克在这里所说的"最后一次延长生产过程所能增加的剩余收益"，实际上是指资本的边际生产力。

庞巴维克指出："利率受制于并决定于经济上容许的最后一次延长的生产过程的生产力，以及经济上不容许进一步延长的生产过程的生产力；这样，使这种生产过程的延长成为可能的单位资本，总要产生一些利息，它比第一个生产过程延长的剩余收益小一些，而比最后一个生产过程延长的剩余收益大一些；在这个

㊀ 庞巴维克．资本实证论．陈端，译．北京：商务印书馆，1964.

范围内，按照价值规律，最终取决于工资基金量和工人数目之间的比例关系。”所以，在庞巴维克看来，在迂回生产的条件下，决定利率的因素主要有三：一是国家维持基金的总量；二是由这种基金所赡养的工人的人数；三是生产期延长增加生产力的程度。根据庞巴维克的分析，在一个社会内，国家维持基金越少，该基金所赡养的工人人数越多，生产期进一步延长所得的剩余收益仍然很高，那么利息就越高。

很显然，庞巴维克所谓的生活维持基金实际上就是储蓄。而在迂回生产中生产中间产品的实质是一种投资。要进行这种投资，首先必须有储蓄。因此，庞巴维克利率理论的实质是储蓄与投资的均衡决定借贷活动中的利率水平。

二、马歇尔的等待与资本收益说

马歇尔是现代英国著名经济学家，剑桥学派的创始人，是凯恩斯革命前最负盛名的英国经济学家。1890 年出版的《经济学原理》一书是他的代表作。在该书中，马歇尔建立了一个以价格理论为中心、以边际分析和局部均衡分析为主要方法的经济学体系。马歇尔的利率理论是其均衡价格理论的一部分。根据马歇尔的分析，利率也是一种价格，而这一价格将决定于资本供给与资本需求的均衡关系。也就是说，当资本的供给与资本的需求达到均衡时，就形成了一个均衡的利率水平；所以，要说明利率的决定，就必须分别说明资本的供给和资本的需求。

根据马歇尔的分析，资本的供给是由人们延期消费或等待（即储蓄）所决定，而利息就是对人们延期消费或等待的一种报酬。在马歇尔看来，“财富积累之所以受到限制，利率之所以迟迟不落，是由于绝大多数的人喜欢现在的满足，而不喜欢延期的满足，换言之，是由于他们不愿意‘等待’。”㊀这就是马歇尔的利息本质理论，也是马歇尔关于资本供给的理论。

在资本的需求方面他指出：“对于资本的主要需求，是由于资本的生产性和它所提供的服务而发生的。”因此，“借款人所愿付的利率，是他使用资本所预期的收益的尺度”。㊁很显然，在马歇尔看来，资本本身具有生产性，它能为人们提供某种服务，人们从资本的使用中可获得一定的收益。所以，人们对资本的需求程度，就决定于资本的生产力：资本的生产力越大，为人们带来的收益越多，人们愿意支付的利率也就越高。

通过以上分析，马歇尔得到如下基本结论：当资本的供给与资本的需求达到均衡时，就决定了一个均衡的利率水平。虽然马歇尔并没有直接地用储蓄和投资来分别代替资本的供给和资本的需求，但从他的分析中可以看出，他所谓的资本供给实际上就是储蓄，而资本需求实际上就是投资。

㊀ 马歇尔．经济学原理．朱志泰，陈良璧，译．北京：商务印书馆，1981.

㊁ 马歇尔．经济学原理．朱志泰，陈良璧，译．北京：商务印书馆，1981.

因此，利息的多少或利率的高低是由资本供求关系所决定的。从资本供给方面看，既然等待是构成资本供给的价值因素之一，利率又是资本的价格，所以利率的提高就有增加储蓄量的倾向，利率的降低就有减少储蓄量的倾向。从资本需求方面看，马歇尔认为利率的高低与投资需求量的大小成反比，即利率高投资需求小、利率低投资需求大。

三、魏克塞尔的自然利率理论

魏克塞尔是瑞典著名经济学家、瑞典学派创始人。他在《利息与物价》和《国民经济学讲义》这两本书中对利率决定问题作了进一步的探讨。

自然利率是魏克塞尔利率理论的基本概念。在《利息与物价》一书中，魏克塞尔提出了自然利率——对物价完全保持中立，既不使物价上涨、也不使物价下降的利率，它与不用货币交易而以自然形态的实物资本进行借贷时实物资本的需求与供给所决定的利率恰恰相等。在《国民经济学讲义》一书中，魏克塞尔又给自然利率定义为“借贷资本的需求与储蓄的供给完全一致所形成的利率，并与新创造的资本的预期收益基本一致的利率”。可见，魏克塞尔的这个定义与马歇尔的均衡利率并无二致。

魏克塞尔还提出了与自然利率相对应的另一个利率，即货币利率。所谓货币利率，是指在借贷市场上实际形成并据以计算借款人必须向贷款人支付利息的利率。根据魏克塞尔的分析，这种货币利率主要是由货币因素所决定的。

魏克塞尔认为，若两种利率相一致时，整个经济的投资等于储蓄，则货币是中立的，不对经济构成影响。但是在现实生活中，这两种利率经常是背离的。生产技术的改善、实物资本需求的增加，都将使自然利率上升，而货币利率则停留不动，这样就造成了两者之间的背离。如果货币利率小于自然利率，那么就会引起投资增加，进而使原材料、土地、劳动力价格上涨，从而使原材料生产者、土地所有者和就业者的货币收入增多。而这部分收入因此使货币利率较低，就转向消费而不储蓄，结果又增加了对消费品的需求，从而使消费品的价格上涨。消费品价格上涨后，资本的价格也随之上涨，这样，就形成了“低货币利率→投资增加→货币收入增加→消费品价格上涨→资本价格上涨→投资增加→货币利率提高”的循环。这种循环要一直持续到货币利率与自然利率相等时为止。反之，若是货币利率高于自然利率，就会导致另一种经济过程，直到最后收敛于两种利率相等的位置。因此，他认为在一个弹性货币制度下，利率对于价格变动只会有微小的反映，两个利率之间的一个大致差异可以保持到很长时期，而由此对于价格的影响则可能是很大的。这就是著名的“魏克塞尔的累积过程理论”。

四、费雪的时间偏好说

欧文·费雪也是古典利率理论的主要倡导者。在货币金融理论上，他的贡献除了提出现金交易数量学说（参见第十四章），还对利息与利率问题作了全面系统的研究。

费雪在1896年出版的《增值与利息》、在1907年出版的《利率论》以及1930年出版的《利息理论》等著作中对有关利息和利率问题的所有内容几乎都有涉及。

在利息来源问题上，费雪认为利息是对“人性不耐”的报酬。费雪解释道：“在利息理论中，利率只是现在财货与将来财货进行交换时的一种贴水，有一部分也是由主观的因素（边际欲求的导数）决定的，换句话说，这就是现在财货优于将来财货的边际偏好。这种偏好叫做时间偏好，或者叫做‘人性不耐。’”㊀从中可以看出，费雪几乎完全接受了庞巴维克的“利息是对时差的贴水”以及马歇尔的“利息是对等待的报酬”的观点。

在利率决定问题上，费雪认为，利率决定于如下两个因素：一是由时间偏好或人性不耐所决定的资本供给（即储蓄）；二是由投资机会和超成本收益率所决定的资本需求（即投资）。在费雪看来，前者是主观因素，而后者则是客观因素。利率正是由此主观因素和客观因素所共同决定的。可见，费雪的利率决定理论实际上与马歇尔的利率决定理论是比较一致的。

第二节 凯恩斯的利率理论

一、凯恩斯对古典利率论的批判

凯恩斯（J. M. Keyness）在《货币论》中已经注意到货币量对实物经济的影响，在《就业、利息和货币通论》（1936）中完全抛弃了古典学派的货币外衣论，首先否定储蓄投资决定利率的传统看法。

他认为古典利率理论有以下致命缺陷：

（1）储蓄、投资利率决定论以果为因。他认为：传统分析之所以错误，在于其未能正确认清何者为经济体系的自变数。储蓄与投资都是经济体系中被决定的因素，而不是决定因素。经济体系的决定因素是消费倾向、资本的边际效率以及利率，储蓄与投资只是这些决定因素相互作用的结果。

（2）古典学派的传统理论把利率的范畴搞错了。他认为，利率概念属于货币范畴而不属于实物经济范畴。古典学派把利率看成完全由实物储蓄与投资决定，这就导致产生了两套利率理论。因为现实经济中存在两种储蓄，一种是古典学派所说的正常储蓄，它随利率的增加而增加；另一种是马歇尔所说的“强迫储蓄”，它由货币数量增加、货币购买力减少而引起，与利率成反比例关系。古典学派讨论利率决定时，只分析正常储蓄与投资决定利率，因此就把货币数量不

㊀ 费雪．利息理论．中文版．上海：上海人民出版社，1959.

变作为假设前提，这与实际经济情况严重不符，使得经济理论研究陷入矛盾。

因此，凯恩斯认为，古典利率理论是一种特殊的利率决定理论，必须推翻这种特殊的利率决定理论，重建一般货币利率理论。

二、凯恩斯的流动性偏好利率论

凯恩斯的流动性偏好利率理论就是在批判古典利率理论的基础上创造的，在其货币金融理论中占有非常重要的地位。凯恩斯认为，利息是在一特定时期内放弃货币的周转灵活性而能够得到的报酬。

在凯恩斯看来，人们普遍具有对货币的灵活偏好，以满足其交易动机、预防动机和投机动机的需要。如果要求人们放弃这种灵活性偏好，就应该给予一定的报酬，这种报酬以货币形态表示就是利息。这种利息的形成在于人们对货币收入所作的两种选择：第一种是消费和储蓄之间的选择，又叫“时间偏好的选择”；第二种是储蓄形式的选择，又称为“流动性偏好的选择”。

1. 时间偏好的选择

这是指人们得到货币收入后先决定多少用于目前消费、多少用于未来消费，即决定消费和储蓄两者在收入中的比例。这种时间偏好选择的结果形成了现实储蓄量。时间偏好的选择主要受消费倾向的制约。消费倾向表示消费与收入之间的比例关系。消费主要依存于收入，当收入增加时消费也随之增加，但消费增加的比例往往小于收入增加的比例。也就是说，边际消费倾向是递减的，边际储蓄倾向是递增的。

2. 流动性偏好的选择

人们在作了时间偏好的选择后，决定了收入中用多少作为储蓄，紧接着必须作另一选择，即他到底以何种方式持有他准备用于储蓄而暂不消费的那部分货币收入。凯恩斯把资产的储蓄形式抽象归纳为两种：一种是货币，另一种是债券。货币是最灵活的流动性资产。如果用货币形式进行储蓄，能给人们提供灵活周转的便利，但不能增加收益，使储蓄丧失了盈利性；若以生息资产如债券形式进行储蓄，则能给人们带来一定的收益，却失去灵活周转的方便，使储蓄失去了流动性。

凯恩斯认为，既然利息是放弃流动性偏好的报酬，而货币的借贷和利息的支付都是以货币的形式进行的，它们表现为一定量的现在货币与一定量的未来货币之间的相互交换，因而，利息完全是一种货币现象，其数量的大小或利率的高低就不是由商品市场的供求均衡来决定的，而是由货币市场的供求均衡来决定的。他同时指出，货币供给是一个由货币当局所控制的外生变量，取决于政府的货币政策。而货币需求则取决于人们对货币流动性的偏好，即交易动机、预防动机和投机动机。其中交易动机和预防动机所引起的货币需求是利率的正比例函数，而投机动机引起的货币需求是利率的反比例函数。

因此，货币总需求的公式应表示为

$$L = L_1(y) + L_2(r) \tag{17-1}$$

式中，L 是货币的总需求；L_1 是货币的交易与预防性需求；L_2 是货币的投机性需求；y 是收入；r 是利率。

货币的总供给公式应表示为

$$M = M_1 + M_2 \tag{17-2}$$

式中，M 是货币的总供给；M_1 是满足交易和预防性需求的货币量；M_2 是满足投机性需求的货币量。

利率决定的货币供求关系可用公式表示为

$$M = M_1 + M_2 = L_1(y) + L_2(r) \tag{17-3}$$

如图 17-1 所示，r_0 就是货币的供给与货币的需求达到均衡状态时所决定的利率。货币需求量一定时，货币供应量变化与利率变化成反比。这个结论也可以这样表述：货币需求量就是人们的流动性偏好，流动性偏好与货币供应量共同决定利率，当流动性偏好强、货币需求量大于货币供给量时，利率上升；当流动性偏好弱、货币需求量小于货币供应量时，利率下降。凯恩斯的流动性偏好利率决定论认为，利率完全取决于货币市场的货币供求状况。

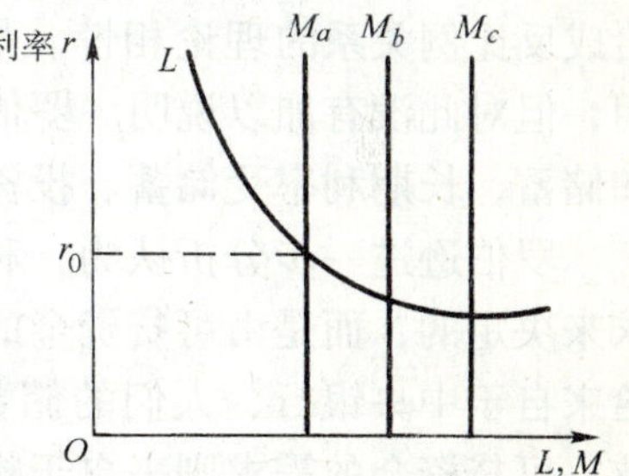

图 17-1 货币的供给与需求曲线

在图中，当货币供应继续加大到 M_c 后，利率将不再继续下降，这被称为流动性陷阱。所谓流动性陷阱（Liquidity Trap），原是由凯恩斯的后继者根据凯恩斯在《就业、利息和货币通论》一书中所阐述的理论提出的一个概念。根据凯恩斯的分析，投机动机的货币需求决定于市场利率，市场利率越高，投机动机的货币需求就越少；市场利率越低，则投机动机的货币需求就越多。而从另一方面来看，货币的供求将决定利率水平的高低，在货币需求一定时，货币供给增加，则利率将下降。在一极端点上，当市场利率被降到一个极低的水平时，因整个经济中的所有人都预期利率将上升而债券价格将下跌，所以，所有人都将持有货币而不持有债券。此时，投机动机的货币需求将趋于无穷大。而在这种极端情形下，若货币当局再增加货币供应，将如数地被人们无穷大的投机动机的货币需求所吸收，其结果是利率不再下降。这种经济现象，就被称作流动性陷阱。

凯恩斯的流动性偏好说第一次将货币因素引入利率理论，把利息列入货币经济范畴，提出利率由货币的供求所决定而不由借贷资本的供求所决定的结论。但是凯恩斯过分地夸大了货币作用，而完全否定了实物因素。实际上，整个经济体系运行过程离不开货币因素和实物因素的共同作用。

第三节 可贷资金利率理论

可贷资金利率理论是在综合古典学派利率理论和凯恩斯的利率理论基础之上建立起来的，是1939年由D. H. 罗伯逊提出的一种认为利率是由可贷资金供给与需求所决定的理论。这一理论提出后受到瑞典学派B. 俄林等人的支持，具有较大影响力。

一、罗伯逊的利率理论

罗伯逊认为，凯恩斯理论中货币供求关系决定的利率是一个短期利率，在短期内增加货币数量会迫使利率下降，但货币数量的增加会引起货币的贬值和价格的上升，物价上涨不可避免地会导致利率随之增长，这与凯恩斯的利率与货币供给成反比例关系的理论相悖。另外，凯恩斯特别强调投机动机对利率的决定作用，但对此没有加以说明。罗伯逊认为在长期预测中，影响利率的因素还有投资和储蓄，长期利率受储蓄、投资而不是货币供求的影响。

罗伯逊进一步分析认为，利率不是简单地由投资和储蓄或货币供给与货币需求来决定的，而是由可贷资金的供给与可贷资金的需求来决定的。可贷资金的供给来自于中央银行、人们的储蓄、人们的货币反窖藏，以及商业银行的信用创造；可贷资金的需求则来自于投资和人们的货币窖藏。

由于人们窖藏货币就必须放弃利息，而所放弃的利息即成为窖藏货币的成本，利率越高，窖藏货币的成本就越多，因而窖藏的增量就愈少。故窖藏的增量为利率的递减函数。至于资金的供给，则除储蓄而外，还包括货币当局所增发的货币数量。当局增发的货币是由货币当局决定，因此为外生变量。这样，资金供给曲线与利率呈同方向变动关系，即为利率的递增函数。

以$I(i)$代表投资是利率的反函数；$\Delta H(i)$代表窖藏，是利率的反函数；$S(i)$代表储蓄，是利率的增函数；$\Delta M(i)$代表信用创造或货币发行，是利率的增函数；$DH(i)$代表反窖藏，是利率的增函数；Ls代表可贷资金供给；Ld代表可贷资金需求；则

$$Ls = S(i) + \Delta M(i) + DH(i)$$

$$Ld = I(i) + \Delta H(i)$$

可贷资金利率理论认为，利率取决于可贷资金的供给与需求的均衡点，如图17-2所示。

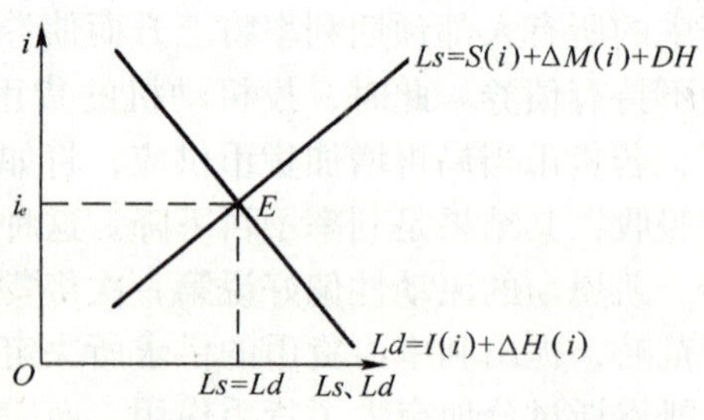

图17-2 可贷资金利率理论

当可贷资金供给与可贷资金需求达到均衡时，则有

$$S(i) + \Delta M(i) + DH(i) = I(t) + \Delta H(i)$$

从可贷资金利率理论所研究的决定利率水平的主要因素来看，它正好是古典利率理论和凯恩斯利率理论的综合，古典学派重视的投资和储蓄以及凯恩斯所重视的货币供给与货币需求在可贷资金利率理论的模型中都得到了反映，即$\Delta H(i)$表示货币需求，$\Delta M(i)+DH(i)$表示货币供给。

二、俄林的信用供给决定利率论

罗伯逊为了维护古典经济学重视实物因素的传统，积极主张综合考虑货币与非货币的因素对利率决定的影响，进而倡导可贷资金供求决定利率的理论。这一理论得到了当时一些著名经济学家的支持，其中最重要的是北欧学派经济学家俄林。1937 年，俄林发表了《对斯德哥尔摩学派储蓄和投资理论的一些注释》一文，在比较瑞典经济学和凯恩斯经济理论的基础上，批评了古典利率理论和凯恩斯的利率理论，提出了构成利率理论所应具备的条件。其后不久，俄林与罗伯逊和霍曲莱合作，发表了《利率理论的另一阐述》一文，从信用市场角度再度阐述了利率理论。

俄林的利率理论由 3 个部分构成：①对信用市场上各种债券和其他资产的供求关系的分析。这是因为利率水平主要表现为信用市场上各种债券和其他资产的价格水平，而这些价格水平又是由信用市场上各种债券和其他资产的供求关系所决定的。②对计划储蓄的数量、非意愿储蓄的数量及投资的数量影响利率决定及利率波动的过程的分析。③对计划储蓄、非意愿储蓄及投资影响利率的过程与信用市场交易活动之间的关系的分析。因为从根本上说，信用市场交易活动是计划储蓄、非意愿储蓄及投资影响利率的动态反映，它们之间存在着相互影响、彼此依存的关系。

在俄林看来，利率决定理论应以对信用的供给与需求的分析为中心，广泛分析影响信用变动的各种因素，以全面反映利率的决定和变动。而古典的实物利率理论和凯恩斯的货币利率理论都或多或少地忽略了对信用的分析，因而都是片面的。但是，这里俄林直截了当地把利率定义为信用的价格，利率由信用的供求关系所决定，看上去似乎比罗柏森的利率理论更具有资本信用市场的气息，而实际上就其理论的内容来说，也只不过是罗伯逊货币性可贷资金利率决定理论的一个翻版。其所谓“信用供给”、“信用需求”与罗伯逊的可贷资金的供给与需求实际上是一回事，只不过换了一种说法而已。

三、希克斯—汉森模型

可贷资金利率理论批判地继承了前人的研究成果，使利率决定理论研究取得了较大的发展，但是该理论存在一个明显的缺陷，那就是没有考虑收入因素对利率的作用。

“希克斯—汉森”模型，又称 IS—LM 模型，是凯恩斯主义经济学理论的完全综合，在凯恩斯主义宏观经济学中占据中心主导地位。它建立了利率、货币供求、投资储蓄与国民收入之间的函数关系，以此揭示产品市场均衡与货币市场均衡的关系及对均衡国民收入的影响。

IS—LM 模型最早由英国经济学家希克斯在其 1937 年发表的《凯恩斯先生与古典学派》一文所构造，其目的是为在一般均衡理论框架中揭示凯恩斯经济理论与古典经济学理论的区别与联系。12 年后，美国经济学家汉森在其所著的《货币理论与财政政策》、《凯恩斯学说指南》两书中，对其进行重新表述与综合，从而形成 IS—LM 模型，称为投资储蓄与灵活偏好曲线。

希克斯认为，凯恩斯强调利率决定于货币的供求关系，只不过是凯恩斯本人的特殊理论，要使其成为一般理论，则必须同样重视收入所起的作用。希克斯还认为，凯恩斯既然很重视依存于利率的投机动机对于货币的需求，也应同样考虑依存于收入水平的交易动机和预防动机对于货币的需求。为了弥补凯恩斯理论和古典理论的不足，希克斯吸收了凯恩斯利率理论的核心内容，修正了古典经济理论，重建了其反映一般经济的理论。该模型的理论基础有以下几点：

（1）整个社会经济活动可分为两个领域——商品领域和货币领域，在商品领域中要研究的主要对象是投资 I 和储蓄 S，在货币领域中要研究的主要对象是货币需求 L 与货币供给 M。此处的货币需求即流动性需求。

（2）商品领域均衡的条件是投资 I = 储蓄 S，货币领域均衡的条件是货币需求 L = 货币供给 M，整个社会经济均衡必须在商品领域和货币领域同时达到均衡时才能实现。

（3）投资是利率 i 的反函数 $I(i)$，储蓄是收入 Y 的增函数 $S(Y)$。货币需求可按不同的需求动机分为两个组成部分，即 $L = L1 + L2$。$L1$ 是满足交易动机（包括预防动机）的货币需求，它是收入的增函数，即 $L1(Y)$；$L2$ 是满足投机动机的货币需求，它是利率的反函数，即 $L2(i)$。根据以上条件，须在商品领域找出 I 和 S 相等的点的轨迹，即 IS 曲线，在货币领域要找出 L 和 M 相等的点的轨迹，即 LM 曲线。然后由这两条曲线所代表的两个领域同时达到均衡的点来决定利率和收入水平。这就是 IS—LM 分析模型，如图 17-3 所示。

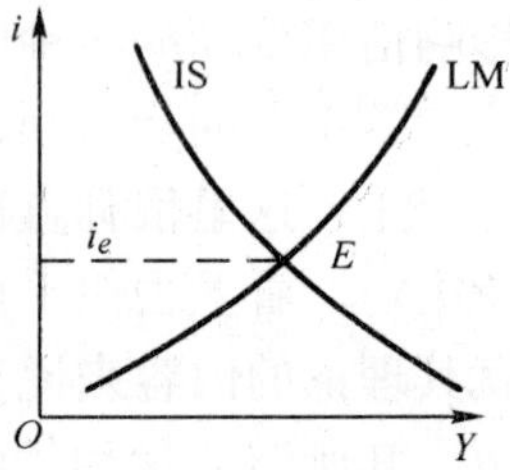

图 17-3 IS—LM 曲线

其中，IS 曲线的形成如图 17-4 所示，LM 曲线的形成如图17-5所示。

在图 17-4 和图 17-5 中，a、b、c、d 代表十字坐标中的 4 个象限，其中象限 b 是用来反映各个领域均衡条件的。可在 $I=S$ 的曲线和 $L=M$ 的曲线上任取两点 A、B，通过水平或垂直平移分别在图 17-4d 和图 17-5d 中得到两个折射点 A'、B'，再分别作出 IS 和 LM 曲线。

IS 曲线表示在一定的收入水平和一定的利率水平上，投资与储蓄均衡的点的轨迹；LM 曲线则表示在一定的收入水平和一定的利率水平上，货币需求和货币供给均衡的点的轨迹。而整个社会经济活动的均衡点在 IS 和 LM 的交点处获得，由这一均衡点决定的收入是均衡收入 Y_e，由这一均衡点决定的利率就是均衡利率 i_e（见图17-3）。

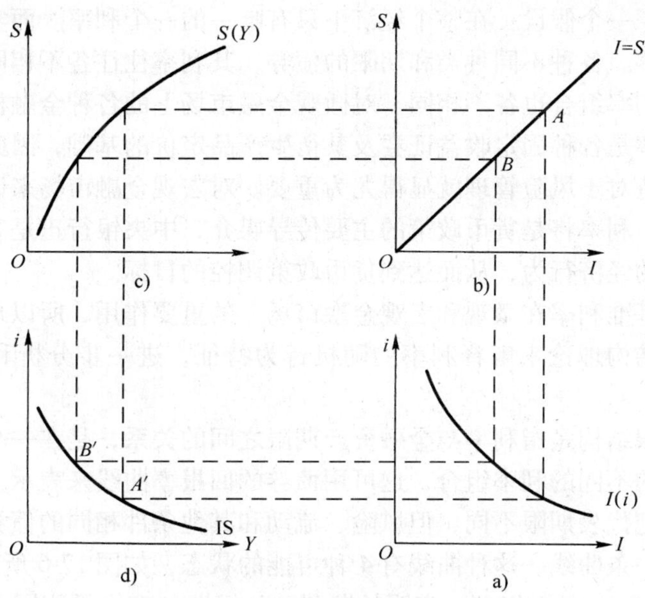

图 17-4　IS 曲线的形成

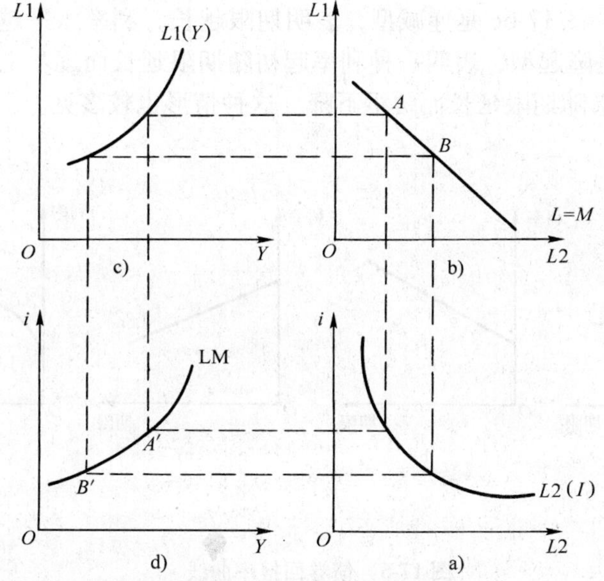

图 17-5　LM 曲线的形成

第四节 利率的期限结构理论

上述理论分析的是利率水平的总体走势及决定或影响这种走势的主要因素，但实际上隐含了一个假设：在整个经济中只有唯一的一个利率。而实际市场上的利率种类有很多。各种不同种类和期限的债券，其利率往往各不相同。而各种经济因素决定的利率组合也各不相同。对微观金融市场上的各种金融机构来说，由于短期基准利率是各种固定收益证券及其衍生产品定价的基础，因此，短期基准利率曲线的构造对于风险管理就显得尤为重要。对宏观金融市场来说，在利率市场化的情况下，利率将是货币政策的主要传导媒介，中央银行正是利用其来影响微观经济主体的经济行为，从而达到货币政策调控的目标。

由于市场基准利率在微观和宏观金融市场上的重要作用，所以理论界提出了很多利率期限结构理论来解释利率的随机行为特征，进一步分析利率的结构问题。

利率的期限结构是指利率与金融资产期限之间的关系，是在一个时点上因期限差异而产生的不同的利率组合，这可用债券的回报率曲线来表示。这种债券的回报率曲线是把代表期限不同，但风险、流动和其他条件相同的债券回报率的点连起来形成的一条曲线。这种曲线有 4 种可能的状态，如图 17-6 所示。

其中，图 17-6a 是平坦型，表明长期利率和短期利率水平相同。这种情形罕见。图 17-6b 是递增型，表明利率水平和期限同增。期限越长，利率水平越高。这种情形最常见。图 17-6c 是递减型，表明期限越长，利率水平越低。这种情形少见。图 17-6d 是隆起型，表明一种利率起初随期限延长而逐步上升，而在一定期限后，利率水平随期限延长而缓缓下降。这种情形也较多见。

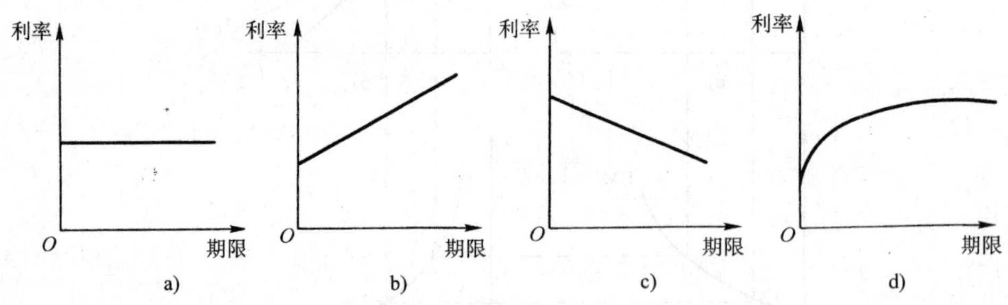

图 17-6 债券回报率曲线

a）平坦型 b）递增型 c）递减型 d）隆起型

为什么会出现长短期利率这种不同结构的情形呢？经济学家在解释这种差异时，形成了不同的理论。

一、预期假说

这种理论认为，利率期限结构差异是由人们对未来短期利率的预期差异造成的。在证券市场上，各种期限的证券可相互替代，即证券购买人并不会固定持有某种期限的证券，当某种证券的预期回报率低于期限不同的另一种证券时，人们就会换购另一种证券。例如，当人们预测未来短期利率将上升，那么投资者就会放弃持有的长期证券，而购入短期证券，以便将来抓住获得更高收益的机会，这导致对证券的需求从长期市场转向短期市场，使短期证券需求增加，长期证券需求减少。而证券供给者即借款人为了在利率上升之前以低成本借入长期资金，就会减少短期证券发行而增加长期证券发行。其结果是：短期证券供给减少⟶需求增加⟶短期证券价格上升⟶短期证券利率下降；长期证券供给增加⟶需求减少⟶长期证券价格下降⟶长期证券利率上升。在这种情况下，短期利率低于长期利率。而当人们预测未来短期利率会下降时，则会导致长期利率低于短期利率。

因此，债券回报率曲线形状是由人们对未来短期利率的预期决定的。如果人们预测未来短期利率不变，则曲线呈平坦状；如果人们预测未来短期利率上升，则曲线呈递增状；如果人们预测未来短期利率下降，则曲线呈递减状；如果人们预测未来短期利率先升后降，则曲线就呈隆起状。

预期假说解释了利率的期限结构差异，但未能说明在大多数情况下长期利率高于短期利率的原因。

二、市场分隔理论

市场分隔理论认为，各种期限的证券市场是彼此分隔、相互独立的，并不是像预期假说认为的那样：各种期限的证券市场是统一的、资金可在各种期限的市场上自由流动、各种期限的证券之间可相互替代。投资者的目标不同，都有各自相对独立的经营领域。例如，商业银行注重流动性，多从事短期资金运用项目，以购买短期证券为主；而保险公司、养老基金等注重未来收入的稳定性，多以购买长期证券为主。筹资者的目标也不同，也会相对固定地在某一市场之中活动。例如，房地产经营商一般需要借入长期资金，所以以发行长期证券为主，而对短期证券发行不感兴趣。这样，各种不同期限的证券市场便形成彼此独立、相互分割的局面。长期利率和短期利率由各个市场供求关系决定，因而对短期利率的预测并不能决定长期利率的变化。

一般来说，投资者多偏好期限较短、利率风险较小的债券，对长期债券的需求相对较少，因此，长期债券价格较低、利率较高，债券回报率曲线多呈递增状。

三、流动性报酬理论

流动性报酬理论认为，长期债券比短期债券有更高的市场风险，即价格波动更大、流动性也较差，这导致长期债券的利率由两个部分构成：一是当期短期债券利率和长期债券到期前预测的短期利率的平均值；二是长期债券供求平衡变化所产生的长期债券流动性报酬。流动性报酬是对长期债券有较高的市场风险而给予的一种报酬，它构成长期债券利率的一部分，所以长期债券利率要高于短期债券利率。

根据金融市场上的现实情况来看，不同期限的债券虽然不能完全替代，但一种债券的预期回报率对其他债券的预期回报率是有影响的。投资者在作投资决策时，往往首先选择他们所偏好的某种期限的债券，而要吸引他们投资于另一种非偏好期限的债券，就必须向其支付正值的流动性报酬，即让他们获得更高一点的预期回报率，他们才会购买。

四、利率期限结构理论的最新发展——CIR 模型

20 世纪 80 年代以后，经济学家在利率期限结构理论方面的探索有了新的成果。一般均衡分析就是众多新成果的代表。1981 年，美国经济学家科克斯（J. C. Cox）、英格索尔（J. E. Ingersoll）和罗斯（S. A. Ross）提出了 CIR 模型的利率期限结构理论，通过一般均衡分析来研究利率期限结构问题。

CIR 模型把利率的期限结构视为一种随机过程，其理论基础是：个人从消费单一商品中取得的预期效用达到最大化，该商品是通过在有限数量的技术条件下生产出来的。在实现效用最大化过程中，每一个人将作出如下选择：①最佳消费水平；②财富中投资于每个生产过程的最佳比例；③财富中投资于各种债券的最佳比例。

然后，剩余的财富按短期无风险利率进行投资，如果不存在剩余而是出现短缺，则通过借款来弥补短缺。根据科克斯等人的观点，随着个人作出选择并实现效用最大化，短期利率和债券预期收益率会出现调整，直至所有的财富都投资于实物生产为止。该均衡过程就被称为一般均衡或总体均衡。

CIR 模型期限结构认为，利率围绕一个平均值波动，即使暂时偏离了平均值，也总是要回到平均值的。利率回到平均值的时间由模型中的调整速度描述。如果调整速度接近于 1，利率将很快回到平均值。用 r 表示现行短期利率，Δr 表示利率的变化，R 表示平均利率，α 表示 r 的调整速度，δ 表示期望值为 0 的误差项，则可以得到基本的单因素模型公式，为

$$\Delta r=\alpha(R-r)+\delta \tag{17-4}$$

运用单因素模型，他们进一步分析了债券价格与利率的关系：债券的实际价格是短期利率的递减的凸型函数，债券价格是利率与财富之间协方差的递增函数。

专栏

阿尔弗雷德·马歇尔（1842—1924）

——剑桥学派的创建人

阿尔弗雷德·马歇尔（Alfred Marshall，1842—1924）当代经济学的创立者，现代微观经济学体系的奠基人，剑桥学派和新古典学派的创始人，19世纪末20世纪初英国乃至世界最著名的经济学家。

1982年，马歇尔出生于英国伦敦区一个朴实的中产阶级家庭，从小接受他那极为严厉的、期望他儿子能成为一个牧师的父亲的教育。但他背叛了父亲的意愿，去剑桥大学圣约翰学院学习数学并获得学士学位，并被选为圣约翰学院教学研究员。但1877年由于他和玛丽·佩利——一个他过去的学生结婚，被迫辞职，因为当时牛津大学和剑桥大学的研究员们要像牧师那样独身。随后，他先后担任布里斯托尔大学校长，牛津大学、剑桥大学讲师和教授（那时，独身要求已取消）。他参加过英政府组织的政策咨询活动，还曾是1890~1994年皇家劳工委员会颇有影响的成员。1880年，他担任英国协会第六小组的主席，正式领导了创建英国（后改为皇家）经济学会的运动。

马歇尔是剑桥大学教授，也是英国正统经济学界无可争辩的领袖。他于1890年发表的《经济学原理》，被看作是与亚当·斯密《国富论》、大卫·李嘉图《赋税原理》齐名的划时代的著作，在盎格鲁——撒克逊世界（英语国家）替换了古典经济学体系其供给与需求的概念，以及对个人效用观念的强调，构成了现代经济学的基础。这本书在马歇尔在世时就出版了8次之多，成为当时最有影响的专著，多年来一直被奉为英国经济学的圣经。而他本人也被认为是英国古典经济学的继承和发展者，他的理论及其追随者被称为新古典理论和新古典学派。同时由于他及其学生，如J. M. 凯恩斯、J. S. 尼科尔森、A. C. 庇古、D. H. 麦格雷戈等先后长期在剑桥大学任教，因此也被称为剑桥学派。

阿尔弗雷德·马歇尔受到当时英国著名的哲学家、经济学家亨利西奇威克的影响，正因为这个人对他在经济学及道德哲学方面的影响很大，马歇尔的学术兴趣逐渐由物理学转向了哲学和社会科学。于是，马歇尔的思想开始了一生中最重要的转变。曾经他把西奇威克称为自己"精神上的父母"。后来，他看到了19世纪中期在资本主义制度下英国出现的严重的社会不公平，他感觉到，神学、数学、物理学和伦理学都不能够给人类带来"福音"，于是，他把自己的注意力转移到政治经济学上面来，把理解社会现状的希望寄托在经济学的研究上，打算从经济上来分析社会不公平的原因，他把经济学看成是增进社会福利、消灭人类贫困的科学。但他的核心仍然是在证明资本主义是一种合理的制度，它可以自动地保持均衡，因而马歇尔最终还是成了资本主义的辩护人。

马歇尔的主要著述有:《对杰文斯的评论》、《关于穆劳动力先生的价值论》、《对外贸易的纯理论与国内价值的纯理论》、《工业经济学》、《伦敦贫民何所归》、《政治经济学的现状:1885 年 2 月在剑桥大学的就职演说》、《统计学会杂志》、《一般物价波动的补救措施》、《经济学原理》、《经济学精义》、《关于租金》、《老一代的经济学家和新一代的经济学家》、《分配与交换》、《创建经济学和有关政治学分支课程的请求》、《经济骑士道精神的社会可能性》、《战后的国家税收》、《工业与贸易》 等。

复习思考题

1. 比较马歇尔的等待论与资本收益说与费雪的时间偏好说的异同点。
2. 简述凯恩斯的流动性偏好利率论。
3. 简述罗伯逊的利率理论。
4. 希克斯—汉森模型对凯恩斯的利率理论进行了哪些补充?
5. 简述利率期限结构理论的发展。

第十八章

汇率理论

在建造一座围墙以前，应当先好好了解一下，所圈进去的是什么，未被圈进去的又是什么……

——罗伯特·弗罗斯特

【本章导读】

汇率理论是国际金融学的核心内容之一。在开放经济中，汇率作为核心经济变量，调整和联系着各种宏微观经济因素，影响国民经济的对内对外的均衡。汇率经济学作为一门重要的理论在20世纪迅猛发展，尤其在70年代初布雷顿森林体系瓦解后，管理浮动汇率制度的建立（除了欧洲，主要工业化国家维持浮动汇率制安排）大大促进了汇率经济学的发展和繁荣。因此，把汇率理论置于21世纪全球开放经济的背景下，研究其演变轨迹和发展规律，探讨汇率决定和它对宏观经济变量的影响是货币金融学的一项重要任务。

本章介绍了汇率理论中的购买力平价理论、利息平价说、汇率的货币模型和蒙代尔—弗莱明模型。

第一节　购买力平价理论

一、购买力平价理论的产生

购买力平价理论（the Theory of Purchasing Power Parity），有时又被称为3P说，是一种研究和比较各国不同的货币之间购买力关系的理论。尽管从16世纪至19世纪，大量具有购买力平价思想的观点被各国经济学家屡次提出，但并未被系统地阐述和发挥。直到20世纪初，瑞典经济学家卡塞尔（K. G. Cassel）才正式提出购买力平价说，并使之成为一个较完整的理论体系。

在卡塞尔从事国际金融研究事业的时期，金本位制已开始走向衰弱，各国市场上通行的是不兑现纸币。由于第一次世界大战干扰和破坏了国际贸易，相对商品价格发生了很大变化，通货膨胀较为严重，汇率关系紊乱。卡塞尔在这种经济背景下于1918年发表了《外汇反常的离差现象》一文，首次提出了购买力平价的基本概念。1922年，他出版了《1914年以后的货币与外汇》一书，奠定了购买力平价说的基础。据统计，卡塞尔在购买力平价说方面，一生发表了至少15篇文章，8本著作，2篇特约稿，不但系统阐述了购买力平价说的基本思想，而且进行了统计分析，并极力将其付诸实践。在他的大力传播下，购买力平价说产生了国际性的影响，成为20世纪以来最重要的汇率理论之一。

二、购买力平价说的基本内容

（一）基本观点

卡塞尔认为，本国人需要外国货币，是因为该外国货币在其发行国有购买力；外国人需要本国货币，则是因为本国货币在本国有购买力。因此，本国货币与外国货币相交换，就等于本国与外国购买力的交换。所以，汇率决定于两种货币的购买力比率。由于货币的购买力实际上是一般物价水平的倒数，因此，两国之间的货币汇率可由两国物价水平之比表示。这就是购买力平价说。购买力平价有两种形态：绝对购买力平价和相对购买力平价。

1. 绝对购买力平价

绝对购买力平价（Absolute Purchasing Power Parity）是卡塞尔在创立这一理论初期提出的。绝对购买力平价是指在一定时点上，两国货币汇率决定于两国货币的购买力之比。如果用一般物价指数的倒数来表示各自的货币购买力的话，则两国货币汇率决定于两国一般物价水平之商。用公式表示即为

$$R = \frac{\Sigma P_A}{\Sigma P_B} \tag{18-1}$$

式中，R是绝对购买力平价下的汇率；ΣP_A、ΣP_B是A、B两国的一般物价水平。

卡塞尔认为，只有一个国家在市场上出售的全部商品和劳务的总价格水平才能代表一国货币的购买力，仅限于进口商品的价格水平是不全面的。因此，卡塞尔的具体表述是，在总价格水平的计算中，应排除进口品，但应包括出口品。他的想法已接近于以GDP作为货币购买力计算尺度的范畴。

关于绝对购买力平价理论的适用问题，卡塞尔的看法是：

（1）在自由贸易的情况下，绝对购买力平价理论是最适用的。因为在自由贸易的情况下，一国与另一国的商品和劳务的相互需求不受关税等因素限制，外汇需求也不受非正常因素干扰，短期均衡汇率对购买力平价的背离会减低到最低程度。此时，绝对购买力平价又被人们称为“一价定律”（the Law of One Price）。由于各国商品可自由流通，无任何贸易费用及关税，则商品套购行为会使得世界各地的价格水平趋于一致。一价定律用公式表示即是

$$\Sigma P_B R = \Sigma P_A \tag{18-2}$$

这表明通过汇率折算，A 国一般物价水平与 B 国一般物价水平相等。

（2）在考虑到关税、进口数量限制、外汇管制以及运输成本等因素的情况下，只要一国在进口和出口这两个方向上的限制程度对等，那么绝对购买力平价理论仍可成立。

2. 相对购买力平价

相对购买力平价（Relative Purchasing Power Parity）是在绝对购买力平价的基础上对一段时期内汇率的变动的分析，它考虑到了通货膨胀因素。1918 年第一次世界大战结束后，由于各国在战争期间滥发不兑现银行券，导致了通货膨胀及物价上涨，这促使卡塞尔对绝对购买力平价进行修正。他认为汇率应该反映两国物价水平的相对变化，原因在于通货膨胀会在不同程度上降低各国货币的购买力。因此，当两种货币都发生通货膨胀时，它们的名义汇率等于其过去的汇率乘以两国通货膨胀率之商。用公式表示为

$$R_1 = R_0 \frac{I_A}{I_B} \tag{18-3}$$

式中，R_1 是通货膨胀发生后两国间的新汇率；R_0 是通货膨胀发生前的汇率，又称基期汇率；I_A、I_B 分别是 A、B 国的通货膨胀率。

关于相对购买力平价理论，卡塞尔着重探讨了两个问题：

（1）R_0 的确定。他认为，不能以以前任何一个时期来作基期，必须选择“正常”时期。所谓“正常”，就是指绝对购买力平价。如果基期选择不当，会使当前均衡汇率的计算产生系统偏差。

（2）关于相对购买力平价与绝对购买力平价的关系。卡塞尔认为，只要从基期以来发生的经济变化纯粹是货币性质的变化，并没有影响到产量、产业结构、劳动生产率等实际经济变量，则按照绝对购买力平价和相对购买力平价公式所分别计算出来的汇率应该相等。这个条件实际上就是要求货币中性。由于货币只起中性作用的状态要在长期内才会发生，而短期内经济中的实际变量会因货币量变化而相应地变化，因此，按相对购买力平价公式计算出来的汇率水平会与绝对购买力平价发生偏离。

（二）关于两种均衡汇率

两种均衡汇率是指短期均衡汇率和长期均衡汇率。所谓短期均衡汇率，就是在自由浮动而非管制的汇率制度下的汇率；长期均衡汇率则是指没有政府干预的情况下，能促使国际收支达到平衡的固定汇率。

购买力平价理论认为：①短期均衡汇率是长期均衡汇率的函数，短期均衡汇率趋向于长期均衡汇率；②购买力平价是长期均衡汇率的主要决定因素。根据这两个观点，卡塞尔把购买力平价与长期均衡汇率和短期均衡汇率挂钩，阐明了其

内在联系。他认为，汇率本质上并且首先是由购买力平价所决定的，购买力平价是系统解释汇率变动诸因素中最重要的变量。同时也应该承认，由于外汇市场上的投机因素、资本流动等因素的影响，汇率与购买力平价之间可能出现偏差，因此购买力平价并不是唯一可以系统解释汇率变动的变量。

三、对购买力平价理论的评价

购买力平价理论在提出后的 80 年来，一直受到国际学术界的高度重视。人们围绕它的争论旷日持久，褒贬不一，这说明了该理论既有合理的一面，也有不足的一面。

购买力平价理论的合理性主要表现为：①该理论通过物价与货币购买力的关系论证汇率的决定及其基础，这在研究方向上是正确的。由于纸币作为金的符号代表一定的价值，并且有一定的购买力，在给定商品价值的条件下，纸币购买力的国际差异实际上就是纸币所代表的价值量的差异。虽然卡塞尔没有作更加深入的研究，但他离揭示汇率的本质已不远了。②该理论直接把通货膨胀因素引入汇率决定的基础之中，这在物价剧烈波动、通货膨胀日趋严重的情况下，有助于合理地反映两国货币的对外价值。③战争等原因造成两国间贸易关系中断，在重建或恢复这种关系时，购买力平价能够比较准确地提供一个均衡汇率的基础。④该理论把物价水平与汇率相联系，这对讨论一国汇率政策与发展出口贸易不无参考意义。

购买力平价理论的缺陷主要表现在：①该理论只是从事物的表面联系出发，认为货币的交换比率取决于货币的购买力之比，这实际上是把货币所代表的价值看成是由纸币的购买力决定的，这种本末倒置的想法使得该理论无法揭示汇率的本质。②该理论强调货币数量或货币购买力对汇率变动的影响，而忽视了生产成本、投资储蓄、国民收入、资本流动、贸易条件以及政治形势等对汇率变动的影响；同时，该理论也忽视了汇率变动本身对货币购买力的影响。事实上，货币的购买力只是影响汇率变动的重要因素之一，而不是全部。③该理论的运用有严格的限制和一定的困难。它要求两国的经济形态相似，生产结构和消费结构大体相同，价格体系相当接近，否则两国货币的购买力就没有可比性。同时，在物价指标的选择上，是以参加国际交换的贸易商品的价格为指标还是以国内全部商品的价格为指标很难确定。即使能够确定，由于经济活动千变万化，商品权重在各国不一致，在计算汇率时也会面临一些技术性的困难。④该理论的推论“一价定律”没有现实基础。因为经济生活中的贸易关税、运输费用、产业结构变动和技术进步等都会引起国内价格的变化，使得一价定律无法实现，因而被称为“未经证明的经济假设”。

尽管购买力平价理论存在着一些缺陷，但它的合理性也是明显的。该理论已被西方许多经济学家接受，并继续对西方国家的汇率理论与政策产生着重大的影响，例如，世界银行就是根据购买力平价来测算各国的经济实力，并进行国际间比较。

第二节 利息平价说

一、利息平价说的产生和发展

利息平价说（Interest Parities Theory）是关于远期汇率的决定和变动的理论。20 世纪 20 年代之前，经济学界的各种汇率学说均是关于即期汇率的决定和变动问题的研究，直到 1923 年，凯恩斯在其《货币改革论》一书中较为系统地阐述了利息平价理论，才填补了这一空白。

从国际金融理论史上来看，20 世纪 20 年代初凯恩斯对远期汇率与利率的关系所作的研究一般被称作“古典利息平价说”。自凯恩斯之后，各国经济学家相继对远期外汇汇率进行了探讨。英国经济学家保罗·艾因齐格（Paul Einzig），从动态的角度考察了远期汇率与利率的相互关系，真正完成了古典利息平价理论体系。从 20 世纪 50 年代至 70 年代，以欧洲美元市场为中心的国际货币市场的出现，改变了传统的国家之间的金融投资和借贷关系的格局，使国际金融的性质和规模都发生了变化，汇率在新的国际货币市场上的确定和波动具有新的特点。这一新的形势刺激西方学者对利息平价说进行新的补充和完善，从而产生了现代利息平价说。以下就凯恩斯的古典利息平价说、艾因齐格的动态利息平价理论以及现代利息平价理论逐一进行介绍。

二、凯恩斯的古典利息平价说

在国际金融学说史上，凯恩斯第一个总结了远期汇率与利息差关系的规律，明确提出远期汇率决定于利息差，从而建立了古典利息平价说。其主要观点概括如下：

（1）决定远期汇率的最基本因素是货币短期存款利率之间的差额。以年百分比表示的远期汇率等于两个金融中心（当时的巴黎、伦敦、纽约等国际金融中心）之间的利差。

（2）在不兑换纸币的条件下，银行利率的变化直接影响着远期汇率的重新调整。

（3）远期汇率趋于围绕它的利息平价上下波动。譬如，如果利率平价是 1.5%，远期汇率一般在 1% ~2% 之间波动。

（4）不论远期汇率与它的利率平价偏离多大程度，能获得足够利润的机会将使套利者把资金转移到更有利的金融中心。

（5）如果外汇交易被少数集团控制，或者主要交易人之间达成有关汇率的协议，挂牌汇率可能会与利率平价发生偏离。

（6）套利资金的有限性将使远期汇率的调整往往不能达到利率平价水平。

（7）如果一国发生政治或金融动荡，便不能发生任何远期外汇交易。

上述观点在凯恩斯的《货币改革论》一书中得到详细阐述，这使得该书在1923年的出版成为利息平价理论发展史上的一个重要里程碑。凯恩斯的古典利息平价说奠定了第一次世界大战后远期外汇理论研究的基础，把汇率决定因素分析从实物部门转向货币部门，实际上成为现代西方汇率理论的基础之一。凯恩斯以后的研究者主要发展了这一理论的实用性。

三、艾因齐格的动态利息平价说

英国经济学家保罗·艾因齐格从动态角度考察了远期汇率与利率的关系，他的理论一般被认为是从古典利息平价说向现代利息平价理论的过渡。

凯恩斯的研究虽然对于利息平价理论的发展具有开创性意义，但亦存在明显的缺陷。在他的古典利息平价说中隐含这样两个假设：①远期汇率对利率平价调整是完全的、即刻的；②在调整过程中，远期汇率受利息平价的制约，即调整是单向性的。这使得凯恩斯的远期汇率分析成为一种绝对静态的理论，显然是与现实状况相背离的。艾因齐格针对凯恩斯理论的这一不足，提出了动态的“互交原理”。

（一）“互交原理”的基本观点

艾因齐格认为，远期汇率与利息平价之间是一种相互作用的关系。不但远期汇率取决于利率差，而且利息平价也受套利的影响，从而受远期汇率的制约。比如说，A国利率高于B国，但A国远期汇率高估，则B国必然购进A国即期货币，同时出售A国远期货币。这一套利必然提高A国即期汇率，而压低远期汇率，以适应两国的利率差。但两国利率差同时也受到套利的影响：A国由于资金流入，利率下降，B国资金外流，利率提高。这就是“互交原理”的基本含义。

（二）关于远期汇率与利息平价的偏离

在凯恩斯的静态理论中，远期汇率会自动向利息平价调整，因而它们之间的偏离是暂时的。艾因齐格则认为，在国际货币市场上，远期汇率与利息平价处于均衡状态是偶然的，远期汇率未必能迅速地进行调整。具体说来，至少有下列因素会使得这种偏离持久存在：①国际收支差额的变化、商人对外汇风险的习惯的变化、贸易条件的改变以及推迟或提前支付贷款等因素会导致商业性的外汇供求不等；②片面的套利交易或投机；③由于有关国家政局不稳、银行制度信誉差或实行某种外汇管制使套利受到限制。

从形式上来看，偏离有远期汇率的高估与低估两种情况，它们各自又可分为4种类型。高估的情况包括：①升水高于利差；②贴水小于利差；③根据利息平价，远期汇率应贴水，但实际为升水；④两中心利差为零，远期汇率仍升水。低估的情况分为：①贴水大于利差；②升水小于利差；③根据利息平价，远期汇率应升水，但实际为贴水；④两中心利差为零，远期汇率仍贴水。

（三）远期汇率对利率的影响

远期汇率之所以具有向它的利息平价调整的趋势，是因为利率差的存在使套利活动有利可图。这里，套利一方面使远期汇率趋于均衡，另一方面又会影响利率。这表现在：

（1）套利资金的转移使远期外汇低估的金融中心的资金外流，信贷紧缩，而使远期外汇高估的中心获得资金，货币扩张。其结果是货币外流的中心的利率提高、资金流入的中心的利率降低。

（2）如果套利利润大，套利者可能提取存款投入套利活动，这会迫使银行提高存款利率，从而影响资金外流的金融中心的短期利率水平。

（3）当国外利率高于国内且本国远期货币升水幅度低于利差而刺激资金外流时，国内金融当局为阻止资金输出不得不提高再贴现率，从而促使国内短期利率上升。

可见，艾因齐格认为，远期汇率主要通过预期和套利对利率产生影响。

（四）利息平价与购买力平价的关系

艾因齐格认为，远期汇率取决于利息平价，而利息平价的变动又受即期汇率对购买力平价高估或低估的影响。除贸易平衡、投机等因素外，即期汇率与购买力平价的偏离也是导致远期汇率与利息平价长久偏离的重要原因。当即期汇率与其购买力平价被高估时，远期汇率与利息平价会被低估；当即期汇率与其购买力平价被低估时，远期汇率与利息平价会被高估。实际远期汇率将在它们的利率平价和购买力平价之间运动。

此外，远期汇率的升降通过利率变化或进出口商品成本和价格的变化，间接或直接地影响一国物价水平，从而影响购买力平价及即期汇率。

所以，远期汇率的利息平价说与即期汇率的购买力平价说并不矛盾，而是一种相互补充、相互影响的关系。

以上为“互交原理”的基本内容。它的出现表明了利息平价的研究从静态理论向动态理论的过渡。艾因齐格也因此被认为是真正完成了古典利息平价理论体系的经济学家。

四、现代利息平价理论

从20世纪50年代开始，很多西方学者在凯恩斯和艾因齐格的古典利息平价说的基础上，联系变化了的国际金融市场新格局，对远期汇率作了更加系统的研究，提出了现代利息平价理论。

现代利息平价理论的基本观点为：在资本自由流动且不考虑交易成本的情况下，正常的外汇抛补及套利活动将导致下列结果：利率较低国家货币的远期差价必为升水；利率较高国家货币的远期差价必为贴水；远期与即期汇率的差价等于两国利率之差。这里，外汇市场的参与者在利用各种利率（通常是短期利率）

的差别进行套利活动时，为了不承担外汇风险，同时会在外汇市场上进行抛补，这种套利被称为抵补的套利。例如，假定美国3个月定期存款利率是月息10厘，英国3个月定期存款利率是月息15厘，那么只要资金能自由移动，美国的存款者或投资者自然会将资金转存于英国。其办法为：在即期市场上以美元兑换成英镑，再将英镑汇至英国银行套息。但如果3个月后英镑贬值，而贬值的幅度又大于净赚的额外利息，此举显然得不偿失。为避免这种外汇风险，美国存款者便在远期外汇市场中预先抛售英镑。如果所有存款者都采取同样行动的话，则英镑远期汇率必然下降至即期汇率之下。而由于大量存款从美国转往英国，势必刺激美国短期利率上升，而英国短期利率下降、利差缩小。远期汇率的调整和利率的变动将持续到套利者无利可图为止，此时远期汇率等于利息平价。由于本币和外币不但是交换媒介，而且是货币资产，因此利息平价也可称为资产市场均衡的必要条件。

利息平价原理的公式可通过图18-1得出。图18-1中，A、A_f 分别代表即期本币和远期本币；B、B_f 分别代表即期外币和远期外币；e_s、e_f 分别为即期和远期汇率；i_a、i_b 分别代表本国和外国利率。箭头表示各种货币兑换的方向，$(1+i_a)$、$(1+i_b)$、e_s、e_f 都代表兑换或转移的因子。货币顺箭头而行则与因子相乘，逆箭头而行则被因子所除。例如，将即期本币 A 转换成远期本币 A_f，即为 $A_f = A(1+i_a)$；将远期本币兑换成远期外币，即为 $B_f = A_f/e_f$，其他可依此类推。

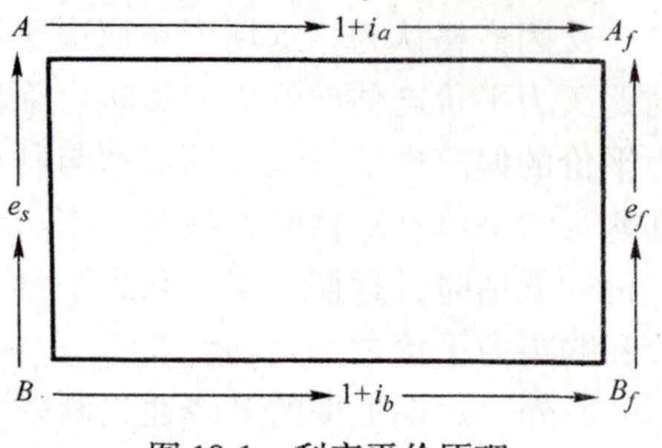

图18-1 利率平价原理

现在假定外币为英镑，则远期外汇（B_f）要转换成远期本币 A_f 的最直接途径当然是：$B_f e_f = A_f$；另外远期外汇亦可通过间接途径转换为 A_f，其过程可为：$B_f \to B \to A \to A_f$，用公式表示为

$$\frac{B_f}{1+i_b} e_s (1+i_a) = A_f \tag{18-4}$$

在外汇交易与资金流动不存在任何障碍的情况下，这两条途径显然是殊途同归的。因此，必然可得

$$B_f e_f = \frac{B_f}{1+i_b} e_s (1+i_a)$$

整理得

$$e_f = e_s \left(\frac{1+i_a}{1+i_b} \right) \tag{18-5}$$

由式（18-5）可知：如果 $i_a > i_b$，则有 $e_f > e_s$；如果 $i_b > i_a$，则有 $e_f < e_s$。将式（18-5）进一步整理得

$$e_f(1+i_b)=e_s(1+i_a)$$

$$e_f-e_s=e_s i_a-e_f i_b$$

两边分别除以 e_s 得

$$\frac{e_f-e_s}{e_s}=i_a-\frac{e_f}{e_s}i_b=i_a-\left(\frac{e_f+e_s-e_s}{e_s}\right)i_b$$

$$\frac{e_f-e_s}{e_s}=i_a-\left(1+\frac{e_f-e_s}{e_s}\right)i_b \tag{18-6}$$

令 P 表示升水率，据定义可知 $P=\frac{e_f-e_s}{e_s}$，代入式（18-6）得

$$P=i_a-(1+P)i_b=i_a-i_b-Pi_b$$

由于 P 和 i_b 均小于1，则乘积 Pi_b 之积通常更小，可忽略不计，则可得

$$P\approx i_a-i_b \tag{18-7}$$

由于贴水 D 为 P 的负数，则有

$$D=-P\approx i_b-i_a \tag{18-8}$$

由式（18-5）、式（18-6）、式（18-7）可将利息平价原理概括为：①如果 $i_a=i_b$，则 $e_f=e_s$，远期差价为零；②如果 $i_b>i_a$，则远期差价为贴水；③如果 $i_a>i_b$，则远期差价为升水；④升（贴）水率约等于两国利率之差。可见，利息平价公式表明了即期汇率、远期汇率与利率差之间的关系。如果公式两边不等，则必然发生套利、套汇活动，使远期汇率及利率差同时发生变动，直到相等为止。

五、关于利息平价说的评价

利息平价说阐明了外汇市场上即期汇率、远期汇率以及相关国家利率变动之间的相互关系，把汇率决定因素扩展到了货币资本领域，从而填补了20世纪30年代以来传统的购买力平价说衰退后的汇率决定理论的空白，反映了20世纪70年代以后货币资产因素在国际金融领域内起着日益重要的作用的必然趋势。利息平价说对于汇率理论的贡献使得它在西方国际金融学说史上占有非常重要的一席之地。

利息平价说的局限性主要体现在：

（1）该理论的假设前提过于严格，从而影响了它的实用性。该理论始终是以高度完善而发达的国内市场和一体化的国际货币市场为前提条件，而这些条件即使是当今发达的西方国家也难以具备，发展中国家的现实则离这些条件更远。任何一个国家都力图通过实施不同程度的资本外汇管制、贸易壁垒、关税等措施来达到国际收支均衡的目标，充分自由的国际资本流动显然是不存在的。这就有可能使得远期汇率的变动经常性地偏离利息平价水平。

（2）从现实来看，远期汇率除了取决于利差外，还受预期通货膨胀率、货币供给量、国民收入水平、国际储备水平、资本流动、进出口贸易、国家政局、心理预期等因素的影响。远期汇率的变化是多种因素共同作用的结果，单纯从利

差角度讨论汇率决定的利息平价说是无法为错综复杂的远期汇率决定机制提供完美答案的。因此，从这一角度来看，利息平价说与购买力平价说以及其他汇率理论不是完全替代的关系，而是相互补充的关系。

(3) 按照利息平价说，由于外汇市场上的汇率波动与各国货币市场上的利差有密切关系，因此要实现汇率稳定，应依靠各国中央银行进行相互配合的公开市场业务操作或采取协调的利率政策。而在现实中，各国经济利益、发展水平上的差距，必然导致其政策上的差异，因而各国中央银行的合作与协调非常难以付诸实现。所以，利息平价说在其政策含义上也存在着难以克服的局限性。

第三节 汇率的货币模型

汇率的货币模型又可称为汇率的弹性价格货币分析法。在这一模型中，由于本国债券与外国债券是完全可替代的，因此这两种资产市场实际是一个统一的债券市场。这样，只要本国货币市场处于平衡状态时，债券市场也必然处于平衡状态。因此，货币模型集中分析的是本国货币市场上货币供求的变动对汇率的影响。

一、基本模型

对汇率的弹性价格货币分析法是建立在3个假定的基础上的，即垂直的总供给曲线、稳定的货币需求、购买力平价的成立。其中，货币供给是政府可以控制的外生变量，分析的中心是汇率可以自由调整后各种因素对汇率水平的影响。对于这些假定，特别需要指出的是，在弹性价格假定下，利率与实际国民收入都是与货币供给无关的。货币供给只能引起价格水平的迅速调整，并不能带来利率的降低而进一步影响到产出。

在这些假定前提下，货币需求等于货币供给这一本国货币市场平衡的条件可写成

$$Ms - P = \alpha y - \beta i, \alpha > 0, \beta > 0 \quad (18\text{-}9)$$

式（18-9）中，除利率（i）外，其他变量均为对数形式（Ms 表示货币供给，P 表示价格水平，y 表示实际收入水平）。α 与 β 均为常数，分别表示货币需求的收入弹性与利率弹性。

整理可得本国价格水平表达式为

$$p = Ms - \alpha y + \beta i \quad (18\text{-}10)$$

为简便起见，设外国的货币需求函数的形式与本国相同，同样可得外国价格水平的表达式为

$$p^* = M^* s - \alpha y^* + \beta i^* \quad (18\text{-}11)$$

购买力平价提供了本国价格水平与外国价格水平之间的联系，即

$$e = p - p^{*} \tag{18-12}$$

将式（18-10）与式（18-11）代入式（18-12），可得

$$e = \alpha(y^{*} - y) + \beta(i - i^{*}) + (Ms - M^{*}s) \tag{18-13}$$

以上即为弹性价格货币分析法的基本模型。从中可以看出，本国与外国之间实际国民收入水平、利率水平以及货币供给水平通过对各自物价水平的影响而决定了汇率水平。这样，弹性货币分析法就将货币市场上的一系列因素引入了汇率水平的决定之中。

下面分析一下这些因素变动对汇率水平的影响：

（1）本国货币供给一次性增加的影响。在其他因素不发生变动时，本国货币供给的一次性增加，会造成现有价格水平上的超额货币供给，公众将会增加支出以减少他们持有的货币余额。由于产出不变，额外的支出会使价格水平上升，直至实际货币余额（Ms/P）恢复正常为止。也就是说，本国的货币供给的一次性增加，会迅速带来本国价格水平的相应提高。由于购买力平价的成立，本国价格水平的提高将会带来本国货币的相应贬值。因此，在货币模型中，当其他因素保持不变时，本国货币供给的一次性增加将会带来本国价格水平的同比例上升、本国货币的同比例贬值、本国产出与利率则不发生变动。这个过程可用图 18-2 表示。

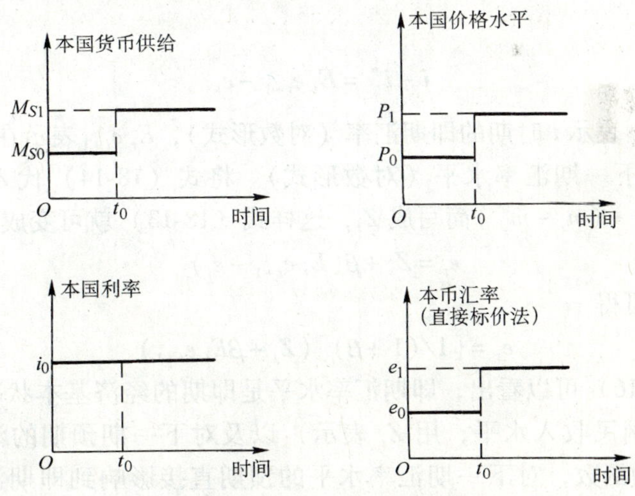

图 18-2 货币模型中本国货币供给一次性增加的影响

（2）本国国民收入的增加。当其他因素不变时，本国国民收入的增加，意味着货币需求的增加。在现有价格水平上，由于货币供给没有相应增加，因此居

民持有货币的实际余额降低，支出将减少。这一支出的减少会造成本国价格水平的下降，直至实际货币余额恢复到原有水平为止。同样，本国价格水平的下降会通过购买力平价关系而造成本国货币的相应升值。因此，在货币模型中，当其他因素保持不变时，本国国民收入的增加将会带来本国价格水平下降、本国货币升值。

(3) 本国利率上升的影响。在货币模型中，这一利率的上升会降低货币需求，在原有的价格水平与货币供给水平上，会造成支出的增加、物价的上升，从而通过购买力平价关系造成本国货币的贬值。因此，在货币模型中，当其他因素保持不变时，本国利率的上升将会带来本国价格水平上升、本国货币贬值。

读者可以自行分析一下，其他条件不变时，外国货币供给一次性增加、外国国民收入提高、外国利率水平上升分别会给本币汇率造成什么影响？这些影响通过什么机制发挥作用的？本国与外国的货币供给同时发生一次性增加、本国的增加幅度高于外国时，本币汇率又会如何变动？

二、引进预期后的货币模型

资产市场说不同于汇率决定的其他分析法的一个重要特点是认为预期因素对即期汇率水平有重要影响。下面借助货币模型这一资产市场说中最简单的分析方法来分析这一问题。

在货币模型中，由于本币资产和外币资产可完全替代，根据利息平价说，可写成

$$i - i^* = E_t e_{t+1} - e_t \tag{18-14}$$

上式中，e_t 表示 t 时期的即期汇率（对数形式），$E_t e_{t+1}$ 表示在 t 时期市场投资者所预期的下一期汇率水平（对数形式）。将式（18-14）代入式（18-13），并将 $\alpha(y^* - y) + (m_s - m_s^*)$ 简写成 Z_t，这样式（18-13）就可变成

$$e_t = Z_t + \beta(E_t e_{t+1} - e_t) \tag{18-15}$$

整理后，可得

$$e_t = [1/(1+\beta)](Z_t + \beta E_t e_{t+1}) \tag{18-16}$$

由式（18-16）可以看出，即期汇率水平是即期的经济基本状况（例如即期的货币供给、国民收入水平，用 Z_t 表示）以及对下一期预期的汇率水平（用 $E_t e_{t+1}$ 表示）的函数，对下一期汇率水平的预期直接影响到即期汇率水平的形成。

三、对货币模型的检验与评价

货币模型是建立在购买力平价说这一前提之上的，但它并不是购买力平价的简单翻版，而是具有诸多创新的独立的汇率决定理论，在现代汇率理论中具有重要地位，这体现在：

（1）货币模型将购买力平价这一主要形成于商品市场上的汇率决定理论引入到资产市场中，将汇率视为一种资产价格，从而抓住了汇率这一变量的特殊性质。这在一定程度上符合资金高度流动这一客观事实，对现实生活中汇率频繁变动提供了一种解释，所以具有较强的生命力。

（2）货币模型引入了诸如货币供给量、国民收入等经济变量，分析了这些变量的变动对汇率造成的影响，从而使这一理论较购买力平价能在对现实生活的分析中得到更广泛的运用。

（3）货币模型是一般均衡分析。在这个简单的模型中，实际包含了商品市场的均衡（价格弹性使产出始终不变）、货币市场的均衡（货币供给等于货币需求）、外汇市场的均衡（购买力平价与利息平价的成立）。

（4）由于理论假定的不同，货币模型是资产市场说中最简单的一种形式，但它却可以反映出这一分析方法的基本特点。货币模型的这一简单性的特点使得它在各种分析中被经常使用，并成为更为复杂的汇率理论的基础。

货币模型的不足之处则体现在：

（1）它是以购买力平价为理论前提的，如果购买力平价本身在实际中很难成立，那么这种理论的可信性也是存在问题的。

（2）它在货币市场均衡的分析中，假定货币需求是稳定的，这一点至少在实证研究中是存在争议的。

（3）它假定价格水平具有充分弹性，这一点尤其受到了众多研究者的批评。大量的研究结果显示，商品市场上的价格调整不同于金融资产市场上价格变动，它一般是比较缓慢的，在短期内表现出粘性。

在实证检验中，货币模型总的来说并不令人满意。在大部分的检验中，货币模型都不能成立。但也有的研究者认为，货币模型在分析汇率变动的长期趋势方面还是有帮助的。

第四节　蒙代尔—弗莱明模型

一、蒙代尔—弗莱明模型的内容

（一）蒙代尔—弗莱明模型概述

蒙代尔的政策指派原则（有效市场分类法则）是西方宏观经济管理中的政策搭配方法，认为应该根据比较优势原理分配使用各种政策工具，即使每个政策工具都应用于它有着相对最大效能的政策目标。

蒙代尔分析指出，每个政策工具都应该应用于它具有相对更强效果的目标。如果是正确的指派，则经济调整到宏观经济的均衡点；相反经济将处于不稳定状态。例如，在资本完全流动和浮动汇率制度的条件下，货币政策对收入和内部均衡的效果更强，而财政政策没有效果，在固定汇率制下恰恰相反，这是蒙代尔分析的一个重要结论。弗莱明在同样的假定条件下得出和蒙代尔类似的结论，这就是著名的蒙代尔—弗莱明模型。

蒙代尔—弗莱明模型最主要的贡献是它系统地分析了在不同的汇率制度下，国际资本流动在宏观经济政策有效性分析中的重要作用，它是凯恩斯的收入支出模型和米德的政策搭配思想的综合。蒙代尔和弗莱明利用了IS—LM模型，融入国际收支的均衡分析，研究了开放经济条件下内外均衡的实现问题。该模型假定价格水平不变，是对凯恩斯刚性价格思想的继承。蒙代尔—弗莱明模型是宏观经济的一般均衡的分析方法，模型中包括3个市场即商品市场、货币市场和外汇市场，外汇市场的均衡不仅是经常账户的均衡，而是随着战后国际资本流动的增强，加入了资本账户的分析，其假定资本流动是国内和国外利差的函数，在均衡状态的条件下，经常账户的盈余或赤字由资本账户的赤字或盈余来抵消，即模型不但重视商品流动的作用，而且特别重视资本流动对政策搭配的影响，从而把开放经济的分析从实物领域扩展到金融领域。此模型的重要性在于它的政策含义，即一国怎样通过宏观经济政策（财政政策和货币政策）搭配实现宏观经济的内外均衡，它虽然是在布雷顿森林体系下的固定汇率制度的条件下建立的理论模型，但同样也适用于浮动汇率制条件下的宏观经济分析，这也是该模型生命力长期不衰的一个重要原因。

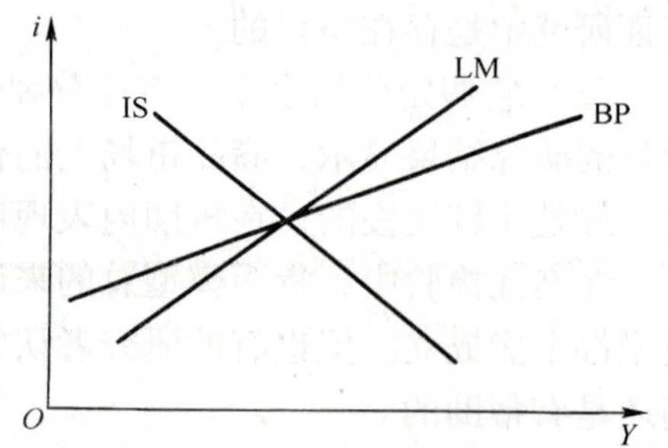

图18-3 蒙代尔—弗莱明模型

其基本模型如图18-3所示。其中，横轴表示国民收入Y，纵轴表示利率水平i。国内商品市场均衡曲线IS是向右下方倾斜的，当利率下降时，投资需求增加，总需求也就增加，国民收入水平上升。货币市场的均衡曲线LM是向右上方倾斜的，对于既定的货币供给，当利率提高时，对货币的投机性需求减少，为维持货币总需求等于货币总供给，必须提高国民收入以增加交易性的货币需求。外汇市场的均衡曲线BP在资本不完全流动的条件下是向右上方倾斜的，对于既定的汇率水平，收入增加导致经常账户的逆差，需要通过提高利率、吸引资金来弥补。资金流动性越大，BP曲线越平缓。在资本完全流动的条件下，国内利率等于国外利率，国民收入对利率的弹性是无穷大的，资本流动将弥补任何时候的经常账户的不均衡，即BP曲线是水平的。在资本不流动的条件下国民收入对利率的弹性无穷小，BP曲线是垂直的，经常账户的均衡始终是与一既定的收入水平相一致。此模型重点研究了在不同的汇率制度和不同的资本流动条件下宏观经济政策（货币政策和财政政策）的效果。下面将进行详细分析。

(二)蒙代尔—弗莱明模型分析

1. 资本完全不流动

(1)在固定汇率制下。如图 18-4a 所示，当货币扩张时，LM 向右移动，与 IS 曲线的交点为 A_1，在短期内，利率下降、收入上升、国际收支的经常账户恶化；在长期内国际收支赤字、外汇储备减少、货币供应量下降，LM 曲线又向左移动，回到原来的位置，收入、利率、国际收支状况恢复期初水平，但基础货币的内部结构发生了变化。如图 18-4b 所示，如果财政扩张，IS 右移到 IS_1，在短期内，利率上升、收入上升、进口增加、国际收支的经常账户恶化，均衡点在 A_1。在长期内，国际收支赤字、货币供应量下降、LM 左移，与 IS_1 交于 BP 曲线上，均衡点在 A_2，利率进一步上升，收入和国际收支状况恢复期初水平，但基础货币及总支出的内部结构均发生了变化。

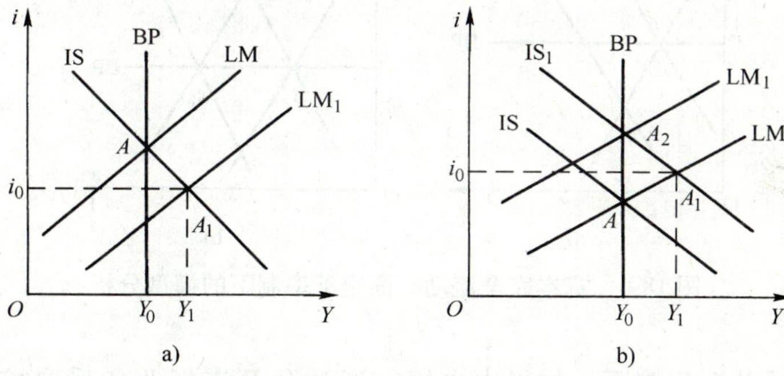

图 18-4 资本完全不流动、固定汇率制条件下的模型分析

(2)在浮动汇率制下。如图 18-5a 所示，扩张性的货币政策导致 LM 右移到 LM_1，收入上升、利率下降、国际收支赤字、本国货币贬值，BP 曲线和 IS 曲线右移，交于新的一点 A_1。如图 18-5b 所示，扩张性的财政政策导致 IS 曲线右移到 IS_1，收入上升、利率上升、国际收支赤字、本国货币贬值，BP 曲线和 IS_1 曲线右移，交于新的一点 A_1。

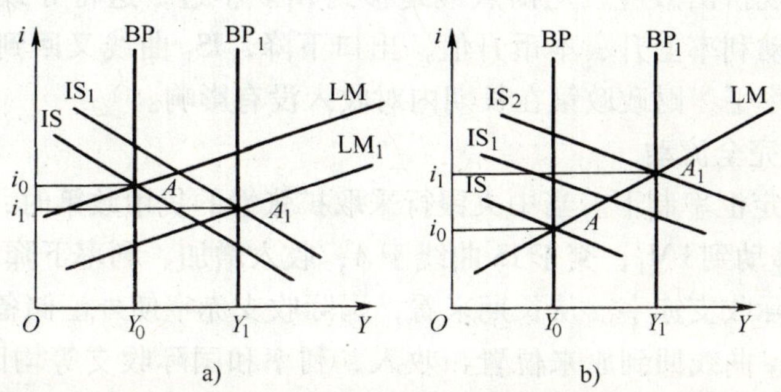

图 18-5 资本完全不流动、浮动汇率制条件下的模型分析

2. 资本完全流动

（1）在固定汇率制下。在资本完全流动的条件下，BP 是一条水平线。如果中央银行采取扩张性的货币政策如图 18-6a 所示，则 LM 曲线由 LM_0 右移到 LM_1，和 IS 相交于 A_1，利率下降，小于 i^*，资本流出，国际收支逆差。中央银行为了稳定汇率，卖出外币资产，货币供应量减少、利率水平上升，LM 曲线由 LM_1 又回到 LM_0。货币政策对产出没有影响。如果政府采取扩张性的财政政策，如图 18-6b 所示，IS 曲线右移到 IS_1，利率上升，资本内流，产生了汇率升值的压力。中央银行为了稳定汇率，买进外国资产，货币供应量增加，LM 曲线右移到 LM_1，其结果加强了财政政策的作用。

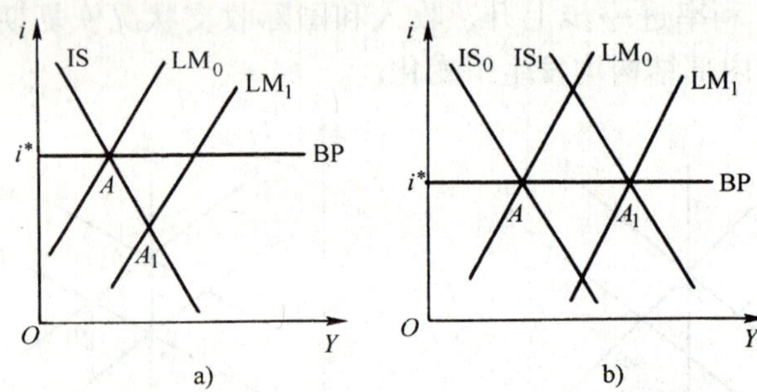

图 18-6 资本完全流动、固定汇率制下的模型分析

（2）在浮动汇率制下。如果中央银行通过公开市场业务采取扩张性的货币政策，如图 18-7 所示，曲线 LM 移到 LM_1，导致国内利率水平开始下降，资本流出、本币贬值、汇率上升、国际贸易盈余，同时由于汇率上升，对本国产品的需求增加、收入上升，IS 曲线右移，最终均衡点在 A_2。

如果政府增加支出，如图 18-8 所示，IS 右移到 IS_1，在封闭经济的条件下，均衡点移到 A_2，短期内名义利率和总产量上升。由于利率上升，公共支出对私人需求有部分挤出效应，但在开放经济的条件下由于资本流动，国内和国外利率相等，不会出现挤出效应，均衡点最终移到 A_1。不过，这将导致对本国货币的过度需求，推动利率上升、本币升值，出口下降，IS_1 曲线又回到原来位置。因此，在浮动汇率下，财政政策在长期内对收入没有影响。

3. 资本不完全流动

（1）在固定汇率制下。当中央银行采取扩张性的货币政策时，如图 18-9a 所示，LM 向右移动到 LM_1，交于 IS 曲线于 A，收入增加、利率下降，A 点在 BP 曲线的下方，国际收支赤字。从长期来看，国际收支赤字使外汇储备减少、货币供应量下降，LM_1 曲线回到原来位置，收入、利率和国际收支等均回到原来水平。如果采取扩张性的财政政策，如图 18-9b 所示，IS 曲线右移到 IS_1，交于 LM 曲

线于 A 点，收入增加、利率上升，A 点在 BP 曲线的上方，国际收支顺差。在长期内，货币供应量增加，LM 曲线右移，三线交于一点 A_1，国民收入进一步上升，利率较短期均衡的水平下降。

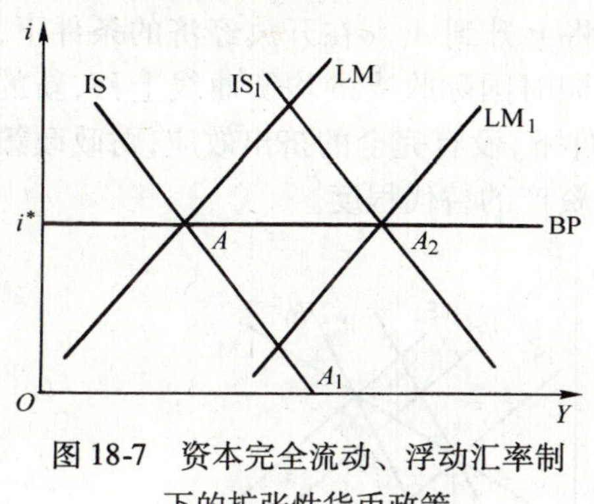

图 18-7 资本完全流动、浮动汇率制下的扩张性货币政策

图 18-8 资本完全流动、浮动汇率制下的扩张性财政政策

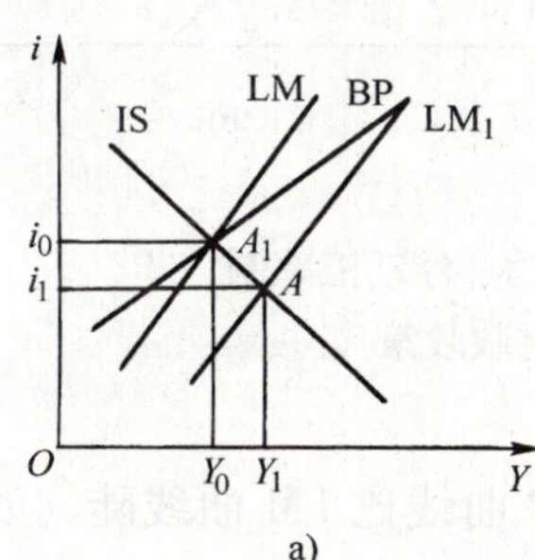

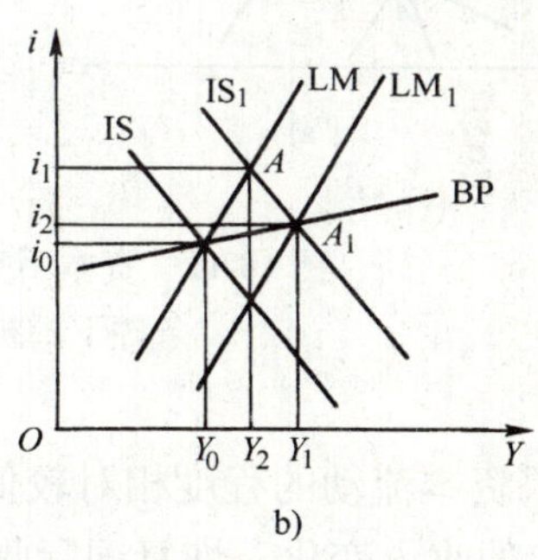

图 18-9 资本不完全流动、固定汇率制条件下的模型分析

同样可以分析，如果 BP 曲线的斜率大于或等于 LM 曲线的斜率，中央银行扩张性的财政政策导致国民收入上升、利率上升。

（2）在浮动汇率制下。如果政府采取扩张性的货币政策，如图 18-10 所示，LM 曲线右移至 LM_1，利率下降、资本流出、资本账户赤字、本币贬值、汇率上升、出口增加、经常账户盈余，IS 曲线右移至 IS_1，BP 曲线下移至 BP_1，新的均衡点在 A 点，收入上升。在资本不完全流动的条件下，货币政策是有效的。

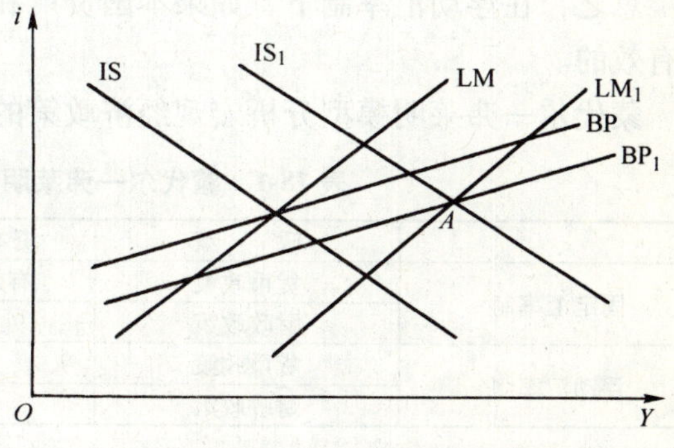

图 18-10 资本不完全流动、浮动汇率制条件下的扩张性货币政策

在资本不完全流动的条件

下，BP 曲线是向上倾斜的。如果增加财政支出，有两种情况：

(1) 资本流动程度高，BP 曲线比 LM 曲线更平缓，如图 18-11a 所示。这时，政府支出增加使 IS 曲线右移到 IS_1，本国利率有上升压力，在封闭经济的条件下，如果没有国际收支均衡的限制，利率将上升到 A_1。在开放经济的条件下，本币升值，减少了净出口，IS 曲线向左移动，同时国际收支的均衡曲线上移，新的均衡点在 A_3。因此，在资本不完全流动的条件下，没有完全的挤出效应，财政政策影响国内产量的程度依赖于国内资产和国外资产的替代程度。

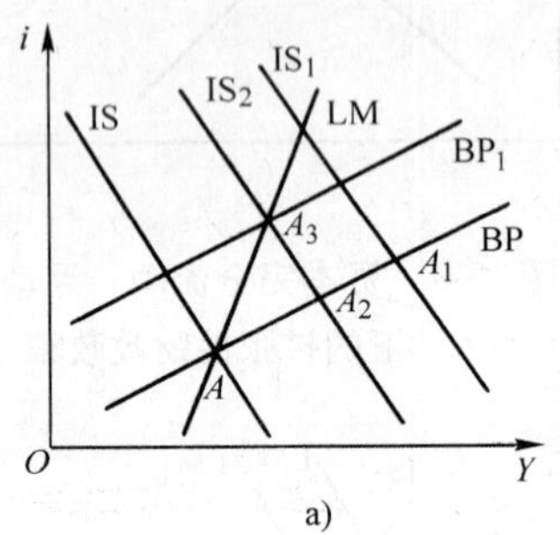

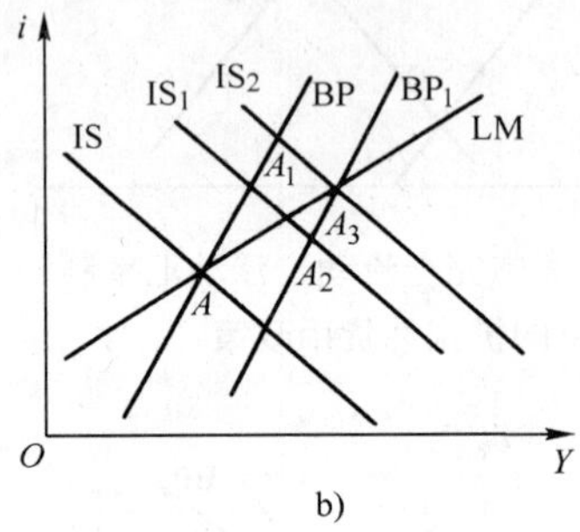

图 18-11 资本不完全流动、浮动汇率制条件下的扩张性财政政策

(2) 如果资本流动的程度相对较低，BP 曲线比 LM 曲线陡，如图 18-11b 所示。对于既定的收入变化，恢复国际收支均衡的利率上升比恢复货币市场均衡利率升高的幅度更大。如果均衡点移动到 A_1，国际收支恶化、汇率上升、净出口增加，IS 曲线继续右移，同时由于货币贬值，BP 曲线下移，新的长期均衡点在 A_3。

总之，在浮动汇率制下，如果本国资产和国外资产不完全替代，则财政政策是有效的。

蒙代尔—弗莱明模型分析宏观经济政策的短期效果可用表 18-1 总结。

表 18-1 蒙代尔—弗莱明模型分析结果

	政　策	资本流动程度低	资本流动程度高
固定汇率制	货币政策	有效（短期的）	基本无效
	财政政策	有效	有效
浮动汇率制	货币政策	有效	有效（短期的）
	财政政策	有效	基本无效

同时需要指出的是，这些结论在很大程度上依赖于国际资本流动是否被冲销，如果不被冲销，国际收支失衡的货币效果会影响国内货币存量的变动，侵蚀

第五篇

金融开放篇

第十九章

开放条件下的对外金融

在人类社会的大棋盘上，每个个体都有其自身的行事规律，这和立法者们试图施加的规则不可等而视之。如果人们能够相互一致，按同一方向作用，人类社会的活动就如行云流水，结局圆满。但如果两者相互排斥，则结果将苦不堪言，社会在任何时候都会陷入高度的混乱之中。

——亚当·斯密《道德情操论》

【本章导读】

一国政府的宏观经济目标是：充分就业、物价稳定、经济增长以及国际收支平衡。对于一个开放经济条件下的国家，研究本国与外国的经济的交往、联系以及发展趋势尤其重要。研究一国对外金融关系一直是各国宏观经济管理的重要内容，也是开放经济本身所具有的基本特征。

本章将从国际收支的狭义概念和广义概念入手，介绍国际收支平衡表的内容及含义；回顾国际金融服务业的发展以及主要的国际金融服务业务；最后分析金融业国际化发展的四大表现。

第一节　国际收支基本概念

一、国际收支的狭义概念

国际收支概念最初出现于17世纪初期。根据当时的国际经济状况，重商主义学派认为经常维持出口超过进口是国家致富的永恒原则，贸易顺差可以聚集金银。他们把国际收支简单地解释为一个国家的对外贸易差额。这反映了资本主义形成时期商品交易在国际经济往来中占统治地位的状况。

假设在一个较为原始的经济社会中，当两国间唯一的经济交往形式表现为实物商品交换时，其中一国的国际收支表现如表19-1所示。（假设贸易价格总额为

100 单位)

如果通过国际支付的货币统一使用黄金进行，而 1 黄金单位的价格 = 1 贸易单位的价格，那么该国的国际收支如表 19-2 所示。

表 19-1 一国的国际收支表现 A

类别	净出口
商品 1	100
商品 2	-100
总计	0

表 19-2 一国的国际收支表现 B

类别	净出口
商品	100
黄金（货币）	-100
总计	0

在两次世界大战之间，各国通行的国际收支概念是当年结清的外汇收支。这反映了当时黄金已开始退出流通领域，被流通的纸币所代替，外汇成为国际贸易、国际结算和国际投资的主要手段。从上述简单的例子可以狭义地将国际收支定义为：一国的对外贸易收支或外汇收支。在这以后很长一段时期内，一直通行这种概念，现在它仍然是分析一国外汇和外汇市场情况变化的重要手段。

二、国际收支的广义概念

第二次世界大战以后，伴随着国际金融体系的确立和发展，以及国际经济往来的增加，国际收支的初始概念逐渐显得含糊不清，失去了作为一项制定经济政策重要变量所需的基本特点。

首先，由于现代贸易的突飞猛进，国际贸易中所交易的商品早已远远突破了有形商品交易的范围，国际服务贸易的数量有了迅速增长，以往所有的服务贸易统计结果都大大地低估了服务贸易的实际情况。因此，人们将原来的商品概念扩展为商品和劳务。

其次，由于第二次世界大战以后国际信用体系的建立，金融债权已经成为国家与国家之间外汇结算的主要途径，只有一小部分真正使用黄金结算。所以人们提出一个新的信用形态的概念——金融债权，以示与实物形态的黄金相区分。其具体形态包括债券、股票、短期政府债券和银行存款等。

还有，由于除了黄金以外在国际间还有其他资产作为被广泛接受的最后支付手段，我们又不妨用“国际储备”来表示所有可接受的清算媒介。那么上述一国的国际收支表现可如表 19-3 所示。

表 19-3 一国的国际收支表现 C

类别	净出口
商品和劳务	100
金融债权	-80
国际储备	-20
总计	0

1946 年 3 月，国际货币基金组织正式成立，按照章程规定，各会员国均须按期向国际货币基金组织报送本国的国际收支资料。为此，国际货币基金组织依据广义的国际收支概念，对国际收支下了如下定义：在一定时期内，一个经济实体的居

民同非居民所进行的全部经济交易的系统记录和综合。

三、关于国际收支概念的3点说明

对于这个广义的国际收支概念，还有3点需要澄清。

(1) 居民的概念。判断一项交易的收支是否应当包括在国际收支的范围内，在国际收支统计规则中给出了明确的定义，国际收支反映的是一国居民与非居民之间的交易，而与交易双方的具体身份及国籍毫无关系。居民，是指在一国的经济领土内具有经济利益的经济单位，其实际形态包括政府、个人、非盈利团体和企业4种。

需要说明的是：①经济领土除一个政府所管辖的地理领土外，还包括该国天空、水域和邻近水域下的大陆架，以及该国在世界其他地方的飞地（如大使馆、领事馆）。②经济利益表现为经济主体在一国的经济领土内已经有1年（或1年以上）的时间大规模地实际从事或意愿从事经营活动或交易。需要注意的是，国际组织是任何国家的非居民。

(2) 时期的概念。国际收支反映的一国在一定时期内的对外经济往来，是国际交易中各项内容的余额的统计而非总额的统计。因此，经常所说的广义国际收支是一个事后的、流量的概念。

(3) 交易的概念。国际收支平衡表将一国的对外往来按交易标的具体地分为5类：①金融资产与商品、劳务的交换；②商品、劳务与商品、劳务的交换；③金融资产与金融资产的交换；④无偿的、单向的金融资产转移；⑤无偿的、单向的商品、劳务转移。简而言之，就是等价交换与单向转移。

第二节　国际收支平衡表

一、IMF对国际收支平衡表的规定

国际收支平衡表是各国根据国际货币基金组织（IMF）《国际收支手册》的规定编制的统计分析各国国际收支状况的会计报表。它是指一个国家或地区在一段时间（一年、半年、一季或一月）以货币形式表示的对外经济、政治以及文化往来的系统记录和总结的一种统计表。国际货币基金组织于1948年首次颁布了《国际收支手册》第1版，以后又先后于1950年、1961年、1977年和1993年修改了手册，不断地补充了新的内容。国际收支是特定时期内的一种统计报表，它反映：①一国与他国之间的商品、劳务和收益等的交易行为；②该国所持有的货币黄金、特别提款权的变化，以及与他国债权、债务关系的变化；③凡不需偿还的单方转移的项目和相对应的科目，由于会计上的原因，必须用来平衡的尚未抵消的交易，以及不易互相抵消的交易。

可以将表19-3加以对照：①对应表19-3就是“商品和劳务”；②对应表19-

3 就是“金融债权”；③对应表 19-3 就是“国际储备”。

二、国际收支平衡表的记账方法

根据 IMF 的规定，国际收支平衡表必须按照复式簿记的记账方法进行记录。复式记账法又称借贷记账法，是在记录每一笔会计对象交易时，都同时涉及借贷两个方面，而总额始终轧平。借方用“-”表示，记录外汇的支出以及资产的增加或负债的减少，贷方用“+”表示，记录外汇的收入、资产的减少或负债的增加。“有借必有贷，借贷必相等”的复式记账原则在处理“等价交换”中可以同时在借方、贷方完整地反映一笔交易的全貌。对于少数“单向转移”的活动特别设立了专门的“虚”账户，以满足复式记账的要求。

例如，可以将一国的居民对外转移资产的这一行为，理解为此人以该资产为代价购买了一项“虚资产”（正在进口一项唛头上写着“无偿转移”的商品或劳务），因此，经常账户应该记在借方。

又如，非居民购买本国债券。对于债券发行国来说，非居民购买本国债券意味着“国家所有权”的出让，是一种“金融债权出口”，与货币流向无关。国际收支并不关心货币的实际流动，而关心的是货币“国家所有权”的转移。

简单而言，可以将商品和劳务、金融债权以及国际储备的净出口理解为贷（+），而将商品和劳务、金融债权以及国际储备的净进口理解为借（-）。遵循这一原则，则无须再逐项对其借项和贷项进行具体的定义。

三、国际收支平衡表中的三大账户

（一）经常账户

经常账户是对实际资源在国际间的流动行为进行记录的账户，通常包括 4 个主要收支项目：货物、服务、收入及经常转移，中间两项也合称无形贸易。

（1）货物。货物包括一般商品、用于加工的货物、货物修理、各种运输工具在港口购买的货物和非货币黄金。国际货币基金组织建议进出口国均采用离岸价（FOB）来计算，保险费和运费列入服务项。

（2）服务。服务的具体表现形式多种多样，既包括以体力消耗为主的普通劳务，也包括保险、金融等技术劳动。

（3）收入。此处的收入指的是生产要素通过国际流动所获得的报酬，即生产领域中价值创造的货币表现，而不是在流通领域中产生的收入。通常收入的表现形式为劳务报酬——工资，以及资本增殖——股本红利和债券利息两种。

（4）经常转移。经常转移即前文所述国际收支平衡表中按照复式记账法的原则为了平衡“单向转移”而特别设立的账户的总和，包括政府间的经济合作与民间的无偿捐赠。

（二）资本与金融账户

资本与金融账户是对金融债权在国际间的流动行为进行记录的账户，分为资本账户和金融账户两大类。

资本账户包括资本转移以及非生产、非金融资产的收买或放弃（各种无形资产如专利、版权、商标、经销权以及租赁和其他可转让合同的交易）。资本账户下的交易标的并不必是看得见、摸得着或者感受得到的事物，而仅仅表现为一种权利的让渡。因为所有权仅仅是受法律规定的一项衍生权，所有权唯有在被行使的时候才能被感觉到，而不是一种真实恒久的存在。无形资产交易合同总是要注明行使权力的相关条件（如年限），一旦违背了受法律约束的承诺条件（如超过规定的年限），那么被受让者就不能合法地使用或转让以获取利益。

金融账户记录的是一经济实体对外资产和负债所有权变更的所有交易。金融账户包括直接投资、证券投资（间接投资）、其他投资和储备资产。就投资类的各项目而言，直接投资是以完全掌握所有权为目的的投资；证券投资（间接投资）是以获得一定比例的资产收益的所有权为目的的投资，主要表现为购买非居民的各种证券；除此之外的贸易信贷、贷款、货币及存款等统统归入其他投资。

国际储备是指一国货币当局能随时用来干预外汇市场、支付国际收支差额的资产。一种资产成为国际储备，必须具有3个特征：可得性、流动性——即变现能力、在外汇市场和国际清算中的普遍接受性。广义的国际储备即国际清偿力，是国际金融学的重要概念之一，包括一国的自有储备和借入储备。一国的自有储备包括黄金储备、外汇储备、在国际货币基金组织的储备头寸以及在国际货币基金组织的特别提款权余额。借入储备包括备用信贷、互惠信贷和支付协议以及本国商业银行的对外短期可兑换货币资产等项内容。

（三）错误与遗漏账户

在国际收支的统计实践中，仅仅表19-3中的三项余额相加一般总不能得到零的“平衡”。其原因在于会计中常说的时间性差异。由于国际收支统计工作的环节相当繁多，体系也极为庞杂，而报表的推出又规定一个特定的日期，单靠一个政府部门或民间机构是不可能在呈报当天完成的，势必形成各种数据的来源不一、时间各异。在一个会计单位内部，按照复式记账法“有借必有贷，借贷必相等”的原则，断没有一个不归零的道理，但对于一个开放单位来说，这种“归零”就显得有些勉强了。当然，也不能完全排除会计中所谓的永久性差异，即由于统计粗糙而造成的不可逆转的差异，但减少这种差异正是各国统计工作努力的方向，今后这种差异也将不断缩小。

另外，一些学者认为国际储备与错误与遗漏账户均是起到平衡经常账户与资本账户收支差额的作用，将此两部分合称为平衡项目，以示与资本项目和经常项目的差别。这也是一个重要的观点。

根据上述要求，表19-3可表示为表19-4。

表 19-4　一国的国际收支表现 D

类别	国际收支平衡表	类别	国际收支平衡表
商品和劳务	经常账户余额	国际储备	一官方储备余额
金融债权	资本账户余额	总计	0

第三节　国际金融服务

一、国际金融服务贸易的发展

国际金融服务贸易作为国际服务贸易中的一个类别，其产生和存在是在一国金融业基础上，由于各国经济的国际化、一体化，经济活动的相互依赖，经济利益的相互渗透，而随同其他生产要素一起面向国际化方向的过程。

第二次世界大战后，世界各国经济出现了一段持续、稳定增长的时期，尤其自 20 世纪 60 年代以来，随着科学技术进步和劳动生产力的提高，不但西方国家经济取得了长足的进步，并且涌现了许多新兴工业化国家，使世界经济步入了新一轮的繁荣发展周期。正由于这一时期世界各国人民生活水平的不断提高和社会文明的不断进步，整个国际服务业伴随着各国经济国际化进程的加速而呈现出突飞猛进的发展态势。国际服务贸易不断增长，在增长速度上超过了与之对应的国际货物贸易。

作为国际金融服务贸易主要业务的银行业和保险业，随着世界经贸的发展而异常活跃，出现了若干个世界性的金融服务市场中心。20 世纪 90 年代，在各国开始普遍对金融市场的负面影响加强监管的前提下，金融服务经营者不断寻找突破法律制约的金融创新，与此相应，国际金融服务贸易更是发生了深刻的变化。首先，国际金融资本流动加快，证券等虚拟资本在经济活动中的地位上升；其次，电子化、信息化引起了金融服务品种的不断创新，期货、期权、基金等各种金融衍生品迅猛发展；最后，银行业兼并层出不穷，特别是 1995 年以来，国际著名银行进行的一系列银行兼并案给金融服务业带来巨大的影响。另外，发展中国家也积极推动着金融改革，力图打破国家垄断金融服务的局面，在银行业自由化的同时，逐步放开保险、证券等资本市场。

总之，这个时期的国际金融服务贸易呈现出了范围多元化、扩大化的特征，各种形式的金融创新纷纷涌现，特别是具有金融价格发现功能的金融衍生工具的运用日趋活跃、广泛，离岸金融市场逐步产生、发展和规范，赋予金融服务贸易全新的概念。

由关税与贸易总协定主持下的“乌拉圭回合”谈判在 1994 年 4 月签订了《服务贸易总协定》，对金融服务作了明确的定义。国际金融服务包括银行的涉外存贷服务、有价证券管理服务、外汇兑换服务以及保险等其他国际金融服务。

二、国际贸易结算

国际贸易双方的债权、债务关系的结清不同于国内贸易，因为交易的双方不但距离远，而且存在着币种、法律环境、交易习惯等方面的差别，因此更为复杂。于是，国际贸易交往就需要借助于金融服务业（银行）来结清债权、债务关系。此时，银行所从事的业务就是国际金融业务。

1. 汇款

汇款是最简单、最直接的结算方式。汇款是指利用银行间的资金划拨渠道，把银行以外一方的资金输送到另一方，以完成收、付款方之间债权债务的清偿。除贸易双方外，汇款还会涉及汇出行和汇入行。前者是指受汇款人的委托将款汇出的银行，一般是进口方的代理行；后者是指受汇出行的委托解付汇款的银行，一般是出口方的代理行。有了国际金融市场上银行提供的汇款服务，贸易双方就可以安全、快捷地结算。当然，汇款除了为国际贸易服务外，还可以用来结清私人间的债权债务、政府之间的债权债务等。

汇款的种类一般可以分为3种，分别是电汇、信汇、票汇。

(1) 电汇。电汇（Telegraphic Transfer，T/T）是汇出行应汇款人的要求，用电报、电传或SWIFT通知付款行向收款人付款的方式。电汇的优点是安全、快速、汇款人可以充分利用资金、减少利息损失。但它的费用较高。

(2) 信汇。信汇（Mail Transfer，M/T）是汇出行就汇款人的要求，用航邮信函通知汇入行向收款人付款的方式。信汇一般速度较慢，有可能在邮寄中延缓或丢失。但它的费用较低。

(3) 票汇。票汇（Demand Draft，D/D）是指汇出行应汇款人的要求开立以其在付款地的联行或代理行为付款人的即期汇票交给汇款人，由汇款人自寄或自带到付款地凭票付款。票汇的安全性和快捷性不如电汇，但其费用比较低，汇票是凭票付款，付款行付款后才借记出票行账，事先不占用出票行资金，全凭出票行的信用流通。因此，票汇方式对出票行有好处，它可以占用一段时间客户的资金。

2. 托收

托收是指债权人提供汇票及有关单据委托银行向国外的债务人收取款项的一种结算方式。它可以简单地说是这样一个过程：一个出口商为了向国外买方收取贷款，委托银行代为处理这些业务，他开立一张以国外买方为付款人的附有单据或不附单据的汇票，交给委托银行并给银行相应的托收指示，委托银行再委托其在买方所在国的或代理行，要求进口商付款。

托收按不同的交单方式可分为以下几类：

(1) 付款交单。付款交单是委托人指示托收行、代收行在付款人付清托收款项后将单据交给付款人。付款交单都是见票即付。单据寄到付款人当地的代收

种扩张也成为推动生产和资本的国际化的一个因素。

一些国家在战后经济的逐步恢复和发展以及面对日益激烈的国际金融竞争中，相继放松金融管制。1974 年美国取消了对资本外流的限制；1979 年前后英国撤销了对资本外流的限制；1981 年原联邦德国取消了对非居民购买国内债券的限制；1984 年以后日本陆续采取了国际资本流动自由化的措施等。同时，各国还放松和修订了国内金融管理制度。这些政策性措施无疑敞开了金融业国际化的大门，促进了国际化进程。

二、金融业国际化的表现

金融业国际化的表现主要为：银行国际化、机构网络化、创新业务普及化以及金融市场的国际化等。

1. 银行国际化

银行国际化是世界经济发展过程中生产国际化和资本国际化的产物，表现为商业银行业务经营日益脱离本国金融市场和客户，而转向国际市场和外国客户。美国、欧盟国家和日本的大银行在第二次世界大战后，特别是 20 世纪 80 年代以来竞相到海外设立分支机构，出现了一大批跨国银行。

2. 机构网络化

银行机构国际化途径主要有：

（1）在海外设立分支机构，作为总行的一个组成部分，代表总行在海外经营各种国际业务。

（2）通过间接投资控制当地机构作为附属机构。

（3）通过参股方式控制当地原有的银行或金融公司，使之成为总行的分支机构。

（4）在没有条件设立分行的地方设立代表办事处。办事处不经营业务，只作为搜集信息、联系各项筹划事宜的据点。

此外，各国大银行还与外国银行建立代理往来关系，相互接受汇票、承兑信用证、托收托付和代理买卖有价证券等业务。通过以上途径形成银行业的国际网络。

20 世纪 80 年代末期以来跨国银行的兼并、收购尤为突出，后来还出现了一种国际银行联合组织的形式，通常也称为多国银行。其特点是由几家国籍不同的银行合股建立一个金融机构。这种新组织起来的金融机构有固定的名称、营业地点，并以一个法人的身份在东道国注册、纳税。第二次世界大战后第一家国际联合银行是 1964 年在伦敦设立的米兰国际银行，其股东银行有：英国米兰银行，持股 45%；加拿大多伦多自治领银行，持股 26%；澳大利亚商业银行，持股 10%；南非标准银行，持股 19%。

专栏

中国银行收购法国洛希尔银行案例

2008年9月19日，中国银行宣布将收购法国La Compagnie Financiere Edmond de Rothschild银行（以下简称洛希尔银行）20%股权。也许很多人认为这只不过是中国银行对外扩张的一个很小的步骤而已，仔细分析这起并购案例后，却让人有更多的感慨！

洛希尔银行于1953年由法国人Edmond de Rothschild创建，1997年以来一直由其子担任董事长，可以说是一家典型的家族企业。2007年该行税后净利润为1.05亿欧元。中行出资2.363亿欧元（合3.41亿美元），购入其20%的股权。交易完成后，股权结构如图19-2所示。

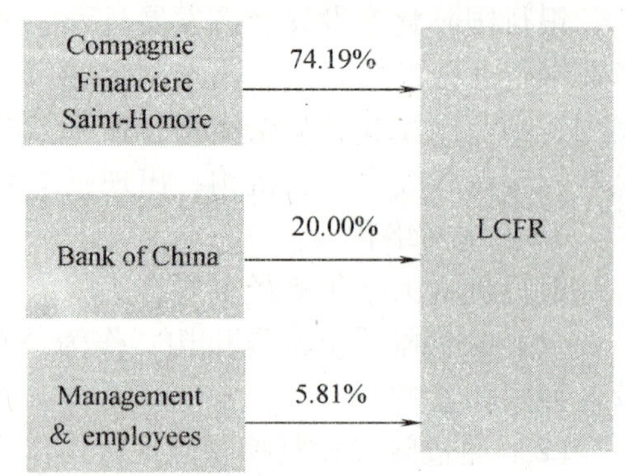

图19-2 股权结构图

按照这个交易价格，该银行的整体估值大约为11亿欧元，为税后净利润的大约11倍。

一个问题：这家银行到底是一家什么样子的银行呢？是像中行、工行这样的储蓄型银行吗？

其实，这家银行的主要业务是私人银行和资产管理，涉及的资产品种也很广，从传统的股权、债券到可转债、对冲基金、私人股本等等。翻阅该行2007年的财务报告，它共有250个投资经理人，管理资产总额达1000亿欧元（不是储蓄存款哦），2007年其经营性收入的87%来自私人银行和资产管理费收入。所以，说洛希尔银行是一家银行实在是误导国内的读者了，称资产管理公司或许更适合中国人的口味。

中行这家“全球第五大银行”，不远万里跑到欧洲收购一家以私人财富管理为主要业务的资产管理公司，到底是打的什么主意呢？难道中行如此自信，开始盘算着给洋鬼子搞搞理财服务？

在达成并购协议后的新闻发布会上，中国银行的董事长肖钢说，双方合作的要点有二，第一：资产管理业务，第二：私人银行业务，“加强中行在国内私人银行业务领域的力量。…洛希尔银行根据中行国内客户的需要提供理财产品…”

（BOC and LCFR intend to implement in particular a B-to-B-to-C model to further strengthen BOC’s domestic private banking business, and leverage LCFR’s capability to manage High Net Worth Individual’s assets4, its knowledge in investment strategy and advisory services for family controlled SMEs and family offices. LCFR will provide selected products according to the customers needs of BOCs global branches and distribute such products via BOCs international networks. The parties envisage personnel exchange to ensure the efficient implementation of knowledge transfer and business cooperation. The partners may also jointly develop private banking business initiatives in selected markets）。

“不是中行想要给洋鬼子提供理财服务，而是中行想给国内的客户提供更多的理财产品!”

中行这一提法的背景是近年来中国百万富翁数量的大量增加和他们拥有的惊人财富。由美林（Merrill Lynch）和Capgemini共同编写的最新《全球财富报告》（World Wealth Report）显示，中国内地约有41.5万人在主要住宅以外还拥有100万美元或以上的资产。相比之下，印度有12.3万人。而且，中国百万富翁人数增加的速度非常之快。2007年中国百万富翁人数与前一年相比增长了20.3%，而英国百万富翁人数仅仅增长了2.1%，照此速度，到2008年底中国百万富翁的人数就能超过英国目前的495,000人。目前，在全球百万富翁排行榜上，中国仅次于美国、日本、德国和英国排在第五位。1999年，胡润首次推出中国内地富豪排行榜，个人财富达到600万美元就可以上榜，当时只有50人上榜。而在2007年的富豪榜上，上榜门槛为1亿美元，却有500人上榜。

2008年4月，汇丰银行（HSBC）在中国内地推出私人银行服务，目标客户净资产需达到或超过1000万美元，其中300万美元可用于投资，能够存入最低100万美元的存款。该行预计，到2011年，此类潜在中国客户将超过1600万人，资产总额超过6.2万亿美元。这么一个巨大的市场各银行自然虎视眈眈。回到中行并购洛希尔银行的案例，这个法国家族银行只是出让20%的股权，控股权还是在自己人手中，但却可以进入中国这么一个巨大的市场，无论从哪种意义上讲都是赚大了。

对普通老百姓而言，大家比较感兴趣的应该是这些亿万富翁们是如何发家的，而市场上也流传着关于他们的种种传说。

水草在文章《中国的富豪肯定是世界上最“聪明”的!》曾经举过一个例子。根据2007年《财经》杂志报道，说山东鲁能集团竟然悄悄完成了私有化，而中央国资委竟然不知情。这家山东第一大企业总资产高达700多亿元，竟然被某一个（些）神秘的人士以净资产的价格买走了，注意：是以净资产的价格。这说明什么问题呢?

国内A股电力行业平均市净率（股价与每股净资产的比值）大约是2.24倍，也就是说如果这家私有化后的新鲁能上市，其价值马上翻番。就因为这样，所以很少用净资产这个指标进行资产估值，更多的是用净现金流折现或者乘数比较法（比如市净率等），如果有一些增值性资产可以考虑实物期权法，但无论哪一种方法在大多数情况下评估结果都会远远高于净资产。另外一个问题：这个神秘买家如何筹措几十亿的钱呢？实际上很多金融机构都乐于提供“过桥贷款”，因为他们知道其后即使不上市，用公司的现金流偿还也是绰绰有余的（《财经》杂志披露收购700多亿资产仅用30多亿的价格），这是一个绝对的“看涨期权(call option)”，但如果你买了看涨期权，如果资产价格最后跌了，你还有可能损失一个期权费，但现在这个情况基本上是毫无风险。

当然，最后这起案例被披露了，于是就夭折了，最后山东电力集团又给买了回来，但还要付溢价。据公告称，原私有化价格为74.07亿元，买回价格为83.22亿元，这个神秘买家“一不小心”赚了9.15亿元。如果按照《财经》杂志的数据，则这个神秘买家“一不小心”赚了50多亿元，一年的收益率为167%。当然，如果你的资产原值仅有100元，你就是赚200%也没有多少，但人家是几十个亿的“资本金”，情况就大大不一样了！当然，勤劳致富的案例在统计学意义上应该还是有的。

2002年，在党的十六大上，民营企业家第一次当选为代表。2007年3月16日在全国人大十届五次会议上，引起广泛争议的《物权法草案》获高票通过，私有财产终于有了法律保护。2008年9月19日，中国银行收购海外私人银行，私人财产终于可以正大光明的、合法的、在全球范围内进行管理了，而不再像以前要偷偷摸摸的。今年很多媒体都在纪念“改革开放三十周年”，我们完全可以说，和30年前相比，中国已经发生了“翻天覆地”的变化。

（资料来源：水草财经评论，2008年9月26日，有改动。）

3. 创新业务普及化

经济全球化带来的资本跨国流动是驱动20世纪全球经济发展的新“引擎”，这其中，跨国金融机构尤其是跨国银行是主要的组织者和参与者。同时，自20世纪80年代以来，由于经济发达国家汇率和利率频繁而剧烈的波动，先进的电信技术在金融服务业的广泛应用，以及各国金融当局不断调整金融政策，陆续推行金融自由化等因素的作用，使金融机构间的竞争压力不断增加，从而促使国际金融领域的合作创新活动迅速而广泛地发展。例如，为了适应国际性融资需要，银行的国际业务除了传统的存贷款和国际结算业务外，还积极进行业务创新，并向产业部门和证券业渗透，提供多样化金融服务。

4. 金融市场国际化

随着生产和资本国际化的发展，西方发达国家的国内金融市场很自然地外延，从纯粹办理国内居民间的金融业务，发展到经营所在国居民与非居民之间的国际金融业务，形成国际金融市场。第一次世界大战前后，英国作为老牌资本主义国家，资本力量雄厚，国内金融市场和信用制度最发达，英镑又是当时世界上主要的国际结算和储备货币，这一切使伦敦率先发展为国际金融市场。第二次世界大战后，世界经济重心由英国移至美国，美元成为世界上主要的国际结算和储备货币，纽约与伦敦相匹敌，成为世界上重要的国际金融市场。与此同时，在欧洲，瑞士苏黎世、原联邦德国法兰克福、卢森堡等国际金融市场也相继发展起来。不过，这些传统的国际金融市场主要还是办理居民与非居民间的金融业务，并且要受所在国法律的限制。

促进金融市场进一步国际化的重要因素是离岸金融市场的形成和发展。20世纪50年代形成的欧洲美元市场可以说是其发端，其后美国、亚太地区、日本先后设立离岸金融市场。它不同于传统国际金融市场的特点是：①主要在市场所在国的非居民之间进行借贷；②利率结构、存款准备金和借贷额度均不受任何一国法令的约束。离岸金融市场的形成，既发展了各国国内金融市场，又构成真正国际化的金融市场。

专栏

德意志银行集团收购美国信孚银行

1998年11月30日，德意志银行集团宣布动用102亿美元，以每股93美元的价格收购美国第8大银行——信孚银行的全部股权。美国信孚银行总部设在纽约，总资产约1760亿美元，是全球最大的证券托管银行之一，在衍生交易和高收益债券方面的业务实力很强。由于受亚洲、拉美、俄罗斯等地金融危机的影响，信孚银行在1998年第3季度有4.8亿美元的亏损，信贷评级也被评级机构降低，因而很难应付国际投资银行业务的激烈竞争。德意志银行集团希望通过收购信孚银行加强它在美国这个全球最大的资本市场中的地位，获得在资产管理、私人银行等业务方面更大的发展空间。

1999年5月20日，美国联邦储备理事会以6:0的投票通过了这项跨国收购案。德意志银行集团与信孚银行合并后，其总资产将高达8340亿美元，超过了瑞士联合银行和新组建的美国花旗集团，成为世界上资产规模最大的银行集团。合并后，其基金管理业务世界排名第3，证券托管业务世界排名第4。这是截止当时海外金融机构收购美国金融机构金额最高的案例。此次收购使德意志银行集团实现了进军美国资本市场的愿望。

德意志银行集团收购信孚银行的主要动机是：

(1) 扩大规模。作为依赖公众信心而生存的银行业，规模的大小对其在本行业的竞争起着关键的作用。德意志银行集团收购信孚银行后规模成倍增长，跨国银行的国际信用等级大幅提高，有利于在美国市场扩展，使得银行的专营服务、经营实力增强，确保了其在国际金融市场竞争中的优势。另外，由于信孚银行在1997年购买了英国西敏寺银行的欧洲证券业务，也有助于德意志银行集团强化其在欧洲股票市场的业务。还有，由兼并带来的客户多样化及由此产生的规模经济效益将会有效抵御金融危机的负面影响。

(2) 优势互补。德意志银行集团与信孚银行合并后，双方取长补短、共同发展。一是业务互补。德意志银行集团经营业务范围十分广泛，而信孚银行擅长股票、债券等业务。为了提高在国际竞争中的地位，银证进一步融合。合业经营是市场经济发展到一定历史阶段后不可抗拒的趋势，这种经营方式有利于达到经济资源的最佳配置和最佳经济效益。因此可以相得益彰，开展更全面的金融服务。二是地区性互补。德意志银行集团的业务主要集中于欧洲，而信孚银行的业务主要集中于美国，合并后的业务则遍及欧美，信孚银行将成为德意志银行集团在美国投资银行业的核心，从而保证新集团整体盈利的稳定增长。三是扩大了客户网络。合并后的银行可以互相利用对方的客户基础、经营渠道，通过交叉经营来扩大各自的客户网络。

(3) 降低经营成本。德意志银行集团计划收购信孚银行后，将裁员约5500人，从2001年起每年能为银行节省约17亿马克（约10亿美元）的人工成本，在2001年每股利润可增加10%～15%。

德意志银行集团的发言人布吕尔在1999年3月18日的年度新闻发布会上宣布：德意志银行集团计划，通过完成与美国信孚银行的合并，到2001年银行的营业额将会提高到120亿马克，比原来所计划的目标高出30亿马克。德意志银行集团1999年的经营战略将是在巩固欧洲市场的同时开拓世界市场。他强调，完成与信孚银行的合并，并不意味着德意志银行集团扩张的结束，一旦时机成熟，德意志银行集团愿意在任何时候与其他银行、企业开展各种形式合作。合作的方式可以是多样化的，从松散的协作到固定的联盟，以及购买、合并等都可以考虑。

德意志银行集团发言人布吕尔在1999年5月17日召开的银行年度大会上宣布，该银行运作的地理中心仍是欧洲地区，主要服务对象将是企业，即包括大型企业，也面向中小型企业及私人企业。德意志银行集团的经营活动重心将是通过兼并欧洲其他国家的银行，或通过参股收购的方式增强自己，开拓国际金融市场。这一做法正好与欧洲其他国家的商业银行积极兼并国内私营银行，以求扩大自己实力的做法相反。布吕尔强调，德意志银行集团兼并活动的重点已经不再是国内了。

在这方面，德意志银行集团在1998经营年度中已经进行的工作有：

——获得了比利时的里昂信贷比利时银行的参股权，并进行了业务整合。

——在西班牙，与西班牙邮政公司合作，开展了广泛的零售银行业务。

——与合作伙伴EFG欧洲银行共同在希腊成立合资银行，虽然希腊当时还不是欧元国，但相信它不久将会成为欧元国的成员，因此德意志银行走出这一步意义重大。

——着眼开拓未来的波兰市场，现已经在波兰第5大银行BIG Bank Gdanski S. A中占有9.9%的股份。

——在捷克，德意志银行集团已经为接手正在私有化的Bank CSOB提出了报价，为收购这家银行或取得参股权进行积极准备。

——在法国，德意志银行集团支持法国巴黎国家银行（BNP）推出的公开定价收购兴业银行和巴黎巴银行的股票的计划。德意志银行集团计划帮助巴黎国家银行发行新股票，因为巴黎国家银行急需筹集资金增加资本。因此德意志银行甚至打算在公开定价兑换股票行动中支持巴黎国家银行股票的市价。如果这项股票兑换行动成功，德意志银行就可以在巴黎国家银行的新集团内获得一定的股份。

布吕尔强调，德意志银行集团的目标是要通过这种国际性的兼并活动在欧洲建立巨大的网络，进一步达到欧洲乃至世界第一大银行的目标。

资料来源：德意志银行集团，http：//www. hudong. com。

复习思考题

1. 国际收支的狭义概念和广义概念各指什么？

2. 如何理解国际收支中关于居民的定义？

3. 国际收支平衡表中的三大账户各有哪些内容？

4. 在乌拉圭回合上签定的《服务贸易总协定》中，关于“国际金融服务”是如何定义的？

5. 了解托收、信用证、福费廷、保付代理、出口信用保险、提货保证等业务。

6. 试述金融业国际化发展的表现以及我国在经济开放条件下应如何面对挑战。

第二十章

国际资本流动

资本作为能够带来剩余价值的价值，它一出现就具有了国际性。

——裴平

投资是一种通过认真分析有指望保本并能有一个满意收益的行为。

——本杰明·格雷厄姆

【本章导读】

国际资本流动问题从20世纪70年代才开始引起人们的重视，但是到了90年代，随着各国金融自由化和金融国际化的发展，金融工具不断创新，国际资本流动增长更加迅速。由于国际资本流动的易变性和不稳定性，以及资本市场调整机制比商品市场调整机制更加敏感，对宏观经济冲击往往会远远大于宏观经济本身失衡对经济生活的影响，因此，它就得到了世界各国更多的关注和重视，它也成为了开放金融领域的一个核心课题。

本章从介绍国际资本流动的基本类型入手，分析国际资本流动发展的历史过程，总结当代国际投资发展的基本特征，通过分析国际资本流动的影响，进一步阐述我国应正确选择外资政策，以吸引更多的外资为我国的经济建设服务。

第一节　国际资本流动的基本形式

国际资本流动是指国际间为实现一定的经济目标而进行的各种形式的资本转移。国际资本流动按回流期限是否长于1年来划分，可以划分为长期资本流动和短期资本流动。长期资本流动是指在1年以上的资本转移，或未定期的国际投资；短期资本流动主要是指在通过各种信用工具，如短期票据、短期证券、银行票据和存款凭证等来实现资本的国际流动。这里将介绍长期资本流动的主要形式。

一、国际直接投资

国际直接投资是指一国的投资者将资本用于他国的生产或经营，并掌握经营控制权的投资行为。从不同的角度，可以将国际直接投资划分成不同的类型。

（一）从子公司与母公司的生产经营方向上分

（1）横向型国际直接投资。横向型国际直接投资也称水平型国际直接投资，是指一个企业到国外投资，建立与国内的生产和经营方向一致的子公司或附属机构。同时，这些国际分支机构或附属企业能够独立地完成产品的全部生产和销售过程。它一般适用于机器制造业和食品加工业。

（2）垂直型国际直接投资。垂直型国际直接投资也称纵向型国际直接投资，是指大企业到国外建立与国内的产品生产相关联的子公司，并在母公司与子公司之间实行专业化分工与协作。它又可细分为两种形式：一种是国外企业与国内企业从事同一行业产品的生产，但分别承担同一产品的生产过程的不同工序，这种形式多见于汽车、电子工业；另一种是国内和国外企业从事不同行业，但它们都互相衔接、互相关联，这种形式多见于资源开采和加工行业。

（3）混合型国际直接投资。混合型国际直接投资是指一个企业到国外建立与国内生产和经营方向完全不同、生产不同产品的子公司。这些企业之间既互不相关，又无内在联系。目前世界上巨型跨国公司如美国的埃克森石油公司等采用的就是这种投资形式。

（二）从是否新投资创办企业的角度上划分

（1）创办新企业。创办新企业是指投资主体在东道国境内依照东道国的法律设置的部分或全部所有权归外国投资者所有的企业，从事生产和经营活动。它包括开办新厂或设立分支机构、附属机构和子公司；同东道国或第三国联合创办合资企业等。

（2）控制外国企业股权。控制外国企业股权是指购买外国企业股权并达到一定比例，从而拥有对该外国企业进行控制的股权。至于究竟拥有多大的股份才能拥有经营控制权，从而形成对外直接投资，国际上尚无统一的标准，各国的解释和立法也不一样。按国际货币基金组织的定义，只要拥有25%的股权，就能达到拥有经营控制权，即可视为直接投资。美国商务部及国会则认为，只要拥有外国企业10%以上的股权并能对该企业有控制权，也属于直接投资。

（三）从对外投资不同参与方式的角度上划分

（1）合资经营。合资经营是指两个或两个以上国家的公司、企业、其他经济组织或个人，在平等互利原则的基础上共同投资、共同经营、共担风险、共负盈亏的一种国际直接投资方式。这种企业是股权式的合营企业，投资各方除以资金作为股本外，还可以以机器设备、原材料、场地使用权、厂房、基础设施、劳务、工业产权、技术等折价作为股本，并按股份的份额比例分取收益或分摊经营亏损。

(2) 合作经营。合作经营是指两个或两个以上国家的合营者在一国境内根据东道国的有关法律，通过谈判签订契约，并在契约中逐项规定双方权、责、利的一种国际直接投资方式。这是一种契约式的合营企业，它是根据契约规定的投资方式和分配比例进行收益分配和承担风险。

(3) 独资经营。独资经营是指国外的公司或其他经济组织或个人，按照所在国法律，经过所在国政府批准，在其境内举办的资本全部为国外投资，并由投资者独立经营、自负盈亏的一种国际直接投资方式。

二、国际证券投资

国际证券投资是指在国际证券市场上通过购买外国企业发行的股票和外国企业或政府发行的债券等有价证券而进行的投资。按照不同的标准，可以对国际证券投资作出不同的分类。依据筹资手段和筹资主体的不同，可以将国际证券投资划分成以下几个类型：

1. 购买公司股票

股票是股份公司筹资的重要手段。当公司的股票成为国际投资的对象时，这种股票就成了国际股票。一个国家和企业作为融资者发行国际股票时，一般可采取以下方式：一是境外投资者直接购买本国上市公司的股票；二是通过海外上市公司招股融资；三是利用海外存托凭证间接上市融资。

2. 购买公司债券

公司债券是公司对外举债并承诺在一定期限内还本付息所发行的借款凭证。公司债券通常有无抵押公司债券、抵押公司债券、证券抵押公司债券和有保证债券等。

公司债券的持有人同公司之间只存在普通的债权债务关系。债券到期时，公司应偿还本金，赎回债券。公司债券所支付的利息列入生产费用，不必纳税。故发行债券对公司来说，通常比发行股票要有利。

3. 购买政府债券

政府债券是由一国政府出具的借款凭证。它是一国政府为了筹集财政资金而发行的。这类债券的国际持有者可以按规定从他国政府取得利息，到期收回本金。政府债券可分为两大类。一类是可以转让的债券。它是指持票人随时可以在市场上转让，但非到期不得要求兑还本金的债券。这类债券包括国库券、中期债券和长期债券。另一类是不可转让的债券。它是指持票人不能转让，但在一定条件下可以要求提前兑付的债券，这类债券有储蓄债券、投资债券等。

三、国际贷款

国际贷款是指一国、数国的政府、银行或国际金融机构向第三国政府、银行、法人和自然人提供贷款的行为。国际贷款一般都要收取一定的利息。

国际贷款的具体种类很多，从不同的角度可以作出不同的划分。从贷款的基本来源进行划分，大致可以分为外国政府贷款、国际金融组织贷款和国外商业银行贷款。

四、国际灵活投资

通常地，我们把与国际贸易密切结合在一起的，各种资金形态的、实物形态的、智力技术形态的国际经济技术合作方式，称为国际灵活投资。

1. 国际技术转让

国际技术转让是技术在国际上转让所有权或使用权的行为。技术可分为工业产权如发明专利、实用新型、外观设计、商标、服务标志和原产权技术。国际技术转让可分为商业性技术转让和非商业性技术转让。商业性技术转让是生产要素的有偿国际转移，通常来自于各国的自然人和法人。非商业性技术转让是指不以盈利为目的的国际技术转让活动，通常这种技术转让来自于各国政府和国际组织。

2. 国际租赁

国际租赁亦称为国际金融租赁，是当出租人（租赁公司）与承租人（用户）分属不同国家时所发生的租赁业务，由于国际租赁能够通过承租的方式利用国际商业性贷款，因而近年来被越来越广泛地作为国际灵活投资的一种形式加以利用。

3. 国际工程承包与劳务合作

国际工程承包是指一国承包商（公司）以使用自己的生产要素，为他国工程发包人（业主）建造工程项目，并按事先商定的条件取得报酬的国际灵活投资方式。国际劳务合作是指一国的企业或有关单位向他国提供劳务，并按合同规定与外国企业、承包商或雇主进行合作并收取报酬的一种形式。国际工程承包与国际劳务合作都是当代国际灵活投资的重要形式。

4. 国际经济技术援助

国际经济技术援助是指一国政府及其所属机构或国际组织以及一些民间团体或个人向另一个国家或地区提供的，促进其经济和社会发展的援助性资金、技术或实物等方面的支持，其具体方式多种多样，有财政援助、技术援助、项目援助和方案援助等。

第二节　国际投资的发展历史及特征

一、国际投资发展的历史

国际投资是国际资本流动的最初形式。由于英国资本主义生产方式确立较早，大约在19世纪70年代就有了资本输出，因此，真正意义上的国际资本流动可以以此作为起点。从那时以来国际资本流动产生和发展了130年，大致可以划分为以下3个时期：

（一）国际投资的成长时期（19 世纪 70 年代至第一次世界大战）

在这一时期，伴随着垄断资本主义的形成和发展，作为国际资本流动最初形式的资本输出也不断地形成和发展起来，并成为垄断资本主义即帝国主义的一个重要特征。在这一时期，英、法、德等老牌资本主义国家是主要的投资国。

在这一时期的主要特点是：

（1）投资的形式主要是国际间接投资。投资国主要通过提供贷款、发行债券和股票等形式对外投资，对外直接投资所占的比重很小。

（2）投资国数目甚少。投资国主要局限于英国、法国、德国、美国和日本，其中又以英国占主导地位。其他资本主义国家对外投资规模微不足道。

（3）投资区域集中于资源丰富的国家和殖民地国家。在这一阶段，对外投资主要流向北美、拉丁美洲和大洋洲等自然资源丰富的国家。英国的海外投资绝大部分是分布在其殖民地和自治领地。

（4）海外投资主要用于东道国铁路、公用事业和资源开发业。所以，投资期限一般也较长。

（二）国际投资的缓慢发展时期（“一战”结束至“二战”结束）

由于 1929 ~ 1933 年世界性经济大危机的影响和世界大战的破坏，这一时期国际资本流动的发展非常缓慢。在 1929 ~ 1933 年世界性经济大危机期间，工业国的生产量急剧下降，世界贸易额急剧缩减，国际投资资金来源尤为短缺。在第二次世界大战国际环境下，正常的私人对外投资活动受到极大的影响。到 1945 年，美国、英国、法国、德国、日本的对外投资额不仅没有上升，反而下降了。全世界的投资额从 1914 年的 440 亿美元增加到 1945 年的 510 亿美元，总共只增长了不到 16%。

这一时期的主要特点是：

（1）投资主体发生重大变化。到 1945 年，美国取代英国的地位，成为世界上最大的对外投资国。作为战败国，德国和日本对外投资的实力受到严重挫伤。

（2）对外投资的形式发生变化，不但有传统的证券投资，而且对外直接投资规模明显扩大。

（三）国际投资的快速发展时期（“二战”结束至今）

“二战”后，随着科技的迅速进步，随着世界经济的不断增长和一体化的日益加强，国际投资进入了一个快速发展时期，在规模上有了急剧扩大，在形式、主体、流向等方面都有了重大发展和变化，形成了一系列新的特征。

二、当代国际投资发展的基本特征

（一）国际直接投资由低谷转向增长

进入 21 世纪以后，新经济泡沫在美国的破灭使得美国经济出现持续的衰退，并影响到西欧和日本等发达国家，尤其是在 911 事件后，不但美国经济，全球性的经济衰退也进一步加剧，国际直接投资也由此出现了大幅下降的局面。据联合国贸发会议公布的统计数据，全球FDI流入规模在2000年达到14000亿美元的历史最高峰后，在经历连续3年的下滑，到2004年，由于受世界经济复苏及跨国公司整体经营利润好转等因素的影响，全球直接投资终于扭转了下滑的势头，呈现出恢复性增长的新态势，2005年，全球跨国并购的数量和规模迅速扩大，发达国家以及发展中国家的FDI流入继续增长，这使得2005年全球FDI流入量达到9163亿美元㊀，较2003年增长了64%。

促使国际直接投资恢复增长的因素是多方面的，其中最主要的就是以美国为龙头的全球经济的复苏。经济的强劲增长为国际投资环境的改善创造了更加宽松的局面，从而也是跨国公司的投资信心得到恢复。

全球经济走出低谷并呈现出良好的增长势头，这不但有利于国际投资环境的改善，而且也使得作为投资主体的跨国公司的整体营利状况开始改善，投资信心得到恢复。同时，各国政府纷纷放松国际资本流动的限制以及采取的各种鼓励措施也对国际直接投资的恢复增长产生了重要的推动作用。

（二）发达国家依然占据国际直接投资主角

在跨国资本流动规模方面，发达国家不论在对外开放的程度上、国家的经济实力上，还是在跨国公司的竞争能力上，与发展中国家相比都具有绝对的优势，因而在对外直接投资方面更显示强大的优势。从表20-1中可以看出，1987～2005年，发达国家的对外直接投资流出占全球对外直接投资总量的比重始终维持在80%以上㊁。

表20-1　发达国家国际直接投资流量变化趋势（1987～2005年）

（单位：百万美元）

年份	资本流出			资本流入		
	世界总额	发达国家	占比(%)	世界总额	发达国家	占比(%)
1987～1992年	194955	180031	0.92	170894	133645	0.78
1993	237841	197080	0.83	224141	140563	0.63
1994	274846	226221	0.82	254287	147149	0.58
1995	359859	303895	0.84	340336	219031	0.64
1996	397887	333099	0.84	392424	235411	0.60
1997	483144	400472	0.83	489709	284252	0.58
1998	694402	639453	0.92	712032	506206	0.71
1999	1108170	1016306	0.92	1099919	851183	0.77

㊀ 数据来源：UNCTAD（World Investment Report 2006）。

㊁ 数据来源：同上。

（续）

年份	资本流出			资本流入		
	世界总额	发达国家	占比（%）	世界总额	发达国家	占比（%）
2000	1244465	1097521	0.88	1409568	1133683	0.80
2001	764197	684786	0.90	832248	599272	0.72
2002	539540	485111	0.90	617732	441238	0.71
2003	561104	514806	0.92	557869	358539	0.54
2004	813068	686262	0.84	710755	396145	0.56
2005	778725	646206	0.83	916277	542312	0.59

数据来源：UNCTAD（World Investment Report 2006）。

在国际直接投资流入方面，发达国家依然占据主要地位，但其重要性有所下降。如表20-1所示，在FDI流入方面，发达国家所占比重基本维持在60%以上，个别年份低于60%。这主要是由于发展中国家不断扩大对外开放的领域，同时采取各种优惠措施鼓励外资的进入，国内投资环境的改善以及经济的快速发展使得发展中国家在吸引外资的规模上越来越大。

（三）发展中国家的地位和能力日趋提高

近年来，发展中国家在国际直接投资中的地位逐步提高，尤其是发达国家国际投资低迷时期，发展中国家对外直接投资却表现出持续增长的势头。发展中国家对外直接投资存量占全球境外投资存量的比重由1990年的8%上升到1999年的13%。在1990~2005年间，对外直接投资存量超过50亿美元的发展中国家由6个增加到25个，截至2005年，全球发展中国家进行对外直接投资的有161个，对外直接投资规模已超过1200亿美元[1]。这不但表明发展中国家参与经济全球化的程度进一步加深，而且也说明发展中国家的政府已经或正在调整其对外投资的相关政策措施。

发展中国家不仅在国际直接投资中的地位日趋重要，其跨国并购能力也日趋提高，以印度为例，近几年经济增长较快的印度在跨国并购方面表现出很强的实力。

（四）服务业成为跨国直接投资的重点产业

近年来，随着服务业在国民经济、世界贸易中的比重增加以及全球服务需求的增长与市场环境的不断宽松和开放，国际直接投资投向服务领域的规模也越来越大。据统计，20世纪70年代初，服务业吸收的国际直接投资仅占全球国际直接投资存量的1/4，2001~2002年间，服务业占全球FDI流入总量的2/3，约

[1] 数据来源：同上。

5000亿美元，而在1989～1991年间该比例仅为54%，到2002年，该比例已经上升至60%，约为4.4万亿美元，表明服务业已经取代制造业，成为跨国投资结构的主流。

服务业在世界经济中比重的上升是国际直接投资转向的主要原因。目前，世界发达国家的服务业比重普遍达到70%左右，2004年，服务业占发达国家和发展中国家国内生产总产值的比例已分别达到72%和62%；其次，从服务产品的特点来看，许多服务产品无法通过贸易的方式跨国移动，而只能在消费地生产，因此直接投资是将服务产品打入国外市场的主要方式。此外，由于市场竞争的加剧，服务类企业需要不断开拓海外市场，这也带动了相关的资本投入。而且各国目前已普遍放宽对服务业吸收外国直接投资的限制，也是外资能更广泛地进入服务产业的原因。

第三节 国际资本流动的影响

国际资本的流入与流出是各国（和地区）经济和国际经济发展的产物，但同时它对各国（和地区）经济和国际经济发展也有着至关重要的影响。

一、国际资本流动的利益

资本在国际间的流动，一方面有力地推动着国际贸易的发展。这种推动作用不仅表现在出口信贷的提供上，而且还表现为经常项目顺差国向逆差国融通资金。另一方面，带动着经济资源在国与国之间（或地区之间）的有效配置。在世界各国（或地区），有的国家资本充裕，而有的国家资本缺乏。国际资本流动不但能够使资本得到更为合理的配置，既提高了资本流出国资本的收益，也促进资本流入国经济的发展，而且还能够使其他经济资源如劳动力和自然资源得到更为合理的配置。

但是，国际投资资本流动也会带来代价，会给各国的金融体系、金融市场、国内经济带来一定的冲击。

二、国际资本流动对金融体系的影响

国际资本流入或流出，对一个国家的金融体系，有着一系列重要影响：

（1）当外国资本以对银行贷款的形式流入某个国家，即以增加某国银行对外负债的形式流入某个国家时，该国银行的外币负债增加，同时通常表现为该国银行在外国银行存款的外币资产也发生增加。如果该国中央银行从该国银行购买外币，那么，该国银行本币的存款准备金将增加并出现了超额存款准备金，该国银行将会增加本币贷款。这样，外国资本流入导致该国中央银行外汇储备的增加、本币贷款的增加和本币供给量的增加。如果该国中央银行不从该国银行购买外币而允许居民持有外币存款，那么该国银行将会增加外币贷款。这样，外国资

本流入没有导致该国中央银行外汇储备的增加，但导致外币贷款的增加和外币供给量的增加。

（2）当外国资本以直接投资、债券投资、股票投资的形式流入某个国家时，外国厂商或居民需要把外币兑换为本币，即把外币存款转换为本币存款以用于投资。由于外国厂商或居民兑换本币后把本币存在该国银行，该国银行本币存款的减少和本币存款的增加彼此抵消，净增加了外币存款。如果该国中央银行从该国银行购买外币，那么与上述分析相同，本币贷款和本币供给量将增加。如果该国中央银行不从该国银行购买外币并允许居民持有外币存款，那么也与上述分析相同，外币贷款和外币供给量将增加。假如外国厂商或居民不把外币兑换为本币而直接用外币购买债券或股票，当债券或股票出售者把外币存入该国银行时，该国银行的外币贷款和外币供给量将会增加；当债券或股票出售者把外币兑换为本币时，与外国厂商或居民把外币兑换为本币所产生的效果是一样的。

由此可见，在外国资本流入的情况下，该国银行的资产负债表将会出现扩张。根据同样的道理，在外国资本流出某国而没有同时发生外国资本流入的情况下，该国银行的资产负债表将会出现收缩。

对于中央银行监管不力、银行体系不够健全的国家来说，国际资本流动将给金融体系造成较大的风险。当国际资本流入而导致这些国家的银行发放贷款时，它们往往盲目扩大银行信贷而且银行信贷分配不当，使银行贷款扩展到偿还能力不高的债务人。一旦国际资本流动发生逆转，这些国家的银行往往因流动性不足而陷入困境，从而不得不求助于中央银行提供资金，造成金融体系的动荡。

三、国际资本流动对金融市场的影响

国际资本流动对金融市场的影响有三：

（1）国际资本的频繁流动造成了外汇市场和汇率的波动。不论国际资本流动采取银行信贷的形式还是采取直接投资和证券投资的形式，大部分都涉及货币的兑换，从而对外汇市场产生影响。当外国资本流入某国时，在外汇市场表现出来是外币的供给增加或本币的需求增加，在其他条件不变的情况下导致外汇汇率降值和本币汇率升值。相反，当外国资本流出某国时，将导致外汇汇率升值和本币汇率降值。这样，在发生大规模的资本净流入时，本币汇率将持续升值；反之，本币汇率将持续降值。因此，国际资本流动造成汇率的动荡。

（2）国际资本的频繁流动造成借贷市场和利率的波动。如前所述，当国际资本流入时，将导致银行贷款的增加和货币供给量的增加。货币供给量的增加在其他条件不变的情况下导致利率的下降。相反，国际资本的流出导致利率的上升。这样，如果发生了大规模的国际资本净流入，利率将出现一个下降的过程；反之，利率将出现一个上升的过程。因此，国际资本频繁流动造成利率的波动。

（3）国际资本的频繁流动造成股票市场和股票价格波动。当国际资本以股

票投资的形式流入某国时，将刺激该国股票的需求和引起该国股票价格的上升。当国际资本以卖出股票的形式流出某国时，将增加该国股票的供给和引起该国股票价格下降。

四、国际资本流动对国内经济的影响

国际资本流动对金融体系的影响的分析表明，国际资本的流入导致银行贷款的增加和货币供给量的增加，国际资本的流出导致银行贷款的减少和货币供给量的减少。因此，国际资本流入将对国内经济产生扩张性冲击，从而有可能引起通货膨胀；国际资本流出将对国内经济产生收缩性冲击，从而有可能导致经济停滞。

在现代市场经济里，最易于发生金融投机的金融市场主要是外汇市场和股票市场。

1. 在外汇市场上

在外汇市场上，外国投机者通常采用的投机方法是在某国借入该国货币，然后在即期外汇市场、远期外汇市场、外汇期货市场、外汇期权市场同时抛售该国货币，以期在该国货币汇率下降以后回购该国货币、偿还该国货币贷款，从而获取该国货币汇率变化的差价。

受到投机性冲击的国家的中央银行通常采用的反投机方法是动用外汇储备买进本国货币，以减轻本国货币汇率的波动幅度。这样，在外汇投机中将发生两种重要的现象：

（1）外汇资产发生了从该国政府到外国投机者再到该国外汇银行的转移。该国中央银行储备的外汇首先通过干预外汇市场转移到外国投机者手里，然后再通过外国投机者回购该国货币而转移到该国外汇银行。由于中央银行使用外汇买进了本币，该国货币供给量在短期内出现收缩。如果该国中央银行允许居民持有外汇，该国货币供给量收缩将持续下去。

（2）外国投机者在该国大量借入该国货币，导致该国借贷资金的需求增加和利率上升，利率上升对该国的消费需求和投资需求产生抑制作用。因此，大规模的外汇投机将对该国国内经济产生收缩性影响。

2. 在股票市场上

在股票市场上，外国投机者通常采用的投机方法是寻找股票价格指数偏高的时机，同时在股票市场、股票价格指数期货市场、股票期权市场上抛售股票现货、股票价格指数期货和股票期权，以获取股票价格下跌的差价。

股票市场的投机将出现两种可能性：

（1）如果外国投机者获得成功，那么该国股票价格暴跌，该国股票持有者将遭受损失。这样，企业将会减少投资支出而居民则会减少消费支出，从而导致社会需求的减少。

（2）如果该国政府采用大量买进股票的方法来反击投机，即使可以保持股票价格的稳定，但由于政府使用可以流通的本币买进了不能流通的股票，该国货币供给量将会减少。因此，不论出现哪一种情况，大规模的股票投机将对该国国内经济产生收缩性影响。

第四节 我国对国际资本流动的政策选择

一、我国的国际投资流入和流出规模和结构

我国是最大的发展中国家。在改革开放和经济迅速发展的条件下，中国创造了许多投资机会，吸引着大量的外国直接投资。另外，随着国际经济交往的扩展，我国也已开始对外直接投资。

我国尚未实现人民币在资本与金融项目下的自由兑换，也尚未完全向外国居民开放我国的证券市场。这就是说，我国对本国的对外直接投资和非直接投资的资本流动仍实行较严格的管制。在此背景下，我国非直接投资的资本流动量受到法律法规的严格限制。近几年，在存量上银行贷款的净流入量最大，其次是非银行贸易信贷。

二、我国对国际资本流动的政策选择

国际资本流入或流出我国，既使外国资本获得丰厚的利润，也使我国经济迅速发展。改革开放以来，我国经济创造了世界经济增长的奇迹，持续以较高的增长率增长，是与国际直接投资、国际银行贷款、外国官方贷款的大量流入分不开的。

在经济全球化的趋势下，我国要保持经济的长期增长，还需要继续实行改革开放。但在推进对外开放中，也应特别注意，国际资本流动（特别是短期国际资本流动）将给我国的金融体系和金融市场带来国际性风险，因此，如何有效地利用由国际资本流动带来的利益，同时尽可能地防范由国际资本流动引致的风险，是一个需要认真研究和解决的重要问题。

1. 有序开放金融市场

先放宽对长期资本流动的限制，再放宽对短期国际资本流动的限制。就长期资本流动而言，先放宽对直接投资的限制，再放宽对长期贷款的限制；就直接投资而言，先放宽对直接投资流入的限制，再放宽对直接投资流出的限制等。

当然，在现实的经济中，国际资本流动没有这样严格区分，但这并不妨碍选择先开放风险较小的项目，再开放风险较大的项目。

2. 积极完善金融体系

美国联邦储备委员会前主席格林斯潘曾指出：弱的银行体系与开放的资本项目相结合是“等着发生事故”。因此，我国要加快金融体制的改革，建立产权明晰的现代企业制度和权责分明的公司治理结构。经营经验不足可以在市场经济中

锤炼，体制安排不当则将影响整个金融体系的生存和发展。

3. 控制资本外逃

在我国，资本外逃是指未经批准的、违法违规的资本外流，是超出政府实际控制范围的资本流出，它是在我国金融开放过程中需要特别关注的一个问题。

资本外逃不仅存在于发展中国家，也存在于发达国家。资本外逃也不仅仅是为了逃避外汇管制，还有的是为了规避国内政治和经济风险，逃避税收征管，可能是为了洗钱和转移资产。

从我国实际情况看，资本外逃的原因主要有：转移非法所得、逃避管制、趋利避险、转移个人财产的实现化公为私等几个方面。

资本外逃的主要方式和渠道有以下 5 类：①以“价格转移”等方式通过进出口渠道进行资本外逃；②虚报外商直接投资形成事实上的外逃；③金融机构和外汇管理部门内部违法违规操作形成的资本外逃；④通过直接携带的方式进行资本外逃；⑤通过“地下钱庄”和“手机银行”等境内外串通交割方式进行非法资本转移。

所谓“地下钱庄”的做法是，换汇人在境内将人民币交给地下钱庄，地下钱庄则将外汇打入换汇人所指定的境外帐户。我国每年通过地下钱庄转移出境的资金约有 2000 亿美元左右。特别在我国沿海的一些地区，“手机银行”掮客不但几乎成为半公开的经纪人，并建立了“良好的信誉”。

因此，要控制资本外逃，除了根据资本外逃的途径严格有关的制度和检查以外，还应该注意下述两个问题，一是保持政策和制度安排的连续性、合理性和一致性，减少因政策或制度安排不当所引起的资本外逃。另外，努力保持经济长期稳定的增长，减少因严重的通货膨胀促进资本外逃的可能性。二是加快利率和汇率体制的改革，使利率和汇率能够反映资金市场和外汇市场供求的变化。这样，一方面可以利用利率和汇率这两种价格机制来调节对外经济活动，另一方面可以减少因利率或汇率大幅度偏离市场水平而导致的资本外逃。

但值得特别指出的是，控制资本外逃决不意味着不准境内资本合法地流出。事实上，随着金融市场对外开放的进一步展开，境外资本的“引进来”和境内资本的“走出去”都是必然的，鉴此，在控制资本外逃的过程中，应从制度上有效解决境内资本流出的机制和渠道，有效保障资本合法地流出。

《中华人民共和国反洗钱法》已由中华人民共和国第十届全国人民代表大会常务委员会第二十四次会议于 2006 年 10 月 31 日通过，2007 年 1 月 1 日起开始施行。

4. 重视防范国际投机资本

在逐步开放了资本与金融项目的交易以后，应特别重视防范国际投机资本对我国金融市场的冲击。20 世纪 90 年代，多个国家在国际资本投机性冲击下爆发金融危机，使人们把注意力从资本流出发展中国家转移到资本流入发展中国家。目前，防范国际资本投机性冲击的方法主要有3种模式：一是智利模式，即流入的短期资本必须按照一定的比例向中央银行缴交储备，中央银行对这部分储备不支付利息，中央银行可通过调整储备比例适当控制短期资本流入。二是巴西模式，即对短期资本流入本国课以赋税，政府可通过调整税率适当控制短期资本的流入。三是香港模式，即逆向反投机和严格金融市场规则。在一般情况下，我国可以考虑用征收赋税的方法适当控制短期资本流动；在投机风潮已经形成的情况下，则应凭借实力进行逆向反投机。

第五节　经济开放中的金融安全

各国金融开放是经济走向全球化的较高阶段，就此带来的金融安全问题必然成为人们关心的重大问题。金融在社会经济发展中处于特别重要的位置，有着不可替代的作用。这是因为，金融是现代经济的核心，金融市场是市场经济体系的动脉，是市场配置关系的主要形式。但同时，由于金融业渗透到社会经济生活的各个领域，又是一个特殊的高风险行业，一旦金融机构出现危机，很容易在整个金融体系中引起连锁反应，引发全局性、系统性的金融风波。因此，金融体系的安全、高效、稳健运行，对经济全局的稳定和发展至关重要。

从另一角度看，金融危机以最激烈的方式不断地把金融市场、金融机构、金融体系、金融监管和各种金融制度的问题与缺陷暴露出来，也促使人们不断解决和弥补金融领域内的各种问题与缺陷，金融因而向前发展。

一、维护国家金融安全的重要性和紧迫性

1．突发性的金融危机对一国金融安全的威胁具有突发性

对于金融开放条件下的发展中国家，发生突发性的货币危机、金融市场危机、债务危机和银行危机都使国家政府、厂商和个人措手不及，无法作出及时反应，金融运行、结构和金融制度被迫进行剧烈的调整。于是，国家的金融运行和发展的安全受到伤害。危机突发性越强，调整幅度就越大，速度也越快，金融不安全性就越大。不仅如此，金融危机的影响通过金融体系迅速波及到整个经济领域，危及国家经济安全，进而威胁其他层次的国家安全。

自1980年以来，世界上已先后有120个国家发生过严重的金融风险和危机，这些国家为解决金融问题所直接耗费的资金高达2500亿美元，其后果是十分严重的：1994年，墨西哥发生金融危机，金融市场一片混乱，外汇储备急剧下降，由1993年底的234亿美元一度减少到只有35亿美元；成千上万的中小企业倒闭，就业机会减少150万个，失业人数剧增，经济损失达700亿美元；国内资本外逃300多亿美元，金融机构关闭56家，墨西哥社会、经济的发展受到严重打

击。1997 年阿尔巴尼亚发生的金融危机更是令世界震惊。早在 1992 年，阿尔巴尼亚一些“融资公司”非法集资，并以高达 96% 的超高息吸引着缺乏金融知识的普通投资者。阿尔巴尼亚全国 70% 的住户不惜投入毕生储蓄。危机发生后，酿成了一场全国性的政治、经济危机。

2. 金融危机对一个国家金融安全的威胁具有高度综合性

这表现在对金融安全威胁因素与环节的多样性和维护金融安全手段的复杂性。作为经济核心的金融体系受到众多因素的影响，经济、政治、军事、心理、自然、社会、信息和技术等诸多因素都可以对金融市场的运行产生影响。仅仅是金融本身的安全就受到金融之外的众多因素的影响：经济不安全、政治不安全和军事不安全也必然导致金融的不安全。金融全球化使得金融安全更为复杂，具有更多的内容。

最典型的是 1997 年下半年开始的亚洲金融危机严重削弱了东南亚、东亚各国的经济实力。世界第二经济大国日本自 20 世纪 90 年代以来经济持续低迷，1997 年 11 月，4 家全国性大金融机构在一个月内相继倒闭，使日本经济雪上加霜。日本政府承认，日本经济增长乏力，已陷入“零增长阶段”。与此同时，金融危机导致东南亚各国失业率上升，引发了罢工、骚动浪潮。金融危机最终导致了政局动荡、社会不稳。

3. 维护一个国家的金融安全具有高度紧迫性

发展中国家在金融全球化的条件下进行经济开放使这一问题变得尤其紧迫。在金融全球化的进程中，只要发展中国家开放本国资本市场，放松对资本进出口的管制，就有受国际投机资本攻击进而危及其金融安全的可能性。国家经济发展水平越高，金融市场越成熟，这种威胁就越小。事实上，作为金融小国的发展中国家一旦融入全球金融体系，就存在受投机性攻击的可能性，金融安全问题就越突出。内部金融市场规模小、金融体系不完善、金融机构竞争力弱和本国货币在国际货币体系中缺乏影响力的发展中金融小国，在开放中尤其要注意对自身金融安全的维护。

二、维护国家金融安全的开放战略选择

1. 准确把握开放的时机是维护金融安全的首要任务

美国著名国际关系学者劳伦斯·克罗斯和约瑟夫·奈在论述经济安全时指出，“当一国有意识地选择经济低效率以避免对外来经济冲击的脆弱性时，或当一国为稳定国内经济而放弃可以从经济一体化中所获得的部分收益时，作为目标的经济安全就显现出来了。”

为维护国家经济安全，有时考虑放慢与世界或同其他国家一体化的速度，以减轻对外部的依赖程度或增强应付外部冲击的能力。同样，为维护金融安全，可以考虑放慢经济金融开放的步伐。当国家金融安全受到较大的威胁时尤其应该在扩大开放上谨慎行事，即使暂时丧失较多的开放效益，这也是为维护安全所使用的一种“资源”。

当然也绝不能认为开放度越低、对外依存度越低，金融安全就越有保证。因为即使就金融本身的安全而论，除包含现有金融制度、金融体系和金融财富的安全外，还包括金融发展的安全，如果不实行对内对外的经济开放政策，金融财富固然不大会因外部冲击而大量外流，“金融主权”也能得到有效的维护，但金融发展必然陷于停顿。这种状态必然进一步造成经济发展缓慢并可能危及国家的政治与军事安全和国际地位。

因此，金融开放进程应与本国的实际条件和国内国际环境紧密结合，在不同国家与地区的不同发展阶段，开放的速度可以有较大的差别。一般地说，都应在开放之初谨慎行事，适当控制开放的步伐，因为此时市场主体不够成熟，承受内外冲击的能力还有待于提高。随着金融开放的逐步深入，市场主体趋于成熟，市场体系也趋于完善，抗冲击能力增强，政府间接调控市场的能力也相应增强，加快开放的条件日益成熟。

2. 正确选择开放的顺序是维护金融安全的主要策略

把握金融开放顺序的总原则是：要把开放的总体风险控制在最低限度。其具体顺序是先“小”后“大”，先内后外：①应先开放对金融威胁最小的领域与环节，依次逐渐开放威胁较大的环节与领域。而对金融安全威胁最大的环节与领域应放在最后，待其他领域完成开放后再着重进行开放。②应在对外开放前实行对内开放。首先，这可避开对金融安全威胁最大的环节，在开放中，对外开放对金融体系的冲击更大，更可能导致金融财富的流失和金融主权的丧失，从而对发展中国家金融安全带来更大的威胁。其次，这有助于对开放中总量风险的控制。对内、对外开放都会产生与释放大量风险，对内开放中的风险主要是原有经济金融体系中潜在风险的释放，开放进程中这种风险呈递减之势，新风险的产生也较慢。而对外开放中的风险主要是新产生的风险，随着开放扩大，这种风险可能呈上升之势，如果对外开放先于对内开放，则可能导致原有潜在风险释放与新风险的急剧叠加，风险总量大量增加。此外，开放中金融部门对风险的抵御能力可较快培育起来，实际上为对外开放打下了良好的基础。当然，不可能等到对内金融开放已全部到位后才开始推行对外开放，因为在对外封闭的条件下不可能使对内开放切实到位。某些环节与领域的对外开放可以先于其他环节与领域的对内开放。

3. 全面提升本国金融素质，完善金融安全设施

成功的开放战略为金融的安全发展和平稳运行提供了良好的必要条件，但它不是维护金融安全的充分条件，不足以防范金融风险和金融危机。开放必然导致经济金融结构变动和金融风险的释放，从而增加金融体系的脆弱性，再好的开放战略也无法完全消除这种不利影响。因此，切实维护金融安全还需要在开放进程

中稳步提升金融体系的素质，降低本国金融体系的脆弱性，完善金融安全设施，保持金融的健康发展。因为高素质的金融体系不但可以避免从内部引发金融系统崩溃与剧烈动荡，而且能自动吸纳和消化源于金融体系与金融市场之外的冲击并减轻国际冲击的严重性与破坏性。这主要体现在以下几个方面：

（1）保持制度相容性。由于制度变迁中摩擦和政策失误存在，难以保证制度的绝对相容。当大批有活力的市场主体形成后，市场主体的行为对开放和经济金融运行的影响越来越大，需求诱导型制度变迁将日益强烈。这种自发的制度变迁往往具有较强的盲目性，保持制度相容性的难度增大，尤其是国内市场主体大量引进和“移殖”的发达国家现代金融制度与国内其他制度难于相容。此时不但需要政府本身不犯错，而且需要控制诱导型制度创新的进程和过分的金融创新冲动，发挥类似于发达国家“调速器”的作用，保持制度相容性需要政府具有高超的技巧和高度的智慧。

（2）运用法律手段防范金融风险。综观世界各国，金融危机并不纯粹是一个金融问题，它往往是一国经济、社会、法律乃至政治问题的综合反映。因此对金融问题的整治，同样需要行政手段、经济手段和法律手段的综合运用。目前，各国政府越来越注重运用法律手段防范金融风险，保障金融安全。国际商业信贷银行事件后，美国立即颁布了《加强对外国银行监管法》。英国金融动荡后，为了保障金融体系的独立性和金融安全，于1997年对金融监管体制进行重大改革，通过立法授予英格兰银行货币政策决定权。墨西哥金融危机后，在国内融资方面，拉美一些国家不断完善和补充有关直接融资、债券和股票市场方面的法律制度，其目的是运用法律手段为本国经济的增长提供稳定和可靠的发展基金，改变过去主要依靠外资，特别是短期资本支撑经济的局面。亚洲金融危机后，有关国家纷纷加强金融立法以保障金融安全。1997年以来，日本政府先后向国会提交了《金融监督厅设置法》、《银行法》、《禁止垄断法》、《存款保险法》、《稳定金融机构紧急措施法》等有关金融法案。日本首先通过立法决定设立金融监督厅，由大藏省的金融审查部门和证券交易监管委员会合并而成，提高金融监管部门的独立性，加强对金融机构的监督和管理；要求从事国际业务的银行必须使自有资本达到总资产的8%；从事国内业务的银行使自有资本达到4%，达不到上述标准的银行将被勒令停业或受到行政上的严厉处罚。

各国金融实践证明：要保障金融安全，不深化金融改革，不从根本上解决金融安全的体制性障碍，再好的调控手段都不管用；没有法律规范，不依法进行强有力的金融监管，也不会有良好的金融秩序和金融安全。

（3）理顺政府与企业和银行的法律关系。亚洲国家在这方面的教训是深刻的。由于市场不完备、法制不完善，形成了政府对经济的过度干预。1962年韩国颁布了《银行法》，该法规定政府对银行的贷款对象、利率和市场交易行为都予以管制，并通过控制银行达到操纵企业。在实践中政府直接干预银行与企业的具体操作，经常要求银行向企业特别是大企业放贷，包括要求银行发放一些风险极高的贷款，严重地损害了银行的权益。企业也对政府产生了过度的依赖，使企业家们将企业发展的希望寄托在政府身上，并把精力放在对政府官员的“公关”上，使政府与企业关系扭曲，直至导致腐败。

政府对一些大型金融机构往往也是过度保护，尤以日本为典型，只要大型金融机构一遇风险，政府就突出地表现出护卫意愿和行为。大型金融机构凭着政府的保护，不但经营方式滞后，不能适应激烈竞争，而且违规操作和非法交易经常发生。日本一些大型金融机构最终破产也是必然的结果。

在我国，目前地方政府对地方金融机构所拥有的绝对控股权以及对金融业务的导向作用，与金融的效益性、安全性、流动性的经营原则存在着深刻的矛盾，我们要加快进行行政体制改革和银行管理体制改革，正确处理市场机制与政府干预的关系，理顺政府与企业和银行的法律关系。

(4) 实施防范与隔绝外来冲击的安全措施。防范与隔绝外来冲击总是维护安全的重要方面，发展中国家与地区对金融安全的维护尤其如此。外来冲击不仅仅有一般意义上的外来投机冲击，还包括在对外经济金融活动中所受的冲击，如国际市场行情变动或外债偿还压力，应特别注意防范这些危及金融安全的外来冲击，力图减少与隔绝它们的危害，这是维护各国金融安全的重要环节。为此各国需要建立金融危机的预警防范系统，还可以根据国情采取控制资本项目的交易、提高外资利用效率、建立“防火墙”、开展国际协作或实现本币国际化等政策。

可以建立两种不同的预警模式：第一种是进行多元回归分析，即同时考察影响危机的所有因素，剔除其中不显著的因素，最后用单一的数字表示若干时期后危机爆发的可能性，第二种即采用“信号”方法，要求密切监视一些经济变量的发展变化，如果某一个指标偏离其正常水平（平均值）并超过一定的“阀值”，则可认为在将来一段时间内会爆发金融危机。

克鲁格曼—弗拉德—加伯货币投机攻击模型及后来的其他模型的研究表明，如果实行固定汇率制度的国家在追求资本自由流动的同时实行自主的货币政策，则投机资本会选择适当的时刻冲击与宏观经济不协调的汇率，促使固定汇率解体。模型同时表明，决定投机攻击时刻的主要因素是国内信贷的增长率，即货币政策自主性的高低。货币政策自主性越大，攻击的时刻来得越早；货币政策自主性越差，攻击的时刻来得越晚。极端的情况是，一国放弃货币政策自主权，就可以无限期推迟攻击的时刻。货币局制度正是这样的一种制度，在这种意义上它被视为货币危机的“防火墙”。1997 年亚洲金融危机中只有港币没有贬值，而香港所实行的联系汇率制度是一种变形的货币局制度，这种制度具有“防火墙”的作用。

专栏

迪拜债务危机及对中国的启示

2009年11月25日，迪拜酋长国宣布将重组其业务横跨房地产和港口的最大的企业实体迪拜世界，将把迪拜世界的债务偿还期延迟6个月。就此堪称迪拜经济发动机和“日不落”企业的阿联酋主权投资实体的迪拜世界，在全球金融危机退潮之际，出现大规模债务违约。原定到2010年1月，世界第一高塔——迪拜塔（高达818米，楼层数量超过160层）才能建造完毕的世界最高摩天大楼，负债已高达800亿美元。

迪拜是阿联酋7个酋长国之一，与阿联酋首都所在的阿布扎比酋长国不同，地处沙漠的奢华之都迪拜，早年因石油资源濒临枯竭而探索新的经济增长模式，其选择的高端地产开发路线，5年来推进了3000亿美元规模的建设项目，吸引了石油国资金和全世界热钱的追捧。借助房地产业、金融服务业和旅游业，迪拜迅速崛起，已经成为海湾地区和中东地区最活跃的商业中心。“迪拜世界”是迪拜最大国有集团，而迪拜世界的债权人主要分布在海湾地区，但也有不少欧美金融机构涉足。作为主权投资公司，迪拜世界还是一些境外上市公司的主要股东。

和美国次贷危机一样，此次迪拜债务危机爆发与房地产业颓势息息相关。目前，危机处在“进行时”中。尝试厘清其风险累积的过程，分析其可能的发展路径，或有助于各方更好地吸取教训、规避风险。

迪拜债务危机源于其长期倚重外来投资和房地产业的发展模式。多年来，迪拜房地产业积累了大量泡沫，随着条件变化，当地房价缩水明显，不少在建大型项目被迫停工，资金链断裂，出现偿付困难。

在金融危机期间，迪拜的相关债务没有到期。另外，作为新兴市场中的一个亮点，迪拜一度成为国际资本追逐的热土。这些因素都暂时掩盖了迪拜的债务问题。如果把全球金融危机比作大地震的话，迪拜债务危机相当于一场余震。美国资本经济咨询公司在其最新报告中指出，迪拜的问题不是新一轮金融危机的开始，而是全球资产泡沫破灭的“迟到后果”。

美国布朗兄弟哈里曼银行的数据显示，不包括迪拜债务，2009年6月底全球各银行对阿拉伯联合酋长国的债权总计约1230亿美元，欧洲的银行占72%，其中英国占41%，美国和日本的银行分别占9%和7%。分析人士担心，迪拜的债务违约会在海湾地区甚至新兴市场产生“多米诺骨牌”效应，届时欧洲银行可能首先受到冲击，并产生连锁反应。

此外，迪拜债务违约还可能对一些与之存在密切劳务合作关系的国家产生影响。迪拜是印度的重要劳务输出地，一些印度地方官员就建议政府为可能到来的海外汇款萎缩和劳工回国潮做好准备。

从2009年11月披露的信息看，全球各银行在迪拜债务上的风险头寸约在120亿美元。美国《华尔街日报》网站文章分析，迪拜债务违约发生后，针对美国金融机构信用的保险费有所上涨，但由于美国各银行的风险敞口较小，美国金融业尚未受到重大影响。

还有观察人士谈到，作为迪拜主要债权方的西方发达国家，在处理债务危机上有比较成熟的经验，加之迪拜世界集团难以撇清的官方背景，企业债务也许最终会转化为政府债务处理。

迪拜一度被称为中东石油经济转型的成功范例，此次债务风波引发新兴市场经济对其发展模式的重新考量。对于正处在经济转型中的中国来说，来自这场危机的启示尤其值得关注。虽然从目前情况看，迪拜债务危机的规模以及影响力有限，对全球经济复苏而言，迪拜危机充其量只不过是复苏进程中的一场“余震”，对全球金融市场的影响也将是短暂的。但这一债务危机给我们的教训和启示却是深刻的。

一种观点认为：迪拜危机暴露出其增长模式中的资产泡沫风险，“而排查和挤压境内存在的资产泡沫，则是中国应从迪拜债务危机中吸取的教训。”（方明，2009）

但是另一种观点认为，引发迪拜债务风波的房地产问题与我国的情况不同，“我国房地产面临的问题是价格上涨过快，房地产成为投资产品，超出了百姓的支付能力，但商业地产并没有透支。”（李稻葵，2009）他强调，迪拜发展模式对于我国资源性城市和地区仍有重要借鉴作用，从目前的情况看，尚不能因迪拜此次出现短期融资问题而完全否定其发展模式。

总之，迪拜危机启示在于：经济建设要量力而行，不应该靠大规模举债搞开发建设；经济发展不能过度依赖房地产业的拉动；还要充分重视货币金融政策对通货膨胀、资产价格、国际资本流动的影响。

资料来源：根据新华通讯社新华网相关资料改编。

复习思考题

1. 国际直接投资的形式有哪些？水平型国际直接和垂直型国际直接有何不同？
2. 什么是国际灵活投资？其主要形式有哪些？
3. 简述国际投资发展的3个阶段。
4. 分析国际资本流动对一国金融体系的影响。
5. 在经济全球化的形势下，我国应如何正确选择引进外资政策？
6. 为什么发展中国家要实施金融安全战略？
7. 探讨我国在“入世”以后应如何应对可能出现的金融风险。

第二十一章

国际金融协调与合作

经济全球化过程是一个自由市场经济理念的扩展过程，而所谓完全的市场经济在理论与实践上都存在缺陷……现存世界经济体系中的弊病已在经济全球化的过程中进一步暴露：我们缺乏一个能真正为全球公共利益服务的国际机制。

——约瑟夫·施蒂格利茨《全球化及其不足》

【本章导读】

五六百年前，由于受到生产技术和交通工具的限制，人类的商品贸易和金融活动通常还无法突破国界。但这一状况在此后不到一百年的时间内迅速得以改观。到了18世纪，工业革命缩短了人们之间原有的时空距离。于是，跨国界的贸易交往、债权债务清算以及资本转移等活动从一开始就包含着有关国际金融纷争与协调的跌宕起伏。

进入20世纪以后，随着人类社会分工网络的扩展和科学技术的突飞猛进，国际金融协作进程不断呈现出加速趋势。特别是在人类社会经历了先后两次世界大战以及1929~1933年“大萧条”的沉重打击之后，为了重建国际货币金融秩序，不同主权国家之间展开了金融史上前所未有的大规模协调与协作。

而在21世纪的今天，各国（和地区）之间的国际金融合作和协调已是金融全球化的重要内容，更是保障金融全球化顺利展开的重要前提。

本章首先介绍国际金融协作的发展史，分析现行国际金融体系的特点及存在缺陷；然后对目前国际货币基金组织的作用进行反思；最后阐述国际金融协作的发展新趋势。

第一节　国际金融协作的发展与沿革

国际金融协作在全球范围内形成主要是以国际货币制度（体系）的建立为

重要标志的。国际货币体系是指各国政府为适应国际贸易与国际结算的需要，对货币在国际间发挥世界货币职能所确定的原则、采取的措施和建立的组织机构等的总称。从国际货币制度产生的历史顺序来看，先后有国际金本位制、布雷顿森林体系和牙买加货币体系等。

一、国际金本位制

国际金本位制是世界上最早出现的国际货币制度。在金本位制度下，黄金具有货币的全部职能。英国作为最早的发达资本主义国家，于1816年便实行了金本位制。到19世纪70年代以后，欧美的一些主要资本主义国家也都先后在国内实行了金本位制，至此，国际金本位制度大致形成。

国际金本位制有三大特点：自由铸造、自由兑换和自由输出入。由于金币可以自由铸造，金币的面值与其所含黄金的价值就可始终保持一致，金币的数量就能自发地满足流通中的需要；由于金币可以自由兑换，各种价值符号（金属辅币和银行券）就能稳定地代表一定数量的黄金进行流通，从而保持币值的稳定；由于黄金可以自由输出入，就能保持本币汇率的稳定。因此，国际金本位制度是一种比较稳定的国际货币制度。

国际金本位制度在促进生产发展、保持汇率稳定、自动调节国际收支、促进国际资本流动、协调各国经济政策等方面对于世界经济的发展起了一定的积极作用。

但是，国际金本位制并非十全十美。货币供应受到黄金产量的限制，不能适应世界经济增长的需要；当一国出现国际收支赤字时，往往可能由于黄金输出引起货币紧缩，进而导致经济衰退和劳工的大量失业。这些都是它存在的严重缺陷。

二、布雷顿森林体系

第二次世界大战使主要西方国家之间的力量对比发生了巨大变化。英国在战争期间受到巨大的创伤，经济遭到严重破坏，但仍想竭力保持其战前的国际地位。而战争结束时，美国成为资本主义世界最大的债权国和经济实力最强的国家。战后英、美两国政府都从本国利益出发，设计新的国际货币制度。从1943年9月到1944年4月，两国政府代表团在有关国际货币计划的双边谈判中展开了激烈的争论，最后双方达成协议，并于1944年7月在美国布雷顿森林召开的同盟国家国际货币金融会议上通过《国际货币基金协定》和《国际复兴开发银行协定》，从此建立起布雷顿森林体系。

（一）布雷顿森林体系的主要内容

布雷顿森林体系的主要内容有以下几点：

（1）以美元作为最主要的国际储备货币，实行黄金——美元本位制。美元直接与黄金挂钩，规定每盎司黄金等于35美元，各国政府或中央银行随时可用美元向美国政府按官价兑换黄金；其他国家的货币与美元直接挂钩，规定与美元的比价，从而间接与黄金挂钩。

（2）实行固定汇率制度。协定决定采用一种可调整的钉住汇率制度。各国货币对美元的汇率，一般只能在平价上下各1%的幅度内波动，各国政府有义务在外汇市场进行干预活动；但一国在国际收支发生“根本不平衡”时，经国际货币基金组织批准，可以进行汇率调整。

（3）取消外汇管制。协定规定，各成员国不得限制经常项目的支付，不得采取歧视性的货币措施，要在兑换性的基础上实行多边支付。

（二）布雷顿森林体系的作用与缺陷

布雷顿森林体系的运行，对战后世界经济发展起了一定作用：

（1）缓解了国际清偿能力的短缺。该体系以黄金为基础，但美元作为最主要的国际储备货币，等同于黄金。在战后黄金产量增长停滞的情形下，美元的供应可以弥补黄金的不足，这就在一定程度上解决了国际清偿能力的短缺问题。

（2）可调整的钉住汇率制度有利于国际贸易和国际投资的发展。享誉全美的投资顾问彼得·伯恩斯坦曾抒情地将布雷顿森林体系概括为“美元与黄金的关系就像天空一颗不动的星，其他所有的星星都不由自主地被它吸引”。在该体系实行的20多年间，可调整的钉住汇率制度使汇率相对固定，这就为国际贸易和国际投资提供了极大的便利，促使战后国际贸易和国际投资的增长不但大大超过战前，而且也超过同期世界工业生产增长的速度。

（3）IMF融资和推进国际货币协作职能的发挥有利于国际金融的稳定和各国国际收支的平衡。国际货币基金组织作为国际金融机构，提供了国际磋商与货币协作的平台，因而在建立多边支付体系、稳定国际金融局势方面起了积极作用。国际货币基金组织提供的各种类型的短期与中期贷款，使有临时性逆差的成员国国际收支的困难得到缓和。

但是，布雷顿森林体系也有一些重大缺陷：

（1）以一国货币（美元）作为主要储备资产，具有内在的不稳定性。这就是美国耶鲁大学教授特里芬（Triffin）指出的：由于黄金生产的停滞，国际储备的增长要能满足世界经济的国际贸易的增长之需，依赖于美国国际收支的持续逆差，如果美国国际收支平衡则会造成国际清偿能力不足；而如果美国国际收支长期保持逆差，必然使各国愈益对美元缺乏信心、抛售美元、抢购黄金，造成美元危机。这便陷入一个缺乏清偿力与信心的两难困境。

（2）各国为了维持国际收支平衡和稳定汇率，不得不丧失国内经济目标。赤字国的货币趋于贬值，为了维持与美元的固定比例，中央银行必须在外汇市场抛出美元购进本国货币，这无异于公开市场业务，缩减了国内货币供给，往往导致衰退和失业；盈余国的货币趋于升值，为了维持与美元的平价汇率，必须在外汇市场抛售本币大量收购美元，这实际上是采取了扩张性货币政策，往往导致通货膨胀。

(3) 汇率不能适时调整，缺乏有效的国际收支调节机制。该体系坚持固定的官方平价，而允许在“根本不平衡”时调整汇率，但对什么是“根本不平衡”没有明确的定义，这便使暂时不平衡与根本不平衡很难区分。结果，许多国家往往拖延对汇率的调整。汇率调整的僵化，也导致该体系缺乏有效的国际收支调节机制。随着时间的推移，布雷顿森林体系的种种缺陷日愈暴露无遗，最终导致布雷顿森林体系的崩溃。

三、牙买加货币体系

布雷顿森林体系崩溃之后，国际金融形势更加动荡不安，各国都在探寻货币制度改革的新方案，国际货币基金组织更是积极采取改革行动。

1974 年 7 月，国际货币基金组织成立了一个“国际货币制度临时委员会”，1976 年 1 月，该委员会在牙买加首都金斯敦召开会议，并达成《牙买加协定》，该“协定”对《国际货币基金协定》作了一些修订。同年 4 月，国际货币基金组织理事会议又通过了《国际货币基金协定》的《第二次修正案》，并于 1978 年 4 月起生效。

(一) 牙买加协定的主要内容

(1) 浮动汇率合法化。协定决定：成员国可以自由选择任何汇率制度，但成员国应与国际货币基金组织协作，其汇率政策应受国际货币基金组织的监督。于是有管理的浮动汇率制度获得了法律上的认可。

(2) 黄金非货币化。废除黄金条款，取消黄金官价，使黄金与货币完全脱离联系。取消成员国相互之间以及成员国与国际货币基金组织之间必须用黄金清算债权债务的义务。

(3) 以特别提款权（Special Drawing Rights，SDRs）为主要储备资产。以 SDRs 逐步取代黄金和美元，作为国际货币制度主要的储备资本。协定规定：各成员国之间可以自由进行 SDRs 交易，而不必征得国际货币基金组织的同意。

(4) 修订成员国的基金份额。各成员国对国际货币基金组织缴纳的基本份额，由原来的 292 亿 SDRs 增加到 390 亿 SDRs，增幅为 33.6%。各成员国应缴份额所占的比重也有所改变，主要是：石油输出国的比重提高一倍；其他发展中国家维持不变；主要西方国家除原联邦德国和日本略增以外，都有所降低。

(5) 扩大对发展中国家的资金融通。国际货币基金组织以出售黄金所得收益设立“信托基金”，以优惠条件向最贫穷的发展中国家提供贷款或援助，以解决他们的国际收支困难。同时，国际货币基金组织扩大信用贷款部分的总额，由占成员国份额的 100% 增加到 145%，并放宽“出口波动补偿贷款”的额度。

(二) 牙买加货币体系的特点和缺陷

牙买加货币体系是以美元为中心的多元化国际储备和浮动汇率的体系，其特点是：

（1）以美元为中心的多元化国际储备体系。在该体系中，美元仍是最主要的国际储备货币。

（2）以浮动汇率为主的混合汇率制度。根据1978年国际货币基金组织协议修正案，国际货币基金组织成员国可以自行安排其汇率。目前，发达工业化国家多数采取单独浮动或联合浮动，但也有的采取钉住货币篮子或实行某种管理浮动汇率制度。发展中国家则多数采取钉住汇率制度，也有的采取钉住自选货币篮子。

（3）国际收支不平衡的综合调节。在牙买加货币体系中，主要通过汇率机制、利率机制、IMF的干预和贷款、国际金融市场的媒介作用和有关国家外汇储备的变动等综合调节各国国际收支的不平衡。

牙买加货币体系不可能解决国际货币信用危机的基本矛盾，它存在着缺陷和弊端，这些缺陷正日益明显地暴露出来：

（1）缺乏统一的货币标准。国际储备多元化必然带来一个问题，就是缺乏统一稳定的货币标准，这往往造成外汇市场的动荡混乱，加剧资本主义世界货币信用关系领域的矛盾冲突和危机，从而对世界经济的健康发展构成障碍。

（2）汇率变动频繁。从1973年以来的实际情况看，主要储备货币之间的汇率不但在短期内经常波动，而且长期看也是大起大落、变动不定。如美元的汇率在20世纪70年代是一路下浮，1980～1985年第一季度又是持续上浮，而此后至1987年底的3年内又显著下浮，汇率急剧起落，变动频繁。这就严重阻碍了世界经济的发展。

（3）国际收支调节机制不健全。如前述，在牙买加货币体系中，存在各种相互补充、配合的国际收支调节机制或方式，然而这些调节手段并未构成统一而健全、具有内在协调的调节机制，故而它们所起的调节作用有限，对国际收支严重失衡调节的效果微弱。

（4）国际资本大规模流动。在浮动汇率制下，国际资本的流动往往是投机性的，它可使汇率趋向稳定，也可使汇率更加不稳定。如果发生资金逃避的现象，就会对汇率和国际收支发生严重后果。但牙买加货币体系对此缺乏有效措施。这样，尽管各国金融当局对国际资本流动或多或少采取了一些限制措施，但每每势单力薄，有时各国措施之间还互相抵触。

第二节　现行国际货币体系的特点和缺陷

一、现行国际货币体系的特点

现行国际货币体系是布雷顿森林体系在20世纪70年代初崩溃后不断衍化的

产物，在仍然沿袭了布雷顿森林体系基本原则和理念的基础上，形成了管理纸币本位基础上的以美元为中心的多元化国际储备、以浮动汇率为主的汇率体系和继续维持以现金为基础的多边自由支付原则。这个制度正如蒙代尔所言，是“无体系”（Non-system）：不存在“超国家”的制度因素，各国可以随意选择外汇储备资产和汇率制度，既无权利也无义务。在具体运行中表现为下列特点：

1. 美元仍占主导地位

尽管布雷顿森林体系解体后，各国试图实现储备货币的多元化，如原德国马克、日元的国际地位大大提高，但美元主导国际储备的基本格局并未发生明显变化。作为计价单位，美元是衡量各国经济实力、比较各项主要经济指标的共同尺度。在国际金融市场交易中，美元仍是极为重要的交易媒介，根据国际结算银行（Bank for International Settlements，BIS）对主要工业发达国家的统计，在1997年底1.04万亿美元的国际银行贷款总额中，44%以美元计价；而在1998年3月底8.34万亿美元的贷款存量中，以美元计价部分达3.74万亿美元，接近45%；到1998年6月，国际证券市场上发行额（国际债券、货币市场工具和票据）为3.85万亿美元，约为46%。

在国际储备构成中，尽管牙买加货币体系初期美元在官方储备中的比例有所下降，并在1990年达到历史性低点，但进入20世纪90年代后，这种下降趋势发生逆转，美元仍然是各国官方外汇储备的重要组成部分。

2. 以美元为核心的双层次混合型汇率制度安排

牙买加货币体系确立后，各国汇率制度安排出现了明显变化，目前基本上分为两个层次：其一是为美元、原德国马克（现为欧元）、日元三者间完全自由浮动；其二是其他工业化国家及发展中国家货币分别与前三者之一或篮子货币（即组合货币）保持相对稳定的汇率水平。

因此，如果仅从名义汇率安排上看，各国货币汇率普遍开始摆脱对美元的依赖，汇率调整的灵活性提高。但是，以浮动汇率为特征的牙买加货币体系，仅仅解决了部分发达国家对美元的过度依赖问题，对多数发展中国家来说，其经济政策的制定与执行效果很大程度上仍然受制于美元变动。因为实行管理浮动的国家，接近半数在具体操作中变成了变相地钉住美元，而针对单一货币有限浮动的国家，事实上也在根据美元汇价变动调整其汇率水平。所以，对更多的发展中国家来说，牙买加货币体系不完全是浮动汇率体系，仍然严重依赖于美元，汇率制度的不均衡性仍然严重。

二、现行国际货币体系的缺陷

1. 现行国际货币体系遵循的基本原则与金融自由化的现实显得越来越不对称

20世纪80年代以来，金融开放成为了许多国家追求的潮流。拉丁美洲、亚洲越来越多的发展中国家在20世纪90年代还实现了资本项目的自由兑换与利率完全自由化。这个过程中出现了无序和恶意投机，金融经济的虚拟化程度大大超过了真实经济，发达国家感到失控，发展中国家经济安全受到冲击，于是国际金融投机猖獗，货币危机和银行信用危机频繁爆发等。

但是，一直到亚洲金融危机爆发，现行国际货币体系仍然将主要目标放在已经成为不可逆转趋势的货币自由兑换和资本项目自由化上，于是出现了一种具有悖论意义的现象：一些原来已实现了资本项目自由化的发展中国家，如马来西亚、智利，在遭受严重的金融危机冲击后，又重新实施了资本项目的管制措施，一些发达国家也对短期资本流动采取了限制措施。这种矛盾正好反映了现行货币体系已不能适应金融全球化的新形势。

2. 现行货币体系下的汇率制度安排与金融全球化的矛盾日益凸现

金融全球化使资金在全球的流动规模不断扩大，仅以外汇市场为例，到1997年，日交易额已达到1.5万亿美元，外汇交易额对贸易量及FDI交易额的比例也由1977年的28.5%下降到1995年的1.6%。显然，外汇交易已基本上脱离与贸易和直接投资相关的活动，各种短期资金的移动和衍生交易已成为外汇交易的主体。因此，汇率的波动经常与国内基本经济状况脱节，与贸易和经常项目变化相关性很小，汇率也就失去了对一国贸易收支或经常项目收支产生调节作用的基础。

但是，现行国际货币体系未能适应这种变化，占主导地位的发达国家尤其是美国，试图延长美元在国际货币领域内的霸主地位，就一味地维持现状，任凭汇率受各种投机和市场力量的冲击。

3. 现行国际货币体系缺少最终贷款者的功能

在现代信用经济下，中央银行是一国国内的最终贷款者。当金融全球化趋势不断发展，金融市场日益联为一体时，国际金融活动规模空前扩张，信用关系也超越国家，防范金融危机理应被提上议事日程，国际最终贷款人也显得越来越重要。但现行国际货币体系并未作好这样的准备，缺乏相应的制度安排。如前所述，现行体制所遵循的原则和目标继承了布雷顿森林体系，在这个体系中，国际货币基金组织不但在防范金融危机上无能为力，而且在危机发生之后提供资金援助、缓解危机时也显得力不从心，难以充当最终贷款人的职责。

4. 发展中国家面临较高的金融风险

20世纪80年代以来的几次金融危机表明，发展中国家在现行国际货币体系中处于较脆弱的地位。从国际储备货币的形成和安排上看，储备货币开始多元化，表面上似乎克服了“特里芬难题”，实际并未从根本上解决矛盾。储备货币国所具有的“货币特权”使发展中国家的经济发展相当程度上受制于储备货币国：无论是美国还是其他储备货币国，均是按其国内经济发展需要制定货币政策、贸易政策等，这就与世界经济和国际金融的要求不可避免地存在矛盾，容易引发外汇市场不稳定和金融市场动荡；而且，实行与某种储备货币挂钩的国家不仅要受该储备货币国政策的影响，还要受多个国家之间政策的交叉影响，这使得储备货币之间汇率、利率的升降对发展中国家的市场以及宏观政策的制定的影响力大大增强。

第三节 国际货币基金组织

一、国际货币基金组织概述

国际货币基金组织（IMF）是在1944年7月1日至22日，44个国家的代表在美国新罕布什尔州的布雷顿森林召开同盟国家货币金融会议，并于1945年12月由29个国家政府批准通过的“布雷顿森林协议”中建立的联合国专门负责国际货币事务的机构。总部位于美国华盛顿。

IMF的最高决策机构是理事会，一般是由会员国的财政部长或中央银行行长担任理事，理事会每年秋季举行一次会议，商议决定IMF和国际货币体系的重大问题。理事会下设执行董事会，主要是负责处理IMF的日常行政事务，共由24名成员组成。

IMF的每一个会员国都要按其国民收入及其在世界贸易当中所占的比重缴纳一定的份额，份额一旦缴纳，就成为了IMF的财产。自成立至今，IMF的份额不断增加。

二、国际货币基金组织的作用

根据《国际货币基金协定》，IMF的宗旨有以下6个方面：

（1）建立一个永久性的国际机构，促进国际货币协作。

（2）促进国际贸易的扩大与平衡发展，以此维持高水平就业与实际收入，扩大生产能力。

（3）促进汇率稳定，维持成员国之间的正常汇兑关系，避免竞争性的货币贬值。

（4）协助成员国之间建立国际收支中经常性交易的多边支付制度，并消除妨碍国际贸易发展的外汇管制。

（5）在临时性的基础上和具有充分保障的条件下，为成员国融通资金，使之在无需采取有损于本国和国际经济繁荣措施的情况下纠正国际收支的不平衡。

（6）争取缩短和减轻国际收支不平衡的持续时间和程度。

根据IMF的宗旨，它在国际金融领域的作用主要集中在3个方面：一是确立成员国在汇率政策、与经常项目有关的支付以及货币兑换性方面需要遵守的行为准则，并实施监督；二是向成员国提供多种形式的贷款，尤其是向那些国际收支发生困难的成员国提供必要的临时性资金融通；三是为成员国提供一个进行国际货币问题协商与协作的场所。

三、对国际货币基金组织的反思

国际货币基金组织（IMF）与国际复兴开发银行（世界银行集团）以及关税与贸易总协定（其后的世界贸易组织）一起，被人们比喻为“二战”后世界经济体系运行与发展的三根“支柱”。

IMF对于推进国际汇兑自由化、加强国际金融协作、建立多边支付体系、稳定国际汇率以及促进国际收支调节和世界经济的发展等诸多方面起到了积极的作用，特别是对会员国提供的各类不同期限的贷款，为那些国际收支逆差的国家留下了较大的政策回旋空间。

在20世纪70年代，石油危机导致许多进口石油的工业发达国家和非产油发展中国家的国际收支状况严重恶化，IMF有针对性地发放了多种贷款，在一定程度上缓解了这些国家所面临的国际支付危机。还有如20世纪80年代初爆发的拉美债务危机以及发生在1994年底至1995年初的墨西哥金融危机，IMF都与国际清算银行、美联储等机构一起，扮演着“最后贷款人”的角色，这为帮助危机国渡过难关、恢复经济作出了重要贡献。

当然，在充分肯定IMF相关历史功绩的同时，近几年来有关IMF的各种批评和指责也日渐增多：

（1）IMF提供贷款时，通常都附加有比较严格的条件，如必须同步实施紧缩性的宏观经济政策，并进行经济结构调整，这种做法遭到了许多危机受害国的强烈反对。例如，在1997年亚洲金融危机期间，IMF由于救援迟缓，且贷款条件苛刻，备受指责，这一情况在其后对韩国、俄罗斯、土耳其、阿根廷等国金融动荡的救援当中也曾出现。2001年度诺贝尔经济学奖获得者斯蒂格利茨教授指出，IMF正在背离创始之初被赋予的角色任务和目标，且已经越走越远。

（2）在当今国际政治格局和经济金融全球化的大背景下，IMF是否有着存在的必要性。如果认为IMF有必要存在，就必须对现有的存在形式进行“大手笔”的改革。例如，美国经济学家特里芬曾主张对IMF实施彻底改革，将其变成世界中央银行。而在亚洲金融危机爆发之后，被称作是“投机大鳄”的金融家索罗斯也提出了与之相类似的构想。另一种比较有影响力的观点是：强调IMF应当在为危机国家提供资金融通的同时，更多地发挥在金融危机预警和信息收集传播方面的“气象台”作用。

（3）IMF目前所奉行的经济金融全球化、自由化的理念和政策，以及IMF在发挥危机救援作用时所表现出的态度，其实更多地是代表着少数发达国家的利益。在今天看来，持有这一观点的人士已不再仅仅是来自于广大发展中国家。斯蒂格利茨教授就曾毫不隐讳地认为，“IMF这一组织内部等级极为森严，其‘华盛顿色彩’极为浓厚。IMF 的运营者是西方七国集团，特别是一国集团——美国，如果说 IMF 并没有明确地服务于华尔街的利益，那它至少也是在特别殷勤地伺候着华尔街的利益和观点。”

第四节　国际金融协作的发展新趋势

一、国际金融合作与协调的必要性

国际金融协作是指在不同主权国家之间针对那些超出国界的金融活动所进行的各类松紧程度不一的相互协调与协作的行为。中央银行联合干预外汇市场、多国政府针对危机突发事件所采取的联合救助、金融政策协调与协作、共同组建区域性或国际性的金融机构、实现区域货币一体化等，都可以视作是国际金融协作的不同形式。

各国中央银行之间协作的必要性至少可以从以下两个方面看：

(1) 前文曾经提到，一个国家的中央银行主要是承担着 3 个方面的职能：一是垄断本国货币的发行权；二是集中商业银行的存款准备金，充当商业银行等金融机构的“最后贷款人”以及组织、参与和管理一国的清算体系；三是代理国库，制定和实施金融政策，对金融业实行监管以及参与国际金融事务。但是，随着世界各国政治经济的发展，尤其是在当今国际金融活动风起云涌的全球化时代，中央银行制度也相应被赋予了更加丰富的内容。例如，为了应对战争、自然灾害、国际游资攻击或者恐怖主义等突发性事件的外部冲击，为了纠正由于高汇率或低汇率所引起的国际收支失衡以及本国货币汇率在短时间内出现的急剧大幅波动，一国中央银行直接或间接介入外汇市场实施干预，以维持金融市场和汇率水平的稳定。

中央银行要想能够达到其预想的干预目标，最重要的前提条件是必须具备充足的、可及时调动的外汇储备。但是，由于与规模庞大的国际游资相比，一国中央银行往往显得十分“势单力薄”。因此，不同主权国家的中央银行往往相互间或者公开或者默契地进行着不同程度的协调，联合起来共同“出手”干预外汇市场。原因显而易见，联合干预不仅在实战中可以大大增加储备量，提高对外汇投机者们的威慑力，更重要的是，当国际金融市场出现急剧波动时，央行进场联合干预通常会影响到市场投资者的心理预期，一般而言，这种预期所决定的市场交易行为大大提高了国际投机资本的攻击成本，并有可能致使其整个投机攻击计划彻底破产。

(2) 亚当·斯密曾在《道德情操论》一书中写道，“在人类社会的大棋盘上，每个个体都有其自身的行事规律，这和立法者们试图施加的规则不可等而视之。如果人们能够相互一致，按同一方向作用，人类社会的活动就如行云流水，结局圆满。但如果两者相互排斥，则结果将苦不堪言，社会在任何时候都会陷入高度的混乱之中。”虽然亚当·斯密强调的是两种极端情况，但却充分揭示出了人类社会所蕴涵的基本理念。

从这种理论出发，就会发现个体与个体之间、国家与国家之间的冲突与协作问题同样也是一个贯穿始终的核心问题。就具体的形式来看，国际金融协作可以是个人与个人、企业与企业以及国家与国家之间，针对那些超出国界的金融活动所进行的各类松紧程度不一的协调与协作。小到一国单个企业的对外投资或借贷，大到不同国家之间所进行的政策协调，都可以视作是国际金融协作的不同形式。但在大多数的情况下，人们心目中的国际金融协作主要还是指那些发生在不同主权国家层面上的相互协作行为，如中央银行联合干预外汇市场、多国政府针对危机突发事件所采取的联合救助、金融政策协调与合作、共同组建区域性或国际性的金融机构、实现区域货币一体化等。

不同国家之间在国际金融领域之所以选择相互协作而不是互不相让，是有其深刻的政治、经济原因的，因为许多国家曾经亲身体会或目睹过历史上由于一国“孤军奋战”以及国家间互不相让所带来的悲剧。1929～1933年“大萧条”时期世界各主要国家之间大打“关税战”、“货币战”，不但直接使各国国民经济每况愈下，而且直接导致了全球贸易和投资量的急剧萎缩，进而致使经济萧条进一步趋于严重。

在人类经济金融发展的历史长河中，客观上的确存在着推动不同经济体由最初始的分散游离状态，到相互间开始交往接触，并有可能最终走向相互融合的内在力量。对于当今世界的任何一个国家或经济体而言，只要他们存在着国富民强的期望和追求，就必须以理性和建设性的姿态去面对国际金融的协作问题。即使一定时段内相互间的意见分歧和利益争端非常之大，但人们最终还是回到谈判桌前积极展开对话，甚至携手合作。

二、国际金融合作和协调的新认识

20世纪90年代期间，各国（和地区）在进行国际金融合作和协调中，就影响国际金融运行秩序的因素、防范国际金融风险的措施等方面形成了一系列新的共识，主要包括：

（1）主要国际货币之间汇率不稳定是导致国际金融动荡和发展中国家金融危机的一个重要外部因素。美元、欧元和日元等主要国际货币之间汇率不稳定的因素既有相关国家经济周期不同步、经济结构有差别，也有这些国家之间宏观经济政策不协调、国际经济和金融政策合作不到位。

（2）加强国际合作和协调是防范和处理国际金融危机的重要机制。由于金融危机通常具有较强的国际传递性（国际扩散效应），因此，不能仅仅依靠单个国家的努力来防范。同时，随着各国金融的对外开放和各国金融市场相互联结程度的提高，防范金融风险也需要更多的国际金融合作行动和金融协调行动。

(3) 双边的尤其是区域性的国际金融合作和协调，是全球性金融合作和协调的重要补充。全球金融合作的协调成本较高，所需时间较长，一般主要针对重大全球性问题和基本原则问题。区域金融合作和协调通常能更好地从地区经济和金融特点出发，收效较快，操作相对容易。

三、国际金融合作和协调的新趋势

在上述共识的基础上，近年各国（和地区）采取了一系列国际金融合作和协调的举措。

(1) 在亚洲建立和发展区域性国际金融协调机制。首先从初级层次的区域性共同货币基金出发，为有关成员国在紧急时候提供必要的资金援助和技术咨询，并利用这个机制加强区域内金融信息交流。

(2) 改革国际金融机构的组织结构和运作方式，提升发展中国家的整体地位。改革的主要目标是增强国际金融机构应对和处理国际金融危机的有效能力，包括资本运行能力和快速行动能力，减少国际金融机构的行动计划与有关当局之间的冲突和矛盾，并使国际金融机构在防止危机扩散和预防危机上作出更大贡献。

(3) 确立和贯彻统一监管规则和金融机构行为准则，深化各国在金融监管领域中的合作和协调。20 世纪 90 年代以来，许多国家通过国际货币基金组织和国际清算银行等国际金融机构就统一监管规则和金融行为准则达成了共识。例如，提高金融监管政策的透明度和连贯性，加强对短期国际资本流动的监管，商业银行遵守统一的资本充足度要求，金融机构强化自律性风险控制。未来时期在这方面的国际合作和协调将进一步突出发展。

(4) 推动主要国际货币国和地区之间在汇率事务方面的协调。主要国际货币之间的汇率波动在未来时期将继续成为影响甚至威胁国际金融市场平稳运行的一个重要因素，有关国家和地区应当加强汇率事务方面的协调，对主要国际货币汇率的严重波动及其后果承担相应责任。

专栏

浮动汇率下货币金融合作的成功案例

第一阶段，1974～1979 年这一时期，各主要工业国面临在布雷顿森林体系下形成的高通货膨胀率和由两次石油价格大幅度上涨带来的经济衰退，各国政策制定者以凯恩斯主义经济理论作为其指导方针，进行需求管理，以维持实际经济变量和通货膨胀率的稳定。每年举行经济首脑会议进行政策商讨和决策的制度始于这一时期。这种制度使得更为灵活的、相机而行的政策合作形式取代了布雷顿森林体系下规则约束型的政策合作形式。1978 年的波恩首脑会议就是一个典型的例子。

1973 年第一次石油危机后，各国政府纷纷减税以维持总需求水平。但由于工资粘性，通货膨胀率和失业率都居高不下，并且出现大量的经常账户不平衡。经过几年的争论，终于在 1978 年波恩首脑会议上达成协定，即日本和原联邦德国采取扩张性财政政策，美国采取削减石油进口的计划以抑制石油价格上涨。此外，美国同意采取反通货膨胀措施，包括缩小 1979 年的减税幅度。协定未涉及货币政策。波恩首脑会议协定的意义在于，它对各国政策制定者（尤其是美国和原联邦德国）提出了具体的要求，因而其结果是可信的和可行的。但现实的经济运行却并未实现其预期目标。原联邦德国和日本的经济扩张程度很低，前者的财政扩张仅能够抵消其原有的较紧的财政政策，但同时又伴随着国内的货币紧缩政策。在第二次石油危机冲击的影响下，财政措施几乎未使高通货膨胀率和经常账户失衡的状况有所改善。可以说，波恩首脑会议协定最主要的、在长期中对世界经济有益的影响是美国政府放开了对石油价格的管制。

第二阶段，1980～1985 年这一时期，持续的高通货膨胀率成为各国经济的头号敌人，各国政策制定者的首要目标是抑制通货膨胀。以货币主义经济理论为指导，各主要工业国政府普遍认为，传统的政策工具不可能对实际经济变量产生持久的影响，政府所能做的只是改善本国的经济秩序，即降低国内通货膨胀率。基于此，这些国家都采取了严格的紧缩性货币政策，结果则是国内利率急剧上升和国内经济严重衰退。工业国的经济衰退又进一步导致了世界其他国家经济的衰退。可以认为，在这一时期，国与国之间基本上不存在财政、货币政策的合作行为。正是这种各国自行其事的紧缩性政策的累积效应使得世界经济陷入严重的衰退之中。

第三阶段，1985 年之后，主要工业国发生了巨大的外部不平衡，表现为美国的巨额贸易赤字和原联邦德国、日本的巨额贸易盈余。美国和其他国家之间的利率差异已经缩小，但在当时的外汇市场上，美元仍在不断攀升。因此，美元币值的上升实际上是一种投机泡沫。鉴于美元汇率的不可维持性，各国政策制定者一致认为，应进行政策合作以逐步降低美元币值，避免美元汇率的“硬着陆”和由此带来的金融危机和经济衰退。政策合作主要采取 1974～1979 年那种通过经济首脑会议相机协商、相机决策的形式。

1985 年 9 月，5 国（美国、英国、法国、原联邦德国和日本）财政部长达成协议，采取联合干项措施，促使各国通货有规律地对美元升值；到 1986 年 1 月，美元价值下降了大约 20%。但此后，美元跌势不止。1987 年 2 月，7 国（5 国加意大利和加拿大）财长召开会议，对美元、日元和原德国马克三大货币的汇率波动幅度作出决定，将美元汇价稳定在当时的水平上，上限是 1 美元兑换 125～130 日元，下限是 1 美元兑换 140 日元。后来，这条防线被跌破。根据协议，美联储降低了贴现率，德、日、英、法等国中央银行一起抛售本国货币购入美元。1989年7月，在巴黎又召开了7国首脑会议，再度根据当时汇率不稳定和美元汇率波动幅度过大讨论了货币合作问题，提出共同干预货币市场的新建议。

在货币、金融领域的合作之外，各国也重新意识到了宏观经济政策合作对促进经济增长、克服世界经济失衡的重要性。1985年的5国财长会议就认识到，要达到某一政策目标，不但要依靠一国政策的配合，而且需有其他国家相应政策的支持。会议达成原则性协议，即日、德实行扩张性财政政策，分别有计划地减税和增加开支；美国要努力减少政府赤字。1986年东京首脑会议商定，7国集团财政部长每年至少会晤一次以考察各国经济政策目标的相容性，他们还将对包括经济增长、通货膨胀、贸易和经常账户余额、汇率、货币供应增长率、政府预算在内的经济指标进行监督，使其成为各国制定政策目标的基础。

1987年的卢浮宫协定描绘了以汇率目标区为基础的汇率合作的雏形，同时也制定了合作性货币、财政政策的目标：美国削减政府赤字，原联邦德国减税，日本通过货币扩张来降低利率并扩大政府预算支出。自此，西方7国进入所谓的卢浮宫协议时代。从1987~1989年，美国财政赤字逐步下降到GNP的3%。但1990年发生的经济衰退和8月份伊拉克入侵科威特事件使情况发生了变化。1991年，美国财政赤字迅速上升到其当年产出的5%。1991年7月，日本降低利率以促进经济从1990~1991年的衰退中恢复并避免东京股市危机对经济的潜在负面影响。1992~1993年，在美国和其他工业国的压力下，日本进一步降低利率。同时，德国也被迫降低利率，后者在1988~1992年之间翻了一番。总体来看，卢浮宫协定之后宏观经济政策合作一直向着协定所建议的方向迈进，但合作仍然是松散的。

资料来源：摘自《国际金融》易纲，海闻．上海人民出版社。

复习思考题

1. 简述布雷顿森林体系的内容、作用与缺陷。
2. 简述牙买加货币体系的特点和缺陷。
3. 阐述现行国际货币体系的缺陷。
4. 分析国际金融合作与协调的必要性及新趋势。
5. 讨论国际货币基金组织在历史上的作用及现状。

参考文献

[1] 弗雷德里克 S米什金．货币金融学［M］．7版．郑艳文，译．北京：中国人民大学出版社，2008.

[2] 默文 K刘易斯，保罗 D米曾．货币经济学［M］．勾东宁，等译．北京：经济科学出版社，2008.

[3] 斯蒂芬 G切凯蒂．货币、银行与金融市场［M］．郑振龙，译．北京：北京大学出版社，2007.

[4] 胡庆康．现代货币银行学教程［M］．上海：复旦大学出版社，2006.

[5] 罗斯．货币市场与资本市场［M］．陆军，等译．北京：机械工业出版社，2008.

[6] 劳埃德 B托马斯．货币、银行与金融市场［M］．马晓萍，等译．北京：机械工业出版社，1999.

[7] 许谨良．保险学原理［M］．上海：上海财经大学出版社，2006.

[8] 魏华林，林宝清．保险学［M］．北京：高等教育出版社，2006.

[9] 王绪瑾．保险学概论［M］．北京：中央广播电视大学出版社，2004.

[10] 易君健，易行健．后凯恩斯货币需求的演变与新发展［J］．江汉论坛，2004（10）．

[11] 王旭锋，赵原．汇率决定理论的发展：一个理论综述［J］．中国商界，2008（2）．

[12] 陈雨露，侯杰．汇率决定理论的新近发展：文献综述［J］．当代经济科学，2005（9）．

[13] 王璐，李亚．货币理论争论中的基本问题探析［J］．郑州大学学报：哲学社会科学版，2007（11）．

[14] 岳意定，管礼平．货币需求论文的新发展及其面临的挑战［J］．中南大学学报（社会科学版），2003（10）．

[15] 王璐．经济思想史中的货币理论及其争论［J］．经济评论，2007（5）．

[16] 郝斌．凯恩斯货币需求理论及其评析［J］．武汉科技学院学报，2005（12）．

[17] 张亚光．凯恩斯主义利率理论的新发展［J］．北京大学研究生学志，2007（1）．

[18] 刘秀光．利率理论研究的演进历程综述——从“真实分析”到“货币分析”［J］．梧州学院学报，2008（2）．

[19] 孙甜．利率期限结构理论的最新研究评述［J］．统计与决策，2009（4）．

[20] 何来维．利率期限结构理论与模型研究评析［J］．经济社会体制比较，2007（6）．

[21] 林海，郑振龙．利率期限机构研究评述［J］．管理科学学报，2007（2）．

[22] 张彤玉，冯菲．论马克思、凯恩斯对货币数量论的批判［J］．当代经济研究，2009（8）．

[23] 王云中．马克思利率理论与凯恩斯和萨缪尔森利率理论的比较［J］．当代经济研究，2005（1）．

[24] 刘洪军．西方货币理论的逻辑矛盾及其根源［J］．南开经济研究，2004（2）．

[25] 孙立坚. 现代汇率理论体系及其评价 [J]. 世界经济，2003 (1).
[26] 焦成焕，何袅吟. 新货币经济学与传统货币理论的比较研究 [J]. 改革与战略，2007 (3).
[27] 汪昌云. 现代西方汇率理论与实证研究综述 [J]. 国际金融研究，2003 (11).
[28] 王爱俭. 20 世纪西方汇率理论发展的百年回顾与评述 [J]. 广西金融研究，2004(8).
[29] 石晶莹，王亚楠. 不同货币理论：诸利率学派分歧之源浅探 [J]. 现代财经，2008 (7).
[30] 李占兵. 费雪与马克思宏观货币需求理论比较分析 [J]. 技术与市场，2007 (7).
[31] 解读《同业拆借市场管理办法》的颁布. 融资投资 [J]. 中国资金管理网.
[32] 潘永东. 政策性银行转型的实践与经验探讨 [N]. 金融时报，2009-10-19.
[33] 祁斌. 华尔街金融危机告诉我们什么？[N]. 21 世纪经济报道.
[34] 我国投资银行业的发展状况及趋势. www. wesiedu. com.
[35] 顾虎. 美股评论："沃尔克法则"的核心是去杠杆化 [N]. 第一财经日报，2010- 1-27.
[36] 熊继洲. 商业银行经营管理新编 [M]. 上海：复旦大学出版社，2004.
[37] 祁群. 商业银行管理学 [M]. 北京：北京大学出版社，2009.
[38] 金德环. 投资银行学 [M]. 上海：上海财经大学出版社，2002.
[39] 吴怀农. 我国政策性银行的改革和发展 [J]. 浙江金融，2004 (10).
[40] 邓红国. 政策性银行破题商业化转型 [N]. 国际金融报，2008-11-24.
[41] http：//www. civillaw. com. cn/article/default. asp? id = 20155
[42] http：//course. cug. edu. cn/cugThird/finance/contents/chapter7/t7. 4. htm
[43] http：//baike. baidu. com/view/142663. htm? fr = ala0_ 1
[44] http：//baike. baidu. com/view/79768. html
[45] http：//baike. baidu. com/view/18754. html
[46] http：//wiki. mbalib. com/wiki/% E8% B5% 84% E6% 9C% AC% E5% B8% 82% E5% 9C% BA
[47] 迪恩·可罗绍. 货币银行学：银行系统的原理和货币政策对现实的影响 [M]. 吕随启，译. 北京：中国市场出版社，2008.